本书受到云南省哲学社会科学学术著作出版专项经费资助

本书研究得到中国博士后科学基金项目支持

中国和大陆东南亚国家经济关系研究

A Study on
the Economic Relations
between
China and Mainland Southeast Asia

卢光盛◎著

社会科学文献出版社
SOCIAL SCIENCES ACADEMIC PRESS (CHINA)

目　录

绪　论

中国和大陆东南亚国家的经济关系源远流长，在冷战前双方就时有接触，但规模不大。冷战结束后，在经济全球化和区域化的大背景下，中国和大陆东南亚国家的双边经济关系发展迅速，形成了以贸易、投资、援助等多种类别为内容，以双边、多边经济合作框架为形式，发展态势良好但问题不容忽视的总体局面。中国和大陆东南亚国家的经济关系，对双边的、区域性的经济发展、区域合作与国际关系都有着重要的影响，对其进行全面、深入的研究，具有积极的学术价值和现实意义。

一　大陆东南亚国家的相关概念

东南亚地区一直是国际战略与全球关注的重点区域之一。在不同历史时期和背景下，因评价体系和评价主体的变更，对于东南亚地区特别是中南半岛上的部分东南亚地区的称呼一直发生变化，它们之间相互有关联，但又有含义及使用语境等方面的差别。

“大陆东南亚”（Mainland Southeast Asia）的概念。“大陆东南亚”一般是相对“海岛东南亚”（Maritime Southeast Asia）而言的，前者指缅甸、泰国、柬埔寨、老挝、越南5国，后者包括印度尼西亚、马来西亚、菲律宾、新加坡、文莱等国。① 与“大陆东南亚”的概念类似的是“高地东南亚”（Upland Southeast Asia），但后者在中国大陆学界内并不常用。

“印度支那”（Indochina）的概念。“印度支那”一词是音译自法文“Indochine”，表示位于印度与中国之间并受两国文化影响的区域。在新航路开辟后，当时欧洲人普遍认为亚洲只有中国和印度两个国家，所以将印度和中国的“结合部”称为印度支那，其中包括越南、老挝、柬埔寨三个

---

① 贺圣达：《东盟对话关系的现状与未来》，载《中国与周边国家：构建新型伙伴关系》，社会科学文献出版社，2008，第91页。

国家，这三个国家在第二次世界大战前是法国的殖民地，有时简称为"印支三国"。与"印度支那"地域范畴一致的词是"中南半岛"，意指"在中国以南的半岛"。华人圈通常使用"中南半岛"而不用"印度支那"，是因为"支那"多有歧视及辱华之意。但是在国际地理学界和地质学界，"印度支那"一词仍然在继续使用。

"CLMV"概念。CLMV 是 Cambodia、Lao PDR、Myanmar、Viet Nam 首字母缩写，指柬埔寨、老挝、缅甸和越南 4 个东盟新成员国，有时也简称"越老缅泰"。这是相对于印度尼西亚、马来西亚、菲律宾、新加坡、泰国、文莱 6 个东盟老成员国（ASEAN – 6）而言的。

"大湄公河次区域"（The Greater Mekong Sub-region, GMS）概念。大湄公河次区域是指湄公河流域的 6 个国家，包括柬埔寨、越南、老挝、缅甸、泰国和中国（云南省与广西壮族自治区）。1992 年，在亚洲开发银行的倡议下，澜沧江—湄公河流域内的 6 个国家共同发起了大湄公河次区域经济合作机制，以加强各成员间的经济联系，促进次区域的经济和社会发展，实现区域共同繁荣。近年来，随着次区域合作的深入和影响的扩大，GMS 这个词正在越来越多地被人关注和接受。在中国国内，人们在使用"GMS 国家"这个说法时，通常是指湄公河下游的缅甸、老挝、泰国、柬埔寨和越南 5国，而不包括中国在内。值得注意的是，包括日本在内的国际学术界，有时也将云南看做湄公（河）地区（Mekong region）的一部分。因此，在使用 GMS 这个概念时，GMS 到底包括哪些国家和地区，要视具体的使用语境而定。

"Zomia"概念。"Zomia"（有人译为"佐米亚"）最早于 2002 年由荷兰阿姆斯特丹大学历史学家威廉·冯·申德尔（Willem van Schendel）提出，指在历史上不属低地（Lowlands）政府所管辖的大陆东南亚区域。Zomia 一词为更多人所了解应归功于著名的人类学家、耶鲁大学教授詹姆斯·斯科特（James C. Scott），他在于 2009 年出版的力作《不被统治的艺术：高地东南亚无国家主义者的历史》（*The Art of Not Being Governed*：*An Anarchist History of Upland Southeast Asia*）中再次使用该词，用于指西起印度北部、东至越南北部，主要包括中国云贵高原（包括四川和广西部分区域）以及高地东南亚地区。[1]

---

[1]　James C. Scott, *The Art of Not Being Governed*：*An Anarchist History of Upland Southeast Asia*, Yale University Press, 2009, ix.

二　研究后冷战时期中国和大陆东南亚国家经济关系的特殊意义

对后冷战时期中国和大陆东南亚国家经济关系的研究，将给新形势下中国发展和大陆东南亚国家的经济关系提供历史借鉴，同时也为中国与其他周边国家经济交往提供一定参考。

第一，将中国和大陆东南亚国家的经济关系研究落实到相互依存、合作共赢的具体实践中去。将经济交往过程中不均等的相互依存作为中国对周边国家权力的重要源泉，将发展经济关系作为推行中国周边外交战略的重要方式，最终巩固中国和大陆东南亚国家间的关系，使中国在大陆东南亚区域掌握外交主动权和区域话语权。

第二，将大陆东南亚国家作为中国发展与周边国家经济关系的案例来分析，对于中国拓展同其他周边国家的经济往来具有重要的参考价值。如果说"东南亚是中国得以施展其全面外交战略的唯一区域"[①]，那么大陆东南亚国家是其中最有基础也最有可能取得成效的区域，对其进行研究有助于我们对周边经济政策进行战略思考和理论探索。

第三，对在中国的整个周边外交战略中具有重要而特殊意义的大陆东南亚国家进行研究，并就以往的经济交往历程按照经济交往类别（贸易、投资、援助）和国别（泰国、越南、缅甸、柬埔寨、老挝）进行详细的分析，有助于为中国今后在该地区开展经济行动提出具有战略性、可操作性的政策参考依据，对深化中国和大陆东南亚国家关系的发展，夯实周边战略依托，有效突破岛链封锁，拓展中国对东南亚乃至南亚的战略空间都具有重要的现实意义。

第四，对当前中国和大陆东南亚国家经济关系以及相互间的次区域合作所面临新形势、新问题的积极应对。近年来，诸多因素影响中国和大陆东南亚国家的经济合作进程，例如泰国国内的政局动荡、缅甸问题的新发展、越南在南海问题上的新举动、区外大国的新动作、次区域经济合作面临发展瓶颈，双边和多边经济合作中的利益纠纷，水资源、环境保护问题和国际非政府组织的影响等。因此加强对经济交往中这些不可抗因素的研究，对于提升相互间经济合作水平具有重要意义。

---

① 楚树龙、金威主编《中国外交战略和政策》，时事出版社，2008，第187页。

三　现有相关研究述评

如果说关于中国和东南亚经济关系的研究相对较多的话,那么关于中国和大陆东南亚国家经济关系的研究,无论从研究开展的年份,参与的人数,出版的成果,以及产生的学术及社会影响等方面来说,都要相对逊色。

涉及中国和大陆东南亚国家经济关系的著作为数不多(由于论文较多且零散,不单独整理),笔者将其大致分为三类。

一是在东南亚及东盟研究,特别是中国和东南亚、东盟关系研究中部分涉及中国和大陆东南亚国家的经济关系。如较早出版的《中国与东盟国家经济关系:中国与东盟产业结构调整》(罗肇鸿等,社会科学文献出版社,1995),"当代东南亚国家经济丛书"(云南大学出版社,1997年起出版),"当代东南亚系列"(四川人民出版社,1992年起出版),《走向21世纪的东南亚与中国》(贺圣达等,云南大学出版社,1997),《东南亚经济概论》(李勤,云南民族出版社,1999),《中国与东盟经济一体化:模式比较与政策选择》(宫占奎等,中国对外经济贸易出版社,2003),《中国与东盟经济关系新格局》(王勤等,厦门大学出版社,2003),《当代东南亚经济析论》(刘连银,武汉出版社,2004),等等。这一时期,大湄公河次区域合作刚兴起不久,学界基本上还没有将大湄公河次区域或大陆东南亚国家作为一个整体来加以研究。

二是在社会科学文献出版社"列国志"丛书中的相关国家,以及中国和这些国家的双边关系研究中涉及的部分。"列国志"丛书中的《老挝》(马树洪、方芸,2004),《柬埔寨》(李晨阳、瞿健文、卢光盛、韦德星,2005、2010),《越南》(徐绍丽、利国、张训常,2005),《缅甸》(贺圣达、李晨阳,2005、2009),《泰国》(田禾、周方冶,2005、2009)。这些著作中均有专门讨论相关国家与中国经济关系的内容。

三是近年来陆续出现的大湄公河次区域研究成果,其中相当部分是关于中国和这些国家的关系特别是经济关系的研究。例如《大湄公河次区域经济合作研究》(柴瑜、陆建人、杨先明,2007)主要阐述了中国与大陆东南亚国家合作的能力结构、投资贸易状况。《战后东南亚经济史(1945—2005年)》(覃主元等,2007)就1945~2005年东南亚各国的经济发展历程进行了详细的叙述。《大湄公河次区域经济走廊建设研究》(刘稚主编,2009)对大湄公河次区域的合作机制、利益均衡、争端解决等问题进行了探索。《大湄公河次区域经济研究——GMS 机制内的产业与贸易合作》（魏景斌、邱成利，2010）分析了区域内五国的贸易结构、产业结构、区域间产业合作及中国与五国的贸易和投资情况。《大湄公河次区域合作发展报告》（刘稚主编，李晨阳、卢光盛副主编，2011、2012、2013），主要就大湄公河次区域经济合作框架下，中国与大陆东南亚国家在 2010 ~ 2013 年每年度的贸易、交通、资源开发、产业合作、经济走廊建设等问题进行讨论。《地缘政治视野下的西南周边安全与区域合作研究》（卢光盛，2012）从区域合作、地缘政治视角对中国与东南亚国家的经济合作成效、经济合作制度、存在的影响因素进行了详细的阐述。云南大学 GMS 研究中心从 2007 年开始，每年编撰出版《GMS 研究》，其中《GMS 研究（2008）》（吕星主编，卢光盛、邹春萌副主编）重点关注 GMS 五国的产业、投资和环境保护政策，《GMS 研究（2011）》（卢光盛主编，吕星、李涛副主编）专门关注 GMS 五国的经济发展、对外经济关系和区域经济合作。

国外涉及中国和大陆东南亚国家经济关系发展的研究有于小江《大湄公河次区域合作与能源发展》［Yu Xiaojiang, Regional Cooperation and Energy Development in the Greater Mekong Sub-region，《能源政策》（*Energy Policy*），2003 年 9 月］，文章指出在中国和大陆东南亚国家内应采取灵活的方式制定能源政策和进行能源部门改革，建立有效的区域能源机构，改善区域内能源需求。尼克·弗里曼《大湄公河次区域与"亚洲危机"：遭遇进退两难》［Nick J. Freeman, Greater Mekong Sub-region and the "Asian Crisis": Caught Between Scylla and Charybdis，《东南亚事务》（*Southeast Asian Affairs*），1999］阐述了东南亚金融危机造成大陆东南亚国家的危机，并对柬埔寨、老挝、缅甸和越南四个处于转型期的国家产生的不利影响等。总的来看，国外学者对于大陆东南亚国家经济问题的研究并不多见，专门涉及它们与中国经济关系的研究更是凤毛麟角。

综合国内外学术界的研究状况来看，学界在中国与大陆东南亚国家的经济关系发展研究上取得了一些重要成果，但在分析内容和角度上都有些许不足。第一，在分析内容上，对冷战后中国与大陆东南亚国家的经济关系的论述缺乏系统性和深入性。尽管在许多研究成果中都可以看到谈及中国与大陆东南亚国家经济关系发展的资料，但总体来说比较零散，并没有专门的著作系统、深入地就这两者间的经济关系进行探讨和分析。第二，在分析角度上，先前的研究成果很少运用国际政治经济学理论对冷战后中国与大陆东南亚国家经济发展历程进行梳理。在探讨相互间经济交往的过程中，缺乏关于国家与市场相互作用对经济关系影响的理解。本书在研究两者间经济发展历程中则注意国家与市场对经济关系提升或倒退产生的重要影响。

四　本书的研究方法与基本框架

本书以经济合作发展史为主线，以国际关系和区域经济学为指导，运用国际政治经济学的分析方法来研究冷战结束以来中国和大陆东南亚国家的经济关系。除绪论及结论部分外，本书的章节安排如下：第一章"中国和大陆东南亚国家经济关系的基础与背景"，第二章"中国和大陆东南亚国家经济关系的合作框架与制约因素"，第三章"中国和大陆东南亚国家的贸易关系"，第四章"中国和大陆东南亚国家的投资关系"，第五章"中国对大陆东南亚国家的援助"，第六章"中国与泰国的经济关系"，第七章"中国与越南的经济关系"，第八章"中国与缅甸的经济关系"，第九章"中国与柬埔寨的经济关系"，第十章"中国与老挝的经济关系"。本书第一、第二章先介绍冷战时期中国和大陆东南亚国家经济交往情况，以及冷战后两者发展经济关系的背景、有利因素和不利因素，为后文各章的具体分析奠定基础。第三章至第五章从贸易、投资、援助的视角切入，以专题的形式详细分析后冷战时期中国和大陆东南亚国家整体的经济发展状况。第六章至第十章以国别为线索，全面探讨中国与每个大陆东南亚国家在贸易、投资、援助、经济技术合作等领域的合作情况以及影响因素。

第一章　中国和大陆东南亚国家经济
关系的基础与背景

在新中国的历史上，大陆东南亚国家始终是中国周边地缘战略的重要一环。20世纪90年代初冷战的结束对中国和大陆东南亚国家的政治、经济关系产生了重要的影响。在过去的研究中，相对于中国与海岛东南亚国家而言，中国和大陆东南亚国家经济关系的研究并不多见，其深入程度及系统性都存在较大的欠缺。本章主要对冷战期间中国和大陆东南亚国家经济关系概况、二战后中国和大陆东南亚国家经济关系的主要发展阶段以及冷战结束以后中国和大陆东南亚国家发展经济关系的背景进行梳理，研究中国和大陆东南亚国家的经济发展状况、阶段特点及转变因素，并为全书提供铺垫。

一　冷战时期中国和大陆东南亚国家的经济关系概况

（一）冷战时期中国和大陆东南亚国家经济关系发展的历史背景

1. 列强安排亚洲秩序时代的消逝与民族国家的独立打破了中国和大陆东南亚国家经济往来的僵局

第一，第二次世界大战后，为建立民族国家、摆脱前殖民宗主国的控制和干涉，大陆东南亚国家纷纷掀起民族独立运动。1945年8月，越南发生了八月革命，建立了越南民主共和国。同年10月，老挝举行起义，建立了老挝临时抗战政府，宣布老挝独立。1948年，缅甸人民也摆脱了英国的殖民统治，建立缅甸联邦。① 大陆东南亚国家民族独立运动的开展以及最终民族国家的独立，为对内发展国家经济、对外寻求贸易合作奠定了良好的基础。新中国成立后，逐渐从"一边倒"的外交政策转向多边外交政策，

---

① 梁英明、梁志明等：《东南亚近现代史》（下册），昆仑出版社，2005，第455页。

在外交政策转型中加强了同大陆东南亚国家的政治、经济联系，彼此走上了互帮互助的道路，经济关系网开始建立。第二，由于第二次世界大战的损耗以及受到民族解放运动的冲击，列强安排亚洲秩序的时代逐渐消逝，战后西方殖民主义体系在亚洲开始逐步瓦解，英法两国衰落而产生的势力真空状态以及亚太地区力量对比的变化为大陆东南亚国家经济发展提供了外部条件。

2. 大陆东南亚国家整体性与"冷战红利"因素造就了双方在国际博弈环境中的历史机遇

大陆东南亚国家的整体性特征成为促进两者经济关系发展的助力。英国著名学者、东南亚史专家 D. G. E·霍尔在 1969 年撰写的《东南亚历史的整体性》一文中就曾提出："东南亚历史的整体性，与欧洲的整体性一样是真实地存在着的。"[1] 在东南亚历史变迁中，大陆东南亚国家在许多方面呈现出相同和相似之处。第一，地理环境的相似。5 个国家中除越南北部和缅甸北部外，都处于热带，自然条件良好，较容易获得生活资料。第二，社会发展水平普遍低下。大陆东南亚五国社会发展水平低于同期的亚洲其他国家，在进入近代后，五国间的发展开始出现差异性。第三，早期文化特征相似，都崇尚祖先崇拜、万物有灵。但在发展过程中受不同文化影响，后期形成了以佛教为主体的信仰。[2] 第四，国家形态和经济水平相近。大陆东南亚国家整体政治制度发育不完善，经济水平较低。在近代化过程中，泰国逐渐高于其他四国。第五，近代以来受殖民影响巨大。在进入近代化期间，五国中除泰国充当傀儡政府没有被直接殖民统治外，其他四国都遭受到殖民统治，但宗主国不同。大陆东南亚国家大同小异的整体性特点，便于中国与大陆东南亚国家进行经济交往与信息沟通。同时，中国与大陆东南亚国家邻近的地域、从古到今的思想互动，以及在两极格局下为获得生存与发展的需求，必然会使双方紧密联系在一起，进行经济往来。

大陆东南亚的"冷战红利"优势。第二次世界大战结束后，人们对和平的渴望与战后的萧条迫使美国与苏联两国无法在全球范围内推行热战，冷战随即成为国际舞台的主流，这给中国与大陆东南亚国家的经济交往提供了相对安全的国际环境。此外，以美国为首的东盟集团和以苏联为首的印支集团开始在东南亚地区对峙，大陆东南亚国家所在地域——中南半岛

---

① D. G. E·霍尔：《东南亚历史的整体性》，《东南亚历史译丛》1979 年第 1 期。

② 贺圣达：《东南亚文化史研究三题》，《云南社会科学》1996 年第 3 期。

随即成了争夺的焦点（其中"印度支那是冷战的热点"①），其地缘政治的重要性不言而喻，这也使得冷战带来的"援助红利"接踵而至。例如，仅美国的资助就给该地区带来相当丰厚的红利。1955～1975年，越南共和国共得到了168亿美元的军事援助和85亿美元的经济援助。从比例来看，其他非共产党国家得到的援助更多：仅1974年一年，朗诺集团掌权的高棉共和国获得的援助就超过当年其国民生产总值的一半；1972年，由于美国向老挝提供了2.5亿美元的军事援助和5000万美元的经济援助，因此当年老挝的进口值相当于其出口值的20倍。在泰国方面，1950～1975年，美国给予其6.5亿美元的经济援助和10亿美元的正规军事援助，另外还有10亿美元作为军事行动费、设备转让费等。② 因此，两大集团为争夺势力范围而给予的经济援助，给大陆东南亚国家的经济发展提供了条件。与此同时，中国出于对大陆东南亚国家独立事业和建设社会主义事业的支持，以及维护自身周边安全战略的需要，给予其经济、军事和物资援助并开展了经济合作。

3. 政治动荡性、经济异质性及局部战火制约了两者经济关系的发展

动荡不安的政治局势无法保证中国和大陆东南亚国家经济贸易往来的顺畅。第一，大陆东南亚国家的新生政权不稳，政权不断更迭。柬埔寨政权为其中的典型，从西哈努克时代、朗诺政权时期、民主柬埔寨时期直至金边政权时期，不断更换的政权与相应而变的政策使其与中国经济往来很难有条不紊地开展。第二，外国势力采用"新殖民主义"政策对大陆东南亚国家进行控制与渗透。二战后，世界形势已经发生重大变化，公开使用武力征服和进行殖民战争已不能达到恢复旧的殖民帝国的目的，此外，还容易受到国际舆论的抨击。因此，西方国家开始采用"新殖民主义"政策。③ 美国学者斯塔夫里阿诺斯指出："新殖民主义这一概念就是用来表示至少在名义上获得了政治独立之后经济上继续处于依附地位的这种状态。"④例如，美国就对大陆东南亚国家进行了大量的资助，虽然在缅甸的努力并未获得成功，但对其他国家的经济援助都取得了一定的成效。第三，大陆

---

① 〔新西兰〕尼古拉斯·塔林主编《剑桥东南亚史》（Ⅱ册），王士录等译，云南人民出版社，2003，第379页。
② 〔新西兰〕尼古拉斯·塔林主编《剑桥东南亚史》（Ⅱ册），王士录等译，云南人民出版社，2003，第379页。
③ 梁英明、梁志明等：《东南亚近现代史》（下册），昆仑出版社，2005，第457页。
④ 〔美〕斯塔夫里阿诺斯：《全球分裂》（上册），商务印书馆，1993，第171页。

东南亚国家外交策略的变化影响经济互动环境。这以越南最为典型,20 世纪 70 年代越南改变平衡外交战略,转而投靠苏联。1975 年 4 月中旬柬埔寨民族解放力量攻占金边前后开始,越南就不断对柬埔寨施加压力。同年,越军袭击并一度占据柬埔寨的威岛,随后双边的边境冲突不断发生。1978 年越南在进行一系列军事、政治和外交准备后,大举侵入柬埔寨,越柬矛盾进一步激化①,同时也间接导致中越矛盾的升级。第四,国际局势的影响。老挝为其典型,越南出兵柬埔寨,由于"越老特殊关系"等原因,老挝和越南站在一起反对中国,中国与老挝的关系恶化,导致中老经贸活动不畅。第五,由于受"文化大革命"的影响,中国在此阶段也减少了与大陆东南亚国家的经济往来。

经济发展异质落差和局部性战火使得相互间的经济合作发展缓慢。首先,在同时期,中国经济发展的水平高于大陆东南亚国家,两者在商品结构、贸易种类等方面都存在不等同性,使得中国与大陆东南亚国家在相当长时期内以边境小额贸易和援助为主,并长时间地维持在低级经济贸易阶段。进入 80 年代后,中国与大陆东南亚国家的经济关系才进一步深化,开始逐步开展大额的国家贸易、经济技术合作,但需指出的是相互间的主要贸易为工业产品换取农业产品。其次,在美苏两强争霸的格局下,东南亚地区的战争与冲突也使得中国与大陆东南亚国家的经济往来受阻。美国为填补因法国衰落在中南半岛造成的势力真空局面,开始对越南进行渗入,并进行了近 15 年的越南战争。同时,越南出兵柬埔寨事件的实质也是苏联为争夺世界霸权而谋划的全球战略部署的一部分。这些因素制约了中国与大陆东南亚国家经济关系的发展。

(二)冷战时期中国和大陆东南亚国家在彼此经济关系上的战略意图与地位

1. 双方在政治角度上的"主体化"战略意图

在中国和大陆东南亚国家的经济互动过程中,双方都始终把政治因素放在主体地位。中国出于国际战略、地缘政治关系和印支地区格局变动的考虑,特别是在中苏关系破裂,中国受到东西方阵营的夹击时,必须也必然要将政治利益作为自身依存的中心,这便使得其在与大陆东南亚国家经济交往时始终把政治考量放在首位。而对于刚刚独立的大陆东南亚国家而

---

① 梁英明、梁志明等:《东南亚近现代史》(下册),昆仑出版社,2005,第 693 页。

言，出于维护其政治上的完整性、独立性，经济上的健康性、持续性和保护自身脆弱性的需求，同样要把政治因素放在首位。这样才可以借助中国的经济援助、技术援助等种种外力来保护其自身的发展，挽回局势。

对中国而言，与大陆东南亚国家经济合作更多是出于政治安全因素考量，同时也是中国睦邻安邦重要战略的组成部分。其一，由于中国与大陆东南亚国家地缘关系的紧密性，使得在该地区发生的军事冲突和动乱都不可避免地将对中国的政治稳定和国家安全构成巨大威胁。越南入侵柬埔寨就使中国西南边疆安全面临威胁，中国为维护国家安全便开始对柬埔寨进行实物、款项和技术的援助，并成为红色高棉统治下民主柬埔寨的最主要援助国①，这便是以政治安全因素为出发点的佐证。其二，反美国"新月形"包围圈。以美国为首的西方阵营对不同意识形态的国家极具警惕性，插手印度支那成为必然。最初美国向法国和越南保大傀儡政权提供援助，在朝鲜战争爆发后，美国决心扩大干涉印度支那战争。美国杜鲁门政府更策划把印度支那、中国台湾和韩国作为扼杀新中国的三条战线。② 中国通过经济上对大陆东南亚国家的支持和援助与之加强相互间的纽带，使其成为中国的缓冲带与防护圈，防止美国的包围。其三，在东西方阵营都孤立中国的国际局势下，中国为获得更多第三世界国家的承认与支持，十分重视同大陆东南亚国家的经济关系。例如，新中国成立后，中国开始积极与东南亚国家接触，并与其开展贸易活动。③ 这有助于建立彼此的信赖及战略伙伴关系，在国际问题上能获得它们的支持。同时这也成为中国谋求恢复联合国安理会常任理事国的一个基石。

对于大陆东南亚国家而言，获得自身政治独立，也需要中国同其进行经济往来。第一，在中泰关系方面，在1955年万隆会议后，中泰关系呈现缓和的局面，泰国希望通过中国的影响来牵制美国在中南半岛的势力，以提高泰国的政治地位和获得宽松的外部环境，此外还希望借此争取华人政治派系的支持，缓和国内的矛盾。第二，在中柬关系方面，20世纪60年代，出于对西方集团的不信任和对国家安全的担忧，柬埔寨开始寻求社会主义国家的支持。中国向柬埔寨提供了大量不附加任何条件的援助，并派出专家帮助柬埔寨进行建设。朗诺政权时期，中国帮助西哈努克亲王建立

---

① 王士录：《当代柬埔寨》，四川人民出版社，1994，第412页。
② 王绳祖：《国际关系史》（第八卷），世界知识出版社，1996，第109页。
③ 〔英〕D.G.E·霍尔：《东南亚史》，商务印书馆，1982，第971页。

了"柬埔寨王国民族团结政府",柬埔寨与中国的关系更为密切。此后在民主柬埔寨时期（1975年4月～1978年12月），受中苏关系破裂、中越关系日趋冷淡等因素影响，中柬经济关系有了进一步发展。第三，在中老关系方面，在第二次世界大战结束后至老挝人民民主共和国成立期间，中国政府对老挝人民争取国家独立给予了大量的支持与援助。第四，在中越关系方面，越南作为两极格局下东西方阵营较量的重要战场，长期忍受着国家分裂和战争蹂躏的痛苦，十分需要他国的支持与援助。中国对越南的援助贸易，一定程度上促进了越南的独立与发展。第五，在中缅关系方面，在缅甸经济发展过程中，外援起着较为重要的作用。二战后，缅甸政府对争取外援的态度较为积极，愿意接受来自任何国家的援助。新中国就对其进行了不附带任何损害缅甸主权条件的经济援助。从冷战期间中国同大陆东南亚国家经济发展的轨迹可以看出，政治因素始终居国家对外交往的主体地位。

2. 彼此在经济关系中的"边缘性"战略地位

经济关系成为冷战格局下中国与大陆东南亚国家之间的游离物，其附着于政治主体之下，成为国家利益的附属品。在经济相互作用中，中国与大陆东南亚国家经济贸易的不对称性和对彼此经济规模与经济水平提升的有限性，是导致经济关系在两者战略地位中被边缘化的主要原因。

中国与大陆东南亚国家经济关系中的不对称性。按照国际政治经济学理论，在双方经济交往过程中，始终存在着依赖与被依赖的关系，并存在着三种形态：一为绝对依赖；二为均等依赖；三为不对称依赖。而其中不对称依赖是一种常态，即在一对相互依赖的关系中，一方对另一方的依赖大于后者对前者的依赖。在国际政治权力游戏中，不对称依赖是权力产生的重要源泉。具体而言，在冷战时期中国与大陆东南亚国家的经济关系中，大陆东南亚国家对中国的依赖要远远大于后者对前者的依赖。这种依赖差异性主要表现为资金来源、技术来源等方面（见图1-1）。在贸易数量、种类上，中国对大陆东南亚国家的输出也远远大于大陆东南亚国家对中国的输出。在经济技术合作上，也通常形成以中国为主导、大陆东南亚国家为附属的局面。这种交互过程中严重的不对称性，一是由于两者经济发展水平的差异，二是错综复杂的国际背景迫使其必须为谋求自身生存而进行这种经济交往形式。这也使经济关系必然成为政治利益的附属，扮演着边缘化的角色。

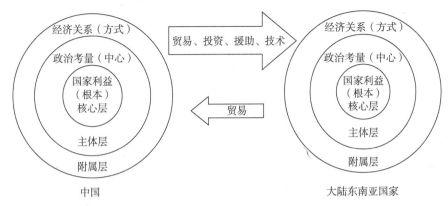

图 1 – 1 中国与大陆东南亚国家不对称依赖关系

中国与大陆东南亚国家经济往来中的有限性，主要表现为功能的有限性和具体经济贸易内容的有限性。首先，在功能方面作用十分有限。国家间的经济活动可以开辟新的市场，调整产业结构，提供原材料、工艺技术等，以起到增加财政收入、提高人民生活水平的作用。但综观中国与大陆东南亚国家之间的经济往来，一个显著特点就是始终以边境为中心，辐射地区十分狭小，最大受益者为两国边境地区居民，对整个国家而言，特别是对中国而言无法获取较大的经济利益。此外，又由于边境地区的经济发展水平低于位于本国中心的经济发达地区，使两国间的经济关系发展较长时间维持在低端水平。其次，在具体经济贸易内容上的有限性。二战后初期，由于长期的动乱，大陆东南亚国家经济发展缓慢，基本上维持在初级农产品生产阶段，经济交往过程中输出的多是农产品、原材料等初级产品。进入 20 世纪 80 年代后，虽然工业开始发展，但仍处于艰难的起步阶段，工业品稀缺，交换的产品仍以初级产品和日用品为主。此外，在双边经贸往来中，贸易数额也并不大。双边经济发展应有的功能性、效益性的受限，使经济关系在这个阶段成为国家利益的附属。

二 二战后中国和大陆东南亚国家经济关系的主要发展阶段

（一）第二次世界大战后至 20 世纪 60 年代初的萌芽阶段

1. 萌芽阶段的贸易、投资与援助状况

随着新中国的成立及大陆东南亚国家的逐步建立，维护国家政权成为各国的核心内容，由于市场发展滞后，总的来说两者经贸关系以民间贸易、边境小额贸易为主。例如，20 世纪 40 年代末，泰国、老挝、柬埔寨与中国形成自发的边境贸易并开设边民互市点，越南与缅甸则在 20 世纪 50 年代与中国签订有关边境小额贸易的议定书。此外，中国给予了大陆东南亚国家不同方式和不同内容的援助，其中以中国对越南的援助为典型。中国人民救济总会于 1954 年 12 月首次向越南赠送了 1 万吨大米和 500 万米棉布。1955 年 7 月，中国又向越南提供了 8 亿元人民币的无偿援助，帮助越南恢复和发展经济。此后，在 1956 年双方还签订了中国给予越南技术援助的议定书，供应给越南成套的工厂设备和钢材、机床、机器、机车、车辆、船只等。1961 年 1 月，中越又签订《中国向越南提供长期贷款和成套设备的协定》，中国为其提供 1.2 亿卢布的长期贷款，用来帮助越南新建和扩建冶金、电力、轻工、铁路等 28 个工交（工业交通业）企业。① 同时，在该阶段，中国和大陆东南亚国家还进行了小规模的经济技术合作。例如，中国与缅甸于 50 年代中期开始进行经济合作。1956 年 7 月 17 日，中国帮助缅甸扩建直迈棉纺织厂，中方提供棉纺织厂的全部设备、工程设计和所需的技术专家。此后，中国还向缅甸提供机器设备和技术，建成了德迈棉纺织厂、仰光大光橡胶厂和瑞知肥皂厂。1961 年 1 月，双方签订经济技术合作协定，中国向缅甸提供 3000 万英镑贷款。②

2. 萌芽阶段经济往来的核心特征及受限原因

蜻蜓点水式的经贸互动。在萌芽阶段，中国与大陆东南亚国家的经济贸易活动从领域上来说局限于贸易和援助两个方面，内容较为单一。从发展规模上来看，贸易活动属于自发式的民间需求，国家间尽管建立了边民互市点，但仅仅是为规范两国人民的贸易行为，给其交流带来方便，从经济角度讲，无助于国家间的经济发展。而此时的援助和经济技术合作更是在数量和内容上显得单薄，无力促进柬埔寨、越南、缅甸国家发展和满足人民生活需求，从性质上看更多的具有"政治属性"，以求得在胶着的国际环境中互相关照。

国际关系格局的紧张和国家求存第一的要求给经贸往来带来影响。二战后至 20 世纪 60 年代，全球正处于冷战格局之中，两种意识形态无不作用于国家间的斗争，并使这种状态更为复杂。同时，中国和大陆东南亚国家

① 范宏贵：《中越边境贸易研究》，民族出版社，2006，第 114~115 页。
② 范宏伟：《冷战时期中缅关系研究（1955—1966）——以外交部解密档案为中心的考察》，《南洋问题研究》2008 年第 2 期。

均刚刚独立，国内政治、经济亟须平稳发展，同时在国际上避免重蹈覆辙成为各国的首要目标。因此，中国与大陆东南亚国家并不会将双边的贸易、援助等作为重要的目标进行推进，反而更多的是借助一些小规模的国家间经济活动服务于国际政治目标。

（二）20世纪60年代中期至80年代初期的螺旋式上升阶段

1. 上升阶段的贸易、投资与援助状况

除中国"文革"期间经济衰退、中国同越南关系恶化、柬埔寨在70年代中后期闭关锁国等原因而导致的经济往来减少外，中国与大陆东南亚国家整体经济交往规模呈螺旋式上升趋势。第一，贸易规模和经济技术合作领域逐渐扩大。泰国与中国于1975年达成以20万吨泰国大米交换31.2万吨中国石油的协议，拉开了泰中贸易的序幕。[①] 另外，中泰还于1978年签订了贸易和科学技术合作协定，建立贸易联合委员会和科学技术委员会。在越南方面，中越在60年代边境贸易较为活跃。1964~1978年，越南边民过境从事贸易活动的就达183万人次。[②] 在老挝方面，60年代中期至70年代末与中国开展边境小额贸易，后受中越关系恶化的影响，小额贸易停顿。在柬埔寨方面，在朗诺集团掌权前，柬埔寨每年对中国出口的商品除了大米，还有橡胶、木材等农副产品，但朗诺发动政变后，中柬贸易便处于全面瘫痪状态。在缅甸方面，中国与其边境小额贸易虽受缅甸实行国有化政策与中国"文革"的影响，但其对中国的进出口总值从50年代的100多万元人民币上升到70年代的300多万元人民币。[③]

第二，援助形式从单一型开始逐渐转化为多元型。20世纪70年代，在越南战争中，中国每年向越南提供100多万吨的援助物资，包括农机化肥、机器设备、小麦、玉米、面粉等品种繁多的物品，这个阶段中国援助越南的物资中大宗商品就多达399种。[④] 在对老挝援助方面，1964年，在老挝内战中，中国给予其以经济为主的多方位援助，累计金额达11.89亿元人民币。此后，中国又先后对其进行了实物、资金与技术援助。在对柬埔寨援助方面，20世纪50年代中期至60年代末期，中国对柬埔寨进行了实物、资金援助。在70年代后半期，中国更成为红色高棉统治下民主柬埔寨的最

① 王文良：《当代泰国经济》，云南大学出版社，1997，第111页。

② 杨德颖：《中国边境贸易概论》，中国商业出版社，1992，第268页。

③ 杨德颖：《中国边境贸易概论》，中国商业出版社，1992，第240页。

④ 范宏贵：《中越边境贸易研究》，民族出版社，2006，第114~115、118页。

主要援助国。在对缅甸的援助方面，中国给予了资金和技术援助，例如 1956 年中国帮助缅甸扩充直迈纺织厂，并派专家前往缅甸给予建厂的技术援助。①

第三，经济技术合作成为在该阶段中国与大陆东南亚国家经济交往的一种重要补充方式。在中泰合作方面，继 1975 年中泰两国建交公报发表，中泰关系进入了一个新阶段后，两国在 1978 年签订了贸易和科学技术合作协定，并建立了贸易联合委员会和科学技术委员会。截至 1985 年，两国已顺利完成了 120 多项科技合作项目。② 在中老合作方面，两国于 1974 年就签订了《经济和技术协定》《民航协定》《邮电合作协定》和《援建南坝—琅勃拉邦公路协定》。1975 年 3 月，万象—广州航线正式通航。1975 年后中国继续援助老挝兴建公路、印刷厂、纺织厂、汽车修理站和无线电设施等，一直到 1978 年中越关系恶化。在中缅方面，60 年代中期中国向缅甸派出了造纸、水电、桥梁、植物、地质勘探、化工、轻工业等领域的 300 余位专家和技术人员。③

2. 上升阶段经济往来的核心特征及转变原因

不稳定且单一指向性较强的经贸往来。该阶段中国对大陆东南亚国家的贸易、经济援助及经济技术合作比萌芽时期要有所发展。但由于中国国内政治因素、部分大陆东南亚国家的国内因素以及与中国的关系变化使得刚获得发展的经贸关系较为脆弱，国家间还是以各自的国内和国际政治目标为主要导向。此外，在此阶段中，援助和经济技术合作成为相互经贸往来中的亮点，而其是以经济发展水平的不对称性为前提，寻求政治保护为出发点的，单一指向性强（中国→大陆东南亚国家），是冷战期间两者经济关系中典型的政治主体利益外化。但对于中国来说，这种方式在美苏两极格局的压力下却起到了团结大陆东南亚国家、得到国际友伴支持的效果。

国家政治因素和国内经济建设的发展成为双边经贸关系呈现螺旋式上升的重要原因。从中国与大陆东南亚国家的贸易、援助、经济技术合作等方面来看，国家政治因素是影响两者经济往来的重要因子，出于国家间政

---

① 史晋五：《缅甸经济基本情况》，世界知识出版社，1961，第 228 页。
② 王文良：《当代泰国经济》，云南大学出版社，1997，第 49 页。
③ 范宏伟：《冷战时期中缅关系研究（1955—1966）——以外交部解密档案为中心的考察》，《南洋问题研究》2008 年第 2 期。

治互助的需要，中国向部分大陆东南亚国家提供了大量的资金、技术、物资援助，从而使该阶段的援助往来"异军突起"，得以发展，但仍是带有更多政治意味的经济行为。此外，也是由于国家政治因素的影响，中国国内的"文革"、柬埔寨的闭关锁国政策、中越两国的关系破裂，导致中国与大陆东南亚国家的经济交往之旅并不顺畅。因此该阶段的经贸往来可以说是成也"政治因素"，败也"政治因素"。此外，需指出的是尽管许多经济往来带有政治意味，但该阶段各国国内经济建设发展的事实也不容忽视，它成为中国与大陆东南亚国家间开展政治型经济交往的重要基础。

（三）20 世纪 80 年代初至 90 年代初的升温阶段

1. 升温阶段的贸易、投资与援助状况

进入 20 世纪 80 年代后，中国与大陆东南亚国家的经贸往来有所升温，除以中泰为代表的两国间货物进出口贸易额从 1984 年的 5 亿美元增至 1988 年的 11.5 亿美元[①]外，中国的商品也开始走俏于大陆东南亚国家。此外还出现了一些新的特征。第一，边境贸易开始转向国家贸易，贸易往来逐渐转为投资合作。其中以老挝为代表，中老贸易额从 70 年代的几百万元到 80 年代的激增，其贸易形式发生了转变，开始以国家为主导。此外其还从贸易转向投资，同中国的投资合作额也从 80 年代中期的每项几十万美元增加到 90 年代初的每项上百万美元。[②]

第二，口岸管理完善。中国于 1952 年 2 月介入开放边境市场，允许中越两国边民到对方边境集市进行交易。1954～1955 年，中越两国政府还先后签署了两个关于边境小额贸易的议定书，规定在边境线 20 千米以内的居民为边民，进出口岸及便道须持各自政府签发的过境证。此外，中国还修建了跨越中越边境线的归春、个宝水利工程和灌溉渠道，改善了中越双方边民的生产和生活。[③]

第三，中国与大陆东南亚国家的投资活动开始兴起，投资环境日益完善。中国与大陆东南亚国家的投资方式主要为资金投资和技术投资，投资领域从工农业逐步扩展到房地产、银行、旅游、交通等。其中以中国与泰国间的投资为典型。中国与泰国间的投资甚多，远远高于与其他几个国家

---

① 张荐华：《中国与泰国的贸易及投资关系研究》，《思想战线》1997 年第 5 期。
② 马树洪：《当代老挝经济》，云南大学出版社，2000，第 194、196 页。
③ 范宏贵：《中越边境贸易研究》，民族出版社，2006，第 111、113 页。

的互动。此外，中泰间投资情况也有别于中国对其他几个大陆东南亚国家的投资，因为中国在与泰国的双边互动中，泰国占有相当主动权，起步也早于中国。而在中国与其他几个国家交往过程中，中国则占据了主导优势。泰国对中国投资方面，1981 年泰国企业家开始向中国投资，投资项目仅为 1 项，投资额也只有 26 万美元。1985 年增加到 25 项，投资金额达到 4034 万美元。在 1985 年与 1986 年中泰两国签订了《促进和保护投资协定》及《避免双重征税协定》。此后，泰国工商企业界对中国的投资迅速增加。截至 1991 年，泰国在中国的较大投资项目有 45 项，投资额约为 12 亿美元。在投资项目上，80 年代前期，泰国在中国的投资多数是合成纤维、塑料、玻璃、摩托车等产品生产性项目，以及旅馆、船运、高尔夫球场等一些服务性项目。80 年代后期，泰国对中国的投资领域扩大，投资额大增。例如，1990 年泰国五大海南华裔家族投资数千万美元，在海南租借 320 万平方米土地，经营旅馆、高尔夫球场和房地产业。虽然中国对泰国的投资起步较晚，但发展较快，投资金额也较大（见表 1-1）。

表 1-1　中国对泰国的直接投资

单位：百万铢

年　份	1987	1988	1989	1990
中国内地	63.1	192.6	138.5	102.5
中国香港	796.2	2794.5	5715.7	7507.6
中国台湾	687.3	3136.3	5062.3	7155.9
合　计	1546.6	6123.4	10916.5	14766.0

资料来源：《泰国银行季报》1991 年第 4 期。

1986 年年初，中国在泰国的合资项目只有 10 多项，主要是提供小型成套设备和技术转让。之后，中国在泰国的投资扩展到重大工程项目。例如，1990 年 6 月，中国长城工业公司和中国诚信集团与泰国毛格拉建筑有限公司签署了协议书，在泰国发展通信卫星事业。据泰国外交部的报告，1988 ~ 1989 年，中国对泰国的投资项目有 23 个，投资金额达 7.8 亿美元。此外，在科技和劳务方面，主要是中国到泰国承包工程和开展少量劳务合作业务。工程承包项目大多集中在住宅、厂房、办公楼等的设计和建造方面。劳务合作主要由中国派出烹饪、印刷、医疗方面的技术人员。[①] 在柬埔寨方面，中国对柬埔寨的投资起步较早。从 20 世纪 50 年代中期起，中国在柬埔寨相继建立了一批工厂，但其带有明显的援助性质。20 世纪 80 年代末期，柬埔寨开始实施《外国在柬埔寨投资法》，以优惠条件吸引中国企业家到柬埔寨投资。

第四，经济技术合作进一步深化，劳务与工程承包获得发展。1985 年，中泰间完成 120 多项科技合作项目。1989 年，中泰签订 236 份承包和劳务合作合同，合同总金额达 31010 万美元，其中承包合同 179 份、金额为 30580 万美元，劳务合同 57 份、金额为 430 万美元。[②] 在中越合作方面，中国利用自己的相对优势，积极参与越南业已形成并渐趋成熟的劳务与工程招标市场。1990 年，中国公司承包了越南部分公路改造与建设、电站工程、酒店、桥梁等项目。此外，中国还在越南进行住宅生活小区、别墅区等小工程建设。在中老合作方面，1989 年 12 月两国签订了经济技术合作协议。在中缅合作方面，1989 年中缅签订了经济技术合作协议，中国同意向缅甸提供 5000 万元人民币的无息贷款，用于仰光—丹因铁路和公路桥建设工程（见表 1 - 2、表 1 - 3）。[③]

表 1 - 2　中国对外承包工程和劳务合作合同额总值

单位：百万美元

时　间	泰国			缅甸			老挝		
	劳务合作	承包工程	合计	劳务合作	承包工程	合计	劳务合作	承包工程	合计
1976 ~ 1983	17	5393	5410			—	—	—	—
1984	30	5559	5589			—	—	—	—
1985	166	9371	9537	—	677 (1982)	677	—	—	—
1986	9	2137	2146	—	4228	4228	—	—	—

---

① 朱振明：《当代泰国》，四川人民出版社，1992，第 318 ~ 319 页。

② 王文良：《当代泰国经济》，云南大学出版社，1997，第 49、114 页。

③ Liang Chi-shad，"Burma's Relations with the People's Republic of China: From Delicate Friendship to Genuine Co-operation," in Peter Carey, ed., *Burma*, *The Challenge of Change in a Divided Society*, London: MacMillan Press, 1997.

续表

时　间	泰国			缅甸			老挝		
	劳务合作	承包工程	合计	劳务合作	承包工程	合计	劳务合作	承包工程	合计
1987	83	4286	4369	14	130	144	—	—	—
1988	66	2328	2394	3	15	18	—	—	—
1989	—	—	—	1	179	180	—	—	—
1990	12	1875	1887	6	1119	1125	120	34	154

资料来源：根据以下资料整理：《中国对外经济贸易年鉴1985》第1170~1171页；《中国对外经济贸易年鉴1988》第640~641页；《中国对外经济贸易年鉴1989》第604~605页；《中国对外经济贸易年鉴1991》第624~625、636页。

表1-3　中国对外承包工程和劳务合作营业额总值

单位：百万美元

时　间	泰国			缅甸			老挝		
	劳务合作	承包工程	合计	劳务合作	承包工程	合计	劳务合作	承包工程	合作
1976~1983	23	2821	2844	201（1983）	201（1983）	—	—	—	—
1984	11	176	187	—	450	450	—	—	—
1985	12	1066	1078	—	26	26	—	—	—
1986	5	1684	1689	—	1626	1626	—	—	—
1987	16	2027	2043	—	1360	1360	—	—	—
1988	40	2056	2096	—	666	666	—	—	—
1989	—	—	—	2	809	811	—	—	—
1990	81	3858	3939	2	1114	1116	—	6	6

资料来源：根据以下资料整理：《中国对外经济贸易年鉴1985》第1176~1177页；《中国对外经济贸易年鉴1987》第1454~1455页；《中国对外经济贸易年鉴1988》第649~650页；《中国对外经济贸易年鉴1989》第614~615页；《中国对外经济贸易年鉴1991》第636~638页。

2. 升温阶段经济往来的核心特征及转变原因

经济意味逐渐浓厚的多样性经贸往来。在升温阶段的中国与大陆东南亚国家经济互动中，经济意味开始浓厚，政治意味有所淡化，基本存在以下几个特点。第一，在该阶段的经济互动中，无论是中国与大陆东南亚国家的贸易（见表1-4）、投资规模，还是经贸基础设施、法律环境等方面都开始日益提升。第二，贸易领域转变缓慢，并始终呈现中国工业品与大陆东南亚国家农产品的对话（见表1-5）。20世纪80年代，大陆东南亚国家中的泰国才对中国出口少量工业品。因此，在冷战期间，大陆东南亚国家对中国的出口从初期的农业领域转为工业领域的过程相当缓慢，直至冷战结束还未能转换完毕。第三，中国与大陆东南亚国家的投资起步较晚。两者间的投资活动主要发端于20世纪80年代，并主要以单项性为主，投资量呈递增趋势，但其投资领域转变缓慢，从资金领域到技术领域的转变经历了较长时间且不成熟。此外，在对于是否投资和投资量大小的问题上，较容易受到被投资国的投资政策及整体投资环境的影响。一旦有利于投资的法规签订实施（如80年代开始越南颁布《外国投资法》），就很容易吸引对方的资金投入。同时整体投资环境，即20世纪80年代末，国际冷战氛围逐渐缓解及国内政治局势的安定，也在一定程度上促进了双边投资的发展。第四，从中国与大陆东南亚国家经济技术合作的具体状况及中国对外承包工程和劳务合作合同额总值和营业额总值表可以看出，经济技术合作相对其他经济交往方式来说，实施的条件及要求更为严格（需要一定的技术）；经济技术合作发展水平的高低受制于经济发展不对等性和技术水平差异性；合作领域主要维持在低端水平，高新技术产业方面的合作较少；合作数量经历了一个由少至多、从无到有的过程，但仍旧较为有限，对中国依赖性较强。

表1-4　中国同大陆东南亚国家海关进出口总额（1981～1990）

单位：万美元

国别	时间 类别	1981	1982	1983	1984	1985	1986	1987	1988	1989	1990
泰国	进出口总额	38294	51106	34190	44953	37885	44508	70975	114217	125616	119375
	出口总额	22948	16594	20197	26572	11706	15884	30513	50971	49989	82345
	进口总额	15346	34512	13993	18381	26179	28624	40462	63246	75627	37030

续表

国别＼类别 ＼时间	1981	1982	1983	1984	1985	1986	1987	1988	1989	1990
老挝 进出口总额	901	676	479	550	963	980	1128	2080	1630	1619
老挝 出口总额	79	3	—	—	—	3	60	296	364	997
老挝 进口总额	822	673	479	550	963	977	1068	1784	1266	622
柬埔寨 进出口总额	157	302	89	32	64	14	28	59	295	324
柬埔寨 出口总额	32	55	62	—	2	14	27	43	193	306
柬埔寨 进口总额	125	247	27	32	62	—	1	16	102	18
缅甸 进出口总额	5162	4645	4925	4793	8216	9538	16372	27071	31372	32762
缅甸 出口总额	3504	3143	3280	3231	3626	3783	6866	13361	18766	22354
缅甸 进口总额	1658	1502	1645	1562	4590	5755	9506	13710	12606	10408

资料来源：根据以下资料整理：《中国统计年鉴1981》第387页；《中国统计年鉴1982》；《中国统计年鉴1983》第407～408页；《中国统计年鉴1984》第383～384页；《中国统计年鉴1985》第496～497页；《中国统计年鉴1986》第566页；《中国统计年鉴1987》第594页；《中国统计年鉴1988》第724页；《中国统计年鉴1989》第636页；《中国统计年鉴1990》第620页；《中国统计年鉴1991》第644页。本文把1981年、1982年、1983年从人民币换算至美元，1981年汇率为1.705，1982年汇率为1.893，1983年汇率为1.911。

表1－5　冷战时期中国与大陆东南亚国家进出口产品种类

国家＼类别	泰 国	越 南	老 挝	柬埔寨	缅 甸
进口	大米、橡胶、食糖、玉米、烟草、木材、腰果、咖啡、人造纤维、塑料制品等	橡胶、腰果、蔬菜、水果、水产品、轧钢、椰子、胶合板、竹、藤、煤、植物油等	咖啡、砂仁、金鸡纳、安息香、紫胶、皮革、植物药材和农副产品等	大米、橡胶、木材、胡椒、水产品、手工艺品、农副土特产品等	粮食、棉花、大米、豆类油饼、矿产品、木材、橡胶、棉花、手工艺品等

续表

国家 类别	泰 国	越 南	老 挝	柬埔寨	缅 甸
出 口	石油、钢铁、石蜡、化工原料、电器器材、药品、机械产品、金属制品等	电子玩具、建材、家用电器、农业机械、机器设备、纺织品和日用工业品等	医药用品、日用百货、纺织品、家用电器、交通工具、建筑材料和燃油等	罐头食品、茶、香烟、纺织品、棉织品、纸张、农具、瓷器、轻工业品等	服装、陶瓷、纺织纤维、纺织品、针织品机械、煤、化学工业产品等

资料来源：作者根据资料整理。

中国改革开放政策的实施和国际局势的日趋缓和成为中国与大陆东南亚国家经济往来日益升温的重要原因。1978 年，中国以十一届三中全会为起点，开始实行改革开放，其中包括对内的经济体制改革和对外的开放，先后开放若干港口城市、设立经济开发区等。中国国内经济建设的热情高涨，经济建设的环境也更为便利，这对中国与大陆东南亚国家的经济升温、贸易投资往来创造了良好的国内环境。此外，20 世纪 80 年代，两极格局开始瓦解，复杂的国际局势开始解冻，一国的政治与军事力量不再成为衡量国家发展的唯一指标，经济发展成为各国，特别是大陆东南亚发展中国家的重要任务。在这些因素的作用下，中国与大陆东南亚国家的贸易、投资、援助的内容和数量都比前两个阶段有了提升，并成为相互经贸往来的重要转折期。

（四）20 世纪 90 年代至 21 世纪初的快速发展阶段

1. **快速发展阶段的贸易、投资与援助状况**

冷战结束后，随着国际局势的完全解冻，中国与大陆东南亚国家的经贸往来呈现快速发展的趋势。第一，在贸易往来上，中国与大陆东南亚国家都表现出强烈的贸易交往愿望，20 世纪 90 年代前中期，中国与泰、越、缅、老、柬五国的贸易额均呈现持续增长的态势，其中中泰、中越双边贸易额分别突破 30 亿美元和 10 亿美元大关，中缅贸易额也在 1995 年达到第一个高峰。之后虽然由于东南亚金融危机致使中国与大陆东南亚国家之间的贸易额略有回落，但进入 21 世纪后，中国与大陆东南亚国家的贸易发展呈现出新的态势。例如，2003 年以来中国与各国的贸易额均有所突破，其中中泰贸易额突破 100 亿美元，中老贸易额也快速增长，突破了 1 亿美元。虽然在 2008 年的金融危机后，中泰、中柬双边贸易额有所下降，但是中国与其他三个国家的双边贸易额均稳步上升。中泰贸易额尽管有所下降，但仍达 382 亿美元之多。中越贸易额在 2009 年也突破了 200 亿美元大关。

第二，在相互投资上，进入 20 世纪 90 年代后，中国与大陆东南亚国家的投资数额也快速增长，并成为一种必不可少的经济交往形式。2002 年以前，双方的投资关系以大陆东南亚国家对中国的投资为主，主要是泰国对华投资占比重较大，而中国对大陆东南亚国家投资规模较小。从 2002 年开始，伴随着中国 – 东盟自贸区建设的正式启动，中国和大陆东南亚国家的经贸往来也呈现迅速增长的良好态势。中国在大陆东南亚国家（泰国除外）直接投资中的地位明显提高，并成为它们外资来源的重要组成部分。除两次金融危机期间外，中国对大陆东南亚国家的投资总体是呈上升趋势的，尤其是在进入 21 世纪之后，中国对其的投资实现了跨越式的发展。截至 2011 年，中国对缅甸、柬埔寨、老挝、泰国、越南的年投资额分别为 2.18 亿美元、5.66 亿美元、4.59 亿美元、2.30 亿美元和 1.89 亿美元。2005 ~ 2011 年，中国对东盟的投资总额约为 214.6 亿美元；同时期中国对大陆东南亚国家的投资总额为 78.1 亿美元，占中国对东盟投资总额的 36.39%。[①]而大陆东南亚国家对中国的投资于 20 世纪 80 年代开始，泰国在 90 年代对中国的投资额为每年 2 亿 ~ 3 亿美元，在东南亚金融危机之后，泰国对中国的投资额下降。此外由于受国家本身经济实力较弱及自身资金缺乏的影响，除泰国之外的大陆东南亚国家对中国的投资一般较少。

第三，在援助方面，进入 20 世纪 90 年代，中国对大陆东南亚国家的援助工作更为完善，重点建设生产性项目和社会公益性项目，推动中国企业与受援国企业合资、合作经营生产性援助项目，将部分援外资金与联合国发展机构的资金相结合，开展发展中国家间的技术合作等。[②]此外，中国还开始对对外援助工作进行改革，扩大政府贴息优惠贷款的规模，提高无偿援助的比例；重点承担受援国需要的中小型项目；将政府援外资金与银行贷款结合起来，引导企业参与援外项目。在对越南的援助上，截至 2006 年中国对越南投资项目累计 402 个，合同金额 10.23 亿美元，居各国和地区对越投资的第 14 位。[③]在对柬埔寨的援助上，1992 ~ 2007 年，中国对柬的各

---

① 中华人民共和国商务部：《2011 年度中国对外直接投资统计公报》，中国统计出版社，2012。

② 中国网，http://www.china.com.cn/economic/txt/2008 – 11/13/content__16760841.htm。

③ 中国网，http://www.china.com.cn/economic/txt/2008 – 11/13/content__16760841.htm。

种援助项目累计达 118 项。在对老挝的援助上，截至 2007 年年底，中国企业在老挝累计签订承包劳务和设计咨询合同额 22.8 亿美元，累计完成营业额 14.1 亿美元。① 在对泰国的援助上，中国在东南亚金融危机期间向泰国提供了 10 亿美元紧急援助贷款。此外，中国还于 2004 年亚洲国家禽流感疫情暴发和泰国遭受海啸袭击后，分别向泰国捐赠 400 万泰铢和 30 万美元救灾援助款以及价值 750 万元人民币的物资。

2. 快速发展阶段经济往来的核心特征及转变原因

该阶段的经济互动具有贸易投资增速明显，投资主体转换，人道主义援助增强等特点。第一，贸易投资增速明显。如前所述，经过多年的发展，中国与大陆东南亚国家的贸易投资关系已渐趋稳定，并随着双方产业结构的调整和中国－东盟自由贸易区的正式启动，中国与大陆东南亚国家的双边贸易、投资更加便利，生产要素的流通更为自由，双方贸易和投资关系已经进入了一个快速发展的阶段。第二，投资主体的转换。2002 年以前，双方的投资关系以大陆东南亚国家对中国的投资为主，主要是泰国对华投资占比重较大，而中国由于受到资金短缺、经济体制尚未健全、投资经验不足等方面的影响，对大陆东南亚国家投资规模较小。从 2002 年开始，伴随着中国－东盟自贸区建设的正式启动，中国和大陆东南亚国家的经贸往来呈现迅速增长的良好态势，中国与大陆东南亚国家的相互投资也呈稳步增长态势。中国在大陆东南亚国家（泰国除外）直接投资中的地位明显提高，并成为它们外资来源的重要组成部分。第三，援助的经济因素和人道主义因素增强。冷战期间，尽管中国对大陆东南亚国家进行了资金和物资援助，但较多的援助出于政治因素的考量，随着冷战的结束，全球经济升温，中国对大陆东南亚国家的援助更多的带有经济属性和人道主义属性。例如，2006 ~ 2010 年，中国每年安排 5000 万元人民币的专项资金用于支持境外罂粟替代种植；2008 年 5 月缅甸遭受风灾后，中国政府先后向缅甸政府提供了总计 4100 万美元的三笔援助款；近几年，中国投入了大量资金援助泰国的汉语教育，每年的花费约在 3000 万元人民币以上；等等。

冷战后国际局势的解冻、国家对外经济发展的需求以及区域和次区域合作组织的建立成为中国与大陆东南亚国家经贸关系迅速发展的重要原因。尽管 20 世纪 80 年代末冷战局势趋于瓦解，但动荡的社会环境和对部分社会

---

① 《三部门联合发布中国参与大湄公河次区域经济合作国家报告》，人民网，http：// politics. people. com. cn/ GB/1027/7055060. html，2008 年 3 月 27 日。

主义国家的冲击致使其未形成一个良好的经济发展大局势，中国与大陆东南亚国家的经济互动也只是"小荷才露尖尖角"。而冷战的彻底结束，使世界格局处于多极化，各个国家寻求自身发展道路的环境显得更为宽松，这给意欲发展经济追赶发达国家的中国和大陆东南亚国家创造了良好的环境，也促使两者的互动增多，经济发展速度增快。同时，国家对外发展经济的需要也成为推动中国与大陆东南亚国家经济交流的重要因素。冷战结束后，经济发展水平成为衡量国家综合实力的一个重要指标，全球经济一体化的趋势也开始加强，作为发展中国家的中国和大陆东南亚国家急需通过提高自己的经济实力和加入全球化的经济交往中来带动国家的整体发展和国际地位的提高。此外，两者生产资料的互补优势以及悠久的经贸往来关系，促使中国与大陆东南亚国家的经济互动步入了一个崭新的发展阶段。

三 冷战结束以后中国和大陆东南亚国家发展经济关系的背景

冷战结束，两极格局瓦解，全球开始向多极化发展，同时经济全球化、区域化开始盛行，各国把发展经济作为首要任务。与此同时，中国与大陆东南亚国家的关系也开始日益升温，这一切为进一步提升相互间的经济关系提供了一个重大的机遇。

（一）世界格局的转变为中国和大陆东南亚国家的经济往来提供良好的环境

世界格局的变化对国家的发展产生重要影响，并因此产生新的国家发展指标，从而推动国家向一个崭新的方向前行。冷战结束后，国际格局由两极开始转向多极，美苏对抗的终结以及各自力量在东南亚的退出使得作为冷战期间重要阵地的中国和大陆东南亚国家关系开始得以缓和。此外，柬埔寨问题得到解决，以越南为首的印支集团不复存在，东盟也从六国扩大为十国，并开始奉行大国平衡政策，拓展与世界各国的关系。这为中国和大陆东南亚国家进一步扩大贸易、投资、援助规模提供了宽松的环境。

与此同时，冷战格局的终结，也引领着世界各国走向由军事竞争转为以经济竞争为核心的新时代，各国开始日益重视自身的经济发展。冷战结束后，由于意识形态地位的下降和各国渴望经济复苏的需求，使得以经济为基础的综合国力竞争被置于首要地位。拥有强大的经济实力、维护经济的持续增长来满足人民的物质生活需要，成为国家政局稳定、国家安全得到保障的重大问题。"政治安全以及外交情报等，也都更多地为经济服务，维护经济安全的斗争已成为国际间斗争的主要内容。"① 因此，通过扩大国际经贸往来促进国内发展，提高国家综合实力，以及减少军事对抗的可能性，加强各国的经济联系和相互依赖，形成共同安全利益基础显得尤为重要。而中国和大陆东南亚国家作为发展中国家无论在经济实力还是国际地位方面都缺乏与欧美国家的竞争力，因此更需要彼此的经贸互助与资源互补，以加快本国的发展步伐。

（二）经济全球化和区域化的加快为中国与大陆东南亚国家的经济交往提供动力

冷战结束后，世界经济朝着一体化和区域化的方向发展。经济全球化使得中国和大陆东南亚国家重新审视国家发展对外经济的重要性，并将其作为追赶世界潮流的一个重要指标。第一，两强对峙的局面结束，使得两大平行市场——计划经济和市场经济开始发生倾斜，部分东欧国家由计划经济转向市场经济，人们对市场经济有了新的认识，经济全球化也继而得到发展，这使得中国与大陆东南亚国家开始更为重视国家的对外发展。第二，国际投资的大量增加，大型跨国公司规模的不断扩大以及这些公司按照比较优势原则，在世界范围内实现资本、技术、资源、生产、经营、服务优化配置的优点使得中国和大陆东南亚国家看到了利用国家间经贸互动产生丰厚利润回报的途径，从而驱使他们进行国家间的经济往来。第三，网络技术、交通技术的发展使得国家间政治经济利益相互交织、相互影响达到了前所未有的程度，国际交流与合作比以往更加重要。因特网的快速普及，使全球各个角落之间的联系极为便捷，全球化缩小了世界交往的空间，极大地增强了世界的共同性。各国都想抓住这个历史性机遇，努力促进本国经济的发展。因此，经济上的联系和交往，越来越成为各国之间最主要的联系和交往方式。所以，中国和大陆东南亚国家也不可避免地顺应历史发展的客观要求，从而参与到国际分工、国家间的相互交往中来。

与此同时，区域经济一体化的发展使得中国和大陆东南亚国家找到一种适合两者经贸往来的方式。冷战结束后，世界贸易组织建立，而在世贸组织中，约90%的成员同时又是区域组织的成员。其中发展较为出色的两个区域合作组织便是欧盟和北美自由贸易区。而对于中国和大陆东南亚国家来说，由于在冷战结束前一直游离于世界经济发展的边缘，如果此后还

---

① 陈乔之：《冷战后东盟国家对华政策研究》，中国社会科学出版社，2001，第71页。

只靠单打独斗，不通过地区内的国家间相互交流来加强彼此的经济融合，势必要继续被边缘化。因此，出于本国生存以及不断增长的对外经济需求，中国和大陆东南亚国家开始寻求以区域合作的方式来增强彼此间的经贸联系，从而加强在贸易、投资等方面的合作。

（三）冷战结束后双方外交理念的转变促使中国和大陆东南亚国家寻求经贸合作

冷战结束后，随着国际形势的变化，中国和大陆东南亚国家的外交理念发生重大转变，这也促成了中国与大陆东南亚国家间的经济抱团。第一，由重"意识形态"转变为重"国家利益"。两极格局解体后，意识形态的超国家利益地位在全世界范围内受到冲击，世界各国都开始淡化意识形态对国家利益的影响，重新树立国家利益在对外事务中的主导地位，力图使国家利益成为一切国际交往的"最后语言"，而冷战后的国际形势所显示的正是这样一种态势。在意识形态至高无上的地位被动摇后，世界各国在对外关系中越来越现实，原来的意识形态约束机制对外交决策不再起决定作用，力图在实际利益考虑和意识形态考虑之间寻求某种平衡。[①] 而冷战结束后，中国和大陆东南亚国家的国家根本利益便是求得生存和发展，因此在这种国家利益驱动下，再加之以往就有的相互间经济交往经验，其所推行的国家外交行为，必然会促使中国与大陆东南亚国家间的经贸互动。第二，由重"政治和安全外交"转变为重"经济外交"。面对经济全球化与区域化的迅猛发展，各国均努力拓展与外部世界的联系，以期在交往与合作中实现"共赢"。因而，发展双边与多边经济关系具有更强大的动力与吸引力，稳定性与合理性的外交思维和理念逐步取代了反复无常和偏激的外交冲动，各国外交展现出一种更为"和平式"的发展。而且，在这种"和平式"的发展中，由于国家利益的实现更多地采用经济手段，国家间关系也因此更多地表现为一种经济关系。在这一背景下，中国和大陆东南亚国家的外交理念也随之发生变化，从重政治、重安全外交转变为重经济外交，两者间的贸易、投资活动自然也能得以进一步发展。

（四）中国与大陆东南亚国家的外交关系的恢复和发展为相互间的经济互动奠定基础

在冷战即将结束之际，中国与部分大陆东南亚国家开始逐渐恢复邦交

---

① 郭鸽：《国家利益、意识形态和对外政策》，《太平洋学报》2005 年第 12 期。

关系。20 世纪 70 年代中期，中国与越南、老挝的关系恶化，1967～1970 年中国与缅甸也短暂交恶，但随着国际局势的缓和，彼此之间的误会也开始得到化解。1989 年 10 月，老挝部长会议主席、人民革命党总书记凯山·丰威汉对中国进行正式友好访问，标志着中老两党、两国关系实现了正常化。同时中越关系也逐渐正常化。1986 年的越共"六大"以后，越南对中国的攻击逐渐减少。1989 年 9 月，越南宣布从柬埔寨撤军，消除了中越关系中的一大障碍。1990 年 9 月，越南部长会议主席杜梅公开表示希望同中国实现关系正常化。不久，越共总书记阮文灵秘密访华，寻求实现两国关系正常化的可能性。1991 年 11 月，越共总书记杜梅和部长会议主席武文杰率团访问中国，与江泽民总书记和李鹏总理举行了会谈，双方同意实现两党两国关系的正常化。此外，中国与柬埔寨、泰国、缅甸的关系也一直朝着稳健的方向发展。中国与大陆东南亚国家间敌意的消除，理解和信任的逐步增加使得双方的共同语言与共同利益开始增多，为深入发展双边经济关系奠定了坚实的基础。

同时，中国积极的周边外交政策也是巩固和发展同大陆东南亚国家间经贸关系的重要推动因素。1987 年，邓小平就提出"和平与发展"是当代世界两大主题的论断。冷战结束后，中国基于对国际形势的判断，把自身的发展需求与周边邻国的发展需求联系起来，在"和平与发展"的主题下寻求发展相互间的经济合作，提高各自的经济水平。之后，中国又先后提出了"与邻为善，以邻为伴"和"睦邻、安邻、富邻"的外交方针，积极营造良好的经贸互动氛围，推动中国与大陆东南亚国家间的经济发展。

（五）区域合作机制的建立为中国与大陆东南亚国家经济互动创造了平台

中国－东盟合作机制和大湄公河次区域经济合作机制的建立为中国与大陆东南亚国家进一步深化相互间的经济互动创造了良好的平台。冷战结束后，越南、缅甸、老挝、柬埔寨等大陆东南亚国家先后加入东盟。而中国也于 1991 年开始与东盟进行对话，并与东盟在 1996 年建立了全面对话伙伴关系。2002 年 11 月，中国与东盟签署了《中国－东盟全面经济合作框架协议》，提出了建立中国－东盟自由贸易区的蓝图。2004 年 1 月，中国－东盟自贸区框架下最早降税计划——"早期收获计划"正式启动，即对 500 多种产品实行降税，到 2006 年将这些产品的关税降为零。2004 年、2007 年、2009 年，中国与东盟又分别签署了《货物贸易协议》、《争端解决机制协议》、《服务贸易协议》和《投资协议》。2010 年，涵盖 19 亿人口、6 万亿美元国民生产总值、4.5 万亿美元贸易额的中国 – 东盟自由贸易区正式宣告建立。中国与东盟之间日渐宽广的合作平台以及各种日益完善的贸易、投资、关税等方面的措施给中国与大陆东南亚国家的经济交往带来了便利。

此外，大湄公河次区域（GMS）经济合作机制的建立也促进了中国和大陆东南亚国家间的经济互动。1992 年，在亚洲开发银行的倡议下，澜沧江—湄公河流域内的 6 个国家共同发起了 GMS 合作机制，包括柬埔寨、越南、老挝、缅甸、泰国和中国（云南省，2005 年后广西正式加入）。GMS 经济合作以项目为主导，根据区域内成员的实际需要提供资金和技术支持。GMS 通过首脑会议和部长级会议、高官会，签署了《大湄公河次区域便利货物及人员跨境运输协定》《GMS 贸易投资便利化战略行动框架》等协定，消除了影响次区域经贸合作的政策和制度障碍，使投资贸易更为便捷。此外，十几年来，中国与大陆东南亚国家在 GMS 合作机制框架下，开展了包括交通、能源、电信、旅游、环保、贸易、投资、人力资源开发等多方面的合作，签署了大量交通运输文件，使该地区全方位立体交通网初具规模；中国与大陆东南亚国家间的各种双边、多边互惠贸易条件与关税减免，大大提高了区域内部的经贸活力，促进了区域经济的发展。

第二章 中国和大陆东南亚国家经济关系的合作框架与制约因素

在探讨冷战时期和冷战后中国与大陆东南亚国家经济关系的背景与发展阶段的基础上，本章主要从中国与大陆东南亚国家现有的区域合作框架，中国与大陆东南亚国家双边经济合作方式，以及外部力量对中国与大陆东南亚国家区域合作的影响三方面着手，来探析当下两者经济关系发展中所存在的国内外促进因素和潜在挑战。

一 中国和大陆东南亚国家的区域合作框架

冷战结束后，经济全球化、区域化开始盛行，国家间的博弈也日趋复杂，中国和大陆东南亚国家为寻求本国经济发展，扩大双边的贸易、投资数额和规模，开始寻求除双边对话外的新合作途径，并形成了在中国－东盟区域合作、大湄公河次区域经济合作以及泛北部湾经济合作框架下的合作新模式。

（一）中国－东盟区域合作

1. 中国－东盟区域合作的发展和制度建设

冷战结束后，中国与东盟国家的关系开始改善并逐渐升温。1991年中国与东盟开始对话，1996年双方建立了全面对话伙伴关系。随着关系的日益深化，区域合作内的制度建设也日趋完善，这对促进中国与大陆东南亚国家的经贸往来起到了重要的作用。第一，中国－东盟自由贸易区的创建及相关经济协议的签署为推动中国和大陆东南亚国家的经济互动提供了直接的帮助。2002年，中国与东盟签署《中国－东盟全面经济合作框架协议》，2004年，中国－东盟自由贸易区框架下的"早期收获计划"正式启动，2006年"早期收获计划"内的产品的关税降为零。在中国与大陆东南亚国家经济合作范畴中，中国和泰国已经按照此计划进行实践，并取得了良好的效果。此后，中国与东盟又分别签署了《货物贸易协议》、《争端解决机制协议》、《服务贸易协议》和《投资协议》。2010 年中国 - 东盟自由贸易区正式宣告建立。这使得中国与大陆东南亚国家在中国 - 东盟区域合作的平台下获得了"贸易创造"效益、投资增长效益、规模经济效益，大大推动了双边的经济发展。

第二，"10 + 1"合作机制有助于大陆东南亚国家加深了解中国的情况和态度，同时方便两者更具有针对性地解决影响相互间经济交往的问题，从而保证双方经济互动的正常进行。"10 + 1"是指以东盟 10 个成员国为一方，以区外的一个国家为另一方的区域合作方式，具体表现为东盟首脑会议之后东盟分别与中国、韩国、日本举行的双边首脑会晤。[①] 而"10 + 3"是东盟与区外的三个国家同时进行会议并商讨推进相互合作进程的一种方式。因此，"10 + 1"方式比东盟其他合作机制更具有针对性和具体性。中国与东盟现已形成了包括领导人会议、多种部长级会议以及相关高官磋商会、经贸联委会、科技联委会、东盟北京委员会和商务理事会等一系列的中国 - 东盟"10 + 1"关系。这些双边互动模式促进中国与大陆东南亚国家更为便利地交流，从而促使两者在贸易、投资等方面能够获取更大的进步。

第三，"10 + 3"合作机制为避免中、日、韩在大陆东南亚国家过度竞争，保证地区稳定和共同发展起到了保障作用。中、日、韩是在亚洲处于领先优势的国家，三国对大陆东南亚国家也日渐重视，不可避免地会产生博弈。通过东盟一年一度的中、日、韩三国 10 + 3 领导人会议以及为之准备和善后的多种 10 + 3 部长级会议，能加强地区内部的政治稳定（例如在2003 年共同签署并发表的第一份三方合作文件《中日韩推进三方合作联合宣言》对整个东亚合作具有重要意义），从而避免出现不正当的经济竞争，促进中国与大陆东南亚国家正常的经贸往来。

第四，中国和东盟在非传统安全上的合作也有利于中国与大陆东南亚国家的经贸发展。部分大陆东南亚国家属于"金三角"地区，毒品制造、走私现象严重，这使得一些民众为求得利益最大化而放弃正常的经贸活动，而与此同时被走私国也会为寻求自身安全而提高对对方国人员的往来限制，这无疑会对双方的经济活动产生严重的负面影响。因此，在中国 - 东盟区域合作框架下签署的《东盟和中国禁毒合作行动计划》和《东盟

---

① 刘稚主编《东南亚概论》，云南大学出版社，2007，第 183 页。

和中国在 2006 年开展打击苯丙胺类毒品犯罪联合行动的倡议》维护了地区稳定，减少了非法贸易行为，促进了双边经济正常发展。此外，近年来中国与这些国家的替代种植、替代经济合作发展迅速。据初步统计，截至 2010 年，云南省在境外替代种植面积达 300 多万亩，累计投资 10 多亿元人民币，替代种植项目遍及老挝北部七省、缅甸北部掸邦和克钦邦，主要种植橡胶、甘蔗、水稻、玉米、木薯和热带水果等近 40 个品种。同时，替代种植区域内的人均年收入从过去的 200 元人民币左右，增加到 2010 年的 1000 元左右，其中劳动力的年收入增加到 3000 元左右。① 替代种植和替代经济的发展不但在很大程度上杜绝了中国与东盟之间的毒品走私问题，同时也促进了相互间的农业合作。

2. 区域合作中的制约因素

尽管中国 – 东盟区域合作的进程在日趋加快，并推动了中国与大陆东南亚国家的经济关系发展，但区域合作中所存在的问题也将影响相互间的经贸往来。第一，在中国 – 东盟区域合作框架下，个体经济的差异使得彼此的经济互动受限。在东盟成员国中，各国的经济发展水平差异较大，海岛东南亚国家的平均经济发展水平要普遍高于大陆东南亚国家的发展水平，前者得到的经济优惠往往也稍多于后者（例如东盟新成员越南、老挝、柬埔寨、缅甸在 2015 年才能与中国实现零关税）。即使在大陆东南亚国家中也存在明显的经济个体差异，其中泰国和越南经济发展水平相对其他三国而言较高。因此，中国尽管能在中国 – 东盟区域合作下获得对东南亚国家的经贸便利政策，但对于同大陆东南亚国家经济交往的效果而言，显然没有与对海岛东南亚国家经济交往的效果明显。

第二，中国与东盟成员国间的敏感问题制约着双边经济互动。20 世纪 90 年代以来，随着勘探和开采技术的发展，越来越多的石油资源被发现、利用。这使得中国和部分东南亚国家陷入了激烈的能源争夺中。例如，中国与越南在北部湾石油潜能区的争议；中国与越南、文莱、马来西亚、菲律宾在南沙群岛区域的争议；中国与越南、文莱、马来西亚在文莱近海区域的冲突；中国与越南、马来西亚、印度尼西亚对纳土纳岛的东部、西部、北部各石油潜能区的关注。② 其中，越南近年来更是频频出招，宣扬其在南

---

① 《替代种植效益显现》，http：//news. 163. com/11/0111/06/6Q3M015800014AEE. html。

② Amitav Acharya, *Constructing a Security Community in Southeast Asia: ASEAN and Problem of Regional Order*, London and New York: Routledge, 2001, p. 130.

海的利益，这无疑对中国与大陆东南亚国家经济关系发展百害而无一利。

第三，东盟的平衡外交和制度约束力的缺乏影响中国与大陆东南亚国家的经济互动。东盟意图成为亚洲具有影响力的区域组织，并掌握自身的发展主导权。但由于自身的政治、经济、文化实力并不占优势，出于发展的需要，开始使用平衡外交政策，以泰国为代表的部分国家为获取自身发展所需的资源，不可避免地在各个大国间左右摇摆，这使得中国和其合作的随机性和不稳定性增强。此外，东盟本身的制度约束力不够，无法在诸如 1997 年和 2008 年金融危机中发挥必要的区域合作组织的保护作用。因此各成员国对在该合作中的权益存在质疑，同时该制度也无法应对来自区外大国的压力。这种松散和缺乏保护力的机制势必会对大陆东南亚国家造成影响，从而不利于中国与大陆东南亚国家的正常经济交往。

第四，在中国－东盟区域合作框架下，部分成员国对中国崛起的担忧会影响中国与大陆东南亚国家的经贸互动。东南亚国家在历史上饱受侵略，对主权和国家安全极为看重，任何涉及这方面的安排都进行得小心翼翼。[①] 而大陆东南亚国家与中国这样的大国为邻，显然压力要大于海岛东南亚国家，再加上西方对"中国威胁论"的多年喧嚷，无疑使它们对中国有着难解的疑虑。这也将导致泰、缅、老、柬、越在与中国的贸易、投资和接受援助过程中格外引人注意。

第五，中国－东盟区域合作中所存在的社会文化问题也对中国与大陆东南亚国家的经济往来带来冲击。东南亚是海外华人聚居的主要地区，华人在当地经济发展中占有举足轻重的地位。由于经济、政治、文化和宗教等原因，尤其是经济原因，东南亚华人与当地原住民及行政当局存在矛盾。战后以来，东南亚各国都发生过不同程度的排华事件，其中印度尼西亚的排华运动发生的次数最多、规模最大，持续时间也最长。[②] 其中 1998 年 5 月在印尼出现的针对华人的骚乱就是典型。此外，印尼政府还颁布过一些歧视华人的法律法规，比如关闭华文学校、禁止使用和教授华文、不允许华人庆祝自己的节日，限制华人参军、成为国家公务员和享受平等受教育的权利等。虽然大陆东南亚国家相对于海岛东南亚国家而言不存在类似严重的反华行为，但是仍旧带有一些反华的情绪。东南亚的排华反华问题对地区稳定产生冲击，也影响到中国对大陆东南亚国家的投资，更会使

---

① 卢光盛：《大湄公河次地区合作的国际政治经济学分析》，《东南亚研究》2006 年第 2 期。

② 周南京：《风雨同舟——东南亚与华人问题》，中国华侨出版社，1995，第 432～447 页。

部分大陆东南亚国家民众和政府在这种情绪的渲染下夸大部分中国企业在当地对资源、环境破坏的行为，从而阻碍中国与大陆东南亚国家的经济往来。

（二）大湄公河次区域经济合作

1. 大湄公河次区域经济合作的制度建设

1992 年，在亚洲开发银行的倡议下，大湄公河次区域经济合作正式启动，主要包括澜沧江—湄公河流域内的中国云南省和广西壮族自治区（2005 年加入）、柬埔寨、泰国、越南、老挝和缅甸。第一，大湄公河次区域经济合作机制中的主体部分为领导人会议、部长级会议、高官会和工作组及专题论坛四级组织结构（见图 2－1）。它为中国与大陆东南亚国家经济往来的全面展开奠定了坚实的基础。领导人会议是大湄公河次区域经济合作的最高决策机构，每三年举行一次，各成员国按照字母顺序轮流主办。部长级会议自 1992 年起每年召开一次，负责在政策层面确定合作的方针，它下设高官会和 9 个工作组及专题论坛，分别负责交通、能源、电信、环境、旅游、农业、贸易、投资和人力资源开发在业务层面具体项目的设计和实施。大湄公河次区域组织采取协商一致的合作原则，决定需经各成员国一致认可才可以执行。这种分工明确、涵盖种类广泛、直属清晰的管理结构设置，保证了中国与大陆东南亚国家能在区域合作框架内合理优化资源配置，提高贸易、投资的利用率，从而促使双方的经济回报最大化。

第二，经济走廊论坛和省长论坛在中国与大陆东南亚国家的经贸活动

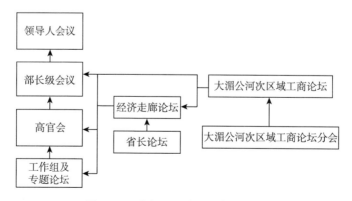

图 2－1　大湄公河次区域组织结构

资料来源：亚洲开发银行。

中起到了桥梁和纽带的作用，促进了相互的信息交换。首先，经济走廊论坛主要负责区域内经济走廊的建设。经济走廊是指将交通走廊的建设与经济发展相结合，为中国和大陆东南亚各国之间的合作与往来提供便利。经济走廊按交通运输网络布局可划分为南北、东西和南部三大经济走廊。经济走廊论坛在组织结构中以横向联系为主，它通过高级官员会议把意见传递到部长会议，使他们了解更多的动态，同时还直接从事论坛和工作小组的工作，在各领域搭建起桥梁，使经济走廊能得到更为全面的发展。经济走廊论坛是保证经济走廊建设通达性的关键，而经济走廊直接关乎中国与大陆东南亚国家经贸往来的畅通性。因此，经济走廊论坛有助于构建中国和大陆东南亚国家打通相互之间的贸易、投资等方面的基础硬件脉络，保证交流的便利性和顺畅性。其次，省长论坛与经济走廊论坛关系紧密，该论坛聚集了来自三条经济走廊沿线的各省领导人，形成了一个促进中国与部分大陆东南亚国家边界沿线各省之间对口交流的宝贵机会。在中国方面，云南省与广西壮族自治区的地方一级官员直接参与省长论坛，与大陆东南亚国家进行直接交流。这能明确相互间的经贸需要，更能就双边贸易中所存在的具体经济问题进行探讨和解决，从而促进中国与大陆东南亚国家经济合作的可持续发展。

第三，大湄公河次区域工商论坛是促进中国与大陆东南亚国家经济关系发展的重要助推器。大湄公河次区域工商论坛提供的服务包括以网络为基础的商业目录管理；以网络为基础的促进贸易交易的市场运作；为中小型企业提供咨询服务；促进贸易融资；组织召开会议，为次区域政府和工商界以及各国企业提供交流合作平台。① 大湄公河次区域工商论坛对中国与大陆东南亚国家之间的经济往来细节更为注重，服务也更为周全，能帮助存在疑惑和困难的企业走出去，参与到双边和多边的经贸活动中，从而在一定程度上保障了中国与大陆东南亚国家间经济活动数量和规模的提升。

2. 次区域合作中的发展瓶颈

相对于中国－东盟区域合作框架而言，尽管大湄公河次区域合作框架对促进中国与大陆东南亚国家的经济互动更具有针对性，但其仍存在一些发展瓶颈，从而制约了中国与大陆东南亚国家经济关系的进一步发展。第一，中国和大陆东南亚国家间的经济发展不平衡使得经济合作的效力降低。

① Calla WIEMER, "Economic Corridors for the Greater Mekong Subregion," *EAI Background Brief*, No. 479, 2009, p. 10.

大湄公河次区域内原有的两个社会主义国家放弃了中央计划经济或政府控制的发展方式，转向更多地依赖市场的发展方式，但是在现代化和资本主义发展过程中，这两个国家的优势并没有充分得到发挥。此外，由于中国、大陆东南亚国家之间的发展水平不同，形成合作起点较为困难。即使发展水平较高的一方降低门槛进行合作，也会致使原应收到的成效大打折扣。由表2-1可以看出，泰国与其他成员的发展呈现出完全不同的趋势，其在经济发展状况和宏观经济绩效的各个方面都处于一个更为优越的位置。因而，为了使中国和大陆东南亚国家在次区域合作框架下获得更多的经济往来收益，各成员要达到经济发展的基本水平，必须发展现代金融和支付系统，兴建现代化运输和通信网络，还要具备有能力的行政体系和普遍受过良好教育的人口。

表2-1　大陆东南亚国家的主要经济指标

国　家	柬埔寨		老挝		缅甸		泰国		越南	
年　份	2002	2012	2002	2012	2002	2012	2002	2012	2002	2012
GDP增长率（%）	6.7	7.3	5.9	8.2	12	-	5.3	6.5	7.1	5.0
人均GDP（现价美元）	337	946	317	1399	-	-	1989	5480	441	1596
人均GDP年增长率（%）	4.7	5.4	4.5	6.1	11.2	-	4.1	6.2	5.8	3.9
外国直接投资净流入（现价美元，单位：百万美元）	145.1	901.7（2011）	4.5	300.7（2011）	152.1	1000.6（2011）	3341.6	8616.3	1400	7430（2011）

注：这里各国2012年的GDP增长率（除缅甸外）是基于不变价本币计算的，总额计算基于2005年不变价美元。外国直接投资净流入是指经济体来自外国投资者的净流入（新投资流入减去撤资），数据按现价美元计。小数点后第一位为四舍五入得出的数值。

资料来源：世界银行统计数据库，http://publications.worldbank.org/WDI。

第二，大湄公河次区域内政治问题层出不穷，打乱了中国与大陆东南亚国家进一步发展经济关系的步伐。首先，在缅甸方面，2009年缅甸军方与果敢武装力量爆发冲突。在这期间，武装行动逼近中国边境，造成在边境居住的数名中国人受伤，并导致缅方边民大量涌入中国境内避难。此后，2012年12月至2013年1月，又不断有缅方炮弹落入中国云南省境内。缅甸政治局势的不确定性成为影响中国与其经贸往来的一个不安定因素。其次，在柬埔寨方面，它失去了实施经济增长政策的宝贵时间。在2003年7月举行选举后，柬埔寨政治陷入了僵局，无法进行必要的改革。因此，只有当束埔寨政治稳定，重要的立法、行政和司法改革得以实行时，大湄公河次区域的环境才能更为安定，中東经济合作才能更为顺畅地展开。[①] 最后，泰国政局动荡。2006 年 9 月，泰国发生军事政变，时任总理他信被迫下台，流亡海外。军方领袖颂提发动政变后扶植过渡政府，素拉育被任命为临时总理。他信的追随者沙马选举胜出上台，但数月后即在民盟的示威活动中下台。沙马下台后，他信的妹夫颂猜当选总理。两个多月后亦在民盟的示威中下台。颂猜下台后，反对党主席阿披实当选总理，支持他信的民众开始示威。红衫军运动升级。泰国财政部长指出，2010 年红衫军运动所造成的经济损失为国民生产总值的一半左右。这种不安定的政治局面也消减了中国投资者到泰国投资的需求，减缓了双边经贸的发展速度。

　　第三，区域组织内部的制度缺陷导致中国与大陆东南亚国家在经济合作中顾虑重重。首先，区域内公共产品是否可持续提供将影响中国与大陆东南亚国家的经济交往。在大湄公河次区域内，尽管中国和泰国经济发展较为迅速，但都不足以完全承担区域内的公共产品生产，至少不是持续性的生产。此外，当主要提供国受到经济、政治创伤，且区域内其他成员无法及时接替进行生产时，会导致区域内的不稳定和诸多问题的产生。与此同时，发展较缓的国家可能免费享受或仅付出很低的成本进行"搭便车"，如果长此以往，必将使主要提供国越来越无意也无力维持公共产品生产，从而不愿意或减少区域框架内的经济合作，从而使这个框架合作失去意义，中国和大陆东南亚国家的经济发展也将受到限制。其次，区域合作过程中的主导权待确认问题也使得中国与大陆东南亚国家的经济往来受到波动。大湄公河次区域经济组织实行协商一致的原则，一般来说各国在区域合作上应该是完全平等的。但是，由于区域内国家对对外经济、技术、市场的严重依赖，极易受到国际政治的制约，此外，区域内国家想依靠外部力量参与以起到平衡区域内部的想法，又使得区域外经济体很容易插足大湄公河次区域事务。因此，大湄公河次区域内主导权的不确认使得区域内成员始终在个人与集体之间游离，造成中国与大陆东南亚国家经济关系可持续发展的不平稳。

---

① 　SOK Hach（2004），Cambodia's economic development in the integration process：Lesson learned and policy implications for the future，Paper presented at The Annual Bank Conference on Development Economics.

（三）泛北部湾经济合作

1. 泛北部湾经济合作的制度建设

泛北部湾经济合作是中国与东南亚国家区域合作的延伸通道，为中国与大陆东南亚国家的经济交往拓展了新的途径。第一，泛北部湾经济合作论坛和泛北部湾区域经济合作市长论坛是深化中国与大陆东南亚国家经济合作共识的重要平台。泛北部湾经济合作论坛和 2010 年 8 月 13 日首次举办的泛北部湾区域经济合作市长论坛是稳定和发展泛北部湾区域经济，提高合作水平，深化合作共识、细化合作构想和制订行动计划的最佳载体，现已成为各国政府官员、专家学者和企业精英就拓展泛北部湾合作的战略方向、重点领域、机制安排等议题建言献策的重要场所，成为泛北部湾区域国家交往的窗口、经贸合作的载体和信息交流的平台。① 这为中国与大陆东南亚国家，特别是为中国同越南经贸关系的发展提供了更为便利的探讨场所，有利于相互之间的贸易投资。此外，第五届泛北部湾经济合作论坛于 2011 年 8 月 12～13 日在中国广西南宁举行，该届论坛吸引更多的东盟国家甚至区域外国家和地区参与②，这也为进一步推动中国与大陆东南亚国家的经贸合作，深化相互间的经济合作共识提供了良好的契机。

第二，泛北部湾经济合作联合专家组和中方专家组的成立为中国与大陆东南亚国家的经济互动提供良好的政策建议。由东盟十国和中方专家组成的泛北部湾经济合作联合专家组于 2008 年 7 月在第三届泛北部湾经济合作论坛上成立，由来自中国、东盟国家的专家、学者和亚洲开发银行的代表组成。③ 联合专家组工作会议讨论通过了《关于加快泛北部湾经济合作的行动建议》，由联合专家组共同编制的《泛北部湾经济合作可行性研究报告》已于 2011 年 8 月 19 日发布。这些由多国专家组成的专家组，不但能更为细致地了解中国与部分大陆东南亚国家的发展状况，更能提供适合的经济发展策略，在发展区域内部经济的同时，提升国家间的经贸合作规模，提高本国的经济发展水平，这对中国和大陆东南亚国家来说无疑都是有益的。

---

① 韦朝晖、陈万华：《以博弈论视角看泛北部湾合作机制的构建》，《国际经济合作》2010 年第 4 期。
② 《第五届泛北部湾经济合作论坛举行》，http：//www.chinanews.com/cj/2010/08 - 11/2459255.shtml。
③ 《泛北部湾经济合作发展前景广阔》，中国国际广播电台，2008 年 7 月 31 日。

2. 合作框架下的不足

近年来，泛北部湾经济合作得到迅速发展，对中国和大陆东南亚国家的经济互动功不可没，但其仍存在一些不足，如果不及时改进，就有可能影响中国和大陆东南亚国家经济关系的发展。第一，部分协定缺乏推陈出新的现状致使中国与大陆东南亚国家的发展空间受限。泛北部湾经济合作成员之间早先订立的一些运输协定，已不适应泛北部湾经济合作区成员的经贸合作要求。如中越两国交通部 1994 年签署的《中越汽车运输协定》，未把车辆运行范围扩展到整个南宁—河内—海防运输走廊和其他可能的运输走廊及线路。此外在成员之间旧有的有关进出口贸易执行关税和各种规费的差异，导致物流、人流流向不稳定。[①] 这些陈旧的协定，并不适合新时代下中国与大陆东南亚国家的经济发展需要，反而使之束手束脚。

第二，监管机制的缺失导致中国与大陆东南亚国家间经济行为的规范力下降。泛北部湾区域合作在海关、检验检疫、商业流动及物流的发展、跨境贸易与投资的操作程序等方面缺乏一定的透明监管与行政行为，造成了腐败与资源配置不当。[②] 此外，泛北部湾机制目前的主要交流平台泛北部湾经济合作论坛和泛北部湾区域经济合作市长论坛还只是停留在高层人士参与层面的年度会议上，参与面较窄，时间跨度过大。[③] 因此，这容易在中国与部分大陆东南亚国家的正常经济交往中滋生灰色地带甚至黑色地带，从而破坏正常的贸易、投资行为，最终使相互间的经济关系停滞甚至倒退。

第三，争端解决机制的缺乏无法及时、有效地根除在此合作框架下产生的中国与大陆东南亚国家的经贸纠纷。区域合作框架内的法规不健全以及未存在解决问题的机制，可能导致任何多边、双边以及区域性的经贸安排及运作都不可避免地发生一些争议，并造成无法弥补的损失。泛北部湾经济合作是一个正在建设中的、完全由发展中国家组成的次区域合作项目。中国和大陆东南亚国家的投资者在经贸往来的过程中都会或多或少地遇到市场不规范、政府政策多变和"无法可依"的困境。因此，建立符合双边、多边需求的争端解决机制，才能缓解中国与大陆东南亚国家的贸易摩擦和恶性投资竞争，从而使更多的投资者愿意参与到经济合作中来。

第四，广西自身能力的不足限制了泛北部湾经济合作的发展。中国与

---

① 魏佳、李连博：《泛北部湾交通合作及法律构想》，《法制与社会》2009 年第 2 期。
② 魏佳：《泛北部湾经济合作法律背景下的 SWOT 分析》，《江苏商论》2009 年第 4 期。
③ 杨祥章：《泛北部湾经济合作面临的挑战和发展前景》，《学术探索》2009 年第 5 期。

大陆东南亚国家要发展就必须互联互通。但这总体上属于中央政府管理的事务，广西地方政府作为次国家政府没有直接与外国政府商谈并签署互联互通文件的权力。因此，对于广西要通过泛北部湾经济合作框架发展与大陆东南亚国家互联互通的庞大规划而言，凭其自身的实力，根本无法完成，而且大陆东南亚国家首先会考虑中国中央政府的态度，而不是泛北部湾合作。例如，由于广西南宁自身没有能力带动南宁—新加坡经济走廊沿线国家社会经济的发展，如果中国中央政府不极力推动，这一走廊就难以建成。

第五，中国省份之间的竞争影响了泛北部湾合作机制作用的发挥。云南、广东、海南、上海、江苏对泛北部湾经济合作构成严峻的挑战。比如，广西在南宁建成面向东盟的国际门户枢纽机场，作为深化泛北部湾经济合作框架的重要交通枢纽。但 2012 年南宁机场的旅客吞吐量只有 700 万人次，有通往新加坡、马来西亚、印度尼西亚、越南、柬埔寨、老挝、缅甸、泰国等东南亚国家航线。① 而昆明长水机场 2012 年的旅客吞吐量达到 2385.15 万人次，航站楼单体建筑面积内地第一，总建筑面积仅次于北京、上海、香港机场居全国第四位，世界第五位。② 2013 年 7 月单日旅客吞吐量最高超过 10 万人次，旅客吞吐量居全国第四位，增幅在全国年旅客吞吐量超过千万人次以上的机场中居第一位，已通航曼德勒、仰光、万象、金边等 14 个东南亚国家城市。③ 此外，广西大力发展北海、钦州、防城等港口，计划到"十二五"末期力争使北部湾港基本建成服务西南、华南和中南，辐射东盟的区域性国际航运中心，广西北部湾港吞吐能力达 3.3 亿吨以上，在 2012 年 1.2 亿吨基础上增加 2.1 亿吨。④ 但是广西 2012 年的进出口总额只有 294.7 亿美元，⑤ 其中与东盟国家双边贸易总额为 120.5 亿美元。⑥ 即使加上 2012 年云

① 《南宁机场 2012 年旅客吞吐量突破 700 万人次》，http://www.gx.chinanews.com/2012/1912 __1230/68107.html。

② 《昆明机场圆满实现 2012 年安全年》，http://kunming.yunnan.cn/html/2013 – 01/01/content __2561986.htm。

③ 《昆明长水机场已开通至东南亚南亚国家 19 个城市航线》，http://yn.yunnan.cn/html/2013 – 08/11/content __2839784.htm。

④ 《广西五年新增港口吞吐能力三亿吨　达 4.8 亿吨》，http://www.gx.xinhuanet.com/news-center/2011 – 04/06/content __22455805.htm。

⑤ 《2012 年广西外贸进出口总值再创历史新高》，http://news.xinhuanet.com/yzyd/tech/20130121/c __114434816.htm。

⑥ 《2012 年广西与东盟双边贸易总值达 120.5 亿美元，增长 26%，占同期广西进出口总值的 4 成。– 南宁海关》，http://news.hexun.com/2013 – 01 – 12/150086758.html。

南的 66.8 亿美元①以及贵州、重庆、四川、湖南等地的部分进出口物资，广西北部湾港口群目前的吞吐能力也已过剩。众所周知，如果港口货物不够多，班轮就开通不起来或者密度不大，货物进出港口的速度就会慢。与此形成鲜明对比的是，广东 2012 年进出口总额为 9838.2 亿美元，② 其中与东盟的贸易额为 923 亿美元。③ 所以，广西北部湾港口群要在短期内成为区域性国际航运中心的目标同样难以实现。如果到"十二五"末期，昆明到缅甸皎漂的铁路修通并形成运力，西南地区有相当一部分物资将转移到皎漂港，广西北部湾港口群的吞吐能力将进一步过剩。因此，泛北部湾经济合作的发展面临着严峻的挑战。

（四）孟中印缅区域经济合作

1. 孟中印缅区域经济合作的开展

孟中印缅（BCIM）山水相连，商贸、文化交往源远流长，是世界上国家之间交往最早、合作历史最长的地区之一。1999 年 8 月，首届"中印缅孟地区经济合作国际研讨会"在昆明举行，来自四国的 134 人共聚一堂商讨经济合作事宜。四国代表团团长在会上签署了《昆明倡议》，并宣告四国经济合作启动。截至 2012 年，孟中印缅地区经济合作论坛已在四国轮流举办了 10 次，并已形成了论坛机制。孟中印缅经济合作地区包括中国云南省，印度东部的比哈尔邦、西孟加拉邦和东北部地区，缅甸和孟加拉国全境。区域面积 165 万平方千米，人口约 4.03 亿人，处于中国、东南亚、南亚三大市场的连接地带。孟中印缅同属发展中国家，四国开展地区经济合作，能进一步加深相互理解，密切各方的经济关系，增强相互间的信任，沟通相互往来的渠道，建立友好合作的良好协商机制，从而创造区域性的有利于和平与发展的环境；通过区域经济合作，可以大量引进资金、技术和管理，大规模开展国际贸易活动，加快企业技术进步，有效地改善企业组织管理，使这一区域成为新的经济增长中心，带动四国经济发展，迅速增强各国经济实力，实现四国经济的持续、健康发展。

随着孟中印缅四国关系的改善，经贸合作领域不断拓宽，经贸合作的

---

① 《云桂：货通"东西"口岸兴》，http：//paper. ce. cn/jjrb/html/2013 - 05/29/content __157999. htm。

② 《2012 年广东省进出口总额同比增长 7.7%》，http：//roll. sohu. com/20130116/n363611207. shtml。

③ 《2012 年广东对东盟进出口贸易总额为 923 亿元》，http：//www. caexpo. com/news/info/number/2013/03/26/3589586. html。

规模也在不断扩大。2012 年，中印、中孟、中缅的双边贸易额分别达到
664.72 亿美元、84.51 亿美元和 69.72 亿美元，均比以往有大幅度增加。[①]
油气合作一直是孟中印缅四国经贸合作的重要内容，孟中印缅开展并强化
油气合作，有助于四国获得巨大的能源经济利益，维护区域能源共同安全，
推进多极能源格局的形成，深化和丰富区域经济合作内容，增强孟中印缅
地区经济合作组织的吸引力和活力。[②]

2. **经济合作的发展瓶颈**

印度成为影响"孟中印缅论坛"机制发展的重要因素。印度和中国是
该机制内的大国，对机制的态度和在其中的影响至关重要。但从政府层面
看，印度的举措比之于其他三国表现得较为被动和消极。另外一个关键问题
是，因该机制直接关涉的印度区域被认为是印度在政治、安全和经济上都
比较敏感的边境地区，这使印度在实施该地区对外经济合作前必须认真考虑
其他方面的问题。[③] 因此，在推进该机制合作中，印度并不积极，并有束之
高阁之感。

过境便利化问题成为影响孟中印缅经济合作的重要因素。一是车辆限
制。主要包括对商业经营权、车辆登记、行车证、驾驶执照和第三方责任
险的相互认可；对车辆技术标准和规格、交通规定和信号指示、临时进口
车辆的认证。二是货物限制。主要包括海关便利化措施：烦琐的过境管理
体系；查验文本和货物而造成的多次停留；医疗卫生及动植物检验检疫；
强制性质量管理检查；对某些货物的特别管理以及对货币的管理和控制。
二是人员限制。在孟中印缅四国之间人员过境主要面临以下几类问题：护
照、签证、边境通行证的办理；健康状况监控；对个人财物、携带现金和
货币的相关规定。四是基础设施限制。基础设施限制给过境人员和车辆带
来极大不便。主要问题有：道路和桥梁设计标准不统一，道路交通标志和
信号缺失，边界管理设施不足等。五是其他限制。这类限制主要包括缺少
统一的文本与表格、存在歧视性法律法规等。[④]

---

① 《2012 年 1－12 月我对亚洲国家（地区）贸易统计》，http://yzs. mofcom. gov. cn/article/g/
date/v/201301/20130100008190. shtml。

② 陈利君等：《孟中印缅能源合作与中国能源安全》，中国书籍出版社，2009，第 6 页。

③ 张力、彭景：《"孟中印缅"地区合作机制：推动因素与制约因素》，《南亚研究季刊》2005
年第 1 期。

④ M·拉马图拉：《推进孟中印缅交通连接及对策建议——孟加拉国的思考》，张林译，《东南
亚南亚研究》2010 年第 3 期。

二 中国和大陆东南亚国家的双边合作

多边区域合作框架为中国和大陆东南亚国家的经贸往来创造了良好的互动平台，区域框架下的合作机制更为相互间增信释疑、消除经济壁垒起到了重要的推动作用。在此背景下，中国（特别是云南和广西）与大陆东南亚国家又通过双边合作的形式不断加深两者在经贸领域的合作。

（一）中国和大陆东南亚国家的合作框架

1. 国家层面双边合作协议

国家间的经济合作需要多边框架去构建舞台，在解决有关两国间具体经济问题时，可在这些框架下通过双边渠道进行解决，从而突破经济瓶颈，促进相互间的经济往来。现今中国和大陆东南亚国家的合作机制主要有中国－东盟区域合作、大湄公河次区域经济合作、泛北部湾经济合作以及孟中印缅区域经济合作。下面将以《大湄公河次区域便利货物及人员跨境运输协定》（*Cross Border Transport Agreemen，CBTA*）（以下简称《便运协定》）为例来分析区域框架对中国和大陆东南亚国家双边经济往来的促进作用。

《便运协定》是大湄公河次区域经济合作的一个重要成果，涵盖了有关跨境运输便利化的各个方面，包括一站式通关；人员的跨境流动（如营运人员的签证）；运输通行制度，包括免除海关检验、保证金抵押、护送、动植物检疫；公路车辆必须具备跨境通行的先决条件；商业通行权利的交换；基础设施，包括公路和桥梁设计标准、公路标识与信号。2004 年 8 月，在金边举办的第八届大湄公河次区域交通论坛上，中国和大陆东南亚国家一致同意，在 16 个跨境点中的 5 个试验点，于 2005 年年中初步实施该协定。这 5 个试点区为：河口（中华人民共和国）—老街（越南）；巴维（Bavet，柬埔寨）—莫拜（Moc Bai，越南）；淡沙湾（Dansavanh，老挝）—老堡（Lao Bao，越南）；波贝（Poipet，柬埔寨）—阿叻年巴提（Aranyaprathet，泰国）；穆达罕（Mukdahan，泰国）—沙湾拿吉（Savannakhet，老挝）。[①] 该协定吸纳了其他双边和多边行动的指导原则，灵活考虑了中国和大陆东南亚国家的不同手续。《便运协定》的提出减少了中国与大陆东南亚国家之间的无形壁垒，增加了相互之间双边贸易的通畅性。截至 2008 年 3 月，中国已完成了《便运

---

① 亚洲开发银行：《大湄公河次区域客货跨境运输便利化简介》。

协定》全部 17 个附件和 3 个议定书的国内接受程序，并签署了中越关于在河口－老街口岸初步实施《便运协定》的谅解备忘录。此外，中国还根据《便运协定》的规定，成立了国家便利运输委员会，负责协调和处理《便运协定》执行中出现的具体问题。同时，编写了关于实施《便运协定》的《国家行动计划》和《实施手册》，并举办了由中央相关部委、云南和广西相关单位及 7 个口岸联检机构参加的关于实施《便运协定》及其附件和议定书的培训班。① 该协定的推出以及中国与大陆东南亚国家以该协定为标准的努力，使得双边经贸往来更为畅通。

2. 云南与大陆东南亚国家的经贸互动

云南紧靠中南半岛，与大陆东南亚国家地缘临近，是中国发展与大陆东南亚国家双边经济往来的重要窗口。云南借助大湄公河次区域经济合作平台、与缅泰老建立对话机制、实施桥头堡战略等方式，积极发展与大陆东南亚国家的贸易、投资。第一，云南是最早代表中国政府参与大湄公河次区域经济合作的主体省份。一直以来，云南都在积极、主动地与大陆东南亚国家进行合作，云南企业更是纷纷走出去，在大陆东南亚国家进行经济贸易投资。

第二，云南和缅泰越老北部的对话机制的建立。2004 年 4 月，云南与泰国成立中国云南－泰北合作工作组机制，确定该机制以贸易和投资、旅游、交通、社会发展、科技合作为重点，推进双方在各个领域的合作。同年 9 月，云南代表团参加了在河内举行的"中国云南与越南河内、老街、海防、广宁五省市经济合作协商会"，并签署了《会议纪要》，标志着云南与越南北部五省市经济协商会议制度的建立。此后又在同年 10 月，滇老双方召开会议，成功组建了中国云南－老挝北部工作组合作机制。

第三，云南桥头堡战略的实施。2009 年 7 月，胡锦涛总书记考察云南时，从调整完善我国对外开放总体战略格局的高度，提出了"使云南成为我国面向西南开放的重要桥头堡"的要求。2011 年 5 月，国务院批准并出台了《国务院关于支持云南省加快建设面向西南开放重要桥头堡的意见》，这标志着云南更为重视大陆东南亚国家的市场发展，进一步加大对外开放的力度，相互间的经济交流也变得更为频繁。

第四，三个跨境经济合作区的建设。一是中国磨憨—老挝磨丁。合作

---

① 《中国参与大湄公河次区域经济合作国家报告（全文）》，http：//finance. sina. com. cn/roll/20080328/ 11572107567. shtml。

区依托中国昆明—新加坡国际大通道和经济走廊建设，由口岸旅游贸易服务区、仓储物流（含铁路物流区）、保税区、替代产业加工区和综合服务区五个部分组成。二是中国瑞丽—缅甸木姐。以昆明—仰光经济走廊、昆明—南亚经济走廊和传统的边境贸易供货地及目标市场为经济腹地，在瑞丽江两侧河谷地带的 600 平方千米范围内，建立集国际经济贸易、保税仓储、进出口加工装配、国际会展、跨境金融保险服务、跨境旅游购物、跨境投资和边境社会发展事务合作的综合型跨境经济合作区，兼顾国际物流和旅游的贸工型自由贸易区。三是中国红河—越南老街。该经济合作区是当前云南配套设施最完善、条件最成熟的跨境经济合作区。占地 130.35 平方千米，由 62.5 平方千米的越南老街周边的北沿海出口加工区、东新坡工业区、腾龙工业区和贵沙矿区，以及以金城商贸区为主的老街口岸区和中方的 65 平方千米的红河工业园区和 2.85 平方千米的河口北山口岸区共同构建。当前正在积极推进北山 3 条主干道建设、界河河堤整治三期工程、进出口查验货场、边民互市市场、国际物流园区建设。①

第五，瑞丽重点开发开放试验区建设。瑞丽是中缅边境通道最多、国家级口岸和特殊经济功能区最密集的区域，瑞丽口岸是中国对缅最大的陆路综合性国家级口岸。2011 年 5 月，瑞丽作为桥头堡建设的国家开发开放试验区建设正式启动。该试验区的建设为加快云南与大陆东南亚国家的经贸发展提供广阔的发展前景。

3. 广西与大陆东南亚国家的经济往来

广西是中国与大陆东南亚国家进行经贸合作的另一个重要窗口。进入 21 世纪后，广西通过中国东盟博览会、"两廊一圈"、泛北部湾经济合作以及东兴重点开发开放试验区的建设，加速了与大陆东南亚国家的经济互动。第一，借助中国－东盟博览会。2004 年首届中国－东盟博览会累计贸易成交额为 10.3 亿美元；签订涉外投资项目 129 个，总投资 49.68 亿美元；签订国内合作项目 102 个，总投资 475.4 亿元人民币。② 中国－东盟博览会已跻身于中国大型博览会之列，成为加速广西与大陆东南亚国家经济发展的助推器。

第二，发展"两廊一圈"。所谓"两廊一圈"，是指"昆明—老街—河

---

① 《三大经济合作区》，http：//news. cnfol. com/110102/101，1277，9086648，00. shtml。

② 《中国－东盟博览会：广西发展新引擎》，http：//finance. sina. com. cn/g/20041109/0701114 0712. shtml。

内—海防—广宁"、"南宁—谅山—河内—海防—广宁"经济走廊和环北部
湾经济圈（简称"两廊一圈"），涉及中国广西、广东、云南、海南、香港
和澳门及越南的 10 个沿海地带。两条走廊共跨度 14 万平方千米，总人口为
3900 万人。2006 年 11 月，中国和越南两国领导人在河内签订了《关于开展
"两廊一圈"合作谅解备忘录》后，"两廊一圈"的开发建设取得了很大进
展，这使中国和越南共同建立了关系更为紧密的双边合作经济区，广西与
越南的双边贸易和投资额也节节攀升。

　　第三，推进泛北部湾经济合作。广西十分重视通过泛北部湾经济合作
平台发展与大陆东南亚国家的合作，其发布的《广西北部湾经济区发展规
划》指出，要逐步实现南宁—河内、胡志明市的高等级公路连接和中南半
岛铁路干线贯通；加强集装箱联运与国际中转、运输航线，物流与煤炭配
送，邮轮客运等合作。这些规划的发布以及相关举措的实行，进一步加强
广西与大陆东南亚国家的贸易与投资合作。

　　第四，建设东兴重点开发开放试验区。2010 年 6 月，党中央、国务院
出台的关于深入实施西部大开发战略的若干意见，明确将东兴列为国家重
点开发开放试验区，东兴试验区开发开放正式上升为国家发展战略。广西
开始大力发展东兴重点开发开放试验区，启动东兴—芒街跨境经济合作区
我方范围规划编制，争取把东兴边境经济合作区建成为中越两国经济深层
次合作的试验区和沿边开放开发的窗口；启动跨境经济合作区内北仑河沿
江大道等"三路一桥"建设，加强与越南芒街在规划、合作政策等方面的
对接互动。目前芒街市相关工作已经获得越南政府认可，并已完成一期规
划。① 东兴重点开发开放试验区的建设是广西乃至中国同大陆东南亚国家进
行经济交往的重要门户，将进一步带动中国与大陆东南亚国家间的双边经
济发展。

（二）中国和大陆东南亚国家的双边合作内容

1. 中国和大陆东南亚国家的贸易合作

　　近年来，中国和大陆东南亚国家的贸易合作日益紧密，贸易额也呈上
升趋势，其中以云南和广西为其中的典型。第一，云南与大陆东南亚国家
的贸易发展情况。云南早在 1984 年便获许在边境地区开展边境贸易。云南
与大陆东南亚国家的贸易是从以物易物、边民互市起步，经历了一个从无

---

①　《东兴全力建设国家重点开发开放试验区》，http：//www.chinadaily.com.cn/hqgj/jryw/2011 -
07 - 22/content __3276404. html。

到有、由小到大的发展过程。① 1992 年以来，云南省与大陆东南亚国家的进出口贸易大幅度持续增长，大陆东南亚国家是云南的主要贸易伙伴，是云南对外贸易的重要组成部分。1992～2007 年，云南与大陆东南亚国家的贸易总额年均增长 32.7%，2007 年云南与大陆东南亚国家的贸易总额是 1992 年的 5.9 倍；2008 年云南与大陆东南亚国家的贸易总额占全省外贸总额的 23.07%；2009 年云南与大陆东南亚国家的贸易额为 24.11 亿美元，占全省进出口总额的 30%；② 2012 年，云南与大陆东南亚国家贸易额达到 43.73 亿美元。③

从贸易对象来看，缅甸从 2003 年以来是云南最大的贸易伙伴，也是云南第一位出口市场和第二位进口市场，双边贸易额迅速增长。2008 年，滇缅贸易额近 12 亿美元，同比增长 34.5%，④ 2009 年贸易额为 12.27 亿美元，同比增长 1.3%，云南对缅甸的贸易顺差 3 亿美元。⑤ 2012 年，滇缅贸易额为 22.7 亿美元。⑥ 同时，云南与越南的双边贸易最近几年发展也较快，2007～2009 年，越南连续三年成为云南第二大贸易伙伴。2012 年，云南与越南双边贸易额达 10.4 亿美元。⑦ 泰国与云南的双边贸易存在较大的互补性，一直以来都是云南重要的贸易伙伴。泰国的热带果蔬、大米、橡胶、海产品等食品以及矿产等原材料在云南占有广阔的市场，而云南的机电产品、日用消费品、鲜切花、蔬菜等在泰国市场有很大的需求量。2008 年 6 月，中泰签订《中国云南蔬菜换取泰国成品油易货贸易协议》后，云南蔬菜企业将货值 1 亿多元人民币的土豆、西红柿、西兰花、生菜等出口到泰国，并换取了等值的成品油。⑧ 2009 年，云南与泰国的双边贸

---

① 陈松涛：《云南对 GMS 合作的参与》，《大湄公河次区域合作发展报告（2010～2011）》，社会科学文献出版社，2011，第 186 页。
② 李晨阳、贺圣达：《中国对大湄公河次区域合作的参与：进展、挑战与建议》，《大湄公河次区域合作发展报告（2010～2011）》，社会科学文献出版社，2011，第 172 页。
③ 陈松涛：《2012 年云南经济社会发展及其对大湄公河次区域合作的参与》，《大湄公河次区域合作发展报告（2012～2013）》，社会科学文献出版社，2013，第 157 页。
④ 《发挥互补优势　共谋和谐发展——在滇缅经济贸易合作论坛第二次会议上的讲话》，http://www.mofcom.gov.cn/aarticle/difang/ldhd/201001/20100106740308.html。
⑤ 陈松涛：《云南对 GMS 合作的参与》，《大湄公河次区域合作发展报告（2010～2011）》，社会科学文献出版社，2011，第 186 页。
⑥ 陈松涛：《2012 年云南经济社会发展及其对大湄公河次区域合作的参与》，《大湄公河次区域合作发展报告（2012～2013）》，社会科学文献出版社，2013，第 157 页。
⑦ 陈松涛：《2012 年云南经济社会发展及其对大湄公河次区域合作的参与》，《大湄公河次区域合作发展报告（2012～2013）》，社会科学文献出版社，2013，第 157 页。
⑧ 《中国西南严重干旱未影响滇泰陆路"以货易货"》，http://www.yn.cei.gov.cn/，2010 年 3 月 24 日。

易额为 2.4 亿美元，2012 年达到 7 亿美元。[①] 云南与老挝的双边贸易一直以边境贸易为主，2005 年双边贸易额仅为 1885 万美元，2012 年上升为 3.5 亿美元[②]。云南与柬埔寨之间的贸易规模则比较小，2009 年只有 367 万美元[③]；2012 年双边贸易额增至 670 万美元[④]。就目前而言，云南与柬埔寨的双边贸易结构比较单一，且主要是云南对柬埔寨的出口。由此可见，云南和大陆东南亚国家的贸易合作已成为中国 – 东盟自由贸易区建设的有效载体，发挥了中国参与大陆东南亚国家合作前沿和主体的作用，加深了中国与大陆东南亚国家的经贸关系，也为消除区域经济合作的制度性障碍进行了有益的尝试，为进一步发展中国与大陆东南亚国家的睦邻友好关系，也为云南更大规模和更深层次地参与和大陆东南亚国家合作打下了较好的基础。

第二，广西与大陆东南亚国家的贸易发展情况。从中国 – 东盟博览会的召开来看，广西是东盟与中国贸易的重要门户，加强了大陆东南亚国家与中国的贸易潜力。2012 年，广西与大陆东南亚国家的贸易额达 101.25 亿美元，同比增长 27.7%，占广西与东盟贸易额的 84%，大陆东南亚国家已成为广西十分重要的对外贸易伙伴。通过分析广西与大陆东南亚国家之间的贸易后发现，越南是广西最大的贸易伙伴。2012 年，广西与越南之间的贸易额高达 97.27 亿美元，比 2011 年增长约 28%。而泰国与广西的贸易额明显低于越南，2012 年广西与泰国的贸易额为 3 亿美元，比 2011 年增长约 12.8%，[⑤] 泰国向广西出口的主要产品有果蔬、橡胶、珠宝首饰和电子产品等。缅甸与广西的双边进出口贸易产品存在较强的差异性、互补性，缅甸经济发展急需建材、化肥、成品油等产品，而广西此类产品的生产很好地弥补了缅甸的缺口。老挝与广西气候相近，双方发展的互补性强，尤其是在农业生产、矿产资源开发利用等领域，广西有很强的实力，

---

① 陈松涛：《2012 年云南经济社会发展及其对大湄公河次区域合作的参与》，《大湄公河次区域合作发展报告（2012~2013）》，社会科学文献出版社，2013，第 157 页。

② 陈松涛：《2012 年云南经济社会发展及其对大湄公河次区域合作的参与》，《大湄公河次区域合作发展报告（2012~2013）》，社会科学文献出版社，2013，第 157 页。

③ 《今年前 7 月云南省与东盟实现进出口总额 24 亿美元》，云南网，http://yn.yunnan.cn/，2010 年 8 月 21 日。

④ 陈松涛：《2012 年云南经济社会发展及其对大湄公河次区域合作的参与》，《大湄公河次区域合作发展报告（2012~2013）》，社会科学文献出版社，2013，第 157 页。

⑤ 罗圣荣：《2012 年广西经济社会发展及其对大湄公河次区域合作的参与》，《大湄公河次区域合作发展报告（2012~2013）》，社会科学文献出版社，2013，第 174 页。

而这正是老挝目前急需的。2007年，广西与柬埔寨的外贸进出口首次突破了1000万美元的大关，达1777万美元，比2006年同期增长5.4%，其中，进口达1486万美元。[①] 2012年，双方进出口额约2090万美元，同比增长20.9%。[②]

2. 中国与大陆东南亚国家的投资合作

在中国与大陆东南亚国家的相互投资过程中，云南和广西是其中重要的参与者。

第一，云南对大陆东南亚国家的投资。近年来，云南对大陆东南亚国家的投资大幅增长，大陆东南亚国家已成为云南企业对外投资的主要市场。2007年，云南对大陆东南亚国家协议投资额超过2006年以前的总和。云南对大陆东南亚国家的投资排名依次为缅甸、老挝、越南、柬埔寨和泰国。2009年，云南在缅甸、越南、老挝三国新设立企业50家，占新批企业总数的77%，协议投资4.19亿美元，占投资总额的84%，实际投资2.03亿美元，占云南当年对外投资总额的75%。[③] 2012年，云南在缅甸、老挝、越南、柬埔寨、泰国五国实际投资共计60876.15万美元，占同期实际投资的85.4%。[④]此外，云南对大陆东南亚国家的直接投资发展很快，投资项目主要以大陆东南亚国家的资源开发类项目为主，包括基础设施建设、能源、制造业、矿业、农业等。缅甸、老挝、越南三国已成为云南开展境外投资合作的主要市场。[⑤] 2010年6月初，温家宝总理对缅甸进行了正式访问，双方签署了中缅油气管道（缅甸西海岸马德岛的皎漂市—中国云南瑞丽—昆明）最终合作协议等15项双边经贸合作协议。2010年9月中缅油气管道正式开工建设，这是云南省迄今为止最大的工业投资项目，输油和输气能力分别为2200万吨/年和120亿立方米/年。缅甸是云南在大陆东南亚国家中合作潜力最大、互补性最强、可开发资源最全的国家，已成为云南企业"走出去"开展投资合作的重要国家。2009年，云南在缅甸协议投资额为

① 卢光盛：《云南、广西与东盟区域经济合作的比较分析》，《云南财经大学学报》2009年第1期。

② 罗圣荣：《2012年广西经济社会发展及其对大湄公河次区域合作的参与》，《大湄公河次区域合作发展报告（2012~2013）》，社会科学文献出版社，2013，第174页。

③ 李晨阳、贺圣达：《中国对大湄公河次区域合作的参与：进展、挑战与建议》，《大湄公河次区域合作发展报告（2010~2011）》，社会科学文献出版社，2010，第111页。

④ 《2012年云南对外投资合作业务简况》，http://yndwtz.yunshow.com/htmlys/yndwtz/2013/0226/news_5_64539.html。

⑤ 《2009年云南省外经业务统计》，云南省商务厅，http://www.bofcom.gov.cn/。

1.8 亿美元，实际投资额为 0.86 亿美元。2012 年 3 月 26 日，中国（云南）—缅甸经贸合作推介会上双方共签署了 7 个双边合作项目，总金额达 1.46 亿美元。① 云南对老挝的投资起步于 1995 年，发展较快。2009 年 8 月的统计显示，老挝和云南有多项合作项目，其中最主要的是橡胶种植和毒品替代种植项目，项目总金额达 5 亿美元。老挝已成为云南省对外直接投资的第二大市场，2012 年上半年云南在老挝共设立境外投资企业 140 家，实际投资额为 3.9 亿美元，占云南省累计对外投资总额的 17.7%，主要涉及农业合作及矿产资源开发领域，其中农业合作领域共设立企业 73 家，累计实际投资 1.77 亿美元，占云南省对老累计实际投资总额的 44.4%；矿业合作领域共设立企业 34 家，实际投资 1.2 亿美元，占云南对老累计实际投资总额的 30%。② 2012 年，云南企业全年在老挝新签合同金额达 47316 万美元，同比增长 862.1%；完成营业额 20638 万美元，同比增长 47.04%，截至 2012 年年底云南企业在老挝已投资近 11 亿美元。③ 云南在越南投资的项目涉及轻工机械、化工、建材、制糖、饮料、造纸、电力、交通设施等。2009 年，云南企业以工程承包、海外投资等方式与越南企业在电力、冶金、建材、烟草等领域开展合作，合作领域和范围不断扩大。④ 2012 年 4 月举办了中国（云南）—越南经贸合作推介会，双方共签署 7 个双边合作项目，涉及贸易、投资、经济技术合作等多个领域。

第二，广西对大陆东南亚国家的投资。广西近年来增加了对大陆东南亚国家的投资力度。截至 2006 年年底，广西对越南投资项目共 58 个，协议投资额逾 2 亿美元，占中国对越南协议投资额的 1/5。截至 2007 年 5 月，广西对越南投资项目 50 个，总投资额为 5.1 亿美元。⑤ 截至 2008 年，广西在越南投资项目达 100 个，直接投资 1.42 亿美元，工程承包和劳务合作完成营业额 2.37 亿美元。越南在广西设立的三资企业累计 22 家，合同外资金额

---

① 《滇缅签署 7 个合作项目　总金额达 1.46 亿美元》，中国商务部，http：//www.mofcom.gov.cn/aarticle/resume/n/201203/20120308039885.html。

② 《6 月底云南省在老挝实际投资额 3.9 亿美元》，中商情报网，http：//www.askci.com/news/201208/23/114640__49.shtml。

③ 《2012 年云南对外投资合作业务简况》，云南省商务厅，http：//www.dh.gov.cn/bofcom/432921734090326016/20130201/345999.html。

④ 《滇越合作渐入佳境——写在中越建交 60 周年之际》，http：//news.sina.com.cn/c/2010-01-27 071716999910s.shtml。

⑤ 《广西对越南投资签订 50 个项目　总金额超 5 亿美元》，http：//news.sohu.com/20070512/n249979065.shtml。

为 9053 万美元。① 2010 年 9 月，中国广西—越南经贸洽谈会在越南河内举行，洽谈会共签订 64 个合作项目，总投资 19.6 亿美元，100 多家广西企业带来近 200 个投资合作项目，项目涉及资源开发、农业种植加工、农机制造、汽车及零配件、制糖等方面。② 2008 年，泰国在广西投资的企业已有 100 多家，在东盟各国对广西的投资中居第二位。由于广西政府对于发展北部湾经济、吸引外商投资给予了极大的重视，因此吸引了很多泰国企业。这些企业认为，中国是很好的投资目的地，而广西则是泰国企业进入中国的首选。③ 截至 2010 年 8 月，广西企业在柬埔寨累计投资额为 4854.36 万美元；签订工程承包合同额 1174 万美元，营业额 568 万美元；柬埔寨在广西成立的外商投资企业共 9 家，合同外资总额 898 万美元，实际利用外资金额 315 万美元。广西与柬埔寨在资源禀赋和产业结构上各具比较优势，在产业内和产业间都形成了互补特征。④ 近年来，广西加大了在缅甸的投资力度。2010 年以来，广西新批准在缅甸投资项目增多，除汽车、工程机械、农业机械等产品已成功进入缅甸市场外，广西与缅甸也成功开展了剑麻种植合作，以及杂交水稻高产试种示范、玉米制种试种和哈密瓜试种等农业方面的合作。缅甸在广西的投资也实现零的突破，近年来在广西投资的缅甸企业数量、合同外资金额、实际到位资金都在不断增长。2012 年在仰光举行的中国广西—缅甸投资贸易洽谈会暨项目签约仪式上，广西与缅甸共签订 22 个合作项目，总金额达 2.92 亿美元。广西已与缅甸签署《关于进一步加强经贸合作的协议》，双方相关部门签署农业、旅游、矿产资源开发以及联合勘探等方面的合作协议。⑤ 大陆东南亚国家 2010 年在广西的投资情况如下（见表 2 - 2）。

---

① 《广西加强与越南的投资合作》，http：//www.chinaacc.com/new/184＿900＿201009/19lv270680085.shtml。

② 《广西与越南签约投资近二十亿美元》，http：//finance.sina.com.cn/roll/20100917/10068675108.shtml。

③ 《综述：广西成为泰国企业投资中国的首选地》，http：//news.163.com/08/0506/01/4B7L8LK900012 0GU.html。

④ 《柬埔寨投资说明会在南宁成功举办》，http：//guangxi.mofcom.gov.cn/aarticle/sjshangwudt/201009/20100907158758.html。

⑤ 《拓展广西与缅甸的合作》，http：//www.gxrb.com.cn/html/2012 - 11/28/content＿759309.htm。

表 2 - 2　截至 2010 年大陆东南亚国家在广西的投资情况

单位：个，万美元

国别	泰国	越南	老挝	柬埔寨	缅甸
项目数	119	23	1	9	3
合同外资额	30592	9049	15	898	199
实际利用外资额	26416	1779	5	315	57

资料来源：http：//wzc. guangxi. mofcom. gov. cn/aarticle/ztfenxi/tjxm/201103/20110307472949. html。

（三）中国和大陆东南亚国家双边合作中存在的问题

1. 区域合作制度促进双边合作的成效有限

尽管中国与大陆东南亚国家间可以借助中国 - 东盟区域合作、大湄公河次区域经济合作、泛北部湾经济合作以及孟中印缅经济合作的平台来促进双边经贸往来，但区域合作制度的效用并没有那么理想。

第一，区域合作制度对各国经济增长的直接推动力有限。虽然在众多机制引导下，在贸易、关税等方面做了调整，相互间的项目合作也有所增加，但由于本身发展水平以及市场结构的制约，使其在关税削减预期带来的贸易扩大和收益增加的成效上非常有限。此外，在吸引外国直接投资上，虽然在亚洲开发银行的帮助下及自身内部设施完善的基础上有所增加，但增加的数量仍然无法满足大陆东南亚国家的需求，投资资金的持续性也有待商榷。第二，区域合作制度未能有效缓解中国和大陆东南亚国家间的结构性矛盾。大陆东南亚国家经济的发展很大程度上依赖外在的市场和资金，由于大陆东南亚各国地理特征、出口商品结构等方面的雷同，彼此的竞争多于合作，竞争有余而互补不足成为中国与大陆东南亚国家经济合作的最大障碍。

2. 地方政府参加双边合作面临的尴尬

现阶段区域主义和国际制度都是"国家中心的"，即"主权性的"，而地方政府参与区域合作所采取的制度的最大特点是非主权性。所谓非主权性是指地方政府并不拥有主权身份，不能以法理上平等的身份来与区域合作的对象国中央政府开展谈判、对话、签署条约并执行，它们只是作为中国（以中央政府来体现）参与区域合作的一个组成部分，只能体现中央政府的意志，服务和服从于国家利益。因此，云南、广西在通过多个区域合作形式进行双边互动时，事实上是以省、自治区的身份来与对方开展合作，都具有明确的非主权性，这种非主权性对于合作的开展有一定的影响。首先，地方政府只能倡议区域合作，不能以独立、平等（如果对方是国家层次的话）的身份来签署国际（包括双边和多边）协定，也不能通过国家层次的法律渠道将区域合作协定进行"内化"并贯彻执行，这是影响次区域合作成效的重要制约因素。其次，非主权性导致的身份差异可能会妨碍合作的顺利进行。例如，周边国家担心和云南开展区域合作谈判，可能会面临得不到中国政府的批准、执行起来没有保障等问题，从而影响开展合作的积极性。[①]

3. 外来压力给双边经贸发展带来的影响

随着中南半岛地位的日益凸显以及大陆东南亚国家的稳步发展，围绕该地区的市场以及区域主导权的争夺越来越激烈。例如，美国高调重返东南亚，并拉拢越南，就南海问题向中国频频发难，影响中越正常的双边经贸发展。日本作为向该地区提供援助较多的国家，一如既往地进行低调的援助行为，以影响当地民众的观念。此外，印度、俄罗斯、欧盟也开始意识到大陆东南亚国家的重要性，经济机构纷纷入驻中南半岛，牵制中国在该地区的发展。因此，竞争者的日益增多，以及他国给该地区带来的过多的复杂政治因素，影响到中国与大陆东南亚国家双边经贸的发展。

4. 双边合作前景不可忽视的隐忧

中国与大陆东南亚国家现阶段的双边经济发展，仍保持缓慢发展的趋势，这主要受到区域合作的深化程度及地方政府的政策影响。首先，区域一体化的发展进程，如东亚一体化和中国－东盟自由贸易区建设等，以及次区域合作本身的深化程度，影响中国与大陆东南亚国家在贸易、投资方面的协调，从而使互补性多于竞争性，需求与市场的容量相匹配。其次，大陆东南亚国家政府及其地方政府受国际国内形势影响而产生多变的政策和不稳定、不明朗的态度，不利于中国与大陆东南亚国家的经贸关系发展。

三 外部力量对中国和大陆东南亚国家区域合作的影响

全球经济一体化的运行注定中国和大陆东南亚国家的经济关系不仅仅是一种简单的一对一模式。来自其他地区的国家出于自身的政治、经济利

---

① 卢光盛：《地方政府参与区域合作的国际制度分析——以云南、广西为例》，《东南亚南亚研究》2009 年第 2 期。

益考量，开始在大陆东南亚地区施加影响，从而给中国和大陆东南亚国家的区域合作带来了影响。

（一）美国——区域合作中的影响因子

1. 美国"重返东南亚"及"亚太再平衡"的政策影响及与部分大陆东南亚国家的政治关系提升

美国通过实行"重返东南亚"战略和改善同大陆东南亚国家外交关系来对中国和大陆东南亚国家之间的经济、政治关系施加影响。第一，美国加快了"重返东南亚"的步伐。美国国务卿希拉里于 2009 年 7 月在泰国签署《东南亚友好合作条约》，这标志着冷战后美国对东南亚的政策发生了重大转变。此外，美国向柬、老、泰、越四国提出了建立"美湄合作"框架的提案，表示愿向四国提供河流灾害治理方面的援助。另外，同年 11 月，奥巴马出席了首次东盟 10 + 1（美国）峰会，同时还委任副助理国务卿马歇尔为东盟事务大使，并在雅加达设立东盟办事处。[①] 2012 年 6 月 3 日闭幕的本年度香格里拉对话会上，美国国防部长帕内塔提出了美国"亚太再平衡"战略，指出美国将在 2020 年前向亚太地区转移一批海军战舰，届时将 60% 的美国战舰部署在太平洋。2013 年 8 月 25 日，国防部长查克·哈格尔在马来西亚吉隆坡表示，美国将加强对东南亚国家军事援助和军事培训力度，最新的预算金额与 4 年前奥巴马政府的上一届任期相比将有 50% 的提升。同时，五角大楼加紧向东南亚地区进行武器销售和技术转让。[②]

第二，美国积极改善同大陆东南亚国家的外交关系。美越方面，两国于 1995 年恢复外交关系。2005 年越南总理潘文凯访美，2006 年美国总统小布什访越，两国频繁的高层互访，使两国关系较快地进入了一个"和平、友好、发展"的新时期。2010 年 7 月，在越南河内召开的东盟地区论坛（ARF）部长会议上，针对越南声称拥有主权的中越南海争议地区，美国国务卿希拉里更明确地表示支持越南。[③] 美柬方面，1999 年红色高棉消亡，美国主张成立国际法庭审判红色高棉前领导人，进而促使柬政府向西方靠拢。

① 杨丽娟：《李总理：美国和亚细安全体首脑举行会谈具历史性意义》，〔新加坡〕《联合早报》2009 年 11 月 16 日。

② 《美强调"亚太再平衡"将加强对东南亚军事援助》，http：//news.china.com.cn/world/2013 - 08/27/content__29835262.htm。

③ 《美国首提支持越南，在亚太构筑对华半圆形包围圈》，http：//news.sohu.com/20100726/n273754548.shtml。

2000 年，柬首相洪森访美，两国就审判红色高棉领导人问题基本达成一致，柬美关系得到改善。2001 年 "9·11" 事件后，洪森表示支持美国的反恐行动，美国对此亦投桃报李，不仅帮助捉拿柬反政府武装头目，还于 2001 年 11 月把柬埔寨从走私和转运毒品国家名单中删除。① 美老方面，1997 年美老两国签署了双边贸易协定，"9·11" 事件后，美国出于反恐战争的需要，积极改善同老挝的关系，两国在多个领域进行了诸多合作。② 美缅方面，2000 年克林顿授予缅民盟总书记昂山素季 "美国总统自由勋章"。2009 年美国试图结束对缅甸的 "孤立" 政策，尝试与缅接触。同年 9 月，美国为缅甸总理登盛发放了入境签证，使其得以赴纽约参加联合国大会，成为缅军政府上台以来首位参加联合国大会的政府高官。2012 年 11 月美国总统奥巴马抵达缅甸，成为首位访缅的美国在任总统，在对缅甸 6 小时的访问中，奥巴马在仰光议会大厦会晤缅甸总统吴登盛，双方表示要加强两国合作，促进双边关系发展。③ 美泰方面，泰国至今仍是美国在东南亚地区最重要的盟国，美泰同盟与美日同盟、美菲同盟、美澳同盟一起构成了美国在亚太地区完整的安全防御网。④

美国在对待东南亚地区事务上，由游离转为积极作为的态度，使得中国与大陆东南亚国家在进行经济往来的过程中不得不考虑美国的利益问题。特别是大陆东南亚国家不得不实施更为 "平衡" 的外交政策，从而使在经贸方面与中国不会过度火热。

2. 美国借助经济手段作为加强同大陆东南亚国家关系的重要砝码

美国通过实施 "国家出口战略" 和 "新兴市场战略"⑤ 来加强与大陆东南亚国家的经济联系，积极争夺该地区的市场。第一，在对越南方面，1994 年美国下令取消对越贸易禁运，美越两国贸易额即从 1994 年的 2.23 亿美元上升到 1996 年的近 10 亿美元。2000 年美越两国签署了贸易协定，2006 年 12 月美国国会表决通过法案，给予越南永久正常贸易关系待遇。⑥

---

① 李晨阳、瞿健文、卢光盛、韦德星：《柬埔寨》，社会科学文献出版社，2005，第 373~375 页。

② 马树洪、方芸：《老挝》，社会科学文献出版社，2004，第 313~314 页。

③ 《美国总统首次出访缅甸》，http://news.hexun.com/2012-11-20/148134551.html。

④ 田禾、周方冶：《泰国》，社会科学文献出版社，2005，第 243 页。

⑤ 新兴大市场是指大中华经济圈（中国内地、香港、澳门和台湾地区）、韩国、东南亚国家联盟、印度、南非、波兰、土耳其、墨西哥、巴西和阿根廷十个潜在的大市场。

⑥ 《越南国家概况》，http://www.fmprc.gov.cn/chn/pds/gjhdq/gj/yz/1206__45/。

第二，在对缅甸方面，1997 年美国禁止美国商人对缅进行新的投资。2003 年美国强化对缅制裁法案，禁止缅政府官员、国企官员入境。但在 2009 年则出现了转机，美国参议员吉姆·韦布于 8 月访问缅甸时呼吁美国对缅采取接触政策，结束对缅制裁。① 2012 年，美国总统奥巴马访问缅甸期间，考虑恢复对缅甸的援助项目，并计划 2012/2013 财政年度给予缅方 1.7 亿美元援助。② 第三，在对柬埔寨方面，1996 年美国宣布给予柬埔寨贸易最惠国待遇，2008 年美柬双方签署了美对柬发展项目援助协议。第四，在对老挝方面，2005 年美国给予老挝正常贸易关系待遇。2000 年以来美老双边贸易额虽有所增长，但金额不大（见表 2-3）。第五，在对泰国方面，在 20 世纪 90 年代，泰国对美贸易依存度下降，中南半岛国家对美贸易依存度却逐步增加。1990～2002 年，泰国对美贸易占其对外贸易的比例减少了 3.1%。③总体来看，美国对大陆东南亚国家的经济政策趋于加强，而大陆东南亚国家也十分乐意与其经济互动，并获得优惠。这便导致了中国在大陆东南亚地区的市场份额减少。此外，大陆东南亚国家在同美国的贸易往来中开始对区域合作、次区域合作的效用与必要性有所质疑，以达到不预期合作的成效。

表 2-3　美国与大陆东南亚国家的贸易统计

单位：百万美元

国别＼年份＼类别		2000	2001	2002	2003	2004	2005	2006	2007	2008	2009	2010	2011	2012
柬埔寨	出口	32	30	29	58	59	69	75	139	154	127	153	186	226
	进口	880	1015	1146	1336	1591	1875	2328	2599	2546	2005	2402	2807	2800
老挝	出口	4	4	4	5	6	10	7	13	18	20	12	26	33
	进口	19	4	3	4	4	4	9	21	44	46	62	60	26
缅甸	出口	17	11	10	7	12	5	8	9	11	7	9.7	49	66
	进口	507	502	380	295	—	0	0	—	—	0.9	—	—	0.4
泰国	出口	6643	5995	4860	5841	6363	7233	8152	8445	9067	6920	8974	10927	10953
	进口	17375	15566	15683	16106	18646	21035	23685	23793	24609	19864	23617	25746	27052

---

① 李秋恒：《美国参议员首次会晤缅甸领导人丹瑞》，《环球时报》2009 年 8 月 15 日。
② 《美国总统首次出访缅甸》：http://news.hexun.com/2012-11-20/148134551.html。
③ 陈奕平：《依赖与抗争：冷战后东盟国家对美战略》，世界知识出版社，2006，第 233 页。

续表

国别\类别	年份	2000	2001	2002	2003	2004	2005	2006	2007	2008	2009	2010	2011	2012
越南	出口	368	461	580	4909	1163	1192	1100	1903	2790	3108	3710	4340	4623
	进口	885	1138	2585	1163	5727	7206	9265	11425	13854	13038	15888	18454	21369

注：该表是以美国为报告国，大陆东南亚国家是对象国，表中的“出口”代表美国对大陆东南亚国家的出口，而非大陆东南亚国家对美国的出口。一般所取数值为四舍五入小数点后第一位。

资料来源：UN, United Nations Commodity Trade Statistics Database。

（二）日本——区域合作中的重要因素

1. 日本深化同大陆东南亚国家的关系

日本对大陆东南亚国家一向较为重视。1993 年，日本抢在美国等国之前恢复了对越南的经济援助，当上了国际援越会议的主席，在援助越南问题上掌握了主动权。2006 年，日本外相麻生太郎发表演说，提出要在亚欧大陆的外沿建立所谓的“自由与繁荣之弧”，希望通过经济繁荣和民主主义实现东盟各国的和平与幸福，而大陆东南亚地区则是其“自由与繁荣之弧”上的重要一环。[①] 2007 年，日本首相安倍晋三出访柬、老、越三国，声称要将三国纳入“价值观外交”体系，帮助三国建立促进法治、反映民意的机制。[②] 2009 年越南总理阮晋勇访日，两国发表联合声明，承诺把双边关系发展成战略伙伴关系，并把双边经济关系发展成比“中国＋1”战略更强大的关系。[③] 对于泰国，日泰领导人交往频繁，两国不仅双边关系密切，在一些地区和国际性问题上也保持密切的合作。在对缅甸方面，日本是首个承认缅甸军政府的国家。1997 年，日本决定提升与缅甸的经贸关系。1998 年日本恢复了对缅甸的官方发展援助（ODA）。2007 年的“袈裟革命”使两国关系一度紧张，但是并没有改变两国的友好关系，日本仍未停止对缅援助。日本对大陆东南亚国家的重视是一以贯之的，因此它的行为抉择对大陆东

---

① 《建立“自由与繁荣之弧”——日本外交的地平线正在扩大：麻生太郎外务大臣在日本国际问题研究所研讨会上的演讲》，http：//www. mofa. go. jp/mofaj/press/enzetsu/18/easo__1130. html。

② 毕世鸿、何光文：《冷战后日本的大湄公河次区域政策及行动选择》，《东南亚研究》2009年第 3 期。

③ 《日越首脑会谈》，http：//www. mofa. go. jp/mofaj/area/vietnam/visit/0905__sk. html。

南亚国家的影响也是重大的。不管是出于对日本长期交往关系的重视还是想在与其交往中获得经济利益，大陆东南亚国家在做出一些抉择时不得不考虑与日本的关系，同时也会考虑到日本在亚洲对中国的遏制需要，因而其在区域合作框架下也不会同中国过度亲密。

2. 日本积极推行在大陆东南亚国家的援助外交

冷战结束后，出于国家战略的需要，日本对大陆东南亚国家进行援助外交。柬埔寨是日本援助的重点，其曾担任柬埔寨重建国际委员会主席，在此后每一次国际援柬会议中，日本的援助款金额都是独占鳌头。老挝与日本主要是在经贸合作和人才交流方面得到发展，同时争取日本的援助。在对缅甸方面，日本则跟随美国对缅的经济制裁步伐，停止了对缅的ODA，但是小规模的人道主义援助一直没有停止。[1] 在对泰国方面，日泰经济关系主要以投资和贸易为主。20世纪80年代后半期至1996年，日本一直是泰国最大的外国直接投资流量的保持者，在投资存量方面也是如此。[2] 2007年，日泰两国正式签署经济合作协定，泰国已成为日本在东南亚地区重要的生产基地和市场。据统计，截至2007年年底，日本对柬埔寨援助金额累计达14.4亿美元，老挝13.8亿美元，缅甸29.9亿美元，越南68.7亿美元，泰国72.2亿美元。加上日本通过国际机构提供的ODA，日本成为柬、老、缅、越四国的最大援助国。[3] 日本对大陆东南亚国家的积极援助使得相互间的利益得到捆绑。而与之相比，中国虽然对大陆东南亚国家的援助有所增加，但仍无法与日本相比，大陆东南亚国家出于发展本国经济的需要，必须来抉择对伙伴的亲密度，在此影响下，中国与大陆东南亚国家经济互动自然也会受到一定的限制。

表 2 – 4　日本与大陆东南亚国家的贸易统计

单位：百万美元

国别\类别	年份	2000	2001	2002	2003	2004	2005	2006	2007	2008	2009	2010	2011	2012
柬埔寨	出口	58	51	70	54	88	79	82	111	184	113	159	206	234
	进口	11	66	75	89	90	106	120	138	121	143	208	308	404

---

[1]　毕世鸿：《冷战后日缅关系及日本对缅政策》，《当代亚太》2010年第1期。

[2]　张岩贵、李文光：《日本与泰国经贸关系发展探析》，《南开经济研究》1998年第6期。

[3]　日本外务省：《官方发展援助（ODA）国别数据2008》，2008，第29、41、84、102、121页。

续表

国别 \ 年份 \ 类别	2000	2001	2002	2003	2004	2005	2006	2007	2008	2009	2010	2011	2012
老挝 出口	24	12	18	14	15	20	21	38	62	76	62	78	137
老挝 进口	11	7	7	7	7	8	12	12	18	27	38	97	124
缅甸 出口	216	187	115	124	116	92	104	175	188	202	262	503	1257
缅甸 进口	108	103	110	138	163	204	246	295	316	341	385	590	672
泰国 出口	15315	11929	13189	15973	22501	22600	22902	25611	29431	22187	34191	37532	43729
泰国 进口	10164	10428	10484	11838	13503	15667	16886	18323	20786	16025	21001	24529	23613
越南 出口	2301	1785	2130	2613	3500	3610	4139	5667	7814	6516	8173	9592	10740
越南 进口	2575	2616	2527	3078	3507	4560	5293	6124	9095	6956	8167	11552	15079

注：该表是以日本为报告国，大陆东南亚国家是对象国，表中的"出口"代表日本对大陆东南亚国家的出口，而非大陆东南亚国家对日本的出口。一般所取数值为四舍五入小数点后第一位。

资料来源：UN, United Nations Commodity Trade Statistics Database。

（三）东盟——区域合作中的多面平台

1. 东盟为中国与大陆东南亚国家的合作提供了良好的平台

东盟为中国与大陆东南亚国家的经济沟通和往来提供了多边平台。第一，东盟一体化的进程有利于中国与大陆东南亚国家间的增信释疑。大陆东南亚国家地处中国周边，随着中国实力的增强、部分地区外力量的恶意宣传以及大陆东南亚国家的危机感作用，使得大陆东南亚国家在与中国合作过程中存在种种疑虑和担心。通过东盟的桥接作用，能增加二者交流的机会，消除彼此的隔阂，取得切实的成效，达到提高双边经贸合作效益的作用。第二，东盟与中国的经济方案促进了中国与大陆东南亚国家的经贸发展。比如"早期收获计划"和《中泰水果蔬菜零关税》方案首先在大陆东南亚地区实施，这大大促进了中国与大陆东南亚国家的经贸互通，降低了彼此的经济成本。此外，中国－东盟自由贸易区的建成也在交通、能源、贸易、投资等方面使双方受益。因此，东盟平台的搭建在一定程度上促进了中国与大陆东南亚国家的经济往来，削减了相互间的经济成本，对加深彼此间的经济合作具有重要的作用。中国在今后应继续倡导和推进与东盟的合作，进一步推动在基础设施建设、交通、贸易、投资等方面的便利化举措，从而进一步加深中国与大陆东南亚国家的经济关系。

2. 部分东盟国家的不当举动影响中国与大陆东南亚国家的合作进程

东盟一部分成员国出于获取非正当的国家利益的一些不当举动，不仅破坏了当事双方国家的关系，在一定程度上也会影响其他成员国对其的态度。第一，越南、菲律宾等东盟国家在南海问题的频频出招和触雷，使得中国与其关系紧张，并进而影响到彼此的经贸往来，使原本健康的经济关系受到影响。第二，东盟的平衡外交使得中国和大陆东南亚国家的经济关系发展速度放缓。东盟由于受到自身综合实力的限制，开始采用平衡外交政策来满足自身的发展需要。这种政策也在一定程度上影响了大陆东南亚国家的外交政策，使得中国在与其经贸合作上的随机性和不稳定性增强。第三，东盟部分国家在社会文化上对中国存在的偏见也对中国与大陆东南亚国家的经济往来产生冲击。东南亚是海外华人聚居的主要地区，华人在当地经济发展中占有举足轻重的地位。由于经济、政治、文化和宗教等原因，东南亚华人与当地原住民及行政当局存在矛盾，尤其是经济矛盾。东盟部分国家具有强烈的排华反华情绪，这不但会直接影响当事双方的经贸互动，更会使部分大陆东南亚国家民众和政府在这种情绪的渲染下夸大部分中国企业在当地投资、贸易对资源、环境的破坏行为，从而使中国与大陆东南亚国家的经济往来受限。

（四）欧盟——区域合作中的新兴力量

1. 欧盟开始改善同大陆东南亚国家的空壳关系

冷战结束后初期，欧盟与大陆东南亚国家的关系并不密切，进入 21 世纪后，欧盟开始借助东盟的平台来改善同大陆东南亚国家的空壳关系。2000年，英国外交大臣库克在访问泰国时表示："对欧盟而言，保持和发展与东盟的关系非常重要，欧盟已通过了与东盟进一步发展关系和恢复欧盟—东盟部长级会议的一揽子计划"，并强调欧盟将与东盟所有的成员国恢复对话。这表明欧盟开始与大陆东南亚国家进行接触与交往。2001 年 12 月，第13 次欧盟—东盟部长级会议上通过了《万象宣言》，显示出双方的政治对话关系在"一种平等对话"的"日益重视"的基础上正逐渐走向成熟。① 在2003 年的第 14 次欧盟—东盟部长级会议上，东盟要求平等的意识更为强烈。这次会议再次强调双方的对话与合作基于"伙伴和相互尊重精神"之上。双方在缅甸问题上进行了坦率的讨论，承认缅甸民族和解的脆弱性，认为需要在国家统一、恢复民主、保障人权和基本自由等方面进行共同努力。② 2004 年，欧盟开始与东盟开展一项经贸合作行动，即"欧盟—东盟跨

---

① 《万象会议有进展》，http://www.people.com.cn/GB/channel2/18/20001213/348359.html。

② 韦红：《欧盟与东盟关系的新发展及其动因》，《东南亚研究》2004 年第 5 期。

区域贸易谈判机制"。在 2007 年的欧盟—东盟部长级会议上，双方以相互理解和互利为基础，提出了一个中期（2007～2012 年）行动计划，并计划了头两年在政治安全、经济、社会文化和发展等领域内的具体合作行动，从而使得双方合作的目标更加清晰。[①] 由此可以看出，欧盟在东南亚的活动开始变得积极起来，更是主动改善同缅甸的政治关系，把同大陆东南亚国家的外交关系变得丰富起来。而对于中国来说，欧盟是国际体系中重要的一极，中国在处理与大陆东南亚国家的经贸关系中，将不得不考虑欧盟的利益因素，从而使自身所处的环境变得复杂起来。

2. 欧盟对大陆东南亚国家贸易和援助并行

冷战结束后，欧盟通过贸易和援助方式积极与大陆东南亚国家进行合作，两者的经济关系有所发展。进入 21 世纪以来，欧盟与大陆东南亚国家的贸易发展势头良好（见表 2 - 5）。第一，欧盟对大陆东南亚国家的贸易发展。欧盟与泰国一直保持着良好的合作关系，双方在各层次的互访活动频繁，并在亚欧会议（ASEM）、WTO 等国际组织和合作机制中密切合作。1990 年越南与欧盟正式建立经济合作关系，1995 年双方签订经济贸易合作协定，从此双边合作关系日益扩大和发展。越南加入东盟后，欧盟即通过 1996～2000 年和 2001～2006 年 2 个阶段的战略合作计划向越南提供 ODA，并实施了 2007～2013 年战略合作计划。多年来欧盟一直将越南列入优先发展合作的欠发达国家名单，虽然欧盟尚未正式承认越南为市场经济国家，但双边贸易发展很快。1999 年双边贸易额仅有 36 亿美元，2002 年就上升到60.97 亿美元，在双边贸易中，越南一直处于出超地位。

表 2 - 5　欧盟与大陆东南亚国家的贸易统计

单位：百万美元

国别 \ 类别 \ 年份		2000	2001	2002	2003	2004	2005	2006	2007	2008	2009	2010	2011	2012
柬埔寨	出口	107	96	114	110	138	157	173	210	224	176	203	246	317
	进口	333	440	485	565	743	663	835	936	1068	1067	1200	1812	2305
老挝	出口	42	29	35	44	78	47	36	76	94	128	134	249	299
	进口	128	135	137	143	173	179	185	178	201	193	226	308	314

① 刘静：《东盟—欧盟关系变迁初探》，《东南亚纵横》2009 年第 3 期。

续表

国别\类别	年份	2000	2001	2002	2003	2004	2005	2006	2007	2008	2009	2010	2011	2012
缅甸	出口	109	792	85	61	96	104	102	225	154	127	110	188	298
	进口	380	445	420	439	173	179	185	178	201	219	214	234	210
泰国	出口	6094	6941	6433	7299	8723	9853	9171	10829	12511	10676	13860	14968	19016
	进口	12462	11806	11161	13450	16150	16306	18513	22801	25258	19905	22977	24409	21734
越南	出口	1187	1655	1758	2373	2806	2357	2991	4929	4939	5232	6190	6579	6865
	进口	3947	4277	4339	5457	6596	6917	8645	10794	12601	10827	12698	17838	23797

注：一般所取数值为四舍五入小数点后第一位。

资料来源：UN, United Nations Commodity Trade Statistics Database。

第二，欧盟对大陆东南亚国家的援助支持。首先，在对越援助方面，欧盟主要通过1996~2000年和2001~2006年两个阶段的双边战略合作计划实施。欧盟援助主要用于卫生、教育、文化、植树造林、环保、供排水、城市卫生、工业区建设等项目，以及经济转轨、行政改革、消饥减贫、融入全球经济等方面，欧盟还帮助越南落实入世承诺的项目和帮助解决入世后个别领域遇到的困难等。其次，在对柬埔寨的援助上，1991~2002年，欧盟已向柬提供了2.65亿美元的援助，援助的主要领域为教育、扫雷、民主与人权、农村发展、人力资源培训和环境保护等。1999年8月，欧盟与柬埔寨签订了纺织与服装自由准入协定，对柬出口到欧盟的成衣制品免征关税。2000年5月，柬与欧盟举行第一次双边会议，欧盟承诺将扩大对柬的援助与合作。6月，欧盟表示将向柬提供价值520万美元的援助并派遣专家到各部指导培训工作，以协助柬政府进行扶贫工作和司法行政改革，加强和提高政府重要部门官员的行政能力。① 2002年2月，欧盟常驻柬埔寨代表处成立，欧盟表示支持柬埔寨加入WTO，同意双方加强经济技术合作，鼓励柬埔寨进行行政、经济和司法改革，承诺给予柬埔寨最不发达国家享有的免关税、免配额的优惠待遇。特别是柬埔寨曾为法国殖民地，双方均重视加强双边往来。法对柬援助领域涉及文化教育、法律、宗教、警察培训、农业、卫生等领域。2008年3月，法国还向柬埔寨提供1500万美元的

---

① 《柬埔寨的经济与外交状况》，http：//www.china.com.cn/chinese/zhuanti/zgdm/444614.htm。

无偿援助。[①] 最后，在对缅甸援助方面，1988 年缅甸军政府上台以后，英、法、德、意等国同美国一道对缅实行制裁，除了人道主义援助外，欧共体国家基本停止了直接向缅甸提供经济、技术援助和出售军事装备，并在民主和人权问题上毫不相让，坚决支持以昂山素季为首的民盟，要求军人交出政权。但在采取何种策略达到目的的问题上，欧盟与美国有所区别，其对民间企业的对缅投资采取了相对宽容的态度，并且适当免除了缅甸的债务。[②] 欧盟对大陆东南亚国家的经贸合作和援助在进入 21 世纪后日益增加。此外欧盟在全球经济中的资金、技术等方面拥有雄厚的实力，对于亟待发展的大陆东南亚国家而言，十分期望能够获得欧盟更多的资金和技术支持。这对于中国来说有无形的压力，虽然中国近年来经济和技术发展迅速，但与欧盟相比还存在一定差距，因此如何在大陆东南亚市场竞争中，保持自身的经济竞争优势，让大陆东南亚国家选择中国的技术和产品将成为工作重点。

（五）印度——区域合作中的必过之坎

1. 印度的"东进战略"染指大陆东南亚

1991 年印度正式提出了旨在扩大其在亚太地区影响的"东进战略"，它以东盟为平台，发展与大陆东南亚国家的关系。印度"东进"是渐次推进的过程，1992 年印度成为东盟的"部分对话伙伴"，1996 年上升为"正式对话伙伴"，1997 年印度主导建立了"印孟斯泰缅"五国经济合作组织，成为印度迈向东盟的重要一步。1998 年举行的首次安全战略"高级官员会议"，开启了安全对话的新渠道。2000 年成立印、泰、缅、越、老、柬六国"湄公河—恒河"合作组织，效仿中国与东盟的澜沧江—湄公河次区域合作机制。2002 年建立"10 + 1"对话机制，并加入了《东南亚友好合作条约》。2003 年双方签署了《印度与东盟全面经济合作框架协议》，规划在未来 10 年建立印度－东盟自由贸易区。2004 年双方签署《和平、进步与共同繁荣伙伴关系协定》，加入"10 + 4"对话机制。2008 年，双方自由贸易协定（FTA）最后达成，于年底曼谷东亚峰会期间正式签署该协定，并于 2009 年 1 月开始实施，印度成为继中、日、韩第四个与东盟建立自由贸易机制的国家。由此可以看出，印度"东进战略"使其和大陆东南亚国家的关系开始由接触、恢复到取得实质性的突破；合作面也由教育、文化、旅

---

① 《柬埔寨国家概况》，http：//www.fmprc.gov.cn/chn/pds/gjhdq/gj/yz/1206 __14/。

② 《缅甸国家概况》，http：//www.fmprc.gov.cn/chn/pds/gjhdq/gj/yz/1206 __23/。

游扩展到经济贸易投资并伴随军事及非传统安全活动。因此,印度成为中国与大陆东南亚国家进行经贸互动的关键因素。印度对中国的强大十分警觉,对于中国与大陆东南亚国家的次区域合作也格外关注,跟进的步伐也很紧,这对中国将产生一种无形的压力。如何利用好自身优越的地理优势、胞波情谊,发挥近年来国家经济迅速腾飞的优势,将成为中国跨过印度之坎,应对其"东进战略"所要考虑的问题。

2. 印度以地区合作组织、雄厚的工业基础和先进的 IT 产业技术深化同大陆东南亚国家的经济合作

第一,建立地区合作组织。印度通过积极推动其主导的"印孟斯泰缅"经济合作组织与"恒河—湄公河"合作组织发展与大陆东南亚国家的经济互动,并冷待中国倡导的"中印孟缅"昆明论坛和"澜沧江—湄公河"次区域合作。第二,印度具有雄厚的工业基础和先进的 IT 产业技术,其通过自身的两大优势产业来增强大陆东南亚国家的经济竞争力,部分地实现了大陆东南亚国家的经济整合,这对大陆东南亚国家来说无疑具有很大的吸引力。因此,综上所述不难看出,印度有"另立山头"与中国竞争的意图,并使得中国在破除地区封锁、促进区域开放、交换和分工,组织资金、商品、人才等生产要素合理流动,统筹规划和开发建设能源、通信、市场等基础设施等方面面临诸多困难。这对中国与大陆东南亚国家的经济互动构成严峻的挑战,促使中国必须及时调整产业结构、营造好的制度环境和提高科技产业水平以适应大陆东南亚竞争市场的需求,否则中国将处于被动。

(六)澳大利亚、新西兰、韩国、俄罗斯——区域合作中的新造访者

1. 澳大利亚在冷战后积极融入亚洲

冷战结束后,澳大利亚与大陆东南亚国家在经济合作方面的合作力度有所增加。越南与澳大利亚于 1982 年建立双边商贸关系,2009 年两国贸易额达 35.6 亿美元。目前,澳大利亚在越南的重点投资领域为基础设施建设、通信、石油和天然气、旅游、化工等行业。另外澳大利亚和泰国的经贸关系也发展得如火如荼。2005 年澳大利亚和泰国签署了自由贸易协定,泰国取消从澳大利亚进口的 53% 的产品的关税,澳大利亚取消从泰国进口的 90% 的产品的关税,2010 年两国对 95% 的贸易商品实行零关税。澳泰两国贸易额也从 2005 年的 68.23 亿美元上升到 2009 年的 125.36 亿美元(见表 2-6)。

表 2 - 6 澳大利亚与大陆东南亚国家的贸易统计

单位：百万美元

国别 \ 类别 \ 年份		2000	2001	2002	2003	2004	2005	2006	2007	2008	2009	2010	2011	2012
柬埔寨	出口	6	6	8	12	19	36	34	34	37	33	22	31	37
	进口	1	2	2	3	3	6	9	16	12	20	24	39	48
老挝	出口	4	8	12	7	17	18	19	22	15	8	22	24	28
	进口	1	1	0	0	0	7	18	5	0.7	1.6	1.9	6	46
缅甸	出口	13	20	9	8	20	31	27	29	27	46	73	72	88
	进口	9	11	10	10	12	11	15	18	18	20	14	13	15
泰国	出口	1133	1183	1366	1467	2254	3146	3221	3662	4489	3323	5250	6991	5044
	进口	1729	1382	1711	2359	2777	3677	4718	6539	8608	9213	9887	8710	10534
越南	出口	264	258	273	276	491	510	1197	1177	1348	1087	1373	2111	1849
	进口	1318	1086	1241	1502	1805	2569	3744	3722	4399	2471	2808	2916	3263

注：该表是以澳大利亚为报告国，大陆东南亚国家是对象国，表中的"出口"代表澳大利亚对大陆东南亚国家的出口，而非大陆东南亚国家对澳大利亚的出口。一般所取数值为四舍五入小数点后第一位。

资料来源：UN, United Nations Commodity Trade Statistics Database。

2. 新西兰积极参与同大陆东南亚国家的经贸和教育活动

第一，新西兰与部分大陆东南亚国家签订自由贸易区协定。2009 年 2 月在泰国举行的第 14 届东盟峰会期间，新西兰和东盟签署了建立自由贸易区的协定，2010 年柬埔寨通过了该项协议，并表示新西兰是重要的市场，双边贸易和投资额也逐年增长，落实这一协议将最大限度减免关税和消除非关税贸易障碍，改善投资环境，有效促进柬埔寨和新西兰的经贸合作。第二，新西兰积极发起成立大湄公河次区域高等教育基金会。该基金会成立于 2002 年，由新西兰维多利亚大学、澳大利亚国立大学、中国云南大学等大学发起成立，主要致力于建立区域内知名大学间的合作机制，推动区域内高校间的合作，促进区域内学生流动。同时，还在次区域合作框架下召开以大湄公河次区域可持续发展为主题的国际学术研讨会，发挥高等教育推动区域经济社会发展的作用。新西兰通过东盟平台和教育合作的途径来拉近与中国及大陆东南亚国家的政治、经济关系，具有一定的成效。

3. 韩国作为新兴的亚洲国家开始执行"新亚洲外交"和经济资助来提升同大陆东南亚国家间的关系

第一,"新亚洲外交"的实施。韩国计划在推动亚洲合作的四个领域发挥重要作用:①应对金融危机和气候问题;②推动自贸区建设,实现韩国与其他国家的经济互补;③援助和支持其他亚洲国家的发展;④为加强战略合作,积极组建各领域的协议机构。[①] 此后,为实践其"新亚洲外交",韩国总统李明博于2009年10月下旬访问越南、柬埔寨、泰国三国,并出席在泰国举行的韩国-东盟峰会、东盟10+3峰会以及东亚峰会(EAS)。[②]李明博总统的此次东南亚访问,增进了与"新亚洲外交"的主轴东盟国家之间的双边及多边合作。第二,韩国对大陆东南亚国家的经济资助。例如,韩国投巨资帮老挝改造湄公河。2008年韩国从经济发展合作基金中为老挝提供4000万美元的贷款,该财政援助计划分为两部分,万象湄公河沿岸发展项目获得3721.3万美元,另外约300万美元用于建设一条长约4.5千米的通往东南亚运动会运动场的道路。其中,总长12千米的湄公河沿岸的升级改造工程分两个阶段实施,包括建设一个公园、堤岸加固、改造河岸公路以及在雨季防止由洪水带来的水土流失。[③]

4. 俄罗斯保持与大陆东南亚国家的密切互动并与其展开经贸合作

第一,俄罗斯与大陆东南亚国家保持积极互动。2005年俄罗斯与东盟签署了《俄罗斯与东盟双边协议》和《2005~2015年俄罗斯与东盟行动计划》,2006年俄罗斯加入《东南亚友好合作条约》,加强了俄罗斯与大陆东南亚国家的地区安全合作。此外,俄罗斯还十分注重恢复与传统盟友越南的合作。1994年,俄越签署了《友好关系基础条约》,2000年俄罗斯外长伊万诺夫访越时,称越南是俄罗斯在东南亚和亚太地区重要的战略伙伴。2001年3月普京首次访问越南,两国签署了战略伙伴关系的联合声明,决定进一步巩固和发展传统友好关系。第二,俄罗斯积极展开经贸互动。近年来,俄与大陆东南亚国家在资源、文化、教育等各个领域的合作均有发展。其中以与越南的发展为典型,截至2002年年底,俄罗斯对越投资15亿美元,为越南的第九大投资国。2009年,俄越贸易总额达到了15.62亿美元,其中俄方出口额为8.69亿美元,进口额为6.93亿美元。

① 《韩国总统李明博"新亚洲构想"的内容与意义》,《每周韩国》2009年3月10日。
② 《李明博总统20日出访东南亚三国》,《每周韩国》2009年10月20日。
③ 《韩国投巨资帮老挝改造湄公河》,《东方早报》2008年3月31日。

表 2 - 7　俄罗斯与大陆东南亚国家的贸易统计

单位：百万美元

国别 \ 类别 \ 年份		2000	2001	2002	2003	2004	2005	2006	2007	2008	2009	2010	2011	2012
柬埔寨	出口	1	5	3	1	2	2	3	11	9	9	6	4	6
	进口	1	0.2	0.3	1	2	6	8	18	26	29	34	68	89
老挝	出口	2	4	4	2	6	11	4	2	6	10	7	10	10
	进口	0	0	0.2	0.2	0.2	0.4	0.6	1	1	0.5	0.5	2	2
缅甸	出口	4	33	88	11	23	1	6	14	32	45	63	270	131
	进口	0.1	0.1	13	0.3	2	2	3	3	6	5	15	25	42
泰国	出口	80	71	96	130	372	547	347	327	1232	439	1536	2098	1411
	进口	90	107	227	302	355	452	560	1004	1497	932	1370	1927	1971
越南	出口	168	163	321	357	707	739	304	485	581	869	1335	1010	1389
	进口	37	80	81	77	101	174	350	522	851	693	1112	1722	2273

注：该表是以俄罗斯为报告国，大陆东南亚国家是对象国，表中的"出口"代表俄罗斯对大陆东南亚国家的出口，而非大陆东南亚国家对俄罗斯的出口。一般所取数值为四舍五入小数点后第一位。

资料来源：UN，United Nations Commodity Trade Statistics Database。

总体来说，澳大利亚、新西兰、韩国、俄罗斯在进入 21 世纪后同大陆东南亚国家交往的积极性逐渐增强，相互间的政治、经济关系也日益升温。与此同时，这些国家都具有富有创造力的人才资源、巨大的科技潜力，在一些工业产品和高科技产品生产方面具有一定的优势。此外，这些国家对于推动与大陆东南亚地区合作，维护自身在中南半岛的利益的诉求也逐渐增强。因此，中国在双边及多边合作框架下如何避免与这些国家在大陆东南亚地区的竞争冲突，充分发挥自身的经济优势，提高技术含量将成为一个不可回避的话题。

第三章 中国和大陆东南亚国家的贸易关系

一 冷战后的国际政治经济背景

（一）东西方两大集团的对抗结束，中国与泰国、越南、老挝的关系缓和

冷战期间，整个世界基本上被划分为分别以苏联和美国为首的东西方两大集团。大陆东南亚国家的外交战略受冷战思维的影响，与中国的关系一度出现波折。在此期间，泰国追随美国，对社会主义新中国实行孤立和封锁政策，20世纪50年代末，中泰关系开始进入敌对状态。整个60年代，两国在军事、政治领域一直处于直接或非直接的对抗状态，直到1975年中泰建交后，两国关系才有所缓和。随着冷战的结束，中泰关系也由80年代的"准战略伙伴"关系发展为以经济合作为中心的全方位友好合作关系。1991年，越南最高领导人杜梅访华，与江泽民总书记进行了双边会谈，中越两国领导人在谋求双方和平的《中越联合公报》上签字，最终结束了中越长达12年之久的对峙状态。老挝主动调整对华政策，从敌视中国转向睦邻友好，两党两国关系在新时期得到全面恢复和发展。中国与大陆东南亚国家关系的恢复和发展为双方的经贸合作提供了政治保证。

（二）冷战结束后，经济、技术领域的竞争取代军事领域的竞争，成为国家间竞争的主要形式

冷战期间，各国把领土安全和政治安全看得高于一切，采取以军事联盟对抗霸权的外交策略，外交政策受到冷战思维的严重影响。冷战结束后，世界格局日益多极化，和平与发展成为时代的主流，国家经济实力的提高显得尤为重要，科技对经济的促进作用也日益明显。国家间的竞争不再是军事领域的竞赛，以往的军备竞赛转变为经济和科技领域的竞争，一国强大与否的标志不再是国家军备力量的多少，而是该国能否在经济和科技领域取得优势。《1994 年泰国国防白皮书》指出："随着冷战的结束，不同意识形态的超级大国之间的对抗也随着结束，取而代之的是经济竞争。未来的冲突将集中在经济问题上，而不是在意识形态争端方面。市场和资源方面的争夺等经济纠纷可能导致诉诸武力，泰国武装部队应当把更多的精力集中在如何有效地捍卫国家的经济利益方面。"[①]

（三）国际社会的相互依存程度显著加深

在新科技革命的带动下，交通、通信成本大大降低，有利于商品、资金、技术的国际流动。在冷战结束后的 20 世纪 90 年代的前几年，全球商品出口贸易已超过 4 万亿美元，约占世界生产总值的 18%。国际资本流动规模空前扩大，据统计，每天在世界金融网络中流动的资金高达 1 万亿美元。仅 1994 年，国际直接投资总额就高达 2335 亿美元。另外，由于社会生产力的发展，社会分工超越了国界，国际分工从原来的垂直分工向水平分工和产业内分工扩展。2008 年由美国次贷危机引发的全球金融危机再次非常明确地说明，各国的命运已经被全球化的浪潮捆绑在一起，世界经济形成"你中有我，我中有你"的局面。随着贸易、投资以及金融领域国际化程度的加深，各国政治、经济生活的相互联系日益紧密，国际社会的依存程度显著加深。

（四）发展中国家在国际社会中地位的改变

冷战期间，发展中国家成为美苏两个超级大国竞相拉拢的对象，冷战结束后，"中间地带"不复存在，发展中国家的国际政治地位相对下降，但开始摆脱经济发展停滞或者倒退的局面，出现了经济恢复增长的势头。在西方主要发达国家经济出现衰退时，发展中国家仍然保持了经济的增长，成为世界经济的"增长源"。1992 ~ 1995 年，发达国家的经济增速分别为 1.5%、1.2%、2.5%、2.6%，而发展中国家的经济增速分别为 4.9%、6.1%、5.5%、5.8%，世界经济的发展呈现出南高北低的特点。与此同时，发展中国家实行了改革，调整了发展战略，减轻了对西方大国的依赖，经济自主性日益增强，2010 年中国 GDP 超过日本成为世界第二大经济体。同时，发展中国家间的经贸合作愈加频繁，国际经济地位有了很大提高。

（五）区域经济集团化的发展

区域经济集团组织的大量出现是二战后国际关系的一个显著特点。冷战时期，区域经济集团组织为反对殖民统治、发展区域性经济合作做出了积极

---

① 转引自石维有《冷战以来中泰关系的巨大变化及其决定因素》，《玉林师范学院学报》2005年第 6 期。

的贡献。随着冷战的结束，区域经济集团组织不断强化其政治联盟作用，且
意识形态色彩愈加淡化，越来越多的国家被卷入区域经济集团组织中。在这
一浪潮的推动下，东南亚国家联盟成员国数量得到增加，组织得以壮大，并
开始了建立东盟自由贸易区的进程。此外，与东南亚毗邻的中国也在亚洲开
发银行的倡导下，与相邻的五个大陆东南亚国家启动了大湄公河次区域
（GMS）经济合作项目。时至今日，GMS 合作已成为中国与东盟发展经济合作
的重要机制，中国－东盟自由贸易区（CAFTA）也如期建成。2007 年在广西
南宁举行的首届"泛北部湾经济合作论坛"上提出构建"泛北部湾经济合作
区"，2011 年 8 月，第十次中国－东盟经贸部长会议上讨论并通过了《泛北部
湾经济合作可行性研究报告》，并向在当年 11 月召开的中国－东盟领导人会
议报告，泛北部湾经济合作已经进入一个新的发展阶段，中国与东盟国家的
全方位合作前景广阔。

二　冷战结束以来中国和大陆东南亚国家贸易关系的发展

(一) 历史发展阶段

冷战结束以来，中国与大陆东南亚国家贸易关系的发展大致可分为以
下三个阶段。

1. 1992 ~ 1995 年：快速发展时期

这一时期，双边贸易额均持续增长（见表 3 - 1），且增速明显，基本上
以 50% 左右的速度增加。

表 3 - 1　1992 ~ 1995 年中国与大陆东南亚国家贸易

单位：亿美元,%

年份	中泰		中越		中缅		中老		中柬	
	金额	增长率	金额	增长率	金额	增长率	金额	增长率	金额	增长率
1992	13.19	—	1.79	454.4	3.90	- 0.5	—	—	0.13	—
1993	13.52	2.5	3.99	122.6	4.90	25.4	—	—	0.19	49.3
1994	20.24	49.7	5.33	34.1	5.12	4.7	0.40	—	0.36	87.5
1995	33.63	66.2	10.52	97.4	7.67	49.8	0.54	34.4	0.57	58.1

资料来源：根据中国海关统计数据整理。

冷战结束后，大陆东南亚国家与中国的政治关系有所缓和，与中国发
展经贸关系的愿望日益强烈，泰国、越南等国政府主动调整对华经贸政策，

采取一系列措施鼓励和发展同中国的经贸合作。1992～1995年，中国与泰、越、缅、老、柬五国的贸易额均呈现持续增长的态势，中老、中柬的贸易量比较小，但是均有所增加，中泰、中越双边贸易额分别突破30亿美元和10亿美元大关，中缅贸易额也在1995年达到了第一个高峰。另外，中国与大陆东南亚国家的区域合作也在这一时期展开，1992年，由亚洲开发银行发起，中国、泰国、越南、老挝、缅甸和柬埔寨六方共同参与的大湄公河次区域经济合作正式启动。1993年年初，泰国政府正式提出"黄金四角"经济开发区计划，倡议由泰国北部、中国西南部、缅甸东部和老挝西部组成"黄金四角"经济区，以平等互利、共同开发为原则，以开通湄公河上游水陆交通、开发湄公河旅游区为突破口，推动湄公河上游地区的经济合作。这一计划得到了中、缅、老三国政府的积极响应，对四国间的相互合作起到了一定的推动作用。

2. 1996～2002年：增减交替，波动发展时期

这一时期，中缅、中老贸易额在持续减少之后有所恢复，中越贸易额在1998年、中柬在1999年、中泰在1996年均出现下降，且增速时快时慢（见表3－2）。

表3－2　1996～2002年中国与大陆东南亚国家贸易

单位：亿美元,%

年份	中泰		中越		中缅		中老		中柬	
	金额	增长率	金额	增长率	金额	增长率	金额	增长率	金额	增长率
1996	31.45	-6.5	11.51	9.3	6.59	-14.2	0.35	-35.7	0.70	22.5
1997	35.15	11.8	14.36	24.6	6.43	-2.3	0.29	-17.5	1.21	71.8
1998	36.72	4.5	12.46	-13.2	5.80	-9.9	0.26	-10.5	1.62	34.1
1999	42.16	14.8	13.18	5.8	5.08	-12.3	0.32	23.3	1.60	-1
2000	66.24	57.1	24.66	87.1	6.21	22.2	0.41	28.8	2.24	39.9
2001	70.50	6.4	28.15	14.2	6.32	1.8	0.62	51.5	2.40	7.1
2002	85.57	21.4	32.65	16.2	8.62	36.4	0.64	3.4	2.77	15

资料来源：根据中国海关统计数据整理。

1996年，中泰、中缅、中老双边贸易额均出现下降，1997年发生的东南亚金融危机对泰国的影响最大，造成泰铢大幅贬值，泰国对中国的出口急剧增长，同时，泰国国内消费需求下降，对中国的进口需求降低，导致

中泰贸易形势逆转，中方开始出现逆差，正因如此，中泰双边贸易额并没有因为东南亚金融危机的影响而出现大幅下降。这一阶段，中国与各国之间的贸易额增减交替，中缅、中老贸易额甚至一度出现持续下降，中泰、中越、中柬双边贸易额虽没有出现持续减少，但是增长率波动较大，很不稳定。这也从另一个侧面反映了这一时期中国与大陆东南亚国家的经贸关系不太稳定，受各种不确定性因素的影响和制约较大，更为根本的原因在于中国与这些国家之间还没有形成稳定的国际分工合作关系，经济联系和一体化程度仍然较低。

3. 2003 年至今：平稳、较快增长时期

2003 年中国与各国的贸易额均有所突破（见表 3 - 3），中泰贸易额突破 100 亿美元，中缅贸易额突破 10 亿美元，中老贸易额也快速增长，突破了 1 亿美元。2008 年发生的全球金融危机，使中泰、中柬双边贸易额有所下降，但是其他三个国家与中国的双边贸易额均稳步上升。中越贸易额在 2009 年突破了 200 亿美元，并在 2012 年达到了 504.5 亿美元的高峰。中泰贸易额在 2009 年虽有所下降，但在当时仍居中国与大陆东南亚国家贸易的首位，达到 382 亿美元之多，之后又迅速上升。这说明，经过多年的发展，中国与大陆东南亚国家的贸易关系已渐趋稳定，随着双方产业结构的调整，以及中国 - 东盟自由贸易区的深入发展，中国与这些国家的经济互补性逐步增强，双方贸易、投资将更加便利，生产要素的流通将更为自由，双方贸易关系必将进入一个新的发展阶段。

表 3 - 3　2003～2010 年中国与大陆东南亚国家贸易

单位：亿美元,%

年份	中泰		中越		中缅		中老		中柬	
	金额	增长率	金额	增长率	金额	增长率	金额	增长率	金额	增长率
2003	127.0	48.4	46.34	42	10.77	25	1.09	71.1	3.20	15.9
2004	173.43	37.0	67.40	45.4	11.45	6.3	1.14	3.7	4.82	50.5
2005	218.12	25.8	81.96	21.6	12.09	5.6	1.29	13.6	5.63	16.8
2006	277.27	27.1	99.5	21.4	14.60	20.7	2.18	69.4	7.33	30.1
2007	346.38	24.9	151.15	51.9	20.6	40.9	2.49	14.2	9.33	27.3
2008	412.53	18.9	194.6	28.8	26.26	26.4	4.16	57.5	11.30	21.1
2009	382	-7.5	210	8.2	29.07	10.7	7.44	77	9.44	-16.8

年份	中泰		中越		中缅		中老		中柬	
	金额	增长率	金额	增长率	金额	增长率	金额	增长率	金额	增长率
2010	529.47	38.6	254	20.7	44.4	53.2	10.55	40.3	14.41	52.6
2011	647.4	23.3	402.1	58.3	65.01	46.4	13.03	23.5	25	73.5
2012	697.4	7.7	504.5	25.5	69.74	7.3	17.20	32	29.23	17

资料来源：根据中国海关统计数据整理。

（二）发展现状

1. 贸易量

我们通常用贸易额的多少来衡量两国贸易量的大小，在中国与大陆东南亚国家的贸易中，泰国、越南与中国的贸易量分别居第一位、第二位，缅甸居第三位，柬埔寨与老挝分别居第四位、第五位（见表3-1、表3-2、表3-3）。其中，从1996年开始，在中泰贸易中，泰国一直处于顺差地位，中越、中缅、中老、中柬双边贸易均是中方处于顺差地位（见表3-4）。

表3-4 2005~2010年中国和大陆东南亚国家贸易平衡状况

单位：亿美元

国别 年份	中泰	中越	中缅	中老	中柬
2005	-61.71	30.93	6.61	0.78	5.09
2006	-81.98	49.79	9.55	1.19	6.63
2007	-106.91	86.84	13.15	0.79	8.31
2008	-100.42	107.79	13.31	1.21	10.56
2009	-117.2	115.54	16.15	0.09	8.70
2010	-134.53	126.00	25.16	-0.9	12.54
2011	-133.4	179.7	31.4	-3.5	21.31
2012	-73.4	179.8	43.7	1.5	24.93

注：正值为中方顺差，负值为中方逆差。

资料来源：根据中国商务部统计数据整理。

2. 商品结构

总体而言，大陆东南亚国家出口到中国的产品均以农产品和初级产品为主，中国出口到这些国家的产品大多以机械电子类产品和各类金属及其制品为主。泰国是大陆东南亚五国中经济最发达的国家，与中国的贸易关系最密切，自 1992 年以来，中国与泰国的双边贸易额均领先于其余四国，中泰进出口商品结构也在不断优化。机械电子类产品在双边进出口中所占比重最大，且增速快。机械器具及零件是 2006 年泰国对华出口的第一大类和自华进口的第二大类商品；机电音像设备及部件是 2006 年泰国自华进口的第一大类和对华出口的第三大类商品（2004 年、2005 年均排第二位）。上述两类商品占泰国对华出口总额的 37.4%，占泰国自华进口总额的54.7%。泰国的农林产品如橡胶及其制品、木薯、水果及水产品也是其出口中国的主要商品。泰国自中国进口的主要商品除了上述的机械类电子产品外，还包括钢铁、铜、铅等各类金属及其制品。

中国的产业结构明显优于越、老、柬、缅四国，因此在与这四国的贸易中，中国产品的比较优势更为突出。中国对越南出口的产品主要是矿产品、机电音像设备及部件、化工品、纺织原料及制品、贱金属 5 大类商品，其占对越出口总额的比重由 2000 年的 58.4% 上升到 2005 年的 81.4%，上升了 23%。同期，中国从越南进口 6 大类商品，即矿产品、塑料橡胶及制品、植物产品、机电音像设备及部件、纺织原料及制品、木材及木制品，其占中国从越南进口总额的比重由 2000 年的 92.5% 上升到 2005 年的 95%。①

中国向老挝出口的主要有工业产品、服装及原材料、机动车及配件、食品、建筑材料、农用机械等。从老挝进口的主要有农产品、矿产品、原木及其制品、手工艺品、服装等。2002 年，中国向老挝出口的商品品种中，初级产品占 4%，比上年增长 11.3%；工业制品占 96%，比上年减少0.6%。初级产品的出口中，主要是烟草及其制品。工业制品出口中，主要是纺织品及相关产品、车辆、电子机械和器具及零件、电器及音响、通用工业机械设备及零件、特种工业专用机械等。中国从老挝进口的商品中，初级产品占 98%，工业制品占 2%，分别比上年增长 28.9% 和 54.1%。初级产品主要为木材、咖啡等。工业制品主要是纺织品。②

中方主要向柬埔寨出口电器、纺织品、机电产品、五金和建材等产品，从柬埔寨进口的主要产品有橡胶、木材制品和水产品等。我国对缅甸出口

---

① 潘金娥：《中越贸易：现状、前景与贸易失衡的原因分析》，《东南亚纵横》2007 年第 10期。

② 〔老挝〕达拉：《中国老挝双边经贸关系发展研究》，南京师范大学硕士学位论文。

的商品主要有机电产品、机械设备、电子电器、纺织品、运输工具、金属制品以及高新技术产品等，尤其以机电产品和纺织品为主，中国从缅甸进口的则主要是初级产品，主要有原木、锯材等，还有一部分机电产品。

虽然中国与泰、越、老、柬、缅五国的贸易商品结构不尽相同，但是这种贸易商品结构反映了双方的资源禀赋差异，也即中国与大陆东南亚国家的贸易是建立在比较优势基础上的，虽然有一部分产业内贸易，但更多的是互补性大于竞争性。根据资源禀赋理论，国内生产要素价格决定了国内产品的生产成本，生产成本的不同导致国内产品的价格差异，因而使得国际贸易得以发生。而国内生产要素的价格取决于该国该生产要素的禀赋，使用本国相对丰裕的要素生产的产品生产成本自然就低，反之亦然。因此，一国会选择生产并出口该国相对丰裕和便宜的要素密集型商品，进口该国相对稀缺和昂贵的要素密集型商品。中国的工业相对比较发达，基础雄厚，规模较大，有相对齐全的基础工业体系，在电子机械、轻工纺织、钟表仪器、金属冶炼以及家用电器方面的技术相对成熟，具有比较优势，而大陆东南亚国家的劳动生产率、生活水平以及工资水平都比中国稍逊一筹，因此拥有比中国相对廉价的劳动力资源，在双方经贸往来中，中国出口资本、技术密集型产品，进口资源、劳动密集型产品。另外，由于地理位置的不同，自然资源的禀赋差异，大陆东南亚国家的热带水果、橡胶、大米等在中国有巨大的市场。

3. 地区结构

中国与大陆东南亚五国的贸易中，中泰、中越贸易发展较快，相较而言，中缅、中柬、中老贸易发展缓慢，且规模小，所占比重更是微乎其微。以 2008 年为例，中国与泰国、越南的贸易额分别为 412.53 亿美元和 194.6 亿美元，而中缅、中柬、中老贸易额仅分别为 26.26 亿美元、11.3 亿美元和 4.16 亿美元，差别显而易见。

另外，这些国家在与中国发展贸易时，存在很强的地区性。泰国主要与中国东部沿海地区发生贸易往来，而且近年来趋势更加明显。从上海口岸与泰国的贸易发展来看，1997～2007 年，上海口岸与泰国的贸易额从 7.2 亿美元增长到 85.1 亿美元，增长了 10 倍多。10 年间，上海口岸与泰国的贸易额占上海口岸与东盟贸易额的比重由 15.3% 上升到 20.1%。从长三角三省市与泰国贸易增长数据看，2002～2007 年，双边贸易额从 25.4 亿美元快速增长到 147.2 亿美元，占我国对泰贸易总额的比重从 29.7% 急剧上升到 47.4%，成为发展中泰贸易的绝对主力，极大地体现了贸易自由化带来的空间集聚的巨大效应。① 越南与中国的贸易主要集中在长三角和广西。2008年中越两国进出口贸易总额达 194.6 亿美元，比 2007 年增长 28.8%，其中长三角地区与越南进出口贸易额占近 20%。除此之外，广西与越南的贸易一直在广西对外贸易中占有较大比重，越南是广西在东盟国家中的最大贸易伙伴。2011 年，广西与东盟进出口贸易总额为 95.6 亿美元，其中对越南进出口总额为 75.7 亿美元，增长 47.7%，占同期对东盟进出口总额的 79.2%。② 2012年，广西与东盟双边贸易总额为 120.5 亿美元，比上年增长 26%。其中与越南进出口总额为 97.3 亿美元，增长 28.5%，占同期广西与东盟贸易总额的 80.7%。③

三 中国和越、老、缅三国边境贸易的发展与特点

边境贸易是毗邻国家之间的一种特殊的贸易方式，它是一国对外贸易的重要组成部分。它有两种形式，即边民互市贸易和边境小额贸易。所谓边民互市贸易，是指边境地区在边境线 20 千米以内，经政府批准的开放点或指定的集市，在不超过规定的金额或数量范围内进行的商品交换活动。所谓边境小额贸易，是指沿陆地边境线经国家批准的对外开放边境县（旗）、边境城市辖区内，经批准有边境小额贸易经营权的企业，通过国家指定的陆地边境口岸与毗邻国家边境地区的企业或其他贸易机构之间进行的贸易活动。④

大陆东南亚五国中，中国与越南、缅甸、老挝三国陆上相邻，具有发展边境贸易的条件。越南谅山、高平、广宁、河江四省与中国广西接壤，越南河江、老街、莱州三省与中国云南省接壤。据统计，1994 年中越两国边贸额为 1.88 亿美元，1995 年两国边贸额为 2.04 亿美元，1996 年为 9800万美元，1997 年为 4.63 亿美元。据越南工贸部报告称，2006～2010 年，越南与中国边境贸易发展迅速，2006 年中越边境贸易额仅为 26 亿美元，2010

① 郭晓合、鲍丽萍：《泰国贸易结构变化对长三角与泰国双边贸易的影响初探》，《学术论坛》2009 年第 3 期。

② 《2011 年广西与东盟双边贸易额逼近百亿美元》，http：//www.gxzf.gov.cn/zjgx/gxydm/jm-wl/201202/t20120203＿408527.htm。

③ 《2012 年广西对东盟进出口值突破 120 亿美元》，http：//www.gxdrc.gov.cn/zwgk/qnyw/201301/t20130122＿468377.htm。

④ 李竹青、石通扬：《少数民族地区边境贸易研究》，中央民族大学出版社，1994。

年增至 43 亿美元，年均增幅为 24.68%。缅甸北部和东北部同中国西藏自治区和云南省相接，中缅边贸主要是在缅甸的掸邦、克钦邦与中国云南省的德宏、保山、怒江、临沧、普洱（思茅）、西双版纳等地区之间进行，其中以德宏州对缅边贸最为兴盛，德宏州与缅甸的边贸额一般占中缅边贸总额的 90% 以上。中国云南省与老挝接壤，双方有较长的共同边界，中方一侧为云南省的江城、勐腊两县，老方一侧为丰沙里省的略乌、本赛和丰沙里三县以及乌多姆赛省的纳莫县、南塔省的孟新和南塔两县。云南和老挝山水相连，阡陌相通，民族风俗习惯相似，双方之间的贸易往来有着悠久的历史。

（一）发展阶段

边境贸易是中国云南省和广西壮族自治区同越南、老挝、缅甸开展贸易的主要形式。近年来，广西和云南的边境贸易发展态势良好，成为中国与越、老、缅三国经贸往来的重要门户和前沿阵地。冷战结束以来，中国与越、老、缅的边境贸易大致经历了以下三个发展阶段。

1. 单一发展阶段

从 20 世纪 90 年代初至 1996 年为单一发展阶段，主要是边民在各互市点自发开展，商品种类单一，多为日常生活用品，交易规模不大。

2. 迅速提高阶段

从 1996 年年初国务院发布 2 号文件到 2000 年年底，国内各级各部门相继出台了关于边贸管理的具体文件，对边贸的形式、商品种类和管理办法做出了详细的规定。特别是在签订《边贸协定》后，边贸的形式、商品种类、交易规模都得到了明显的丰富和扩大，互市贸易增加较快，同时小额贸易稳步增长，交换商品达上千种，逐渐形成了边境小额贸易与边民互市贸易相结合、生产资料与生活用品相结合的综合性边境贸易。

3. 规范发展阶段

2001 年年初以来，各国政府先后对边贸进行了整顿，加大了打击走私力度，加强了对边贸商品进出口的管理，规范了边贸交易的程序和手续。经过加强管理，边贸秩序明显好转，杜绝了边贸中存在的违规操作现象，有效打击了走私，同时各有关职能部门加强了沟通和配合，逐渐形成了规范管理、严格操作的边贸管理体制。

（二）发展现状及原因

根据南宁海关的统计资料，2004 年广西与越南边境小额贸易进出口总额达 5.54 亿美元，同比增长 3.4%，占广西对东盟贸易总额的 55%。2005年广西与越南的边境口岸进出口贸易总额为 10.10 亿美元，而 2006 年双方贸易总额约为 15 亿美元，占中国与越南贸易总额的近 1/6，增速高达 50%。2004 年云南省边境小额贸易进出口总额达 5.24 亿美元，同比增长 25%。从贸易国别上看，滇缅边贸额为 4.01 亿美元，同比增长 25.3%；滇越边贸额为 1.07 亿美元，同比增长 24.4%；滇老边贸额为 0.16 亿美元，同比增长 22.5%。2007 年，云南省边境小额贸易进出口总额达 10.11 亿美元，比 2004 年增长了 93%。其中，滇缅边贸额达 7.11 亿美元，同比增长 24.9%；滇越边贸额为 2.5 亿美元，同比增长 50.4%；滇老边贸额为 0.5 亿美元，同比增长 21.1%。中越、中老、中缅边境贸易之所以会取得如此快速的发展，原因主要有以下几点。

1. 地缘优势

一方面，中国与越南、老挝、缅甸地理位置相近，为人员往来和物资交流提供了很大的便利；另一方面，中国云南和广西两省区地处内陆地区，对外开放的层次和水平都较低，越、老、缅三国便成为云南和广西对外开放的重要对象国。

2. 人文优势

中国与越、老、缅三国有着深厚的传统友谊，经贸往来历史悠久，经贸关系的发展有很深厚的历史基础。由于文化背景相似，人们在文化上比较容易沟通，长期以来，形成了很多共同的消费偏好。根据消费偏好理论，消费偏好重叠越大，就越有利于双方的产品交流和贸易关系的发展。

3. 经济上的互补性

中国与越南、老挝、缅甸的经济发展层次不同，产业结构差异较大，在双方贸易上具有较大的互补性。现阶段，中国出口到越、老、缅的商品多为制成品，而进口的大多是初级产品，互补性的存在为双方贸易的发展提供了可能。

4. 政府的政策支持

20 世纪 90 年代以来，中国政府相继提出了"西部大开发"战略、沿边开放战略以及兴边富民行动等有利于我国与越南、老挝、缅甸边境贸易发展的战略。1993 年，中国政府出台政策，对边境贸易进口商品实行免税政策，同时边贸进出口经营权以及配额许可证商品由沿边省区自行审批，相关优惠政策的实行，大大促进了边贸的发展，云南省 1993 年的边境贸易额达到了第一个高峰。

（三）特点

纵观多年来中越、中老、中缅的边贸发展历程，主要有以下特点。

1. 多种边贸形式并举，总额不断增长，商品结构趋于合理

首先，边境地方贸易、边境小额贸易和边民互市贸易多种形式并存，互为补充。边民互市不仅一日一小集，三五日一大集，而且形成了许多固定的市场和贸易街区，瑞丽市的"中缅互市街"即是一例。

其次，边境贸易额逐渐增加。1992 年，中越边贸额为 3.12 亿美元，1995 年达到 9.98 亿美元的高峰，之后出现下降，2003 年回升至 9.4 亿美元，同比增长 13.6%。2004 年，广西与越南边境小额贸易额达到 5.54 亿美元，2009 年云南与越南边贸额为 7.9 亿美元。中缅边贸主要是在滇缅之间开展，1993 年滇缅边贸额为 3.13 亿美元，2009 年增至 12.27 亿美元。相较而言，云南与老挝的边境贸易额一直以来都比较少，1995 年，滇老边贸额达到 2478 万美元的高峰后，便有所下降，直到 2006 年，才有大的回升，突破这一高峰值，达到 4523 万美元，并且在 2010 年达到 2.03 亿美元的又一高峰，比 2009 年增长 31.5%。2012 年滇老边贸额达到 3.47 亿美元，比上年增长 30.8%。①

最后，商品结构有所改善。在 1992 年以前，越南向中国出口的主要是初级产品、矿产品及农产品等原材料。中国出口到越南的商品主要是日用百货、加工食品、建材、小型农机具、医药制品五大类。1993 年以后，中越边境贸易进出口商品结构开始由单一性向多样化转变，特别是进口商品结构渐趋优化，开始由初级产品为主向工业制成品为主转变。中缅边贸的商品结构也由原来的农副土特产等初级产品和简单日用品为主转变为以纺织、机械、电子设备为主。

2. 边境口岸、边境贸易区、边境口岸经济区的建设进展迅速

云南全省有德宏、保山、西双版纳、红河、文山、临沧、普洱、怒江八个州市的 25 个县市与缅甸、老挝和越南山水相连。云南有瑞丽、畹町、腾冲、河口、磨憨、天保、打洛、孟定、金平、景洪港、思茅港、西双版纳机场、昆明机场 13 个国家级（一类）口岸，有盈江、孟连、章凤、田蓬、南伞、沧源、片马 7 个省级（二类）口岸，边境通道和边民互市点有

---

① 云南省商务厅统计数据。

100 多个。云南与缅、老、越三国的边境贸易就是通过这些口岸和通道，主要以小额贸易及边民互市贸易的形式进行的。广西地处我国南疆，西南与越南毗邻，广西对越开放 12 个口岸，其中凭祥、友谊关、东兴和水口为国家一类口岸。截至 2009 年 8 月，缅方在中缅边境正式开通的边贸口岸有木姐 105 码、雷基、清水河、甘拜地四个口岸。[①] 越南政府 1997 年 9 月颁发政府第 748 号文，在与我国友谊关毗邻地区的新清等 3 个口岸建立自由贸易互市区，中央注入巨资进行大规模基础设施建设，同时实行一系列的优惠政策。目前，越方在芒街、新清、老街等与我国相邻的主要口岸都建立了口岸经济区，并给予优惠政策，鼓励发展边境地区经济。[②] 缅甸也十分重视发展中缅边境贸易，将登尼以北 140 万平方千米的地区划为过境贸易区，将南坎、木姐、九谷、滚弄、户板、清水河等定为边境贸易口岸，另外还开设了许多边境通道和边民互市点。1993 年 12 月，中老两国政府宣布正式开通磨憨—磨丁为国家级通商口岸。2001 年 5 月，磨憨边境贸易区成立。2002 年 10 月，老挝政府总理本杨签发赋予南塔省磨丁边境贸易区优惠政策的第 162 号总理令，在磨丁—纳堆 18 千米间试行"境内关外"管理模式。2003 年 1 月，磨丁口岸设立第三国人员入境签证机构，实行 72 小时免签入境。

　　3. 经济技术领域的合作不断加强

　　边贸的发展不仅体现在贸易领域，还体现在经济技术合作领域。经济技术领域的合作，是边贸向深层次发展的重要标志，同时也是促进边贸进一步繁荣的助推器。以滇缅为例，早在 20 世纪 80 年代，云南省政府就出台文件，要求积极开展边境地区来件装配、来样加工、来图制造等多种经营活动，积极吸引外商、侨胞来境内合资、合作、独资办厂开店。云南省许多部门也都主张利用对缅甸的相对技术优势，积极开拓与缅甸的经济技术合作领域。缅甸政府近年来也发布了一些法规和公告，表达了类似意向。在这一思路的指引下，云南省加强了与缅方的互访及经济技术领域合作协议的商讨和谈判，并达成了多个合作协定。如《中缅两国经济技术合作协定》《交通电力合作协定》《缅甸与中国云南省经济贸易合作协定》等，合作项目已经涉及冶金、地矿、电力、化工、机械、交通、建材、农业、林业、旅游、服务设施等领域。在 2009 年的中缅边境贸易交易会上，双方进行了务实的交流，达成招商引资协议项目 8 个，成交金额为 7.65 亿元。第

---

① 　http：//smegx. gov. cn/gxsme/2009/xwpt/article. jsp？ id = 19240.

② 　云南日报网，2008 年 1 月 24 日。

十届中缅边境贸易交易会 2011 年 4 月 29 日在缅甸边城木姐召开,为期 3 天的交易会促进中缅贸易和经济合作关系进一步向前发展。云南省商务厅东盟处官员介绍,中缅边交会自 2001 年举办以来,已发展成为两国间规模最大、规格最高、影响最深远,集商品展览、经贸洽谈、招商引资、经济合作等为一体的国际商务平台。对繁荣两国边境地区经济、改善人民生活、促进经贸合作均发挥了重要作用。

4. 有关法律法规逐步完善,边境贸易朝着更加规范、健康的方向发展

与最初的边境贸易相比,近年来,国家对边境贸易的规范化管理有了很大进步。我方颁布的法规主要有:国务院《中国边贸管理政策》、外贸部《边境小额贸易暂行管理办法》、中国海关《边境贸易进出口商品检验管理办法》《中越陆地边境口岸及其管理制度的协定》、云南省政府《关于中缅边境小额贸易管理规定》以及《德宏州政府关于鼓励外商在边境投资的暂行规定》等。缅甸方面主要有:《缅甸政府关于边境贸易的规定》《缅中边境地区进出口权令》《在缅中边境地区开展边境贸易所要遵循的规定及经营方式》《缅甸联邦外国投资法》《缅甸允许外国投资的经济项目》等。此外,2005 年缅政府强调边境贸易必须经过国有银行办理信用证手续,中缅边贸走上规范化轨道。

(四) 边境贸易的作用

边贸发展对边境地区以及整个国家的经济发展和社会稳定都有积极的促进作用。

1. 增加地方财政收入

边境贸易得到规范后,政府开始对其征税,边境的开发增加了国家和地方的财政收入,通过发展边贸,逐步拓宽了地方财政来源。1998 年凭祥市地方财政收入达到 7130 万元,比 1990 年的 222.8 万元增长 31 倍,1999 年财政收入为 8503 万元,比 1998 年增长 19.3%[①],2010 年实现财政收入 5.08 亿元,其中每年的财政总收入有 70% 以上来自边境贸易税费收入,边贸的迅速发展,大大提高了地方财力。2010 年,东兴市地方财政收入达 1.06 亿元,基本上是边贸和旅游促使东兴财政收入增加。自从开展边贸以来,越南六个边境省的经济、社会都有所改善,各省 GDP 增长率为 7% ~ 8%,1996 ~ 2003 年谅山省的 GDP 平均年增长 9.27%。2001 ~ 2005 年,谅山口岸的

---

① 凭祥政府网, http://www.xzf.cn/bjmy/bmxz4.html。

平均地方财政收入达 6000 万 ~ 7000 万越南盾。① 广宁省以前财政经常匮乏，经过开放边境、发展边境贸易后，财政相对丰盈。中越边贸在一定程度上解决了越南国内为扩大生产规模而需要资本的问题。

2. 促进少数民族地区经济发展，提高边民生活水平，维护边疆稳定

边境地区大多是少数民族集中的区域，长期以来，交通闭塞，生产力水平低下，发展落后。边贸兴起以后，少数民族地区封闭的生产方式得到了改变，原先单一的经济结构也逐步转向多元化，促进了当地经济的发展。如广西凭祥市，其口岸对越南贸易总额从 1999 年的 23 亿元发展到 2000 年的 39 亿元，2001 年增至 47 亿元，2010 年达到 264.5 亿元的高峰。最近几年，凭祥市成为中国南部边境地区对越贸易最大的陆路口岸。云南省西双版纳傣族自治州的边境贸易额占到全州对外贸易总额的 82.4%，边境贸易带动了西双版纳州的劳务输出和对外经济合作项目的开展，促进了第三产业的发展，加快了西双版纳传统封闭、半封闭型经济向社会主义市场经济转变的进程，对繁荣民族经济、稳定边疆、加快少数民族地区脱贫致富的步伐，起到了重要作用。

3. 推动第三产业发展，创造就业机会

自边境开放以来，由于受边境贸易的影响，边境各省的经济结构发生了变化，以前农业占的比重比较大，工业和服务业的比重比较小，而今旅游、银行等行业都得到了一定程度的发展。如老街、海防、高平、广宁、桂林等边境省市，人们只要持有通行证就可以进入越南或中国旅游，每年从这些口岸带来的旅游收入一般占全边境省收入的 35%。开展边境旅游能够推动中越、中老、中缅的经济合作和文化交流，带动边境地区的餐饮业、电信业、娱乐业等的发展，有利于促进经济的发展和社会的安定。由于在边境地区可以从事的行业种类繁多，从生产经营到商品运输等的各个环节需要使用大量的劳动力，因此可以为边境地区创造就业机会，解决边境地区的劳动力就业问题。

（五）边贸发展中存在的问题

中国与越南、老挝、缅甸三国的边境贸易发展迅速，但仍存在一些问题。

1. 关于贸易政策、贸易管理调整的问题

随着我国经济的发展，中国 – 东盟自由贸易区的正式启动，以及国家

---

① 阳时江编《越中边贸在谅山省的发展情况》，《国家社会科学与人文》，2000 年 11 月。

实施宏观调控等因素的影响，国家调整了一些进出口贸易管理政策，给边境贸易的发展带来了新的困难和挑战。例如，改革出口退税机制，下调出口退税率，如滇越贸易中有磷酸二铵、尿素等近 20 种大宗商品被不同程度下调或取消了退税，出口商品竞争力下降，加大了企业运营成本，影响了企业扩大出口的积极性；进口商品检疫检验批准权上收到国家层面，药品检验权上收到国家指定的三个检验所；海关对互市贸易的商品的管理措施进行调整；林业、技术监督等管理部门都以规范管理为由，加强了对口岸、运输等各个环节的管理；国家对焦炭和粮食等商品的出口限制趋严；公安部新制定的边境口岸人员出入境管理办法趋严，商务人员从边境口岸出入境手续烦琐，费用多，办证时间长。

2. 口岸和边贸互市点的基础设施不够完善

由于历史、自然及资金等各方面因素的影响，一些边境口岸的基础设施比较落后，配套设施不完善，甚至还没有联检楼、验货场和储货仓，供电、供水、交通等基础设施也比较落后，货物运输不畅。口岸功能无法发挥应有的整体效用，远远跟不上口岸物流快速增长的需求。互市市场建设还不够完善，仓储装卸能力低，旅馆等服务设施还不配套。

3. 边境贸易区、边境经济合作区形同虚设，没有发挥应有的作用

云南省有 8 个边境州（市）的 25 个边境县（市）与缅甸、老挝和越南毗邻。与这三个国家经济贸易联系紧密的瑞丽、磨憨和河口分别设立了瑞丽姐告边境贸易区、磨憨经济开发区和河口边境经济合作区。但是它们并没有发挥预期的作用，并且存在很多问题，如管理主体缺位、产业体系尚待构建等。以磨憨口岸为例，由于交通运输便利化问题尚未解决，以及国家优惠政策逐渐弱化等原因的影响，磨憨口岸的区位优势尚未发挥，对边贸的促进作用有限。有资料显示，从磨憨口岸、瑞丽口岸进口的产品，大部分都销往省外，而从这些口岸出口的产品，有 80% 来自省外，可见边境贸易区产业的促进作用有限。

4. 双方在边境贸易口岸的管理和监督不到位，对边贸企业的保障机制不完善

双方管理部门采用一般贸易的管理手段来管理边境贸易，使得一些特殊问题不能得到快速有效的解决；在通关手续方面，程序烦琐、费用高，使得很多企业或个人因难以达到要求而被迫放弃办理；对产品质量的检验不到位，很多假冒伪劣产品充斥着边境贸易市场，给消费者造成了很大损

失。缅甸等国政局不稳、政策的不连续性等，使得贸易双方缺乏协调机制。相对于国内外贸企业可以通过远期购售汇、购买商业保险确保收汇和货物安全等较成熟的做法，边境贸易目前还没有一套成熟的、切实可行的规避风险机制。另外，很多地方政府行政干预多，也加重了企业的负担。

5. 人民币结算项目难以办理退税问题，以及人民币结算方式的不规范加大了政府对边境贸易的监管难度

以人民币结算办理出口退税，一直是令边境贸易企业最头痛的问题。因为牵涉到国家的外贸、外汇政策，办理起来手续繁杂，很多以人民币结算的货物无法核销，边贸企业也拿不到应得的退税，不仅占用了大量资金，也提高了企业和个人的运营成本。据统计，2008 年云南省有 95% 的边境贸易是用人民币进行结算的，但并不完全是通过合法渠道进行，通过"地摊银行"结算是我国与邻国进行边贸结算的主要方式之一，这种结算方式不合法，却能得到边民的钟爱，主要是因为：一是结算速度快、手续简单，一般通过电话或传真就可以结算；二是收费少，一般都不收手续费，通过汇差获取收益；三是不分工作日，随到随办；四是部分边贸客商不熟悉银行边贸手续，且认为其手续繁杂。"地摊银行"给边民带来了极大的便利，要在短期内完全铲除是不可能的，这加大了政府对边境贸易进行金融监管的难度。

四　中国和大陆东南亚国家贸易关系发展中存在的问题

（一）贸易规模小

近年来，中国与大陆东南亚国家的贸易额虽有很大增长，但是贸易规模小、比重低的问题仍很明显。在大陆东南亚国家中，泰国、越南对中国的贸易量最大。2010 年，中泰、中越双边贸易额分别仅占中国对外贸易总量的 1.78% 和 0.85%，占中国与东盟贸易额的比重分别为 18.08% 和 8.67%；另外三国与中国的贸易额占中国对外贸易总额的比重均不到 1%。

（二）贸易发展不平衡

除泰国外，其余四国与中国的贸易均处于持续逆差的状态。1996 年，中泰双边贸易额出现逆转，中方开始出现逆差，泰方开始出现顺差，且中方的逆差持续扩大，逆差金额由 1996 年的 6.35 亿美元扩大到 2010 年的 134.53 亿美元，增长了 20 倍多。同一时期，中国与老挝、缅甸、越南、柬埔寨四国的贸易均为中方持续顺差，且顺差逐渐扩大。持续的贸易不平衡

势必影响到双方贸易关系的持续稳定发展。

（三）出口市场和商品结构存在相似性

中国和大陆东南亚国家同属于发展中国家，产业结构和竞争力水平有很大的相似性。（1）出口市场重叠大。中国的主要贸易伙伴是日本、美国、欧盟、韩国等，同这些国家和地区的贸易额占中国对外贸易总额的近 70%。泰国、越南、老挝、缅甸和柬埔寨的主要贸易伙伴是日本、韩国、北美和欧盟，同日、韩、美、欧等国家和地区的贸易占到大陆东南亚国家对外贸易总额的 75%。（2）贸易商品结构也有很大的相似性。中国和大陆东南亚五国与区域外的贸易多属比较优势的互补型贸易，都主要向欧、美、日等发达国家和地区出口初级产品和低附加值的劳动密集型制成品，主要有服装、鞋类、组装类电子产品以及日用品等，在进口方面以欧、美、日等发达国家和地区生产的资本技术密集型制成品为主。

（四）主要集中于商品贸易，服务贸易尚处于起步阶段

服务贸易是目前国际经济中发展最为迅速的一种贸易形式，全球大约有 1/4 的贸易额属于服务贸易。由于各国科学技术的进步和产业结构的调整，以及国家之间服务业比较优势的存在，服务贸易具有广阔的前景。中国与大陆东南亚国家的服务业都在迅速发展，但二者之间的服务贸易尚处于起步阶段，目前只在工程承包和旅游服务方面的合作最为活跃，而在技术服务、交通运输服务、金融服务、国际咨询服务、国际电信服务、国际租赁等领域的贸易才刚开始形成交流及合作，成就还不很明显，有待于今后的进一步发展。

五　中国和大陆东南亚国家贸易关系的发展前景与影响因素

（一）中国的周边国家战略

中国政府一直致力于建设持久和平、共同繁荣的和谐周边。睦邻友好是中国与周边国家发展关系的重要指导方针。政治方面，中国政府积极推动与周边各国政府的高层往来和战略对话，建立并巩固政治互信；经济方面，中国秉承"兼善天下"的信念，愿与周边国家广泛开展区域合作，共享发展成果，促进亚洲地区的繁荣；安全方面，中国倡导彻底摒弃冷战思维，真正树立互信、互利、平等、协作为核心的新安全观；文化方面，中国坚持包容精神，尊重周边各国在历史文化、社会制度和发展模式上的差异性，求同存异，鼓励各国通过深入持久的文明对话，发掘互补性，使各种文化相得益彰、共同进步。在和谐周边战略的指导下，近年来，中国与周边国家的战略互信关系得到了很大提升，为深入开展相互间的经贸合作奠定了基础。

（二）促进边境贸易发展新政策的推出

根据《国务院关于促进边境地区经济贸易发展问题的批复》（国函〔2008〕92号），国家将采取财税、投资等多项优惠措施加大政策支持力度，促进边境地区经济贸易发展。这六项政策对我国边贸企业、边境贸易将产生重要的影响。

1. 加大对边境贸易发展的财政支持力度

自2008年11月1日起，采取专项转移支付的办法替代现行边境小额贸易进口税收按法定税率减半征收的政策，并逐年增加资金规模，专项用于支持边境贸易发展和边境小额贸易企业能力建设。2008年全年专项资金为20亿元，实际执行期为两个月，以后年度在此基础上建立与口岸过货量等因素挂钩的适度增长机制。

2. 提高边境地区边民互市贸易进口免税额度

自2008年11月1日起，将边民互市贸易进口的生活用品免税额度提高到每人每日人民币8000元。新政策调整之前，我国对边民互市贸易进口的商品，每人每日在3000元以下的，免征进口关税和进口环节增值税。此次调整后进口生活用品免税额度调高到8000元，整整增长了一倍多，这大大刺激了边民进口商品。

3. 支持边境特殊经济区的建设与发展

对国家级边境经济合作区，比照执行中西部地区国家级经济技术开发区基础设施项目贷款财政贴息的优惠政策。在制定全国海关特殊监管区域宏观布局规划的过程中，对在边境地区申请设立具有保税功能、货物从境内区外入区享受退税政策的跨境经济合作区的问题予以统筹考虑。在边境地区设立类似于国内出口港口附近的保税区、保税库等功能的场地，是从事边境贸易的企业长期以来期待的政策。国家对这些政策的调整，加大了边境贸易设施的功能，而对相关基础设施项目贷款财政贴息的优惠政策，带动了当地基础设施建设事业的发展。

4. 清理涉及边境贸易企业的收费

根据新政策的相关精神，各地对国家及国家有关部门确定的收费项目，结合口岸实际，确有必要适当减免的，可以按有关程序上报国家有关部门审批；对由市、县级部门确定的未经省物价部门批准的收费项目应予以取消；对企业垄断经营的服务性收费，对其收费标准进行核定，坚决杜绝垄断经营产生的暴利。这一次的清理和规范，不仅极大地减轻了边贸企业负担、降低其经营成本，也为这些企业未来的发展打下良好的基础。

5. 扩大以人民币结算的边境贸易办理出口退税试点，优先考虑在边境地区扩大试点

由于周边国家外汇短缺等原因，目前在边境贸易中以人民币结算的比重达到95%以上。按照现行政策，边境贸易出口货物办理出口退税时必须提供出口收汇核销单，致使以人民币结算的边境贸易的出口退税政策难以落实。此次新政策的调整，以人民币结算的边贸企业可得到应得的退税，不仅可以降低企业经营成本、提高利润，也体现了税收的公正性，进一步促进边境贸易的发展。

6. 支持边境口岸建设

国家每年安排专项资金对边境一类口岸查验设施给予补助，并逐步增加投资额度，提高补助标准，扩大支持范围。

新政策的调整促进我国边境贸易的日益兴盛。只要各边境地区根据国家的新规定，因地制宜制定相应的实施政策和实施细则，发挥地方资源优势，必将迎来良好的发展机遇，并带动当地经济更上一个台阶，从而为我国的边境贸易事业以及中国对外贸易的发展作出应有的贡献。

（三）CAFTA 的促进效应

根据关税同盟理论①，建立关税同盟前的税率越高，建立关税同盟后的经济效应越大。CAFTA 成立之前，除新加坡之外，印尼、泰国、马来西亚、菲律宾都有较高的关税壁垒，如纺织品（20%）、塑料产品（18%）。中国对东盟产品的进口也征收比较高的关税，如对泰国的大米、印尼的棕榈油都设置了高进口关税和配额。CAFTA 成立后，关税壁垒大幅降低，贸易成本大大降低，获得正的贸易效应的可能性必然增加。同时，中国与东盟多个国家在贸易上存在互补性，关税降低以后带来贸易量的增加。除此之外，

---

① 关税同盟理论是有关区域经济一体化的重要理论，也是较为完善的理论。该理论主要研究关税同盟的贸易效应及其对社会福利的影响，后来人们将其扩展到对自由贸易区的研究。最早对其进行系统性研究的是美国普林斯顿大学的经济学家维纳（Viner），之后，米德、李普赛、库珀、马赛尔等经济学家对其进行了不断地补充和完善，使之日益成为一种较为成熟的经济一体化理论。

自由贸易区的建立也带来动态效应，即刺激成员国经济增长，带来国民收入的持续增长。它主要通过三个途径来实现：（1）规模经济效应。区域经济一体化的成立带来了一个相对稳定的扩大了的市场，有利于企业扩大生产规模，从而降低长期平均成本，获取规模经济效应。（2）竞争促进效应。区域经济一体化组织成立后，各国相继开放国内市场，原有的市场保护状态被打破，企业面临更加激烈的竞争，市场竞争的加剧会促进企业不断改进生产技术，加快对高新技术的研发，提高生产效率，结果必然导致生产资源的更有效配置和产品竞争力的提高，而先进技术的发明及普及还有利于促进中国与东盟国家的工业化和现代化进程，增加整个区域的经济福利。（3）投资刺激效应。一方面，成员国的投资者为了促进产品的升级换代，提高产品竞争力，增大对新技术的研发投入，追加投资；另一方面，由于区域一体化组织对区外经济体设置共同关税，使非成员国商品受到歧视，为了绕过关税壁垒，区域外厂商会选择到区域内投资，在当地进行生产和销售。

（四）投资对贸易的促进

我国对大陆东南亚国家的投资，客观上带动了我国的设备、技术的出口，一些投资项目生产出来的产品（主要是资源型投资生产出来的矿产品、林产品等）返送回国内市场。这些在贸易上都体现为进出口，促进了中国与大陆东南亚国家的贸易。另外，按照原产地规则，中国若在东盟一国投资且当地含量达到40%，产品即可享受东盟自由贸易区的关税优惠，因此，中国企业在东盟的投资，可以促进其与制造业相关的服务业的出口。

（五）大陆东南亚国家国内政治、经济形势的影响

近年来，泰国和缅甸的政治局势一直不太稳定。泰国"红衫军"与"黄衫军"游行示威引发的骚乱日渐升级，对泰国局势的稳定构成极大的威胁。2007年8月开始，缅甸相继出现了零星的民众抗议示威活动，其间，大批僧侣举行了示威游行，还吸引了上万名民众参与，群众对缅甸军政府的不满日趋强烈，缅北的局势更是充满了不确定性。对于原本就比较贫弱的缅甸来说，政局不稳成为经济社会发展的一大障碍。不管是从事贸易或是投资活动，东道国的政治局势都是必须考虑的因素。因此，政局不稳会极大地影响中国企业到泰国和缅甸开展经济活动。

相对而言，越南、老挝、柬埔寨的政治局势还比较稳定，但是这三个国家的经济环境令人担忧。越南近年来经济发展很快，外国投资急剧上升，

但投资泡沫导致生活成本上升，2008 年 8 月，越南通货膨胀率达到 28.3%的最高值。经济波动会导致股票市场发展不稳定，企业资产极易缩水，一旦国际金融体系再次遭遇冲击，越南的经济很可能被击垮。老挝和柬埔寨的经济发展水平比较低，工业基础薄弱，市场机制不完善，并且这些问题不可能一朝一夕就得到解决，导致企业投资和经营会遭遇较大风险。

（六）区域外大国的影响（主要是印、美、日）

东南亚地区战略位置比较重要，是各大国争相扩大影响力的竞技场，在政治、经济、军事各方面，印度、美国、日本与大陆东南亚各国的联系都日益密切。

1. 印度。冷战结束后，随着世界经济重心转移到亚太地区，发展迅速的东盟吸引了印度的注意力，为了扩大本国的影响，使印度进入东南亚地区，印度拉奥政府在 1991 年提出了"东向"政策。经过多年的发展，印度的"东向"战略已取得了一定的成效。

经济领域。1993 年 4 月，拉奥总理访问泰国讨论经济合作，许诺援助泰国建立核电站。1997 年 3 月，越南总理访印，签署了四项协议，内容是：印度向越南贷款 1000 万美元，以促进越南对印度的出口；印度帮助越南建立证券交易所，印度在核能方面向越南提供帮助等。2010 年印度曾向缅甸提供 3 亿美元贷款，主要用于缅甸铁路运输、电力输送、炼油、光纤通信发展。2011 年，印度总理辛格在缅甸吴登盛总统对印度友好访问时，承诺印度向缅甸提供 5 亿美元的优惠贷款，专项用于水利设施建设等工程。通过这些措施，印度与东盟在经济合作上加强了联系。[①] 1997 年 6 月，印度与孟加拉国和斯里兰卡共同参加了旨在加强南亚与东南亚经济联系的"孟印斯泰缅经济合作组织"，其目标是从 2006 年中期开始逐步削减关税，最终到 2017 年前将关税减至零。2000 年，印度与 GMS 五国合作启动了"恒河－湄公河合作计划"，促进双方在旅游、文化、教育方面的合作。2003 年，印泰签署了自由贸易协定，并在旅游、农业和科技方面签署了其他条约。印泰双方签署自贸协定，目的是要在 2010 年之前，实现两国间贸易的零关税。2003 年，印度与东盟签订了《印度与东盟全面经济合作框架协议》，计划在十年内建立印度－东盟自由贸易区，标志着印度－东盟经济关系得到了实质性的发展。2010 年 1 月 1 日，印度－东盟自由贸易区（IAFTA）如期付诸

---

① 赵洪：《试论印度与东盟关系》，《国际问题研究》2006 年第 3 期。

实施，双方承诺即日起逐步下调相关赋税，致力于自由贸易。IAFTA 的实施是印度－东盟合作进入实质阶段的标志性事件，也是印度"东向"政策的重要环节。2011 年 10 月，印度和越南政府无视中国的反对，签署了两国公司在南海争议地区勘探石油的合同，这无疑给中国与两国的友好发展带来相关不确定的因素，产生不利影响。

政治领域。印度经过 10 多年坚持不懈的努力，与东盟逐步地从一个"部分对话国伙伴"发展到峰会级伙伴，建立了峰会联系和对话制度。在双边关系发展中，印度尤其重视与缅甸、越南的关系。2001 年 2 月，印度外长辛格对缅甸的访问改善了缅印关系，打破了西方所谓"民主国家"不与军人政权交往的惯例，为印度"东向"政策的顺利实施扫清了一道障碍。印度总理于 1994 年和 2000 年两次访问越南，2004 年 10 月，印度外长率领代表团出席在河内举行的印度－越南联合委员会会议，进一步巩固了印越传统友好关系。印度的"东向"政策随着在 2011 年 10 月一周内接连接待两位邻国领导人达到高潮，缅甸总统吴登盛于 12～15 日访问印度，越南国家主席张晋创也于 12～14 日访问印度。

安全与军事领域。冷战期间，印度同越南是"最亲密的盟友"。80 年代，印度在柬埔寨问题上偏袒越南，越南在中印边境争端上支持印度。在中国南沙问题上，印度明确地支持越南。2003 年，印度国防部长访问越南，两国签署了多项防务合作协议。2000 年 7 月，印度陆军参谋长首次访问缅甸，不久海军参谋长再次访问缅甸。2000 年 10 月，印度外长辛格访问老挝，除签署了经贸合作协议外，还赠送 10 辆坦克和 25 辆吉普车给老挝军方，为两国的军事合作奠定基础。从 2001 年起，印度与其东部邻国斯里兰卡、孟加拉国、泰国、缅甸等国每年都举行代号为"米兰"的军事演习。2002 年，一支印度海军特混舰队开赴南海。2011 年印度媒体报道，印度计划帮助越南进行潜艇和水下军事力量训练，以此扩大与越南的军事联系。目前，印度已经向越南海军提供了原产俄罗斯的军舰，双方还曾组织联合军事训练等。印度政府一方面强调与越南加强合作的重要，对南海问题保持低调，但印度军方防长安东尼公开宣称印度军舰会继续奔赴南海。印度与东盟的军事合作也已从初期的军事交流扩大到全面防务合作，其联合防范中国的色彩日益浓厚。

2. 美国。冷战结束初期，美国在东南亚地区采取收缩战略，随着中国在这一地区影响的逐渐加大，美国开始担心中国对其战略利益的威胁，从

20 世纪 90 年代中期开始，美国加强了对东南亚地区的关注。尤其是在 "9·11" 恐怖事件之后，美国对东南亚的关注进一步增强。

经济领域。一方面，美国与东南亚国家的贸易、投资持续增长，现如今，美国已成为东南亚国家重要的贸易伙伴和外资来源地；另一方面，美国试图通过其控制的国际规则来控制东南亚国家的经济，并试图把东南亚地区纳入美国主导的区域经济体系之中。

政治领域。美国大搞 "人权外交"，并在东南亚国家寻求代言人，将本国的民主、人权等价值观念推广到东南亚国家，力图使东南亚国家在政治上亲美。

安全领域。美国在东南亚地区始终保持着相当的军事存在，其积极参与区域合作的主要目的是维持区域军事存在，保障美国利益，将该地区的国家的军队纳入由美国领导的地区安全体系中。

美国主要以东盟为切入点，寻求与整体东南亚的关系改善，如美国设立其历史上的第一个驻东盟大使职位，提出在东盟地区论坛下开展人道主义救援的联合演练等。2009 年，美国加快了 "重返东南亚" 的步伐。建立了年度性的美国 - 东盟峰会，美国国务卿希拉里 7 月 22 日在泰国普吉岛签署《东南亚友好合作条约》。美国向泰国、越南、柬埔寨与老挝湄公河流域四国提出了建立新合作框架的提案，在环境、教育、保健 3 个领域内就气候变化和艾滋病对策等问题展开合作。同时，美国还宣布为以上四国提供 1.5 亿美元的援助，主要用于建立 "大湄公河环境监测系统"，以保护该区域内的生态环境，提高人民的环保意识，促进水利、森林等自然资源可持续发展以及防治疾病项目。[①] 值得注意的是，之前关于 GMS 的合作机制大多包括中国和缅甸，而此次美国却并未将中国和缅甸列为磋商对象。与东盟的多边接触，还为美国开辟了更大的多边舞台，如主要由于东盟的原因，美国成功获得正式加入 2011 年东亚峰会的资格。2009 年 8 月，美国参议员吉姆·韦布访问缅甸，与缅甸领导人丹瑞大将会面。吉姆·韦布呼吁美国对缅甸军政府采取接触政策，结束对缅甸制裁。这次见面为美国制定对缅新外交政策定下了基调。[②] 9 月，美国为缅甸总统吴登盛发放了入境许可证，使其得以参加在纽约召开的联合国大会。吴登盛是 14 年来第一位参加联大

---

① 《美国为大湄公河次区域四国提供 1.5 亿美元援助》，博雅旅游网，http：//as. bytravel. cn/art/mgw/mgwdghcqysgtg15ymyyz/，2009 年 7 月 28 日。

② 李秋恒：《美国参议员首次会晤缅甸领导人丹瑞》，《环球时报》2009 年 8 月 15 日。

的缅甸军政府高官。9月29日，美国负责东亚和太平洋事务的助理国务卿坎贝尔率美国政府代表团与缅甸科技部部长吴当率领的缅甸政府代表团在纽约举行了美缅两国政府间近些年里的首次高级别对话。① 11月4日，坎贝尔访问缅甸，在首都内比都分别会见缅甸总统吴登盛和缅甸全国民主联盟总书记昂山素季。虽然美缅关系在短期内不可能有根本性转变，但是不能排除美国调整对缅政策中包含的遏制中国的意图。

3. 日本。经济领域。一方面，日本对大陆东南亚国家采取"经援外交"的策略，不断对其进行大力援助。自1991年以来，日本一直是老挝的最大援助国，年平均援助数额超过1亿美元。② 自缅甸军政府上台后，日本跟随美国对缅甸进行经济制裁，停止了官方发展援助，但是小规模人道主义援助一直没有停止。1997年，日本决定提升与缅甸的经贸关系。1998年，日本向缅甸提供1100万美元的政府援助以及1950万美元的贷款以修复仰光机场，并承建了一系列的工业项目。2002年恢复了官方发展援助。2005年，日本向缅甸提供1120万美元的无偿援助和1470万美元的技术援助。2006年对缅经济援助款项是30亿日元。根据2010年8月25日在越南举行的日本与湄公河流域国家会晤结束后发布的一项声明，日本将通过海外援助计划帮助缅甸提升仰光至美赛公路等级。1999年日本对越南提供5亿日元的援助。2000年3月，日本政府制订了援助国别计划。除此之外，日本还在该地区投下重金，援建"东西走廊"，对越、老、柬三国交界的"开发三角地带"提供2000万美元的无偿援助。另一方面，在中国与东盟启动自由贸易区谈判之后，日本为了平衡中国在该地区的影响力，对贸易政策进行了调整，率先与新加坡签订了自由贸易协定，并积极参与东南亚地区的区域经济合作，加强与大陆东南亚国家的经济联系。

政治领域。2003年12月，在东京举行的日本－东盟特别首脑会议上，日本宣布正式加入《东南亚友好合作条约》，这是日本与东盟在政治领域加强合作的一个重要标志。同时日本政府还公布了《湄公河地区开发的新观念》。2007年1月，日本政府公布了新的GMS政策，即《日本－湄公河地区伙伴关系计划》。2007年8月，安倍晋三首相出访柬、老、越三国，声称要将三国纳入"价值观外交"体系，帮助三国建立促进法治、反映民意的机制。2007年11月20日，福田康夫首相与柬、老、越三国首相在新加坡

① 新华社2009年11月5日电。
② 马树洪、方芸:《老挝》，社会科学文献出版社，2004，第336页。

举行"日本 – CLV 首脑会议",就进一步加强日本与柬、老、越三国的关系达成了一致。① 2008 年 1 月 16 日,日本与 GMS 五国在东京联合召开了首次日本 – 湄公河流域外长会议。日本表示将在以下几方面加强合作:(1)信任:将 2009 年定为"日本 – 湄公交流年",计划在 5 年内邀请 1 万名 GMS 五国青年访问日本,实现日本 – 湄公河外长会议的定期化和机制化;(2)发展:将 ODA 与贸易和投资有机地结合起来开展合作,按照《日本 – 湄公河地区伙伴关系计划》的精神扩大针对 GMS 五国的 ODA,为提高东西经济走廊物流效率提供 2000 万美元的援助,将地跨柬、老、越三国的"开发三角地带"列为提供无偿援助的候选项目(2000 万美元);(3)稳定:日本与GMS 五国通力合作,解决诸如传染病等各种跨境问题,日本支持柬埔寨对红色高棉的审判工作,积极推动缅甸的民主化进程。② 日本的 GMS 政策巩固了日本同大陆东南亚国家的政治关系,为日本在这一地区影响的扩大奠定了基础,也为牵制中国迈出了重要的一步。

安全领域。日本和 GMS 国家的安全保障交流与合作得到加强,具体体现在与越南的军事交流方面。自 1997 年初日本首相桥本龙太郎出访越南后,双方即多次就防卫问题举行了副部长级磋商,扩大了两国在安全保障领域的合作,双方还签署了日向越提供 810 亿日元贷款和 30 亿日元无偿合作资金等协议。③ 2000 年 5 月,日本防卫厅长官瓦力访问新加坡和越南。在越南,双方商谈了在南海共同搜救、打捞民间船舶事宜,并就举行定期军官会议、共同防卫外来威胁进行了磋商。此外,日本 1997 年的《防卫白皮书》把防卫范围扩大到了南沙群岛,旨在保护日本的经济利益和战略安全。2008 年 3 月,日本护卫舰访问胡志明市,并与越南海军进行联合演习。④ 此外,2005 年 5 月,日本还派遣 27 名自卫队队员参加了美、泰等国在东南亚举行的"金色眼镜蛇"联合军事演习,这是日本自卫队首次正式参加这一演习。

考虑到大陆东南亚国家的小国心理,其采取的"大国平衡"策略便不

① 〔日〕外务省:《日本 – CLV 首脑会谈概要》,http://www.mofa.go.jp/mofaj/kaidan/s__fukuda/eas__07/jclv__gai.html,2007 年 11 月 20 日。

② 〔日〕外务省:《日本·湄公外长会议(结果概要)》,http://www.mofa.go.jp/mofaj/area/j__mekong/0801__kg.html,2008 年 1 月 17 日。

③ 邹飞:《浅析越南外交特点及走向》,《东南亚纵横》2000 年增刊。

④ 环球论坛:《越南凭什么为南沙"不惜一战"》,环球网,http://bbs.huanqiu.com/thread-59535-1-1.html,2008 年 8 月 1 日。

难理解。作为被大国环绕的小国，大陆东南亚国家需要各大国的扶持与帮助，以实现本国经济社会发展的目标。但是同时，他们又想要保有对该地区事务的主导权，不希望任何一个大国在该地区的影响力过分突出，于是，"大国平衡"策略应运而生。中国虽然不谋求地区霸权，但是大陆东南亚国家是中国的近邻，为了防止印度、美国、日本等国家对中国形成包围圈，以此牵制中国的发展，中国必须与周边国家保持友好关系，防止出现受制于人的局面。

第四章　中国和大陆东南亚国家的投资关系

外国直接投资（FDI）是带动全球经济增长的重要因素。对发展中国家和地区来说，FDI 更是其经济发展不可或缺的一部分，因为 FDI 在引进国外资金和技术、创造就业和促进出口等方面都发挥着重大作用。后冷战时期，中国逐渐加深了与大陆东南亚国家的政治、经济合作，投资合作在其中发挥了重要而独特的作用。本章将从对外投资的背景、发展历程、成效与问题等方面对中国和大陆东南亚国家的投资关系进行研究，并对其前景进行简单展望。

一　冷战后中国和大陆东南亚国家发展投资关系的背景

（一）缓和的国际形势为双方发展投资关系提供了良好的外部环境

冷战结束后，世界局势趋于缓和，多极化趋势开始显现，全球化、区域化进程逐渐加深且并行不悖。在这个大背景下，对外投资在世界范围内再次形成高潮，并不断呈现出新的特点。自 20 世纪 90 年代中期起，随着第五次跨国并购浪潮的兴起，全球外国直接投资发展迅猛，从 1995 年的 3310 亿美元，一跃升为 2000 年的 13000 亿美元。这一时期，发达国家是全球直接投资的主要目的地和来源地。2001 年以来，由于全球经济不景气，企业跨国并购大幅下降，导致国际直接投资也持续下跌。[1] 2004 年，全球外国直接投资在发展中国家的带动下恢复了增长。随后，流入发展中国家和转型期经济体的直接投资实现了连续 6 年的快速增长，2009 年因受金融危机影响而下跌 27%。虽然外国直接投资在 2009 年出现收缩，但是发展中国家和转型期经济体表现出的危机抗御能力却强于发达国家。2009 年，发展中国

---

①　杨天欣：《全球外国直接投资的发展趋势》，《国际问题研究》2003 年第 5 期。

家和转型期经济体有史以来第一次吸收了全球直接投资流入量的一半，同年其对外直接投资流出量也占到了全球直接投资流出量的 1/4。① 2010 年，发展中国家和转型期经济体吸收了 52% 的全球外国直接投资，金额达 6420 亿美元，其中流入东亚和东南亚的外国直接投资更是猛增 34%，创出了历史新高。2010 年，发展中国家和转型期经济体的外国直接投资流出量达 3880 亿美元，占全球外国直接投资流出总量的近 30%，其中大部分投资流向了其他发展中国。② 由此可见，发展中国家和转型期经济体作为全球外国直接投资目的地和来源地的重要性正在不断上升。这也意味着，作为最大发展中国家的中国发展与大陆东南亚国家的投资关系正面临前所未有的大好机遇。

（二）中国和大陆东南亚国家内部的政治、经济形势好转

冷战结束后，大陆东南亚国家政治环境较为稳定，地区热点柬埔寨问题全面解决，虽然柬埔寨内部各派政治势力之间矛盾仍然存在，但总体局势趋于稳定。越南、老挝等社会主义国家在抵制住冷战余波的冲击后，内部形势逐渐好转，并开始进行革新开放。在这个时期，发展经济成为大陆东南亚国家的主要任务，市场经济、出口导向和吸纳外资成为这些国家经济发展的三大主线。由于大陆东南亚国家国内普遍缺乏建设基金，因此都积极鼓励外商投资，创造了较为有利的投资环境。中国自 1978 年实行改革开放之后，国内政治、经济形势好转。改革开放以来，中国对外直接投资从无到有，逐步发展。尤其是进入 21 世纪以来，中国经济的持续健康发展，使之一举成为新兴的对外直接投资大国，为扩大对大陆东南亚国家的直接投资奠定了基础。而 2000 年"走出去"战略正式作为国家战略的提出，更是加速了中国对外直接投资的步伐。据统计，2007 年中国对外直接投资额（非金融部分）已达 187 亿美元，比 2006 年增长 6.2%。据联合国贸发会议公布的《2011 年世界投资报告》，2010 年中国已成为世界第二大直接外资接受国和世界第五大对外直接投资流出国，中国吸收外资和对外投资比例上升至接近 2:1。与西方发达国家的企业国际化相比，中国对外投资虽起步晚，对外投资的发展速度相对滞后于综合国力的增长速度，但仍然有巨大潜力。由于地缘优势的缘故，中国对大陆东南亚国家的投资也先行一步。

---

① 联合国贸发会议：《2010 年世界投资报告》。
② 联合国贸发会议：《2011 年世界投资报告》。

（三）区域合作机制的逐步建立和完善，为相互投资提供了舞台

除泰国这个东盟老成员国外，大陆东南亚国家在 20 世纪 90 年代中后期陆续加入东盟，1995 年越南、1997 年缅甸和老挝、1999 年柬埔寨先后加入东盟。中国与东盟建立对话始于 1991 年，1996 年 7 月中国正式成为东盟的全面对话伙伴国。自 1997 年东南亚金融危机以来，东盟 10 国已分别与周边国家建立起"10＋3"（东盟与中、日、韩）及多个"10＋1"（东盟分别与中、日、韩、印、澳、俄等）的合作机制。其中，中国与东盟的关系是以东盟为核心的多个"10＋1"中发展最迅猛、成果最丰富的一个。① 因中国在 1997 年东南亚金融危机中坚持人民币不贬值，和东盟国家共同渡过了难关，这使得双方更加深刻地认识到，加强合作、推动区域经济一体化已是势在必行。2002 年 11 月 4 日，中国与东盟 10 国的领导人在柬埔寨首都金边共同签署了《中国－东盟全面经济合作框架协议》，提出了建立中国－东盟自由贸易区的蓝图。2004 年 1 月 1 日，中国－东盟自贸区框架下的最早降税计划——"早期收获计划"正式启动，对 500 多种产品实行降税，到 2006 年将这些产品的关税降为零。2004 年 11 月 29 日，国务院总理温家宝与东盟 10 国领导人在老挝首都万象签署了《货物贸易协议》和《争端解决机制协议》。2007 年 1 月 14 日，中国与东盟领导人在菲律宾宿务签署了《服务贸易协议》。2009 年 8 月 15 日，中国与东盟 10 国共同签署了中国－东盟自由贸易区《投资协议》。《投资协议》的签署不仅标志着双方成功地完成了中国－东盟自由贸易区的主要谈判任务，也极大地促进了中国与东盟成员国之间的相互投资。② 涵盖 19 亿人口、6 万亿美元国民生产总值、4.5 万亿美元贸易额的中国－东盟自由贸易区已于 2010 年 1 月 1 日正式宣告建立。此外，大湄公河次区域合作也是中国与大陆东南亚国家之间主要的合作机制之一。1992 年，在亚洲开发银行的倡议下，澜沧江－湄公河流域的 6 个沿岸国家共同发起了大湄公河次区域（GMS）经济合作机制，包括柬埔寨、越南、老挝、缅甸、泰国和中国云南省（2005 年后广西正式加入）。大湄公河次区域经济合作以项目为主导，根据区域内成员的实际需要提供资金和技术支持。GMS 通过首脑会议和部长级会议、高官会，签署了

---

① 《东盟系列峰会："10＋3"与"10＋1"仍是基础》，http：//www.china.com.cn/chinese/sy/1062129.htm（2005 年 12 月 15 日）。

② 《商务部就中国－东盟〈投资协议〉答记者问》，http：//news.sina.com.cn/c/2009－08－15/165918442269.shtml（2009 年 8 月 15 日）。

《大湄公河次区域便利货物及人员跨境运输协定》《GMS 贸易投资便利化战略行动框架》等协定，消除了影响次区域经贸合作的政策和制度障碍，使投资贸易更为便捷。2008 年 3 月 21 日，GMS 合作重点项目之一的昆明—曼谷公路（昆曼公路）中国路段全线贯通。作为连接东南亚、南亚国家的 4 条陆路通道之一，昆曼公路对于完善区域路网结构，优化地区投资环境，促进区域经济交流，推动各国经济社会全面发展具有重要意义。由此可见，中国与大陆东南亚国家间的区域化合作机制正在逐渐建立和不断完善之中，这为双方投资关系的发展提供了更为有利的平台。

二　冷战后中国和大陆东南亚国家投资关系的发展与现状

随着经济总量的增长以及政府对企业"走出去"扶持力度的加大，近年来中国对外直接投资增长迅速。2002～2011 年，中国对外直接投资年均增长速度为 44.6%。[①] 2009 年，受金融危机影响，全球经济处于低谷期，却也为中国企业适时参与国际投资合作提供了良好的机遇。2009 年中国非金融类对外直接投资累计 478 亿美元，同比增长 14.2%。[②] 2010 年中国非金融类对外直接投资达到 601.8 亿美元，同比增长 25.9%。[③] 2011 年中国非金融类对外直接投资则达到 685.8 亿美元，同比增长 14%。[④] 在地缘上紧邻中国，经济结构互补，拥有丰富资源且与中国有着传统友好关系的越南、老挝、柬埔寨等大陆东南亚国家正逐渐成为中国企业"走出去"的一个重要目的地。

（一）中国和大陆东南亚国家投资关系的总体概况

2002 年以前，双方的投资关系以大陆东南亚国家对中国的投资为主，而中国对大陆东南亚国家的投资规模相对较小。大陆东南亚国家（主要是泰国）对中国的投资始于 20 世纪 80 年代，90 年代是泰国对华投资的黄金时期。20 世纪 90 年代，泰国对华年均投资额为 2 亿～3 亿美元，为中国经济的发展作出了重要贡献。然而，在 1997 年东南亚金融危机之后，泰国对华投资呈现下降趋势，进入 21 世纪之后，始终没能恢复到金融危机之前的水平。由于受经济实力较弱及本身资金较为匮乏等因素的影响，除泰国之

---

① 数据来源：《2011 年度中国对外直接投资统计公报》。
② 数据来源：《2009 年度中国对外直接投资统计公报》。
③ 数据来源：《2010 年度中国对外直接投资统计公报》。
④ 数据来源：《2011 年度中国对外直接投资统计公报》。

外的其他大陆东南亚国家对中国的投资很少，通常只在几百万美元到几千万美元之间。

　　从 2002 年开始，伴随着中国－东盟自由贸易区建设的正式启动，中国和大陆东南亚国家的经贸往来也呈现迅速增长的良好态势。在贸易扩张的同时，中国与大陆东南亚国家的相互投资也稳步增长。中国对大陆东南亚国家直接投资的地位明显提高，并成为它们外资来源的重要组成部分。由表 4－1 可以发现，除两次金融危机期间，中国对大陆东南亚国家的投资总体是呈上升趋势的。在进入 21 世纪之后，中国对大陆东南亚国家的投资更是实现了跨越式的发展。截至 2008 年年底，中国对柬埔寨、缅甸及越南的年投资额都已突破了 1 亿美元。《2008 年东盟统计年鉴》显示：1995～2001年，中国对东盟的总投资额为 8.2140 亿美元，同期中国对大陆东南亚国家的投资额为 1.4260 亿美元，占中国对东盟投资总额的 17.36%；2000～2008年，中国对东盟的投资总额约为 51.4 亿美元，同时期中国对大陆东南亚国家的投资总额为 19.6 亿美元，占中国对东盟投资总额的 38.13%。据中国商务部统计，2009 年中国对东盟十国的投资流量为 26.98 亿美元，其中对大陆东南亚五国的投资流量为 9.5793 亿美元，占比 35.51%；2010 年中国对东盟十国的投资流量为 44.05 亿美元，其中对大陆东南亚五国的投资流量为 26.61 亿美元，占比 60.4%；2011 年中国对东盟十国投资流量增至 59.05亿美元，其中对大陆东南亚五国的投资流量为 16.62 亿美元，占比 28.1%。这说明进入 21 世纪以来，中国对大陆东南亚国家的投资在中国对东盟投资中的比重较大，大陆东南亚国家越来越为中国"走出去"企业所重视。

表 4－1　1995～2008 年中国对大陆东南亚国家 FDI 总额

单位：万美元

年份＼国别	柬埔寨	老挝	缅甸	泰国	越南
1995	—	150	310	190	720
1996	—	40	220	390	310
1997	—	270	40	－780	2810
1998	—	280	260	510	170
1999	—	110	—	－210	700
2000	—	910	—	720	2100
2001	290	1180	50	－250	2420

续表

国别 年份	柬埔寨	老 挝	缅 甸	泰 国	越 南
2002	4920	130	480	2090	940
2003	2620	180	—	2380	150
2004	3300	10	10810	-380	8560
2005	10280	450	122	1160	4820
2006	13010	530	150	4990	8870
2007	16490	170	34920	7400	25180
2008	7690	4290	37950	810	5310
2009	9730	3610	37070	2490	11170
2010	12690	4560	16030	70670	11510
2011	17970	14030	—	32430	37810

资料来源：根据 2005 年、2008 年、2011 年《东盟统计年鉴》整理而成。

2002 年之前，在大陆东南亚国家对华投资过程中，当地华人企业一直是最重要的投资主体，投资领域主要集中在制造业，投资项目多为劳动密集型加工企业，产品多为出口。从大陆东南亚国家对华投资来看，中小型项目居多，投资额在 300 万美元以下的项目占全部在华投资的 70%。这一时期，中国对大陆东南亚国家的投资主要集中于泰国、越南、柬埔寨，投资主体为中小型民营企业。投资也主要集中在加工、装配和生产性的中小型项目，单项投资金额平均为 100 万美元。2002 年以后，中国对大陆东南亚国家的投资更加倾向于缅甸、越南和柬埔寨，涉及能源开发、金融、建筑、化工、纺织、电力、矿业、医药和运输等行业，投资领域逐渐拓宽。与此同时，大陆东南亚国家也有不少大中型企业开始在农业技术、矿产开采、化工机电、旅游设施、金融服务等行业独资或与中国企业合资。

（二）中国与大陆东南亚国家的双边投资关系

1. 中国与泰国的双边投资关系

在大陆东南亚国家中，泰国是经济增长最快的国家之一。1980 ~ 2004 年，泰国 GDP 年均增长率都在 7% 左右。过去 40 年来，泰国在对发展中国家直接投资方面取得了显著成绩，尤其在 1995 ~ 2005 年，对外投资大幅增加，年均增长率在 10% 左右。中泰两国政府于 1978 年签订贸易协定，双方投资合作始于 1979 年。1985 年双方签订《关于成立中泰经济合作联合委员会协定》和《关于促进保护投资的协定》，2001 年签订《双边货币互换协议》，2003 年签订《中泰两国政府关于成立贸易、投资和经济合作联合委员会的协定》。

泰国正大集团是最早进入中国的泰资企业，1981 年就开始了对华投资。截至 1990 年年底，泰国在中国的累计直接投资项目为 132 个，累计合同外资额为 1.94 亿美元，累计实际投资额为 5913 万美元。20 世纪 90 年代之后，随着中国改革开放程度的不断提高，泰国对中国直接投资的规模和领域不断扩大。如表 4 - 2 所示，1997 年东南亚金融危机之前，泰国对华实际投资额逐年增加。截至 1996 年年底，泰国对华投资项目累计 2337 个，合同外资额为 39.57 亿美元，实际投入 12.41 亿美元，在中国吸收的外来投资中排第 10 位。但是 1997 年始于泰国的东南亚金融危机，严重打击了泰国经济，对泰国在华投资也产生了较大影响，投资项目数量和投资额都有所下降。表 4 - 2 中的数据表明，1997 年泰国对华实际投资额比 1996 年下降了 40%。随着泰国经济的恢复，泰国对华投资也逐渐回暖，但是始终没有超过东南亚金融危机之前的水平。截至 2000 年年底，泰国在华投资项目总计 2879 个，实际投资金额 19.89 亿美元。[1] 进入 21 世纪之后，泰国对华投资并未随着中国经济的迅速发展而增加。2006 年 9 月，泰国发生军事政变，自此以后，泰国政局长期动荡不安。混乱的政治局面给其经济发展带来了极大的不确定性，也严重影响了投资者的积极性。2007 年，泰国对中国累计投资项目数 79 个，同比下降 26.85%；对中国协议投资额为 26303 万美元，同比下降 29.33%；实际投资额为 8948 万美元，同比下降 39.78%。[2] 泰国在 2008 年的全球金融危机中亦受害不浅，多数企业的业务收缩，撤资现象也逐渐增加，对华投资同样受到影响。据不完全统计，2009 年前 6 个月，泰国对华投资新批项目数为 26 个，实际投资额为 1126 万美元，同比下降 68.42%，同期占比 0.03%。[3] 截至 2009 年年底，泰国在中国投资项目 3975 个，实际投资 32.4 亿美元。到 2010 年年底，泰来华投资项目 4015 个，实际投资 32.9 亿美元。截至 2011 年年底，泰来华投资项目 4062 个，实际投资 33.9

---

[1]　《中泰投资合作概况》，南博网，2001 年 11 月 20 日。转载于 http：//info. china. alibaba. com/news/detail/v0 - d5104162. html。

[2]　韦朝晖、陈万华：《面向可持续协调发展——广西与周边东盟国家互利合作》，广西师范大学出版社，2009，第 32 页。

[3]　中国投资指南网，http：//www. fdi. gov. cn/pub/FDI/wztj/wstztj/lywzfgbdqtj/t20090715 __108 482. htm。

亿美元。泰国在华企业的投资规模比较小，主要涉及农副产品加工、饲料生产、摩托车制造、零售业、银行、房地产开发等领域。泰国对中国投资的主要企业有：正大集团、暹罗机械集团、协联集团、Mitr Phol 糖业集团、Siam Cement Group、盘古银行、泰华农民银行、泰国中央集团等。[①]

表 4-2 泰国在华投资统计（1991~2008）

单位：个，亿美元

年度	投资项目数量	合同金额	实际投资额
1991	52	1.08	0.20
1992	407	7.23	0.83
1993	809	10.74	2.33
1994	424	7.81	2.35
1995	304	6.38	2.88
1996	205	4.38	3.23
1997	158	3.17	1.94
1998	136	2.80	2.05
1999	119	2.48	1.48
2000	130	1.71	2.04
2001	140	3.77	1.94
2002	161	3.60	1.88
2003	194	6.12	1.73
2004	162	7.90	1.79
2005	147	—	0.96
2006	108	—	1.45
2007	79	2.63	0.89
2008	56	—	1.29

资料来源：根据1994~2008年各年度《中国对外经济统计年鉴》《中国对外经济贸易年鉴》整理。

相对于泰国对华投资而言，中国对泰国的直接投资虽然同期进行，但是在 20 世纪 90 年代初期，受资金短缺、经济体制尚未健全、投资经验不足等因素的影响，在投资项目数量和规模上都远远不及泰国对华投资。以 1995 年为

① http://finance.ifeng.com/roll/20110115/3210912.shtml.

例，中国当年对泰投资额（190万美元）只有泰国对华投资（2.88亿美元）的0.66%。尽管如此，中国企业在泰国投资开办的企业数量却呈逐年递增的趋势，投资规模也有较大幅度的上升。最早进入泰国的中资企业是中国建筑工程总公司（正式注册是在1983年）。1994年年底，中国批准在泰国投资的企业为122家。在1997年东南亚金融危机以后，中国对泰投资呈现高速发展的态势，1997~2000年中国在泰国投资项目共计43个，投资额为7884万美元，主要集中在加工贸易、机械制造、卷烟、制药、工程承包、服务贸易和房地产等行业。截至2000年年底，经中国外经贸部批准在泰国投资的中资企业已达211家，投资总额突破1亿美元。进入21世纪以来，中国对泰国的投资进一步增长，越来越多的中国企业将目光投向资源丰富、制造加工业发达的泰国。截至2004年年底，中国在泰国累计设立非金融类中资企业262家，中方协议投资总额为2.9亿美元。① 然而，自2006年9月以来，受政局动荡的影响，泰国政府的经济政策也变动频繁，对外商直接投资的影响较大，导致中国企业对泰的投资也大多处于观望阶段。再加上2008年全球金融危机的影响，中国对泰直接投资额在2008年仅为4574万美元，同比下降41%。泰国投资促进委员会（投资委）提供的统计数据显示，2001~2008年，投资委批准的中国投资项目超过357个，总额达10.87亿美元，该时期中国对泰直接投资总体上呈现了减少—增长—减少的震荡增长模式。② 在2008年全球金融危机之后，随着中国政府对企业"走出去"的大力支持，以及泰国政府对中国投资者的高度重视，中国对泰投资也开始有较大幅度的增加。截至2009年年底，中国对泰国的非金融类直接投资已达5亿美元。③ 2010年，中国在泰国申请优惠项目31个，占泰外资项目的3.6%，同比增长24%；涉及投资额106.98亿铢（约合3.53亿美元），占泰国外商投资总额的4.5%，为泰国第五大投资来源地，仅列日本、欧盟、开曼群岛和东盟之后。截至2010年年底，中国对泰非金融类直接投资累计6.01亿美元。④ 总体来讲，中国对泰国的投资，虽然起步晚、规模小，但是从1997

---

① 杨宏恩、朱秀云、张晖、张震：《中国与东亚的经济关系》，社会科学文献出版社，2007，第142~144页。

② 《中国对泰直接投资趋势分析》，中国国际投资促进平台网，2010年1月7日，http：//www.ciipp.com/zh/index/view-104974.html。

③ 商务部：《对外投资合作国别（地区）指南——泰国（2010年版）》，第18页。

④ 中华人民共和国驻泰国使馆经济商务参赞处，http：//th.mofcom.gov.cn/aarticle/ztdy/201104/20110407509800.html。

年东南亚金融危机之后，中国对泰投资总体上呈大规模增加态势，中间偶
有下降，但并不影响总体的发展趋势（见表4-3、表4-4）。

表4-3　2003~2011年中国对泰国直接投资流量

单位：万美元

年份	2003	2004	2005	2006	2007	2008	2009	2010	2011
金额	5731	2343	477	1584	7641	4547	4977	69987	23011

资料来源：根据《2010年度中国对外直接投资统计公报》《2011年度中国对外直接投资统计公报》整理。

表4-4　2003~2011年各年末中国对泰国直接投资存量

单位：万美元

年份	2003	2004	2005	2006	2007	2008	2009	2010	2011
金额	15077	18188	21918	23267	37862	43716	44788	108000	130726

资料来源：根据《2010年度中国对外直接投资统计公报》《2011年度中国对外直接投资统计公报》整理。

2. 中国与越南的双边投资关系

冷战时期，中国曾以政府投资的方式给予越南大量的经济援助及投资
贷款等，但在中越关系闹僵之后，双方经贸关系也就此中断。在冷战即将
结束之时，越南作为资本比较稀缺的国度，经济发展水平低，越南政府十
分注重通过吸引外资来发展经济。1987年12月，越南出台了《外国投资
法》，制定了一系列吸引外资的政策，之后外资源源不断涌入。自1991年
年底中越关系正常化以来，中越之间的相互投资也开始起步。之后，双方
的投资关系得到了迅速发展。

越南社会稳定，经济发展迅速，投资潜力巨大，且与中国相邻，经济
体制、文化习俗相近，是中国连接东盟的桥梁，中国企业可通过越南走向
东盟其他国家。因此自1991年以来，中国对越南的投资不断增加。截至
1999年年底，中国在越累计投资项目76个，投资总额达1.3亿美元。越南
是东盟经济最为活跃的国家，随着中国-东盟自由贸易区建设的启动，中
国与越南的经济合作更加密切。根据中华人民共和国驻越南使馆经济商务
参赞处的资料统计，2005年中国对越直接投资金额达1.08亿美元，同比增
长32.21%。截至2005年12月31日，中国累计在越直接投资有效项目352
个，协议投资总额为7.31亿美元，实际到位金额1.81亿美元，列世界各国

和地区对越投资第 15 位。受金融危机影响，2009 年中国对越南直接投资额同比下降 37%，为 2.1 亿美元，在 43 个当年对越投资的国家和地区中排第 11 位。但是中国贸促会发布的《2010 年中国企业对外投资现状及意向调查报告》显示，越南已经在 2008 年、2009 年连续两年进入吸引中国投资企业最多的国家和地区前十位。[①] 2010 年越南新批中国对越投资项目 84 个，同比增长 75%；中国对越南直接投资 3.65 亿美元，同比增长 74.3%。截至 2010 年年底，中国对越投资有效项目 749 个，协议投资额为 31.85 亿美元，在 92 个对越投资的国家和地区中排第 14 位，较 2005 年上升 1 位。[②] 据越南方面最新统计数据，2011 年 1~8 月中国对越南直接投资额为 4.6 亿美元，占同期越南新批外资总额的 5.8%，排第 4 位，仅次于中国香港（27.9 亿美元，占 35.2%）、新加坡（13.3 亿美元，占 16.8%）、日本（6.4 亿美元）。[③] 由此可见，中国在越南吸引外资中的地位正在逐步上升（见表 4-5、表 4-6），中国企业在越南还是大有可为的。

截至 2009 年年末，中国对越南的投资主要涉及工业园区建设、汽车摩托车零部件生产、饲料加工、矿产开发、电力等领域。其中，中国电器进出口联营公司参与投资的胡志明市铃中工业区（园区建设经营）是中国企业已建成并投入生产经营的较为成功的项目。相对地，中国对越南投资的多是传统产业领域，在高科技领域的投资还比较少，但是中国在高新技术开发区建设中的成功经验使之在具有相似国情、相近行政方式的越南的同类建设中有巨大潜力。从投资的地域上看，中国在越南的投资主要分布在越南 63 个省市中的 29 个省市，但是其中超过 40% 的项目和 50% 的资金集中在基础设施较好或者有华人生活的省市，如河内市、胡志明市、海防市和广宁省等。

表 4-5　2003~2011 年中国对越南直接投资流量

单位：万美元

年份	2003	2004	2005	2006	2007	2008	2009	2010	2011
金额	1275	1685	2077	4352	11088	11984	11239	30513	18919

资料来源：根据《2010 年度中国对外直接投资统计公报》《2011 年度中国对外直接投资统计公报》整理。

---

① http：//finance. stockstar. com/JL2010042800001204. shtml.

② http：//fec. mofcom. gov. cn/article/xwdt/gn/201101/1185297 __1. html.

③ http：//www. askci. com/news/2011-09/07/77211247. shtml.

表 4 - 6　2003 ~ 2011 年各年末中国对越南直接投资存量

单位：万美元

年份	2003	2004	2005	2006	2007	2008	2009	2010	2011
金额	2873	16032	22918	25363	39699	52173	72850	98660	129066

　　资料来源：根据《2010 年度中国对外直接投资统计公报》《2011 年度中国对外直接投资统计公报》整理。

　　越南对中国的投资从 1992 年开始起步，当年越南在中国投资 28 个项目，合同金额为 5042 万美元，实际投资额为 902 万美元。1994 年越南在华投资项目 141 个，协议投资总额达 1.23 亿美元，实际投资额为 1849 万美元（见表 4 - 7）。此后，随着越南与中国经贸合作的发展，越南对中国的投资增长较快。截至 2003 年年底，越南累计对华直接投资项目 400 个，合同金额为 3.9 亿美元，实际投资 0.9 亿美元。[①] 截至 2004 年 12 月，越南对华投资项目 412 个，占比 0.08%；合同投资金额为 40404 万美元，占比 0.04%；实际投资额为 9368 万美元，占比 0.02%。越南在近 10 年一直呈现经济高速增长的态势，但受 2008 年全球经济危机以及国内政策等诸多因素的影响，越南国内自 2007 年年底开始出现严重的通货膨胀、持续扩大的贸易逆差和财政赤字、过多的外债，这就使得整个国家的货币体系暴露在巨大的风险中，使得越南经济处于极大的不稳定之中，从而也影响了越南国内企业对外投资的积极性。2007 年，越南对中国投资项目仅 7 个，同比下降 46.15%；对中国协议投资额为 1423 万美元，同比下降 37.81%；实际投资额为 73 万美元，同比下降 94.77%。[②] 据《2010 年中国统计年鉴》，2008 年越南对华投资 207 万美元，2009 年越南对华投资 592 万美元。

　　截至 2010 年，中国与越南都不是对方的主要投资来源国和目的国。不仅越南在中国的直接投资不足，中国在越南的直接投资也与中国目前经济与对外贸易发展不协调。截至 2004 年年底，中国累计对外直接投资净额（存量）达到 448 亿美元，其中对东盟累计投资净额为 9.56 亿美元，而对越南累计投资净额仅为 1.6 亿美元[③]，分别占中国对外投资额和对东盟国家投资额的 0.36% 和 16.7%。2010 年，中国非金融类对外直接投资净额为 601.8 亿

① 刘仁伍：《东南亚经济运行报告（2007）》，社会科学文献出版社，2007。
② 韦朝晖、陈万华：《面向可持续协调发展——广西与周边东盟国家互利合作》，广西师范大学出版社，2009，第 32 页。
③ 《2004 年度中国对外直接投资统计公报》（非金融部分）。

表4-7　1992~2004年越南对中国投资情况

单位：万美元

年份	投资额	年份	投资额
1992	902	1999	13
1993	1161	2000	56
1994	1849	2001	148
1995	2830	2002	251
1996	145	2003	331
1997	154	2004	114
1998	2424		

资料来源：根据商务部数据整理。

美元，其中对东盟非金融类直接投资净额为44.05亿美元，而对越南非金融类直接投资净额为3.05亿美元，分别占中国非金融类对外直接投资总额和对东盟国家投资额的0.51%和6.9%。尽管在2011年前8个月，中国对越投资额在越南新批准外资总额中排第四位，但中国仅占5.8%，相比新加坡、日本等发达经济体还有较大差距。就具体投资项目而言，中国对越南投资的每个项目平均只有200万美元，而同期越南外资企业平均投资额为1600万美元，两者相差悬殊。[①]

3. 中国与缅甸的双边投资关系

自1948年独立以来的半个多世纪中，缅甸在吸引外国投资上，经历了曲折的道路。在1988年之前缅甸是不接受外国（包括中国）直接投资的。1988年9月军政府执政后，提出了积极欢迎外国在缅甸投资的政策。1988年11月30日，缅甸政府颁布了《缅甸联邦外国投资法》。1989年5月30日，外国投资委员会颁布第一号令，列出了允许外国投资的具体领域和众多的项目，欢迎外国资本在8个领域（农业、畜牧水产业、加工制造业、能源、矿业、服务业、交通运输业和房地产业）投资，并给予免税等方面的优惠。自该法律颁布之日起到2004年3月31日，缅甸已吸引来自全球25个国家及地区的投资，已批准的投资项目共379项，总额达75.919亿美元。[②] 虽然和1988年之前相比，缅甸吸引外资情况有很大提升，但是总体

① 刘仁伍：《东南亚经济运行报告（2007）》，社会科学文献出版社，2007。
② 贺圣达、李晨阳：《缅甸》，社会科学文献出版社，2005，第260页。

规模还是较小。加上缅甸经济较为落后，而且受到西方国家制裁，其对外投资能力有限，因此，中缅的双边投资关系主要集中于中国对缅甸的投资。缅甸拥有丰富的石油和天然气资源，在当前世界能源紧张和能源价格大涨的背景下，这对中国等亚洲邻国来说极具吸引力。过去数年，缅甸在贸易与投资方面同泰国、中国、印度、马来西亚和新加坡等邻国保持联系，以缓解因西方制裁而受到的经济冲击。

20 世纪 90 年代，中国对缅甸的投资始终处于低迷状态。但是从 2005 年开始，中国对缅甸的投资便呈现出大幅上升趋势（见表 4 - 8、4 - 9）。截至 2006 年 6 月 23 日，中国对缅甸投资项目共 26 个，协议投资金额为 1.94221 亿美元，排在外国对缅甸投资国家的第 11 位，占外国对缅甸协议投资总额的 1.7%。据缅甸官方统计，从 1992 年到 2007 年，经缅甸投资委员会批准的中国对缅投资项目共有 30 个，协议投资总额达 6.38 亿美元。[①] 截至 2008 年 12 月底，中国对缅甸投资累计达 13.31 亿美元，其中对矿产、电力、油气领域的投资分别为 8.66 亿美元、2.81 亿美元、1.24 亿美元。中国在缅投资由居外资在缅投资的第 6 位跃居第 4 位。[②] 在 2008 年金融危机之后，其他国家资本开始战略收缩，中国对缅甸的投资却逆流而上，并没有因危机而停下"走出去"的步伐。根据缅甸官方公布的数据，2009～2010 财年，中国成为对缅投资第三大国。由于缅甸官方公布的数据有限等原因，中国对缅甸的投资可能会被低估，并且低估的程度较大。2010～2011 财年，外国对缅投资额超过 200 亿美元，其中中国对缅投资额达 77.54 亿美元，排第一位。截至 2012 年 8 月，中国对缅甸投资总额达 141.4 亿美元，居外国对缅投资首位。[③]

从投资领域来看，近年来中国对缅甸的投资主要集中在石油天然气、水电、矿产开发、农业合作等方面。石油天然气方面，中缅油气管道是中国对缅投资较大的项目之一，按照规划，中缅油气管道起点在缅甸西部港口城市实兑，终点在中国云南昆明，全长约 2380 千米，油管的年设计输送能力为 2000 万吨，大约相当于每天输送 40 万桶，总投资 25.4 亿美元，其

---

① 《投资缅甸前景广阔》，中国东盟商务会展中心网，2010 年 1 月 23 日。http://www.asean 35.com/News/12955.html。

② 中国驻缅甸联邦大使馆经济商务参赞处网站，http://mm.mofcom.gov.cn/aarticle/zxhz/tjsj/ 200902/20090206038342.html。

③ 《中国对缅投资总额位居外国对缅投资首位》，http://www.chinadaily.com.cn/dfpd/hun/ 2012 - 09/22/content__15775692.htm。

中石油管道投资额为 15 亿美元，天然气管道投资额为 10.4 亿美元。这也是国家层面的战略投资，对中国和缅甸的意义都颇为重大。2010 年 6 月，中缅油气管道在缅甸开始建设。2010 年 9 月 10 日，中缅油气管道工程中国段开工建设。2013 年中缅油气管道建成，不仅可以保障中国能源安全，还能推动中国西南地区与大陆东南亚国家进一步的合作。① 农业方面，替代种植是中国在缅甸的一项重要投资。截至 2011 年 10 月底，中方在缅替代种植企业 100 多家，投资 10 亿多元，替代种植作物涵盖橡胶、玉米、甘蔗和热带水果等 40 个品种，累计替代种植面积 200 多万亩，缅北受益人群超过 13 万人，当地人均年收入从过去的 500 元人民币增加到目前的 2000 元人民币左右，项目还带动了当地的道路、桥梁、房屋、饮水、学校、卫生所等基础设施建设，取得了明显成效。② 水电也是中国对缅投资的主要领域。仅 2011 年前 5 个月，在中国对缅甸投资中，电力项目就有 3 个，投资额达 84.99 亿美元，占中国对缅投资的 54%。③

对于中国边境省区云南省来讲，因为存在着一定的地缘优势和历史渊源，云南省与缅甸在边贸和投资方面的合作也较其他省区先行一步。2008 年，云南省对缅直接投资额为 7378.4 万美元，占中国对缅投资总额的 21.1%。由于中国央企通过云南省大力开发缅甸水电项目，2009 年缅甸成为云南省第二大境外投资市场。2009 年云南省对缅协议投资额为 18084 万美元，同比增长 55.49%，占云南省协议投资总额的 35%；实际投资额为 8572 万美元，同比增长 16.18%，占云南省境外实际投资总额的 32%。④

表 4-8　2003~2011 年中国对缅甸直接投资流量

单位：万美元

年份	2003	2004	2005	2006	2007	2008	2009	2010	2011
金额	-	409	1154	1264	9231	23253	37670	87561	21782

资料来源：根据《2010 年度中国对外直接投资统计公报》《2011 年度中国对外直接投资统计公报》整理。

① 《中缅油气管道建设：改写中国能源运输版图》，《中国经济时报》2010 年 9 月 29 日。转载于 http://business.sohu.com/20100929/n275341484.shtml。
② 北方网，http://www.enorth.com.cn。
③ 资料来源：中国驻缅甸大使馆经济商务参赞处。
④ 云南省商务厅规财处。

表 4 - 9　2003～2011 年各年末中国对缅甸直接投资存量

单位：万美元

年份	2003	2004	2005	2006	2007	2008	2009	2010	2011
金额	1022	2018	2359	16312	26177	49971	92988	194675	218152

资料来源：根据《2010 年度中国对外直接投资统计公报》《2011 年度中国对外直接投资统计公报》整理。

缅甸由于经济水平较为落后，对中国的投资也是微乎其微（见表 4 - 10）。截至 2004 年 12 月，缅甸对华投资项目有 194 个，占比 0.04%；合同投资额为 27535 万美元，占比 0.03%；实际投资额为 6515 万美元，占比 0.01%。2007 年，缅甸对中国累计投资项目数为 3 个，同比下降 66.67%；对中国协议投资额为 668 万美元，同比下降 55.64%；实际投资额为 326 万美元，同比下降 55.71%。[①] 据中方统计，2008 年，缅甸累计在华投资新增项目数 5 个，合同外资额为 1707 万美元，实际利用金额 330 万美元。截至 2008 年年底，缅甸累计在华投资项目 221 个，合同外资额为 3.2 亿美元，实际利用金额 8281 万美元。[②] 2009 年，缅甸对华投资 339 万美元。[③] 截至 2009 年年底，缅甸累计对华投资 8620 万美元。

表 4 - 10　1992～2004 年缅甸对华投资额

单位：万美元

年份	1992	1993	1994	1995	1996	1997	1998	1999	2000	2001	2002	2003	2004
投资额	183	644	289	—	58	263	511	1101	230	226	1676	351	578

资料来源：根据商务部公布数据整理。

4. 中国与老挝的双边投资关系

老挝自 1986 年实行革新开放以来，经济稳步增长，吸引外资力度日渐加大，并出台了新的《投资法》《税法》等多项法律，逐步从计划经济走向市场经济。中国是较早进入老挝投资的国家之一。中国企业于 1990 年开始赴老挝投资办厂，到 2005 年，中国对老挝的投资项目已有 33 个，

---

① 韦朝晖、陈万华：《面向可持续协调发展——广西与周边东盟国家互利合作》，广西师范大学出版社，2009，第 32 页。

② 中国贸易促进网，http://www.tdb.org.cn/news/612000。

③ 《2010 年中国统计年鉴》。

协议投资金额为 5812 万美元，实际投资额为 2582 万美元。投资领域涉及水电、矿产开发、服务贸易、建材、种植养殖、药品生产等。中国公司还在老挝积极参与劳务和工程承包，占老挝承包工程市场 1/4 份额。[①] 2005 年之后中国对老挝的投资开始放量增长，2008 年受金融危机影响，有所下降，但是 2009 年迅速回升（见表 4 - 11）。截至 2009 年年底，中国对老挝直接投资存量已达 5.3587 亿美元（见表 4 - 12）。据《万象时报》报道，2010 年上半年，中国在老挝投资 16 个项目，投资总额约 3.4 亿美元，这使得近 5 年来中国首次取代泰国成为对老最大投资国。自 2000 年至 2010 年 6 月底，中国对老投资累计达 29 亿美元，而泰国和越南分别对老投资 26 亿美元和 22 亿美元。日益密切的老中关系增加了投资者信心，这也是中国企业对老挝投资快速增长的一个重要因素。[②]据老挝计划投资部的一份报告，自 1989 年至 2011 年 4 月 25 日，中方在老挝累计投资项目 443 个，总金额为 40.52 亿美元，成为老挝第一大投资国，投资领域包括矿业、水电站、工业、农业、服务业等。[③]

中国与老挝的投资关系主要集中于中国对老挝的投资，而中国西部边境省区（主要是云南省）在中老投资关系中也发挥着重大作用。作为中国唯一与老挝接壤的省份，云南与老挝经贸关系发展迅速，并已成为加强中老两国合作的重要省份。由于老挝政治制度稳定，拥有廉价劳动力和丰富的自然资源，加上投资政策日益完善，越来越多的云南企业走进老挝投资兴业。据统计，2009 年云南省投资老挝的市场份额最大，在老挝新设立企业 34 家，占中国在老企业总数的 52.3%；协议投资额为 2.36 亿美元，占中国协议投资总额的 47.3%；实际投资额为 0.97 亿美元，占中国实际投资总额的 36%。云南省对老挝的投资主要集中于水电开发和矿产资源开发，以及在老挝北部的替代种植。截至 2011 年 3 月，云南在老挝共设立境外投资企业 126 家，协议投资额为 7.31 亿美元，实际到位资金 2.75 亿美元，占云南实际对外投资总额的 1/5，云南在老挝开展工程承包营业额超过 5 亿美元。[④]

---

① 刘仁伍：《东南亚经济运行报告（2007）》，社会科学文献出版社，2007，第 297 页。
② 中国驻老挝大使馆经济商务参赞处，http://la. mofcom. gov. cn/aarticle/jmxw/201007/20100 707031797. html。
③ 中国新闻网，http://www. chinanews. com/cj/2011/04 - 25/2996445. shtml。
④ 《中国对老挝投资滇企最多》，《春城晚报—东盟·南亚》2011 年 4 月 27 日。

表 4 - 11　2003 ~ 2011 年中国对老挝直接投资流量

单位：万美元

年份	2003	2004	2005	2006	2007	2008	2009	2010	2011
金额	80	356	2058	4804	15435	8700	20324	31355	45852

资料来源：根据《2010 年度中国对外直接投资统计公报》《2011 年度中国对外直接投资统计公报》整理。

表 4 - 12　2003 ~ 2011 年中国对老挝直接投资存量

单位：万美元

年份	2003	2004	2005	2006	2007	2008	2009	2010	2011
金额	911	1542	3287	9607	30222	30519	53587	84575	127620

资料来源：根据《2010 年度中国对外直接投资统计公报》《2011 年度中国对外直接投资统计公报》整理。

　　老挝是大陆东南亚地区的小国，经济规模十分有限，所以其对中国的投资也是大陆东南亚 5 个国家中最少的（见表 4 - 13）。截至 2004 年 12 月，老挝对华投资项目数为 21 个，合同投资额为 4417 万美元，实际投资额为 1603 万美元。2007 年，老挝对中国投资项目 1 个，与 2006 年持平；对中国协议投资额为 271 万美元，同比下降 75.36%；实际投资额为 300 万美元，而 2006 年老挝对中国实际投资额为零。[①] 2008 年老挝对华投资 670 万美元，2009 年老挝对华投资 243 万美元。

表 4 - 13　1992 ~ 2004 年老挝对中国投资情况

单位：万美元

年份	投资额	年份	投资额
1992	42	1999	—
1993	—	2000	387
1994	5	2001	204
1995	—	2002	515
1996	15	2003	40

① 韦朝晖、陈万华：《面向可持续协调发展——广西与周边东盟国家互利合作》，广西师范大学出版社，2009，第 32 页。

年份	投资额	年份	投资额
1997	39	2004	425
1998	112		

资料来源：根据商务部公布数据整理。

5. 中国与柬埔寨的双边投资关系

1993 年柬埔寨王国政府成立以来，中柬两国全面经贸合作关系得到恢复和发展。1994 年 8 月，柬埔寨王国政府颁布了鼓励和吸引私人投资（以外来投资为主）的《投资法》。1996 年 7 月，中柬两国政府签署了《投资保护协定》。此后，特别是近年中国实施"走出去"战略以来，有关企业对柬投资发展迅速。

据柬埔寨投资委员会（Cambodian Investment Board，简称 CIB）统计，截至 2002 年年底，中国企业在柬投资项目（不包括港、澳、台地区企业）共 100 余个，协议投资金额约 3.5 亿美元（含投资后的追加投资），位于马来西亚、中国台湾、美国之后，为柬第四大投资来源地。中国企业在柬投资主要集中于森林开发及木材加工、电力、纺织、制衣、建筑材料、工程承包和农业开发等领域。受金融危机影响，2009 年中国对柬投资 8.93 亿美元，成为柬埔寨最大的外资来源国。据中国商务部统计，2010 年中国企业对柬非金融类直接投资金额为 3.95 亿美元，同比增长 83%。2011 年 9 月 6 日，柬埔寨发展理事会公布的 1994 年以来各国和地区对柬投资情况报告显示，中国对柬投资为 88.49 亿美元，为柬埔寨最大投资来源国，对柬埔寨经济社会发展发挥了十分重要的作用。关于 2003～2011 年中国对柬埔寨直接投资流量和存量情况见表 4 - 14、表 4 - 15。

表 4 - 14 2003～2011 年中国对柬埔寨直接投资流量

单位：万美元

年份	2003	2004	2005	2006	2007	2008	2009	2010	2011
金额	2195	2952	515	981	6445	20464	21583	46651	56602

资料来源：根据《2010 年度中国对外直接投资统计公报》《2011 年度中国对外直接投资统计公报》整理。

表 4 – 15 2003 ~ 2011 年中国对柬埔寨直接投资存量

单位：万美元

年份	2003	2004	2005	2006	2007	2008	2009	2010	2011
金额	5949	8989	7684	10366	16811	39066	63326	112977	175744

资料来源：根据《2010 年度中国对外直接投资统计公报》《2011 年度中国对外直接投资统计公报》整理。

柬埔寨由于经济发展水平较低，对中国的投资十分有限。由表 4 – 16 可以看出，柬埔寨对中国的投资在 20 世纪 90 年代呈不断下降趋势，在 2001 之后，柬埔寨对中国的投资才有所增加。截至 2004 年 12 月，柬埔寨对华投资项目总数为 122 个，占比 0.02%；协议投资额为 19399 万美元，占比 0.02%；实际投资额为 7862 万美元，占比 0.01%。2007 年，柬埔寨对中国累计投资项目数为 9 个，与 2006 年持平；对中国协议投资额为 6114 万美元，同比增长 596.36%；实际投资额为 634 万美元，同比增长 199.06%。[1] 但是受全球金融危机的影响，2008 年柬埔寨对华投资额仅为 292 万美元，同比下降 53.9%。2009 年，柬埔寨对华投资有所回升，实际投资额为 1337 万美元。[2]

表 4 – 16 1996 ~ 2004 年柬埔寨对中国投资情况

单位：万美元

年份	投资额	年份	投资额
1996	744	2001	930
1997	542	2002	1370
1998	290	2003	1252
1999	248	2004	2069
2000	194		

资料来源：根据商务部公布数据整理。

---

[1] 韦朝晖、陈万华：《面向可持续协调发展——广西与周边东盟国家互利合作》，广西师范大学出版社，2009，第 32 页。

[2] 《2010 年中国统计年鉴》。

三 中国和大陆东南亚国家投资合作的成效与问题

(一) 中国和大陆东南亚国家投资合作的成效

1. 投资合作已经成为中国和大陆东南亚国家经济关系的重要组成部分，对双方睦邻友好关系具有重要意义

从数额上来讲，中国对大陆东南亚国家的投资在不断增加。据统计，1995～2001 年中国对大陆东南亚国家的投资总额为 1.426 亿美元，但 2002～2008 年中国对大陆东南亚 5 国的投资总额已达 18.787 亿美元，是 1995～2001 年投资额的 13 倍。[①] 这说明 2002 年以来中国对大陆东南亚国家的投资呈跳跃式增长。截至 2008 年年底，中国在大陆东南亚 5 国的直接投资存量皆已突破 3 亿美元。截至 2009 年年底，中国在大陆东南亚 5 国的直接投资存量均已突破 4 亿美元，其中在越、缅、柬三国的直接投资存量都突破了 6 亿美元。截至 2010 年年底，中国在大陆东南亚 5 国的直接投资存量均已突破 8 亿美元，其中在泰、缅、柬三国皆已突破 10 亿美元，在缅直接投资存量更是高达 19.4675 亿美元。相应地，中国在大陆东南亚 5 国外资中所占比重也随之增大。2009 年，中国已成为对柬投资第一大国、对老投资第二大国、对缅投资第三大国，对越南投资排第 11 位。2012 年，中国成为对缅、老、柬第一大投资国，对泰国的第二大投资国。2011 年前 8 个月，中国已成为越南的第四大投资来源国。由此可见，中国在大陆东南亚国家中的投资地位正在不断上升。同时，大陆东南亚国家对中国的投资也从无到有，尤其是柬埔寨、老挝、缅甸等国近年来对中国的投资增长较为明显，但由于泰国与越南对中国的投资波动较大，而且占比较大，从而掩盖了大陆东南亚国家对中国直接投资的总体增长。双方投资关系的密切发展，进一步促进了中国与大陆东南亚国家间双边贸易的发展。以越南和缅甸为例，伴随着中越投资关系的发展，至 2012 年中国已成为越南和缅甸的最大贸易伙伴国。贸易和投资关系的日益密切必然会提高中国与大陆东南亚国家经济的相互依存度。

另外，双方的投资合作对双方的友好合作关系也具有重要而积极的意义。对于中国来讲，建立一个稳定的周边环境、实现和平发展是中国重要的战略目标。通过对大陆东南亚国家的投资，大大促进了中国同这些国家

[①] 此数据是根据上文表 4-1 中的数据计算得出的，由于数据搜集过程中难免会出现误差，所以这个数据也仅是预估数据。

之间的相互信任与相互理解。尤其需要指出的是，以越南为首的印度支那各国由于历史的原因，至今对中国存有疑虑，通过扩大对其投资，将会增加中国同印度支那国家的彼此信任与理解。从经济方面来看，伴随中国的迅速崛起而来的是对资源能源的巨大需求，而大陆东南亚国家资源能源储备丰富，增加对其的投资有助于缓解我国的资源紧张问题。大陆东南亚国家虽自然资源丰富，但除泰国外都是较为落后的发展中国家，发展水平及自我开发能力均较低，资金严重匮乏，中国的投资对其解决这些问题具有积极意义，同时也有利于解决当地部分的就业和贫困问题。

　　2. 双方投资关系的发展带动了彼此国内经济社会的发展

　　采矿业、水力发电和农业是中国在大陆东南亚国家主要投资和开发的三大领域，中国作为这些领域主要投资商和重要市场的出现，为当地社会经济发展带来了机遇。例如，越南近年来虽整体经济发展速度较快，但北部缺电严重。从 2003 年起，南方电网把"走出去"的战略工作重点转向了对越电力合作。2004 年 9 月 25 日，云南电网公司正式通过河口向越南老街送电，中越架起了第一条 110 千伏"云电送越"通道。截至 2010 年 10 月 31 日，云南电网对越送电电量累计突破 150 亿千瓦时大关，达到 154.3 亿千瓦时，累计实现电费收入 7.44 亿美元。这大大提高了当地人民的生活质量，并带动了当地经济的发展。中国与老挝、缅甸在水电项目上也有着十分广泛的合作。此外，由于长期经济发展滞后，大陆东南亚国家政府的财政常常亏空，中国日益增长的投资也能在一定程度上弥补其财政不足，缓解其就业压力，从而带动当地经济快速发展。在金融危机之下，世界主要经济体经济萎靡，大陆东南亚国家吸引外资总额下降，但是中国对大陆东南亚国家的投资却逆流而上，不降反升，真可谓雪中送炭。由此可见，中国的投资对大陆东南亚国家来说越来越起着举足轻重的作用。另外，双方的相互投资对双方贸易关系的发展也具有一定的促进作用，随着投资关系的深入发展，双方的贸易关系也会得以进一步提升，有助于优化其贸易结构。云南省商务厅的一份报告称，2011 年 1 ~ 9 月，云南省累计对外直接投资 4.7 亿美元，同比增长 24.2%。其中，云南省企业的实物投资为 28412.7 万美元，对带动省内企业的出口贸易起到了积极的作用。①

————————

　　①　数据来源：云南省商务厅。

3. 大陆东南亚国家已成为云南、广西等中国边境省份主要的对外投资市场

在区位上，滇桂两省份与大陆东南亚国家具有天然的联系。云南省与缅甸、越南、老挝 3 国接壤，通过澜沧江—湄公河与柬埔寨、泰国相连，地处东南亚和南亚两大区域和泛珠江三角区合作的结合部位，也是中国通往东南亚必经的陆上通道。而广西地处华南经济圈、西南经济圈和东盟经济圈的结合部，与越南接壤，是中国唯一一个与东南亚既有陆地相连，又有海路相通的省份。这些区位优势便利了两省区与大陆东南亚国家的投资往来。2010 年，云南省新批境外投资企业 49 家，实际投资额为 4.74 亿美元，同比增长 75.57%；实际投资额在中国 31 个省区市中列第 10 位，比 2009 年上升 2 位。其中，在缅甸、老挝、越南周边三国新设立企业达 32 家，占新批企业总数的 65.3%；实际投资额为 3.04 亿美元，占投资总额的 64.1%。2011 年 1~9 月，云南省企业在缅甸、老挝、越南、柬埔寨、泰国五国实际投资共计 4.3 亿美元，占同期实际投资的 91.4%。同时，大陆东南亚地区也已经成为广西企业"走出去"的最重要市场。据统计，截至 2006 年年底，广西对越南投资项目 58 个，协议投资额逾 2 亿美元，占中国对越南协议投资额的 1/5。目前广西已成为中国面向东盟特别是面向越南开放合作的前沿和窗口，越南亦连续多年成为广西最大的贸易伙伴，并已成为广西企业"走出去"的主要目的地。截至 2010 年 7 月，广西对东盟投资额为 4.9 亿美元，其中对越南投资额占 35%。① 这表明，大陆东南亚国家正在逐渐成为云南、广西等中国边境省区的主要对外投资市场，发展中国与大陆东南亚国家的投资关系对维护中国边境地区的稳定以及中国与周边国家关系的和谐发展有着重要意义。

（二） 中国和大陆东南亚国家发展投资关系过程中存在的问题

1. 目前较低的合作水平与不完善的投资环境限制了双方投资关系的进一步发展

近年来，虽然双方的投资合作发展迅速，但是从总量、结构和单个项目看，双方相互投资均处于较低的水平，双方的投资额占各自利用外资总量的比例都比较低。例如，2004 年大陆东南亚国家对华投资额仅占中国当年吸引外资总额的 0.35%。2004 年五国中对华投资最多的泰国对华投资也

---

① 《越南成广西对外投资主要目的地 马飚提 4 建议》，中国新闻网，2010 年 9 月 11 日。http://www.chinanews.com.cn/cj/2010/09－11/2527050.shtml。

仅为 0.29%；2008 年泰国对华投资额在中国吸引外资总额中的比重甚至降为 0.14%。① 2008 年，中国对大陆东南亚国家的投资额占大陆东南亚国家吸引外资总额的 2.53%，占中国当年对外直接投资总额的 10.21%。中国对大陆东南亚国家的投资大多集中于资源开发领域，技术含量较低，投资结构尚有待提高。总的看来，中国与大陆东南亚国家的相互投资还处于由起步向发展阶段转变的过程中，投资金额相对较小，投资企业发展还不成熟。因此，目前双方的投资合作仍处于较低的层次，再投资合作乏力。另外，投资对象国投资环境本身的不完善也会造成投资成本的上升。大陆东南亚国家内部政治风险及外部国际市场风险等因素相互交织，使得其投资环境存在很大的不确定性，如缅甸国内的政治风险和双重汇率，以及泰国多年来的政局动荡与边界纠纷等。大陆东南亚国家（除泰国外）的经济发展水平本来就低下，基础设施也不健全，而其主要投资合作伙伴——中国广西、云南等边境省区，也同属于经济欠发达地区，导致双方的市场容量有限，也就从根本上制约了双方投资关系的质的提升。目前在双方之间起主导作用的大湄公河次区域（GMS）经济合作发展也遇到了瓶颈，如市场容量有限、资金来源不足以及制度建设滞后等。同时，双方的投资保护机制也不够完善，部分国家针对外资的法律体系尚不完整，执行力度缺乏保障，更改法规也比较随意。一些国家还存在着政府管理体制不顺、机关官僚作风严重、办事效率低下、行业贪污腐败和索贿受贿等现象。这些都从根本上制约了中国与大陆东南亚国家投资关系的进一步发展。

　　2. 目前双方投资合作的溢出效应尚不够明显

　　境外直接投资的溢出效应，是指境外直接投资除了自身受益之外，一般还会对贸易、经济、就业、税收、工资福利等方面产生一定的积极作用。从总量、结构和单个项目来看，中国与大陆东南亚国家的相互投资均处于较低的水平，因此，双方投资合作的溢出效应也会相应受限。具体来说，中国与大陆东南亚国家的投资合作对双方贸易关系的发展还是具有一定促进作用的（以中国云南省为例），但是目前相互投资的贸易效应还不是很突出，尚有很大发展空间。由于中国对大陆东南亚国家的投资大多为大型资源类项目，投资周期长，收益见效慢，所以在短时间内双方的投资合作对于大陆东南亚国家以及中国边境省区的经济拉动程度也是非常有限的。从

① 中国投资指南网，http://www.fdi.gov.cn/pub/FDI/wztj/wstztj/lywzfgbdqtj/default.htm。

目前情况来看，中国对大陆东南亚国家（如缅甸、柬埔寨等国）的投资对当地的就业和政府税收是有一定帮助的，但是由于中国企业偏向于雇用中国工人，因而对于解决当地就业问题的作用还是十分有限的。此外，限于双方的投资合作尚处于较低水平，其对当地的工资福利产生的影响也是微乎其微的。

3. 中国政府支持企业"走出去"的力度还有较大提升空间

虽然中国一直在强调对外开放的力度，但在境外投资方面，国内对境外投资的相关政策制度不完善仍然是制约境外投资发展的因素。推动企业"走出去"，本应金融先行，但受中国金融政策限制，中资银行还无法在境外为"走出去"企业开展金融服务。一般情况下，中国企业在境外投资要经历人民币→美元→投资对象国货币→美元→人民币的资金周转流程，在这一过程中企业不得不承受汇率波动损失和换汇损失双重风险，特别是金融危机对美元的世界货币地位提出挑战后汇率波动加剧，企业的损失更为巨大。根据目前的信贷政策，"走出去"企业的海外资产不能向国内金融机构申请抵押贷款，而是只能利用国内资产部分作为抵押或担保获得银行贷款，即使企业与银行签订贷款协议后抵押物的登记备案手续也十分烦琐，办理时间一般在 15 个工作日左右，影响了企业的生产经营。保险服务方面，目前有中国出口信用保险公司在开展政策性保险业务，主要面向大中型企业，小企业无法获得保险服务。由于东南亚国家商业保险市场不完善，政策性风险很大，国内的商业保险机构一般不为"走出去"企业办理保险业务，到境外的人员、资产安全均无法得到保障。由于我国境外投资立法的缺失，加之企业的知识产权保护意识较为淡薄，随着"走出去"企业数量的不断增加，知识产权被侵权问题也越来越严重。另外，商务人员出入境不便，持护照人员只能从同一口岸进出，而且只能"空进空出、陆路进陆路出"，此举增加了出入境人员的费用，也浪费了大量的时间。

4. 双方投资关系受到政治、经济、社会及环境等多方面因素制约

近年来，中国与大陆东南亚国家的投资关系虽然发展迅速，但也受政治、经济、社会、环境等多方面因素制约。

政治方面，大陆东南亚部分国家内部政局不稳定，领导人更迭频繁，经济和吸引外资政策也随之改变，这种政策的不连贯性直接影响到我国企业境外投资的开展，同时大大增加了投资风险。例如，2010 年 11 月 24 日，缅甸中央政府就曾因缅甸国内政治原因不承认拉咱口岸为通商口岸，禁止载有香

蕉的车辆由此进入中国，从而给在缅从事替代种植的蕉农造成了巨大的损失。现在国际上"中国威胁论"再次沉渣泛起，有海外媒体称处于包围链之内的中国的唯一突破口就在东南亚，而且部分大陆东南亚国家（如越南）与中国在南海问题上日趋剑拔弩张，这些也可能导致中国在该地区的投资受损。2011年8月11日，越南国家主席张晋创就明确表示，"越共中央政治局已决定不允许中国投资者开发越南中部高地铝土矿"。有学者认为这不是单纯的经济合作问题，主要还是越南对主权问题的敏感和对中国的防范态度。[①]

经济方面，虽说大陆东南亚国家总体的开放程度并不算高，但在全球化的今天，两次金融危机还是对大陆东南亚国家产生了较大的影响。再加上部分大陆东南亚国家经济体系比较脆弱，自身抵御风险能力较弱，在如今欧债危机愈演愈烈的严峻形势下，使得双方的投资合作具有较大的不确定性。

社会方面，中国企业在对大陆东南亚国家投资时带来了一些社会问题，其原因主要有：（1）部分投资者与中国工人对当地的价值观念和风俗习惯了解不够，尊重不够，与当地社会的融合程度还较低，不重视企业社会责任建设。（2）中国投资者偏好于通过与所在国政府交往来处理各种事务，这里面就包括了欺诈、贿赂和钻法律空子等现象。中国政府的援助项目主要用于当地政府身上，普通老百姓实际得到的好处不多。中国企业拨付的征地补偿费有时是直接支付给当地政府，不管当地民众能否拿到以及拿到多少。（3）部分民众认为从中国投资项目获得的实际好处不多，收入低于欧美、日本和韩国公司同等水平。中国公司偏好使用来自国内的工人，但所在国政府对此有严格限制，当地民众也担心中国工人的增多会减少本国人的工作机会，同时带来其他更多的社会问题。

环境方面，近年来部分中国企业对大陆东南亚国家开展投资活动时，一定程度上存在森林砍伐、植被破坏、空气污染和生物多样性减少等环境问题，引起了一些国际NGO和当地部分群众的不满。在一些别有用心的人的鼓动下，"掠夺资源""中国威胁论"等言论愈演愈烈，严重影响了中国在该地区的形象，同时也威胁到中国在该地区的投资安全。其原因主要有：（1）中国的FDI集中的矿产和水电开发领域都比较容易对环境产生不良影响。（2）部分中国企业（有很多是中小企业）缺乏对环境保护的重视和实

① 《环球时报》，http://world.huanqiu.com/roll/2011-08/1908036.html。

际投入，其在国外的投资也不受中国国内环境法律、法规的约束。（3）缅甸、老挝对环境保护的法律不完善和执行不力也是重要的原因，存在贿赂和在环境评估工作中造假等现象。我国直接投资在缅甸、柬埔寨、老挝三个国家的负面影响较大，原因是我国在这三个国家投资份额占其全部外国直接投资份额的比重较大。这也是我国面临环境压力较大的区域。

四 中国和大陆东南亚国家投资关系的发展前景

（一）我国整体实力的提升以及对外政策的调整，为双方投资合作提供良好的宏观环境

2010 年中国 GDP 毫无悬念地超过日本，跃居世界第二位。中国的 GDP 从 1978 年的 2683 亿美元，猛增到 2012 年的 8.3 万亿美元，30 余年间增长了近 30 倍，开创了中国经济发展史上前所未有的"高速"时代。虽然中国在人均 GDP、医疗、教育以及环境等较多领域仍比较落后，但这也在一定程度上说明了中国近年来经济实力的迅速提升。伴随着中国经济实力的迅速提升，中国的国际地位也有新的提升。中国经济实力与国际地位的不断提升，为我国企业走出国门、在世界范围内进行资源最优配置提供了强有力的内部支撑。21 世纪初，我国正式提出把"走出去"作为国家战略，胡锦涛主席也曾指示："要积极稳妥地实施'走出去'战略，在取得实效上下功夫。这既是新形势下充分利用两个市场、两种资源的重要途径，也是扩大国际经济技术合作、提高企业竞争力的重大举措。"[1]在复杂的国际形势下，中央"十二五"规划建议明确表示要把外部压力变为新的发展动力，"加速从出口和吸引外资向保持出口和对外投资的平衡转变"[2]。2011 年 5 月 6 日，国务院批准并出台了国发〔2011〕11 号文件——《国务院关于支持云南省加快建设面向西南开放重要桥头堡的意见》，标志着"桥头堡建设"正式上升为国家战略。《意见》中明确提出要将云南建设成为"我国沿边开放的试验区和西部地区实施'走出去'战略的先行区"。桥头堡战略是中国提出的最新的周边战略之一，也表明国家对大陆东南亚战略地位的重视。这些都为双方投资关系的进一步发展提供了良好的宏观环境。

---

① 杨金贵：《中国企业"走出去"战略的形成过程及意义》，《跨国商务资讯》2010 年 2 月 3 日。http：//www.chinacdy.com/show.php? contentid = 1086。

② 《中共中央关于制定国民经济和社会发展第十二个五年规划的建议》，新华网，2010 年 10 月 27 日，http：//news.xinhuanet.com/politics/2010 - 10/27/c__12708501.htm。

（二）中国－东盟自由贸易区建设的深入推进进一步促进双方投资关系的发展

2002 年 11 月，中国和东盟 10 国签署《中国与东盟全面经济合作框架协议》，中国－东盟自由贸易区进程正式启动。为使双方早日享受到自贸区降税带来的利益，中国－东盟自贸区的"早期收获计划"于 2004 年 1 月 1 日启动，中泰实现蔬菜水果零关税。截至 2007 年，中国和东盟六国近 60%的产品关税已降至 5% 以下。2009 年 4 月 18 日，温家宝总理在博鳌亚洲论坛上正式宣布，中国决定设立总规模为 100 亿美元的"中国－东盟投资合作基金"，用于双方基础设施、能源资源、信息通信等领域重大投资合作项目。同时，中国计划在 3～5 年内，向东盟国家提供 150 亿美元信贷，其中包括 17 亿美元优惠贷款；中方考虑 2009 年向东盟欠发达国家——柬埔寨、老挝、缅甸提供总额为 2.7 亿元人民币的特别援助。[①] 2009 年 8 月 15 日，中国－东盟自由贸易区《投资协议》签署，双方开始开放投资市场。2010 年 1 月 1 日，伴随着中国－东盟自由贸易区的初步建成，中国对东盟的平均关税从之前的 9.8% 降至 0.1%，泰国对中国的平均关税从 12.8% 降低到 0.6%，越南、老挝、柬埔寨和缅甸四个国家将于 2015 年实现 90% 零关税的目标。2010 年 5 月，中国进出口银行主导的中国－东盟投资合作基金首期已募集近 10 亿美元，由中国投资公司出资并参股两成。中国－东盟自由贸易区的建成使中国与大陆东南亚国家的交流渠道得到拓展，经贸往来变得更为便利，同时税率的降低也减少了投资及贸易成本，并进一步扩大了生产。此外，也便于大陆东南亚国家参与国际分工和分享分工效益，增大投资与贸易规模，进一步优化当地经济结构。

（三）双方在投资过程中都不可避免地会受到区域内外的政治因素影响

中国与大陆东南亚国家发展投资关系除了受区域内国家政治因素影响之外，还会受到区域外大国因素的影响。区域内政治因素主要是缅甸政府与少数民族地方武装的矛盾与冲突、泰国国内政局动荡与泰柬边境冲突等；区域外因素主要包括美、日、印、俄等大国干预因素以及南海问题等。这些潜在的区域内外政治因素随时都有可能会爆发，将是中国与大陆东南亚国家之间发展投资关系的不定时炸弹。这也是投资者在做决定之前不得不考虑的因素之一。2009 年，美国国务卿希拉里在泰国出席东盟地区论坛时

---

① 《拟设 100 亿美元中国－东盟投资合作基金，用于能源等合作项目》，路透社，2009 年 4 月 13 日，http://cn.reuters.com/article/companyNews/idCNnCN060220120090413。

曾高调提出"重返东南亚",其标志之一就是发起《湄公河下游倡议》,与湄公河下游国家开展教育、环境、卫生和基础设施合作。2012 年 6 月,美国国防部长帕内塔在香格里拉对话会上,提出美国"亚太再平衡战略",指出美国将在 2020 年前向亚太地区转移一批海军战舰,届时将 60% 的美国战舰部署在太平洋。此外美国还提出《跨太平洋伙伴关系协议》。日本自 20 世纪 80 年代就开始对湄公河流域大举投资,对湄公河委员会的影响日益扩大,更是本区域内"东西经济走廊"合作项目的主要推手。2009 年 11 月,日本主办了首届"日本与湄公河国家首脑会议",承诺提供 50 亿美元开发资金。日媒称,日本已同中国开展了"湄公河争夺战"。此外,印度、俄罗斯、澳大利亚、欧盟等也纷纷加大对湄公河地区的投入。不得不说,外部势力的介入,为湄公河地区增添了新的变数。

(四) 双方投资关系的发展将面临更多环境、社会等领域的压力

双方在进一步发展投资关系的同时,将面临越来越多环境和社会领域的挑战和压力,尤其是中国在对大陆东南亚国家进行投资的时候。近年来,大陆东南亚国家及部分国际组织出于种种原因,对中国企业跨境投资活动"盯"得较紧,引发种种不良后果,甚至导致我国外交上的被动和对外经济合作政策的调整,最终会给境外投资带来很大风险。例如,2011 年 9 月 30 日,缅甸总统吴登盛就以"中缅密松电站项目可能会破坏密松的自然景观,破坏当地人民的生计,破坏民间资本栽培的橡胶种植园和庄稼,气候变化造成的大坝坍塌也会损害电站附近和下游的居民的生计"为由,宣布在他任期内长期搁置中缅合作兴建的缅甸最大水电项目——"密松水电站大坝"。不可否认,越南不允许中国投资者开发越南中部高地铝土矿,在一定程度上也和中国企业在越南投资过程中出现的环境污染问题以及不雇用当地劳工等社会问题有关。在愈加重视睦邻友好关系的"桥头堡"建设大背景下,投资者更应有大局观和责任感,在注重企业经济效益的同时,重视企业的社会责任,尊重当地社会价值观和风俗习惯,在社会公益活动和环境保护等方面予以更多关注和投入,积极寻求投资项目与有利于改善当地民生项目的契合。同时,中国与大陆东南亚国家都应进一步完善本国的环境政策法规,在环境问题上进行协商合作,如有必要可以协调统一双方的环保政策。

第五章　中国对大陆东南亚国家的援助

对外援助（Foreign Aid）是国际政治、经济活动的重要组成部分，是第二次世界大战后国际关系的一个重要方面，在国际政治和外交领域中发挥着越来越重要的作用。现代社会的对外援助始于20世纪50年代，是二战的产物。1947年，美国制定的援助欧洲的马歇尔计划就是其中最早、最著名的一个对外援助计划。经过60多年的发展，对外援助已经发生了重大的改变，日趋完善和成熟，援助目标从最初的促进经济发展转向了缓解贫困；在援助对象上，从二战后的欧洲国家转向了发展中国家，尤其是经济贫穷落后的国家；参与援助的主体也从以欧美国家为主转向了多国政府或非政府机构多方参与，特别是新兴的发展中国家也开始成为援助国的重要一员。①

目前，学术界和不同的国家对对外援助的概念和界定并未形成统一的认识。著名的国际政治学大师汉斯·摩根索认为，无论什么形式的对外援助，本质都是政治性的，主要的目标都是促进和保护国家利益。华尔兹认为对外援助是无政府状态下大国争霸的工具。我国学者一般认为，对外援助是一国或国家集团提供的无偿或优惠的有偿货物或资金，用以解决受援国所面临的政治、经济困难或问题，或达到援助国家特定目标的一种手段。对外援助按照援助方式的不同，可以分为财政援助和技术援助。财政援助是援助方为满足受援方经济发展的需要，或解决其经济困难而提供的资金或物资援助。财政援助又包含了官方发展援助和其他官方资金两种。技术援助是援助方向受援方提供智力、技能、咨询、培训、资料等方面的援助。② 根据援助的性质和目的，可以分为人道主义援助、生存援助、军事援助、名望援助、经济发展援助。根据援助渠道的不同可分为双边援助和多边援助。

中国的对外援助始于20世纪50年代，根据不同时期对外援助的特点，

---

① 李小云、唐丽霞、武晋：《国家发展援助概论》，社会科学文献出版社，2009，第19页。
② 张学斌：《经济外交》，北京大学出版社，2003，第372页。

大致上可以分为五个阶段。第一个阶段从 1949 年到 1963 年。这个阶段中国的对外援助主要是针对社会主义国家和争取民族独立的殖民地、半殖民地国家进行的无偿援助和无息贷款，带有一定的意识形态色彩，为刚成立的新中国政权巩固和经济建设提供了帮助。第二个阶段从 1964 年到 1970 年。中国对第三世界国家的援助范围有所扩大，并提出了对外援助的八项原则①，为中国外交拓展了空间。第三个阶段从 1971 年到 1978 年。这一阶段中国对外援助急剧增长，继续支援民族解放运动和反对苏联霸权主义。第四个阶段为 1979 年至 1994 年。随着中国开始实行改革开放，对外援助也根据国内外形势进行了调整。援助金额相对有所下降，经济作用在对外援助中的意义开始显现。第五个阶段为 1995 年至今。冷战结束后，国际形势趋于缓和，世界多极化和经济全球化发展迅速，为顺应国内外形势变化，中国对对外援助进行了改革，开始积极推行政府贴息优惠贷款和援外项目合资合作，为中国企业走向国际市场提供了良好的条件。

大陆东南亚国家与中国毗邻，新中国成立之初就已经开始了对大陆东南亚国家的援助，在中国的对外援助对象中，大陆东南亚国家始终占据着重要而特殊的地位。总的来说，冷战期间，中国对大陆东南亚国家的援助有着浓重的意识形态色彩；冷战结束后，中国调整了对大陆东南亚国家的援助策略，主要着眼于发展睦邻友好合作关系，在力所能及的基础上对大陆东南亚国家进行援助。展望未来，随着中国国力的提升和双边关系的日益密切，中国对大陆东南亚国家的援助关系将进一步发展和调整，援助将成为中国和大陆东南亚国家友好关系中的重要一环。

一　中国对大陆东南亚国家援助的历史发展

新中国对大陆东南亚国家的经济援助开始得较早，越南是其中第一个得到中国援助的国家。新中国成立不久，越南就向中国请求援助，帮助抗

---

① 1964 年年初，周恩来总理访问非洲，提出了对外援助八项原则：第一，中国政府根据平等互利的原则对外提供援助。第二，中国的对外援助不附带任何条件。第三，中国以无息或者低息贷款的方式提供经济援助，在必要的时候延长还款期，以尽量减少受援国的负担。第四，中国政府提供援助的目的在于帮助受援国走上自力更生、经济独立的发展道路。第五，中国政府帮助受援国建设的项目，力求投资少、收效快，使受援国政府能增加收入，积累资金。第六，中国政府提供自己所能生产的、质量最好的设备和物资。第七，中国政府提供技术援助，保证使受援国人员充分掌握。第八，中国政府派到受援国进行建设的专家，不容许有任何特殊要求和享受。

法。为了维护中国安全，支持越南的民族解放和独立，1950～1954年，中国政府向越南提供了价值1.76亿元的援助物资。[①] 1954年7月，日内瓦会议关于《印度支那停战协议》签订后，越南进入战后重建时期，为了帮助越南恢复经济发展，中国政府向越南派出了专家顾问团，协助越南政府各部门制定经济发展政策规划。1955年7月，中国无偿援助越南8亿元人民币，并派遣了技术人员帮助越南恢复和新建工矿交通事业。1958年3月，两国政府又签订了中国援助越南建设和改造18个工业企业项目的协定，该协定的项目于1960年前后陆续建成。[②] 1955～1958年，中国为了帮助越南恢复发展国民经济，对其经济援助达11亿元人民币。[③] 1959年2月，中越签订了新的经济援助协定等7份文件，中国向越南提供1亿元人民币的无偿援助和3亿元人民币的长期低息贷款，用来帮助越南建设钢铁厂、电站、铁路等工业。

在支持越南抗美战争的同时，中国也向柬埔寨提供了大量的军事和经济援助。为了援助柬埔寨抗美，中国于1956年6月21日，与柬埔寨签订了向其提供价值800万英镑的物资和商品援助的联合公报，这批商品和物资用于柬纺织厂、胶合板厂、造纸厂、水泥厂等成套项目的建设。中国援建的工厂创造的价值约占当时柬埔寨工业总产值的50%。[④]

进入20世纪60年代后，随着1964年周恩来总理对外援助八项原则的提出，中国对外援助的规模不断扩大、范围不断拓展，对大陆东南亚国家的援助也有所增加。为了继续支持印支三国的抗美斗争，中国加大了对印支三国的援助，包括军事援助和经济援助，成套项目援助在这一时期也有了较大的发展。从1962年到1966年，中国援助越南南方枪支共27万支，各种火炮5400多门，枪弹2亿发，炸药700多吨，军服20万套。[⑤] 1965～1969年，中国还为越南援建了大批直接为战争服务的配套项目，包括7条干线公路和305座桥梁，这些项目为越南抗美战争提供了畅通的交通运输线路。经济方面，中国向越南提供的主要是物资援助和现汇援助，中国向越

---

① 石林主编《当代中国的对外经济合作》，中国社会科学出版社，1989，第26页。
② 李峰主编《当代中国对外关系概论1949—1999》，中国社会科学出版社，2004，第279页。
③ Igor Bukharin, "Moscow and Ho Chi Minh, 1945—1969"，《冷战在亚洲》香港国际学术会议论文（1996年1月），转引自肖祖厚、李丹慧主编《云南与援越抗美》，中央文献出版社，2004，第1页。
④ 石林主编《当代中国的对外经济合作》，中国社会科学出版社，1989，第37～38页。
⑤ 王泰平主编《中华人民共和国外交史1957—1969》，世界知识出版社，1998，第35页。

南提供了 1000 多万吨的援助物资，包括农机、化肥和机器设备。

在老挝人民抗美救国战争期间，中国也对老挝进行了重点援助。除了派出专家和技术人员帮助老挝修建西北部 1 - 4 号公路之外，中国还向老挝提供了经济等多方面的援助，累计援助金额达 11.89 亿元人民币。[①] 1956 ~ 1969 年，中国共向柬埔寨提供了 2 亿多元人民币的经济援助和 3600 万元人民币的军事援助。[②]

1961 年 1 月 10 日，中国和缅甸在仰光签订了第一个经济技术合作协定，中国向缅甸提供 3000 万英镑的长期无息贷款，用于帮助缅甸建造纺织厂、造纸厂、糖厂、胶合板厂、比林糖厂、水力发电站、味精厂、桥梁等项目。

20 世纪 70 年代中期，中国正值"文化大革命"期间，对外援助严重超出了国家的经济水平，在这种情况下中共中央对对外援助进行了规模和结构上的调整。据统计，1971 ~ 1975 年，中国对越南、柬埔寨、老挝三国的援助支出占同期中国对外援助总额的 43.4%。其中大部分是援助越南的，占 93.1%。[③] 1971 ~ 1973 年，中国向越南提供经济、军事援助金额超过了 90 亿元人民币。1974 年，援越总额达到 25 亿元人民币，其中包括 1.3 亿美元的现汇，这是中国援助越南数额最高的年份。[④] 1975 年后，越南在苏联的支持下野心开始膨胀，改变了以往对中国的友好态度，中越关系朝不好的方向发展。在这种情况下，中国停止了对越援助。1978 年 5 月 12 日，中国政府决定撤销 21 个援越项目。5 月 30 日，再撤销 54 个援建项目。这 75 个项目共折合人民币 15.6 亿元。

但在 70 年代中后期至 80 年代，中国并非完全停止了对大陆东南亚国家的援助。1975 年 8 月 18 日，中柬两国签订经济技术合作协定，规定中国向柬埔寨提供价值 6 亿元人民币的一般物资和成套项目的无偿援助。1976 年 2 月 10 日，中国承诺向柬提供价值 2.26 亿元人民币的无偿军事援助。1979 年 7 月，中缅签订新的经济技术合作协定，中国向缅甸提供了 6300 万美元的无息贷款，用于建设缅甸国家体育馆、仰光 - 沙廉大桥、毛淡棉市的供水工程等。1986 年，中缅双方先后签订了 4 个经济技术合作协定和贸易协

---

① 张蕴岭主编《中国与周边国家：构建新型伙伴关系》，社会科学文献出版社，2008，第 224 页。
② 王泰平主编《中华人民共和国外交史 1957—1969》，世界知识出版社，1998，第 44 ~ 53 页。
③ 吴天：《中国对外援助政策分析》，外交学院 2004 年硕士学位论文。
④ 王泰平主编《中华人民共和国外交史 1970—1978》，世界知识出版社，1999，第 51 页。

定，中方又向缅方提供了总额为 3.17 亿元人民币的无息贷款。

　　总的来说，这一时期中国对大陆东南亚国家的援助有着深厚的意识形态色彩，也取得了一定的成效。尤其是在新中国成立之初，有效地维护了中国的周边安全，巩固了社会主义阵营，发展了同大陆东南亚国家的友好关系；支援了印支国家的抗美战争，帮助其恢复和发展了国民经济。但是，中国"有求必应"的援助也使某些国家形成了对中国援助的依赖，给中国造成了很大的压力，在一定程度上影响了两国关系正常健康发展。

　　改革开放后，中国的对外援助在规模、方式和体制上都进行了调整。随着中国与大陆东南亚国家关系的正常化，中国对大陆东南亚国家的援助也步入了一个新的阶段。

二　中国对大陆东南亚国家援助的现状

　　冷战结束后，国际局势发生了较大的变化，世界多极化和经济一体化进程加快，军事实力的较量和政治角逐已经不再是世界的主旋律，各国都把发展的重点调整到经济建设上。以美国为首的西方发达国家在冷战后减少了对贫困国家的发展援助，1993 年，21 个西方国家的对外援助总额为564 亿美元，同比下降了 5%。但与此同时，为了开拓海外市场，西方国家对有潜在市场能力的发展中国家如中国、印度等增加了援助金额，国际经济合作成为新时期西方国家对外援助的一个新的目标。这一时期很多发展中国家都对经济体制进行了调整，实行了经济自由和企业私有化，迫切需要外来资金的支持。有些中国援助的受援国已将中国援建的生产性项目出卖给私人经营，或转让部分股份，也要求中国企业参与合资合作。过去由中国政府向受援国提供长期无息贷款，单纯政府间合作建设项目的传统方式，已经不能完全适应形势的变化。① 中国的改革开放事业在此时也面临着重大的历史机遇和挑战，进入了一个新的历史时期。

　　根据国内外形势的深刻变化，中国开始对对外经济援助政策进行合理的调整和改革，在对外援助的援助规模、援助方式和管理体制等方面进行了探索。通过调整和改革，中国的对外援助改变了以往不顾国力、"有求必应"的援助方式，减少了援助金额，扩大了援助面，并且采取了政府贴息优惠贷款、对外经济援助项目的合资合作和部分无偿援助相结合的援助方

---

　　① 王红明：《新时期中国对外援助目标分析》，外交学院 2007 年硕士学位论文。

式。此外，对外援助工作还根据受援国的实际情况因地制宜，给受援国提供技术服务、培训技术和管理人员、进行科学技术交流、承建工程、合作生产、合资经营等。在此阶段，中国对外援助工作在探索中不断推进，对外援助的经济意义也进一步凸显。

通过对外援助工作的改革，20世纪90年代初，中国援外工作的重点转向帮助受援国发展当地有需要又有资源的中小型项目，并与发展双边互利合作的经贸关系相结合，促进受援国和我国经济共同发展；调整援外结构，援助成套项目占60%，重点建设生产性项目和社会公益性项目；大力推动我国企业与受援国企业合资、合作经营生产性援助项目；增加形式多样、灵活、及时的小额赠送；将部分援外资金与联合国发展机构的资金相结合，开展发展中国家间的技术合作。①

1995年，中国开始对对外援助工作进行全面的改革，改革的主要内容有：扩大政府贴息优惠贷款的规模，提高无偿援助的比例；重点承担受援国需要的中小型项目；将政府援外资金与银行贷款结合起来，引导企业参与援外项目。对外援助改革后，中国的对外援助更加注重从受援国的实际出发，援外资金来源和方式也更为多元化，对外援助取得了较好的效果。

20世纪80年代末90年代初，我国与老挝、越南关系开始缓和，中国的改革开放事业也开始进入一个全新的阶段，开始恢复对越南、老挝、柬埔寨的援助。这一阶段中国对大陆东南亚国家的援助呈现出了新的局面。

（一）中国对越南的援助

由于历史原因，中国和越南的双边关系停滞了十多年。1991年年底，中越两国关系正常化，为了发展经济，减少贫困，越南积极争取国际社会的援助。

中国自恢复对越南的援助以来，援越数额逐年增加（见表5－1）。

表5－1　1992～2003年中国对越南援助

单位：万元

年份	1992	1993	1994	1995	1996	1997	1998	1999	2000	2001	2002	2003
金额	1100	1350	1200	2300	3400	4500	5000	6750	8400	9700	11200	12000

资料来源：贺创新：《我国对外经济援助中的问题和对策研究》，国防科学技术大学2004年硕士学位论文，由资料整理所得。

———————————

① 中国网，http://www.china.com.cn/economic/txt/2008－11/13/content__16760841.htm。

中国对越南的援助主要包括资金援助和技术援助。资金援助中无偿援助和贷款是主要方式。1997 年，中越两国政府签署了关于中国向越南提供 2 亿元人民币优惠贷款的框架协议。[①] 1999 年 12 月，时任中国总理朱镕基访问了越南，并确定了一批中国政府援助的经济项目。其中中越经济、科技合作的重点项目包括：中国援助越南太原钢铁公司技术改造工程和中国援助越南河北氮肥厂工程。这两个工厂是 20 世纪 60 年代和 70 年代中国对越南的援建项目，后因技术落后、管理不善，生产经营困难，中国政府通过提供技术援助对其进行改造。2001 年 11 月，中国援助越南太原钢铁公司技术改造工程项目竣工。越南工业部部长邓武诸在工程竣工典礼上说："越南太钢技改工程正式投入生产，是越中两国经济、科技合作领域的一件重要大事。工程的圆满完成为加强两国人民的传统友谊作出了贡献。"[②] 另一个项目越南河北氮肥厂技改工程也于 2003 年 7 月 23 日竣工。

2001 年 11 月 30 日～12 月 4 日，越共中央总书记农德孟率团访华，中越双方签订了中国向越南提供用于生权铜矿项目 4050 万美元优惠贷款的框架协定和中国向越南提供 3000 万元人民币无偿援助的经济技术合作协定。2003 年 9 月中国援助越南生权铜矿项目正式动工，2008 年 8 月项目建成完工。2002 年 2 月 27 日～3 月 1 日，时任中国国家主席江泽民访问越南。中越双方签署了中国向越南提供 5000 万元人民币无偿援助的经济技术合作协定，中国向越南提供 5000 万元人民币优惠贷款的框架协议。[③] 在 2002 年年底举行的第十次国际援助越南会议上，中国政府承诺通过具体项目对越南进行援助。2003 年 4 月 7 日，中国政府决定免除越南到期债务（约合 4.2 亿元人民币），并无偿援助越南在河内兴建越中友谊宫。

自 2003 年中国加入《东南亚友好合作条约》后，中国和东南亚国家的经贸关系日益密切，经济合作不断深入。中国对越南的援助领域也随着经济合作的开展而不断扩大。

2004 年亚洲一些国家和地区暴发禽流感，中国政府向越南、泰国等国家提供了 45 万美元现汇的紧急援助。中国农业部还向越南援助了价值 20 万元人民币的物资，包括 6 吨消毒剂、5000 个口罩、4000 套防护衣。

---

① http：//info. china. alibaba. com/news/detail/v0 - d5553. html.
② 新华网，http：//news. xinhuanet. com/news/2001 - 11/21/content __127838. htm。
③ 王龙虎：《中国—越南两国经贸合作近况及思考》，《东南亚纵横》2007 年第 2 期。

2005 年 11 月，时任中国国家主席胡锦涛访问越南，在此期间中越双方签订了 14 个合作文件：中方向越方提供 6000 万元人民币的无偿援助，作为建设胡志明国家政治行政学院学员宿舍项目的补充资金的经济技术合作协定。2008 年，中国政府向越南提供了 4100 万元人民币（约为 940 亿越南盾）的无偿援助，用于建设胡志明国家政治行政学院学员宿舍，该项目已于 2009 年 10 月竣工。2009 年中国为越南提供了 2 亿元人民币的无偿援助资金，以帮助越南政府建设其最大的文化工程——越中友谊宫。2011 年 11 月 4 日，中国红十字会向越南中南部遭受洪涝灾害的地区提供了 3 亿美元紧急援助，用于帮助越南红十字会组织开展人道主义援助。

随着中国对越南的援助项目的开展，中越两国经济上的联系越来越密切，合作领域也不断扩大。双边贸易额从中越关系正常化的 1991 年时的 3200 万美元提高到 2010 年 300.94 亿美元。截至 2010 年年底，中国企业在越南累计签订承包工程、劳务合作和对外设计咨询合同完成营业额 109.6 亿美元。中国在越南工程承包市场潜力较大，2009 年，中国企业在越南签订的工程承包合同金额为 44.86 亿美元，越南成为中国在东南亚地区最大工程承包市场。2006 年 11 月，中越双方领导人举行了会谈，提出要进一步扩大合作规模，拓宽经济合作领域。越南则表示希望中国能对越南边境各省与中国相连的铁路和高速公路建设提供帮助，为促进双边经贸合作关系、大湄公河次区域合作和中国 – 东盟合作创造条件。

（二）中国对缅甸的援助

中国与缅甸的关系在 1962～1970 年出现了短暂的恶化，从 1971 年双方关系开始改善。1988 年缅甸军人集团执政后，西方国家对缅甸实施了经济制裁。外交形势恶化的缅甸迫切需要打破困境，开始加强与中国的关系，中缅关系由此进入了一个新的发展阶段。

1988 年缅甸开始采取对外开放贸易政策，中国的经济在此时也迅速发展，随着改革开放的步伐加大，边境贸易也开始逐渐加快发展，位于中缅边境的中国云南省在中缅经济合作中扮演着越来越重要的角色，双方经济合作进一步密切。1989 年 11 月，缅甸国家法律委员会和云南签订了地质勘探、煤矿和锡矿开采、电视台兴建等多项经济贸易协定。12 月，中缅两国签订了经济技术合作协议，中国同意向缅甸提供 5000 万元人民币（约合

1500 万美元）的无息贷款，用于仰光—丹因铁路和公路桥的建设。① 1993
年 7 月 30 日，中缅两国在仰光签署了 6 个经济技术合作协定，中方向缅方
提供 5000 万元人民币无息贷款。1996 年中国向缅甸提供 1.5 亿元人民币的
贴息贷款。1997 年 10 月，在时任中国副总理吴邦国访缅期间，中缅双方签
订了中国向缅甸提供 1 亿元人民币的优惠贷款协定。1997 年东南亚金融危
机爆发后，中国又向缅甸提供 1.5 亿美元的贷款，帮助缅甸克服金融危机的
影响。

1999 年，中国援助缅甸建造了农机制造厂，该项目已于 2003 年竣工移
交缅方。农机厂的建造，促进了缅甸农业机械化水平和农业生产效率的
提高。

2000 年，中国与缅甸签订了总价值约 2 亿美元的经济技术援助合同，
援建了缅甸水泥厂、纺织厂以及缅甸国家通信骨干网改造工程等项目。2003
年 1 月，缅甸和发委主席丹瑞访问中国，两国签署了《关于中国免除缅甸
部分到期债务的政府间协定》、《中国政府向缅甸提供 1000 万元人民币用于
培训缅甸航空、航海硕士人才》和《中国政府向缅甸提供文体物资援助》
（价值 500 万元人民币）的换文。② 2004 年，中国向缅甸提供了 1.5 亿美元
的优惠贷款，并对缅甸 9400 万美元的债务做了债务重新安排。

2005 年 6 月 20 日，中国政府向缅甸政府提供援助，帮助其在首都仰光
建造一座现代化的国际会议中心。该项目于 2008 年 2 月动工，2010 年 1 月
31 日竣工，该项目总建筑面积约 3 万平方米，包括 1900 座的大型国际会议
厅、各类中小型会议厅、宴会厅、办公用房和其他辅助用房等，成为缅甸
举行各类会议的重要场所。这是中国对缅甸的最大的成套援助项目。

2008 年 5 月缅甸遭受风灾后，中国政府先后向缅甸政府提供了 100 万
美元（包括 50 万美元现汇援助和价值 50 万美元的人道主义紧急物资援助，
主要包括 700 顶帐篷、9800 条毛巾被和 13 吨压缩饼干）、1000 万美元、
3000 万元人民币共三笔援款。中国还派遣了一支 50 人的医疗队在缅甸开展
了为期 14 天的救援工作，提供 2 辆救护车、2 辆中巴车及一批医疗器械物

① Liang Chi‐shad, "Burma's Relations with the People's Republic of China: From Delicate Friend-ship to Genuine Cooperation," in Peter Carey ed., Burma, The Challenge of Change in a Divided Society, London: MacMillan Press, 1997, p. 83. 转引自徐本钦《中缅政治经济关系：战略与经济的层面》,《南洋问题研究》2005 年第 1 期。
② 卢光盛：《中缅政治经济关系的发展、现状及其意义》,《国际关系学院学报》2009 年第 2期。

资，提供 100 把汽油锯、40 台挖掘机、18 台推土机、2000 吨镀铝锌钢板卷材等救援物资。2009 年中国援助缅甸建设了小型碾米机厂和乡村小学项目。2010 年，中国援助缅甸 8000 万元人民币进行木姐至腊戍铁路路基勘测工作。2011 年 3 月 24 日，缅甸东北部发生强烈地震，中国政府向缅甸政府提供了 50 万美元现汇援助，用于帮助缅甸政府开展地震救灾和灾后重建工作。2012 年 12 月，中缅两国政府代表在缅甸内比都签署文件，中国政府向缅甸捐助 350 套集成房屋，用于帮助安置若开邦流离失所者和缅甸东北部地震灾区灾民。

（三） 中国对柬埔寨的援助

1993 年 5 月柬埔寨举行了首次全国大选，并于同年 9 月颁布了新宪法，改国名为柬埔寨王国，国王西哈努克登位，自此以后，柬埔寨进入了和平稳定发展的新时期。柬埔寨经济恢复和重建迫切需要外援的支持，中国在冷战后经济也得到了迅速发展，综合国力大大提高，加强了对柬埔寨的援助。但是此阶段中国的援助呈现多样化，既有技术援助，又有实物和现汇援助；既有各种形式的无息和低息贷款援助，又有无偿援助；既有物资援助，又有人力资源的援助。[①]

据统计，1993～2005 年，中国向柬埔寨提供经济技术援助共计 20 亿元人民币（包括无偿援助、无息贷款和优惠贷款），并帮助柬培养了 294 名政府官员和经济技术人员，派出 35 名专家赴柬进行技术指导和培训。[②] 据商务部统计，2010 年上半年，共有 66 名柬埔寨学员赴华参加 27 期各类援外培训项目。培训范围涉及金融危机与经济复苏、工业、农业、交通、卫生、通信、环境保护、旅游、中小企业发展等诸多领域。这些培训人员来自柬埔寨首相署、发展理事会、外交国际合作部、财经部、商业部、工矿能源部、农林渔业部、环境保护部、旅游部、旅游协会等柬政府核心部门及社会团体。柬学员对培训项目普遍反映良好，认为针对性和实用性强。特别是发展中国家热带农业新技术培训班和热带水果加工技术培训班，学员从中学到了很多实用技术，对于促进柬农业发展和削减贫困大有帮助。目前，他们在各自的岗位上发挥着积极的作用，为柬埔寨的经济发展作出了贡献。

---

① 田福敏：《中国对柬埔寨的援助研究》，云南大学 2009 年硕士学位论文。
② 中国－东盟博览会官方网站，http：//big5. caexpo. org/gate/big5/www. caexpo. org/gb/charm 2006/jinbian/news＿jpz/t20061012＿64145. html。

1992～2007 年，中国对柬的各种援助项目累计达 118 项。1994～2007 年，柬中两国政府已经签署了一系列经济技术合作协议，其中包括中国政府向柬埔寨政府提供 4 亿多美元的无息或低息优惠贷款。1994 年，中国向柬埔寨提供了 860 万美元的无息贷款，用于发展农业和卫生事业。①

近年来，中柬两国的经济交往更为密切，中国对柬提供的援助数额较大，也更为全面。2001 年 9 月，柬埔寨发生严重洪水灾害，中国红十字会向柬红十字会提供 3 万美元救灾款，中国政府向柬政府提供了价值 700 万元人民币的救灾物资。2002 年 11 月 1～4 日，时任总理朱镕基率团访问柬埔寨，访问期间朱总理代表中国政府宣布免除柬埔寨对华所有到期债务，同时还就中国向柬埔寨提供无偿援助和无息贷款以及帮助柬修复桔井—上丁公路签署协议。双方同意将农业、人力资源开发、基础设施建设作为当前两国合作的重点领域。② 2003 年 4 月 25 日，中国政府援助柬埔寨首都金边市毛泽东大道路面维修工程在金边市政府举行了交接仪式。2003 年 5 月 29日下午，中国政府援助柬埔寨国家选举筹备委员会一批办公设备正式交接，上述援助物资包括复印机、电脑、打印机、传真机、数码相机以及笔记本和圆珠笔等，总价值 2 万美元。2004 年 7 月 13 日，中国政府援助柬埔寨第三批 500 口饮用水井交接仪式在柬农村发展部举行，驻柬大使胡乾文与柬农村发展部大臣李突代表中柬两国政府签署了交接证书。至此，中国政府已援柬 1500 口饮用水井，是在该领域内给予柬最多无偿援助的国家。2005 年9 月，为了帮助柬埔寨政府打击毒品走私与贩卖人口行为，中国政府向柬赠送了 6 艘海军巡逻艇。12 月，中国政府向柬埔寨政府提供 1 亿元人民币的经济援助协议 28 日在金边签署，中国政府向柬埔寨提供 5000 万元人民币的无偿援助和 5000 万元人民币的无息贷款，用于两国政府商定的经济技术合作项目。

2006 年 4 月，时任中国总理温家宝在访问柬埔寨期间，承诺向柬提供 6亿美元援助（相当于 2006 年其他援助国承诺的资金），在湄公河和洞里萨河上建造两座新桥和实施一座水电站的融资。2007 年中国向柬埔寨提供了价值约 6 亿美元的援助，包括 30 辆消防车，200 台水泵，18 台笔记本电脑，104 辆警用摩托车、缉毒缉私装备，14 台台式电脑，6 台激光打印机和 2 台多功能一体机等物资。中国进出口银行还向柬埔寨提供超过 2 亿美元的优惠

---

① 柬埔寨《华商日报》，1997 年 8 月 9 日。

② 中国网，http：//www.china.com.cn/chinese/zhuanti/zgdm/444614.htm。

信贷，2 亿美元优买信贷项下 2 路 2 桥项目。2008 年中国对柬埔寨的援助额为 2.6 亿美元，其中包括总价值约 50 万元人民币的办公和运输设备、奥运会体操器材、柬埔寨议会联络与监察部办公交通设备等。2009 年 10 月，柬埔寨遭受台风"凯萨娜"袭击，中国红十字会向柬埔寨红十字会提供价值 3 万美元紧急人道主义援助，以帮助受灾地区恢复重建。12 月，时任中国国家副主席习近平访问柬埔寨期间，两国签署了价值近 10 亿美元的协议。2010 年中国向柬埔寨提供了价值 1 亿元人民币的军事援助，其中包括 256 辆军车和 5 万套军服。2010 年，中国政府提供优惠贷款援助建设的柬埔寨 62 号公路动工。2010 年 11 月 3 日，中国全国人大常委会委员长吴邦国访问柬埔寨期间，中柬双方讨论了未来五年的 23 个合作项目，包括水力发电站、开矿工程、桥梁和铁路项目等。双方还签署了其中 16 个合作项目的合同，包括中国银行为柬埔寨最大的流动通信服务商 Cam GSM 提供 5.9 亿美元贷款的合同。中国还计划为柬埔寨的建设项目投入 16 亿美元的资金，并协助柬埔寨建造连接越南的铁路。① 中国还免除了柬埔寨超过 2 亿美元的债务。2010 年 11 月柬埔寨发生严重踩踏事件，中国向柬埔寨提供了 50 万美元现汇援助救助受害者。2011 年 10 月，柬埔寨部分地区遭受暴雨袭击，发生严重洪灾，中国政府向柬埔寨政府提供了价值 5000 万元人民币的紧急人道主义救援物资，以帮助柬埔寨开展抗洪救灾。2012 年，中国政府又向柬埔寨政府提供 3.02 亿美元优惠贷款，用于建设全长 141.7 千米的 214 号公路以及跨湄公河大桥项目、全长 172 千米的 76 号公路延长线项目和波罗勉省的水利灌溉项目。

此外，中国积极向柬埔寨提供扫雷援助。1992～1993 年，中国的维和工兵参与了柬境内的扫雷行动。1999～2000 年，中国向一些柬埔寨学员提供了扫雷技术培训。2001 年，中国向柬捐赠了一批探、扫雷器材。近年来，中国在援建柬 7 号公路过程中，还应柬政府要求，提供 60 万美元用于扫雷行动。②

（四）中国对老挝的援助

老挝经济发展过程中，对外援依赖较为严重。20 世纪 80 年代末，东欧

① 《中国将为柬提供 16 亿美元建设资金》，《联合早报》，2011 年 11 月 5 日，http：//www.zaobao.com/yx/yx101105__002.shtml。
② 《中国驻柬埔寨大使张金凤在柬埔寨地雷问题国际会议上关于国际地雷行动合作问题的发言》，http：//www.fmprc.gov.cn/chn/gxh/mtb/sjhd/t305533.htm。

局势发生剧烈变化，原本较大的援助国苏联不再向老挝提供援助和贷款，老挝急切需要寻找新的外资来源。1978～1988年中国和老挝关系出现短暂曲折后，90年代两国关系开始恢复，经贸关系得到迅速发展。1990年中国向老挝提供5000万元人民币贷款，1991年无偿援老价值4000万元人民币物资。① 资料显示，1989年至2000年11月11日，中国共向老挝提供6.0054亿元人民币援贷款，其中技术援助4.2574亿元（无偿援助1.1574亿元，无息贷款1.1亿元，优惠贷款2亿元）。2000～2004年中国对老挝援助金额与方式见表5-2。

表5-2　中国对老挝援助金额与方式统计（2000～2004年）

援助方式	无偿援助	无息贷款	优惠贷款方式	援助资金总额
援助金额（亿元人民币）	3.1	1.99	5	10.09
所占比例（%）	30.7	19.7	49.6	100

资料来源：张瑞昆主编《走近老挝》，中国商务出版社，2006，第21页，经整理而成。

近年来，中国对老挝援助了一批重点项目，这些项目集中在帮助老挝改善公共基础设施的建设上，如修建公路、桥梁及水电站等。与此同时，中国援助老挝修建的医院、体育馆、文化宫等设施，也为提高老挝人民的生活质量作出了重大贡献（见表5-3）。

表5-3　1989～2009年中国对老挝援助主要项目

序号	项目名称	中国援助资金	完成时间
1	万象商业购物中心	220万美元	1996年10月
2	老挝国家文化宫	6500万人民币	2000年3月
3	扩建万荣水泥厂	2亿元人民币	2002年3月
4	南果河水电站输电线工程	不详	1996年12月
5	替代种植	不详	1990年开始
6	上湄公河疏浚工程	500万美元	2003年4月
7	昆曼公路老挝境内1/3路段	3000万美元	2007年
8	琅勃拉邦老中友谊医院	4000万人民币	2003年10月

① 关松：《中国援助老挝的新选择——智力为重》，《东南亚研究》1992年第2期。

续表

序号	项目名称	中国援助资金	完成时间
9	老挝万明煤矿	不详	正在建设
10	替代种植	5 亿多元人民币	正在建设
11	老挝国家电视台三频道（2006 年 10 月）	7900 万元人民币	2009 年 9 月
12	老挝纳堆—巴蒙公路北段修复项目	2.7 亿元人民币	正在建设
13	老挝国家体育馆	不详	2009 年 9 月

资料来源：聂德宁等：《全球化下中国与东南亚经贸关系的历史、现状及其趋势》，厦门大学出版社，2006，第 291～295 页，经整理而成。

进入 21 世纪以来，随着中国对外援助指导思想的调整，中国对老挝的援助不论在数量还是项目上都明显增多，一些标志性的项目如替代种植、万荣水泥厂等，获得了老挝人民的高度评价，有力地促进了中国与老挝在政治经贸等方面的友好关系。资料显示，2005 年，中国企业在老挝签订承包劳务和设计咨询合同额为 1.8 亿美元，2006 年为 3.6 亿美元，2007 年为 6.1 亿美元。截至 2007 年年底，中国企业在老挝累计签订承包劳务和设计咨询合同额为 22.8 亿美元，累计完成营业额 14.1 亿美元。[①]

随着中国对老挝援助工作的深入开展，援助方式也更加多样化，特别是在技术援助和开展教育培训班等方面。2005 年，中国共举办 229 期援外培训班，培训了 5667 名各类人才。其中，与老挝有关的官员培训班有：东盟国家旅游官员研修班、东盟国家电子商务官员研修班、东盟国家中小企业发展研修班、东盟国家计量标准官员研修班、大湄公河流域国家海关官员研修班以及大湄公河流域国家检验检疫部门官员研修班。[②] 2000 年以来，中国还向老挝派遣了 80 多名青年志愿者。[③]

（五）中国对泰国的援助

泰国是大陆东南亚地区发展程度最高的国家，通常情况下中国对泰国的援助相对较少。1997 年 7 月，东南亚金融危机爆发后，中国政府积极参

---

① 《三部门联合发布中国参与大湄公河次区域经济合作国家报告》，人民网，http：//politics. people. com. cn/ GB/1027/ 7055060. html，2008 年 3 月 27 日。

② 《2005 年商务部援外多边培训项目计划表》，中国商务部，http//：www. mofcom. gov. cn/，2005 年 2 月 1 日。

③ 张蕴岭主编《中国与周边国家：构建新型伙伴关系》，社会科学文献出版社，2008，第 237 页。

与了国际货币基金组织向泰国提供的一揽子援助计划，8 月向泰国政府提供了 10 亿美元紧急援助贷款。中国承诺人民币不贬值，给泰国及东南亚人民战胜东南亚金融危机以巨大的信心与稳定的支持。

2004 年 2 月，亚洲国家暴发了禽流感疫情，中国向泰国捐资 400 万泰铢，援助泰国防治禽流感，这是泰国遭遇禽流感后接受的首笔外国政府捐款。

2004 年 2 月，泰国遭受了印度洋海啸的袭击，中国政府向泰国提供了30 万美元的救灾援助款和价值 750 万元人民币的物资，救援物资包括药品和日用品、发电设备和通信设备等 28 项。其中，药品包括防疫和消毒两大类，日用品包括蚊帐、帐篷、拖鞋等。

2005 年，中国共援助泰国 50 套探雷器、50 套防护服和 20 吨扫雷爆破筒，并派专家在泰国进行扫雷行动。

2006 年 12 月，泰国武装部队最高司令部参谋长颂吉滴上将 1 日晚在曼谷与前来出席泰国国王生日庆典的中国人民解放军总参谋长助理章沁生中将，共同签署了中国人民解放军向泰武装部队提供一批抗洪抢险物资援助的协议。

2009 年 1 月 2 日，泰国曼谷一家夜总会发生火灾，造成 60 人死亡、212人受伤的巨大损失，中国政府向泰国政府提供 50 万美元现汇人道主义援助，用于购买治疗烧伤的药品救助受伤者。

2011 年 10 月，泰国发生特大洪水灾害，中国向泰国提供了价值 4000万元人民币的救灾物资，包括 259 艘机动冲锋舟、150 套排水泵、210 套净水设备、1300 顶帐篷、3.4 万个沙袋、5008 个太阳能手电筒和 2 万件 T 恤衫等。另外，中国政府还向泰国提供了 100 万美元的现汇援助。

近几年来，中国投入了大量的资金援助泰国的汉语教育，每年的花费在 3000 万元人民币以上。自 2003 年以来，先后有 9 批、4484 名中国国家汉办汉语教师志愿者被派往泰国进行汉语教育。截至 2010 年 6 月 14 日，赴泰国参加志愿者教学的人数已达 1214 人，推动了泰国汉语教学的深入发展，促进了中泰两国的友好合作与交流。

（六）罂粟替代种植：一种特殊的援助方式

目前中国对大陆东南亚国家的援助项目中，罂粟替代种植项目具有重要意义。从 1990 年开始，中国通过技术援助、农业支援、开发旅游资源等多种形式，帮助缅甸和老挝北部传统罂粟种植地区开展替代种植工作。2000年以后，国务院给予了境外开展替代种植项目的农经产品市场准入和减免进口关税及进口环节增值税的特殊优惠政策。2006 年 4 月，国务院出台了《关于在缅甸老挝北部开展罂粟替代种植，发展替代产业问题的批复》（国函〔2006〕22 号文），提出了争取用 10～15 年时间从根本上铲除来自缅甸和老挝北部的鸦片、海洛因等毒品的目标，同时加大了财政、信贷方面的支持，在 2006～2010 年每年安排 5000 万元人民币的专项资金用于支持境外罂粟替代种植。

据统计，2006～2009 年，我国替代种植企业累计投资 16 亿元人民币在缅甸、老挝北部开展替代种植。截至 2010 年 8 月，有 100 多家企业在缅甸、老挝北部开展替代种植、发展替代产业，实施替代项目 200 多个，替代种植面积达 300 多万亩。① 包括缅甸、老挝、泰国在内的传统"金三角"地区，罂粟种植面积从 1998 年的 157900 公顷降到了 2007 年的 24160 公顷，降幅达到了 85%。② 2006 年，老挝北部新增替代种植面积 17.8 万亩，成为替代种植快速发展的重点区域。③ 2003 年 12 月，中国政府向缅甸政府提供一笔无偿援助，帮助缅甸政府在缅甸北部果敢地区开展替代种植。2005 年，中国政府援助老挝 50 万美元建设一所戒毒康复中心，并提供一批价值 60 万人民币的戒毒药品。2006 年，中国政府援助缅甸 1 万吨大米和一批医疗设备。2008 年 6 月，中国向缅甸北部禁种罂粟的地区援助 1 万吨粮食，及时缓解了当地严重缺粮的矛盾。2008 年，针对缅甸遭受热带风暴袭击的灾情，国家禁毒委员会办公室会同公安部国际合作局及时向缅甸警方援助了汽车、发电机、光学器材等价值 200 万元人民币的警用物资，进一步推动了中缅警方包括禁毒工作在内的警务合作。

中国在缅北、老北地区开展的替代种植活动不仅为减少罂粟种植面积、巩固罂粟禁种发挥了重要作用，还为当地居民开辟了生活来源新渠道。据不完全统计，截至 2010 年，替代种植项目实施区内的人均年收入从过去的约 200 元增加到目前的 1000 元左右，其中劳动力的收入增加到约 3000 元。此外，替代种植实施以来，缅北、老北地区的基础设施及公益事业明显改善。④ 替代种植企业在缅北、老北地区修建道路、桥梁、饮水

---

① 《昆明召开境外罂粟替代种植工作会议》，昆明市商务局网站，2010 年 8 月 30 日，http://www.kmsw.gov.cn/content.asp?id=9608。

② 《替代种植——中国改变"金三角"》，《人民日报》2007 年 6 月 27 日，第十三版。

③ 云南省境外罂粟替代发展工作领导小组办公室：《云南省境外罂粟替代种植发展工作 2006 年度报告》，第 11 页。

④ http://www.sugarinfo.net/front/infosend/colligate/topicsClickAction.do?topicsID=81822。

工程等一批基础设施，促进了当地经济发展和社会进步。2006 年以来，替代种植企业在缅甸、老挝北部修建简易公路 3000 多千米、架设桥梁 18 座、修建水渠 500 多千米、修建水池 30 多座、新建变电站 6 个、新建学校 18 所、新建卫生院和卫生室 13 所，并从国内引入医疗设备和药物，为提高当地群众的健康水平发挥了积极作用。通过实施替代种植，中缅、中老经贸关系及经贸合作不断深化和发展。①

国际社会对中国开展的替代种植工作表示了一致的肯定和高度的赞扬。联合国前秘书长安南曾说，在禁毒方面，全世界都应该向中国学习，联合国视中国为国际禁毒合作中的重要伙伴，中国在东南亚地区的禁毒努力中发挥着关键作用。②

（七）在区域合作框架下的援助

除了提供常规的双边援助外，中国还在众多的地区合作框架内扩大对大陆东南亚国家的经济援助。迄今为止，最为成功的就是在大湄公河次区域（Greater Mekong Sub-region，简称 GMS）经济合作机制下给予大陆东南亚 5 国相关的援助。GMS 合作机制是 1992 年在亚洲开发银行的推动下，由澜沧江 - 湄公河流域内的中国、缅甸、老挝、泰国、柬埔寨、越南六个国家共同发起。自 GMS 合作机制建立以来，中国一直积极参与，为次区域合作的多个项目和领域提供了资金和人员援助。交通方面，中国积极参与泛亚铁路合作，提供专项援助资金使柬埔寨境内巴登—禄宁（约 255 千米）铁路缺失段前期可行性研究和缅甸境内木姐—腊成段（约 150 千米）的查勘工作顺利完成。为支持 GMS 信息高速公路建设，中国在成功举办了首期 GMS 电信高官培训项目以后，又连续举办了第二期、第三期及第四期培训项目，为各国培养了相关人才，使项目的开展更为顺利。农业方面，中国十分重视与 GMS 各国的农业科技培训和推广合作。2006～2009 年，中国共投入人民币近 200 万元，举办各类培训班 7 个，培训 GMS 国家技术人员 130 人次。中国还积极组织有关省区在柬埔寨、老挝等国家开展农村户用沼气技术试验示范项目、在缅甸开展橡胶苗木生产和加工示范项目以及农业科技园区合作、与柬埔寨政府合作开展种猪示范推广项目。医疗卫生方面，

---

① 《云南积极开展境外罂粟替代种植　实施项目 200 多个》，云南网，2010 年 8 月 27 日，http：//yn.yunnan.cn/html/2010 - 08/27/content __1323036.htm。

② 《"替代种植"成效显著　中缅老等国禁毒治本合作综述》，广西新闻网，2007 年 10 月 8 日，http：//news.qq.com/a/20071008/001126.htm。

中国也积极援助各国，2007 年 10~11 月中国政府举办了两期培训，为柬埔寨、老挝、缅甸、越南、泰国五国培训了 10 名人禽流感诊断、检测技术人员，提高了相关人员的业务能力。同时，中国政府还高度重视与 GMS 成员国的人员交流与合作。中国积极利用由中方出资的"中国－东盟投资合作基金"和"亚洲区域合作专项资金"，与 GMS 成员国开展人力资源开发领域的合作。通过在亚洲开发银行设立的"中国减贫与区域合作基金"为"金边培训计划"提供了资金支持。此外，中方积极开展了有关防控拐卖妇女、儿童以及提高移民安全性的研讨活动。[①] 近年来，中国还积极地通过多边渠道为大陆东南亚国家提供援助。如通过联合国发展机构、非洲银行、亚洲开发银行、世界银行等多边机构为受援国提供物资和资金援助。1997年中国开始主动参与国际组织的多边援助，大陆东南亚国家一直是中国重点关注和援助的地区。2008 年 9 月，中国政府通过联合国粮食计划署（WFP）向老挝两万民众提供了价值 50 万美元的黏米。联合国粮食计划署2006 年开展的调查显示，老挝 2/3 的农村人口受到粮食不安全的威胁，农村地区 5 岁以下的儿童有一半长期营养不良。中国的粮食援助改善了当地百姓的生活。

三　中国对大陆东南亚国家援助的特点分析

冷战结束后，随着国际形势发生剧烈变化，中国对外援助政策随着形势的发展不断调整，在对大陆东南亚国家援助的过程中体现出以下特点。

（一）援助数额增加，方式多样化

改革开放之初，中国开始缩减对外援助规模，强调援助的量力而行和实际效果。但随着中国经济实力的提升和对外政策的调整，中国对外援助的总额在大幅增加。据中国商务部于 2012 年 4 月 24 日公布的该部门年度财政收支预算信息，中国商务部 2010 年安排的财政拨款支出总额约为 187.7亿元，其中用于对外援助的支出约达 159.8 亿元，占总支出的比例接近九成。[②] 中国政府对大陆东南亚国家的经济援助规模也有所提升，援助数额不断增加。据统计，2006 年，西方国家对柬埔寨的援助捐赠总额为 6.1 亿美元，而当年中国向柬提供的无条件贷款就达 6 亿美元之多。因此美国《纽

---

① http：//www.gmsec.cn/cn/economyway/newscenter/0514574.shtml.
② 《商务部公布 2012 年部门预算及预算安排情况说明》，中国商务部，2012 年 4 月 24 日，ht-tp：//www.gov.cn/gzdt/2012－04/24/content__2122192.htm。

约时报》评论称，中国对亚洲的援助已大大超越了美国，其新特点是在偏远的地区开展艰难的建设项目，这对受援国和中国都有益。而且，中国正在"抢走"世界银行、亚洲开发银行、美国及日本对东南亚国家的援助地位，成为向东南亚国家提供经济援助的主角。[①]

自新中国成立之初的很长一段时间，中国的对外援助都是以无偿援助的方式为主。冷战结束后，中国的对外援助在方式上呈现多样化的趋势，包括无偿援助、无息贷款、混合贷款、合资合作等多种方式。中国对大陆东南亚国家的援助，除了援助金额增加之外，援助方式也呈现多样化。由以提供无偿援助、无息贷款为主到积极推行政府贴息优惠贷款，并通过经济技术援助、债务免除、维和行动、项目援助、人员培训、人道主义救援、派遣医疗队、提供奖学金等多种渠道来实现援助。如通过援外项目的招投标，使企业、公司和科研院所等主体积极参与，扩大了参与援助的主体和对外援助资金来源多元化。中国政府援助大湄公河次区域信息高速公路柬埔寨段建设项目商务项目是由中国华为技术公司和柬埔寨电信公司签署的，云南建工集团参与了老挝国家体育馆的建设。其他的一些公司和企业如上海建工集团、中国路桥公司、清华同方威视公司等也积极参与了中国对大陆东南亚国家援助项目的建设。援助方式和渠道的多样化不仅能很好地为受援国提供切实的服务和帮助，也能带动中国的经济建设。

（二）人道主义援助和经济技术援助影响增大

近年来，随着生态环境的恶化，自然灾害频繁发生，地震、飓风、洪水使无数灾民无家可归，而灾后重建工作更是需要斥以巨资，国际人道主义援助越来越凸显其重要性。进入 21 世纪以来，在东南亚的各种人道主义援助中，都可以看到中国政府积极、及时的行动。2004 年 12 月 26 日印度洋发生海啸，中国向泰国提供了人道主义紧急救灾援助。2008 年 5 月 3 日缅甸被热带风暴袭击，中国及时地向其提供了大量的援助。中国及时有效的人道主义援助对缅甸的灾后重建工作发挥了积极作用，得到了国际社会的普遍赞扬。通过这些人道主义援助，中国政府充分展现了作为"负责任的大国"的形象，从而增进了东南亚社会对中国的信任。[②]

---

① Jane Perlez , China Competes with West in Aid to Its Neighbors, 2008 – 9 – 18, http：//query. nytimes. com/gst/fullpage. html? res = 9F0CEFD61331F93BA2575AC0A9609C8B63&pagewanted = all.

② 吴杰伟：《中国对东盟国家的援助研究》，《东南亚研究》2010 年第 1 期。

中国对大陆东南亚国家的经济技术援助对各受援国的发展起了重要作用。许多受援国及其人民在得到外援的基础上，积极发展本国的经济，社会得以进步，人民的生活水平得以迅速提高。2008 年，中国有色矿业公司承建的越南老街省铜矿开采工业项目大龙冶炼厂竣工。越南总理对于项目成功投产给予高度评价。他说，大龙冶炼厂作为越南历史上的第一座铜冶炼厂，结束了越南不产铜的历史，结束了作为重要战略资源的铜全部依靠进口的历史，对发展越南工业作出重要贡献。中国对缅甸则援助了许多重型机器和成套设备，在帮助缅甸修建公路、桥梁、水力发电站、卫星通信地面站等方面，也取得了良好的社会效益和经济效益。

（三）对受援国经济社会有重要影响的项目逐步增多

在中国"走出去"战略思想的指导下，进入 21 世纪以来，随着中国对外援助指导思想的调整，中国对大陆东南亚国家的援助不论在数量还是规模上都明显提升。一些标志性的项目有：老挝的国家文化宫、南果河水电站、湄公河航道疏浚、万荣 20 万吨水泥厂、琅勃拉邦医院、昆曼公路老挝境内 1/3 路段修筑、电信网二期扩容、替代种植等项目。柬埔寨的政府大楼、越南的越中友谊宫和胡志明国家政治行政学院等获得了各国人民高度评价，有力地促进了中国与大陆东南亚国家在政治经贸等方面的友好关系。

（四）人才培训、志愿者服务效果较好

中国与大陆东南亚国家的技术人员交流活动早就已开展。2002 年 5 月，中国共青团中央和中国青年志愿者协会选派的首批 5 名青年志愿者赴老挝服务，宣告了中国志愿者海外服务计划的正式启动。2005 年团中央会同商务部将这项工作纳入国家对外援助工作实施范围，3 月，18 名中国青年志愿者赴东南亚海啸灾区，首次参与国际救援。自 2005 年以来，中国开始开展对外派遣青年志愿者活动，先后向泰国、老挝、柬埔寨、缅甸、越南派遣了多名援外青年志愿者，开展汉语教学、中医治疗、农业科技、体育教学、国际救援等方面的服务。

此外，作为中国支持东南亚教育的另一种重要形式，交换留学生项目近年来也得到很大的发展。在 2008 年 GMS 第三次领导人会议上，中国承诺2008 年为次区域国家增加 200 个中国政府奖学金名额。2009 ~ 2010 学年，中国教育部向东盟国家提供约 1200 个中国政府奖学金名额。云南省政府也于 2004 年设立"云南省政府招收周边国家留学生奖学金"，招收来自周边国家的留学生。截至 2010 年 8 月，在云南省各高校学习的外国留学生已达

15000 人，其中 60% 来自东南亚、南亚国家，其中泰国、越南、缅甸等国的留学生人数正呈快速增长的趋势。随着中国和东南亚国家公派留学生人数的不断增加，双方的文化关系将更加密切。从长远来看，随着留学生逐渐成为社会的中坚力量，他们对留学所在国家的感情将逐渐在社会上发挥影响，这对中国与东盟的长期合作是非常有利的。

四　中国对大陆东南亚国家援助的作用评估

冷战结束以来，援助已经成为中国和大陆东南亚国家经济关系的一个日益重要的维度，为双边关系和地区发展都带来了积极影响。当然，这种积极影响既体现在受援国——大陆东南亚国家身上，也体现在援助国——中国的身上。

（一）有助于推动大陆东南亚国家的经济增长

大陆东南亚国家经济落后、经济基础薄弱，在进行经济建设时存在着明显的资金不足、技术落后、人才缺乏等问题，中国向大陆东南亚国家提供的无偿援助、技术支持和人才培训等，对大陆东南亚国家的经济发展起到了积极的作用。柬埔寨副首相索安在一次采访中表示，中国的援助都能考虑柬埔寨的实际需要，不仅数量多、速度快、效益好，而且从来不附加这样或那样的条件，对柬经济社会发展发挥了重要作用，柬国家和人民从中获得了广泛利益。[①] 特别是中国在缅甸、老挝、柬埔寨修建的道路和桥梁，大大减少了货物流通成本，提高了民众的收入和生活品质，为当地旅游业和道路沿线地区的经济发展创造了条件。1997 年东南亚金融危机时，中国向泰国、缅甸等国提供的援助帮助这些国家顺利渡过危机，稳定了这一地区的经济局势。此外，中国还分别于 2002 年减免了柬埔寨所有到期债务，2003 年减免了老挝对中方到期的三笔无息贷款债务，2004 年减免了老挝政府对华到期的无息贷款债务，2003 年免除了缅甸截至 2001 年到期的两笔无息贷款债务。中国的减债行动为这些国家的经济发展减轻了负担。

（二）有助于缓解大陆东南亚国家的贫困状况

中国对大陆东南亚国家的医疗援助、粮食援助等使当地人民直接受惠，缓解了当地贫困。如云南省一直与老挝保持着良好的卫生合作关系，在疾病防控、艾滋病防治等方面保持着沟通与交流。中国还多次派出医疗队去

---

① 《专访柬埔寨副首相："柬埔寨从中国援助中广泛受益"》，新华网，2010 年 8 月 14 日，http://news.xinhuanet.com/world/2010 - 08/14/c＿13445067＿2. htm。

柬埔寨，这些医护人员在柬埔寨工作期间与柬方同事密切合作，为柬埔寨官兵和当地民众诊治疾病，受到了当地民众的欢迎。2008年，中国通过联合国粮食计划署向老挝捐赠了价值50万美元的粮食，这可以让当地老百姓改善生活。中国表示今后还将积极参与这些援助行动，与老挝分享扶贫经验。而中国帮助老挝修建的医院、交通设施以及体育设施等，对于提高老挝的医疗水平，解决老挝人民的就医问题，提高老挝人民的生活质量等，也起到了积极的作用。国际社会对中国的援助行动给予了高度评价。2004年11月，联合国秘书长安南在中国清华大学演讲时说，尽管是发展中国家，但中国总能对需要援助的小国、穷国表现出同舟共济精神。柬埔寨副首相索安也在一次采访中指出，统计数字显示，2004年至2007年，柬埔寨经济平均年增长率保持在11%左右；柬埔寨生活在贫困线以下的人口则从1994年的49%，下降到2008年的27%左右。这一切都离不开各种基础设施的建设与改善，而中国近年来给柬埔寨提供了大部分这方面的援助。①

（三）有助于区域合作的顺利开展

首先，大陆东南亚国家多为经济不发达国家，在开展区域合作时，资金缺乏是其面临的最大问题。中国加大对大陆东南亚国家的经济援助，可以为区域合作提供必要的资金。2009年4月，中国决定设立规模为100亿美元的中国－东盟投资合作基金，用于支持中国与东盟国家，特别是大陆东南亚国家在基础设施建设、能源资源、信息通信等领域的重大投资合作项目。由中国出资成立的"中国－东盟投资合作基金"吸纳GMS国家的学生和技术、管理类人员到中国进行培训和技术交流，已先后资助了人员培训和交流等10余个项目。② 其次，改善了区域交通基础设施，为区域合作的顺利开展奠定了良好的基础。特别是近年来，随着昆明—曼谷高速公路的开通、湄公河航道的疏通及各国航空关系的发展，各国之间的贸易往来更加频繁。最后，中国的援助推动了大陆东南亚国家与中国的文化、教育等方面的合作和交流。

（四）有助于构建中国和大陆东南亚国家友好合作关系，建设稳定、和谐的周边环境

中国与大陆东南亚国家为邻，其中云南省与越南、缅甸和老挝三国接

---

① 《专访柬埔寨副首相："柬埔寨从中国援助中广泛受益"》，新华网，http：//news. xinhuanet. com/world/2010－08/ 14/c＿13445067＿2. htm。

② 周强、魏景赋：《中国对大湄公河次区域ODA现状分析》，《东南亚纵横》2009年第10期。

壤，通过湄公河与柬埔寨、泰国相连，广西与越南接壤，因此，营造良好的周边环境对于我国西南边疆的稳定和中国的发展至关重要。近年来，中国对大陆东南亚国家进行的经济援助，正是"睦邻、安邻、富邻"周边政策的体现。例如，中国提供大量资金在中缅边境进行毒品替代种植，不遗余力地帮助柬埔寨、老挝修建道路、桥梁等基础设施，这都有利于缓解当地的贫困，推动了各国社会经济发展，为我国创造了良好的周边环境。另外，中国对大陆东南亚国家的援助，也带动了双边政治、经济、文化、安全等领域交流的扩大，这使中国与东南亚国家的经济联系更加密切，双边关系也更为和谐稳定。

（五）有助于促进中国和大陆东南亚国家的经贸合作，推动中国企业"走出去"

中国进行对外援助方式、内容的改革后，对外援助逐渐成为推动我国对外贸易和投资的一条重要渠道。20 世纪 90 年代以来，中国与大陆东南亚国家之间的贸易额和投资额均增长较快。资料显示，2007 年中国与大陆东南亚国家的双边贸易额已达 529.92 亿美元，比 2004 年平均增长 202%。[①]而到了 2012 年，中国与大陆东南亚国家的双边贸易额则达到了 1318.07 亿美元。[②] 中国对大陆东南亚国家的援助也使越来越多的国内企业走进了东南亚市场，在各国积极开展承包工程和劳务合作业务。据中国商务部统计，截至 2009 年年底，中国在越南工程承包合同金额为 154.2 亿美元，营业额为 75.17 亿美元，越南已成为我国在东南亚最大的工程承包市场。中国的许多企业，如天津国际、中国路桥、中国地质工程公司、河南国际、川铁国际、中国水利电力公司等公司已在大陆东南亚国家承包工程市场上占据了一席之地。

（六）有助于提高中国的国际形象，树立起"负责任大国"形象

冷战结束后，中国通过多种渠道和多种方式对大陆东南亚国家进行了援助，特别是近年来对遭受自然灾害国家提供的人道主义援助，在大陆东南亚国家产生了广泛而积极的影响。2004 年，印度洋海啸发生后，中国向受灾国提供了紧急救灾援助，捐助了大批的资金和物资，还派遣了医疗队和救援力量参与救援行动，这是中国援外历史上紧急救援规模最大的一次。2008 年，中国为缅甸遭受热带风暴灾害的地区提供紧急救援，充分体现了

---

① 周强、魏景赋：《中国对大湄公河次区域 ODA 现状分析》，《东南亚纵横》2009 年第 10 期。

② 根据中国海关统计数据整理。

我国"睦邻友好"的政策。中国对大陆东南亚国家的人道主义紧急援助及时有力，对帮助灾区缓解灾情、恢复生产、稳定社会都发挥了重要的作用，这彰显了中国负责任大国的形象。柬埔寨首相洪森说，中国尊重柬埔寨的政治决定，对柬埔寨的援助没有任何复杂的附加条件，柬埔寨政府和人民对中国真诚的支持和援助心存感激。在老挝和缅甸，中国的许多援助项目也深受人民称赞。当地人民对中国援助修建的医院、道路、桥梁、水井等与民生息息相关的项目都给予了高度评价，这显示了中国的国际地位进一步提高，也树立了中国良好的国际形象。

五　中国对大陆东南亚国家援助的制约因素与发展前景

（一）援助实践缺乏理论依据和政策指导

自我国开展对外援助活动以来，对外援助方针政策在实际的援助活动中进行着不断的调整。特别是改革开放以来，结合西方对外经济援助相关理论，我国的对外经济援助工作进行了合理的改革，减少了意识形态的束缚，扩大了援助面，提高了经济援助工作的效益。但是，到目前为止我国还没有形成一套比较完整和健全的指导对外援助的法律。而健全的法律法规能更好地指导对外援助工作，使对外援助活动的开展更为严谨和科学。鉴于中国与大陆东南亚国家的经济联系，中国应继续加大对大陆东南亚国家的援助，并借鉴美国和日本等发达国家的经验，积极进行对外援助研究，实施对外援助前进行科学验证和规划，考虑受援国的实际需要，精心选定援助项目，合理安排援助资金。

（二）援助的对象主要是政府而不是民众，老百姓受惠不多，影响了援助效果

中国对大陆东南亚国家的一些重大援助项目很多都是政府工程，如中国援建的柬埔寨政府大楼、老挝政务系统、老挝国家体育馆等，这些项目影响较大，发展了中国与各国的良好关系。但老百姓从这些项目中直接得到的利益不多，从而在一定程度上影响了援助效果。与中国对大陆东南亚国家的援助不同的是，日本对大陆东南亚国家的援助大部分用于受援国的基础设施和骨干产业的建设。例如，日本在越南扩建火力发电厂、升级全国公路、修复河内—胡志明市火车线路、升级海防港、改造和完善部分省市的给排水系统等。日本对柬埔寨的无偿援助主要用于柬改善基础设施、教育卫生等一些事关国家可持续发展所必需的基础建设、综合性环境治理

以及人民生活基本保障的项目。日本对老挝的无偿援助大多涉及老挝交通及农业灌溉等基础设施建设领域。日本对缅甸的无偿援助则涉及疾病防治、学校和饮用水管道建设，提供用于改善公路建设的设备和医疗器材等方面。因此，今后中国在实施对大陆东南亚国家的援助时，可借鉴日本的做法，应更多地关注改善当地生产和就业，在具体项目中应强调项目的持续性，并给受援国带来良好的经济和社会效益，使当地人民直接受益。

（三）援助与经济合作的结合程度不够，带来的贸易创造、投资效应、产业转移效应等经济效果不够明显

由于中国缺乏对外援助理论方面的研究，对外援助缺少与经济发展战略配套的原则、方法和措施，中国对大陆东南亚国家的援助并未与经济发展紧密结合，带来经济利益上的显著回报。相比较而言，日本在这一点上做得较好。为了引导日本民间企业投资东南亚国家，日本大力倡导发展援助、投资、贸易三位一体的经济发展战略。通过经济援助的引导，日本民间资本大举投资东南亚制造业，利用当地廉价劳动力，生产了许多产品，这些产品返销回日本或者销往欧美国家，取得了良好的经济效益。对此，中国可借鉴日本的做法，积极利用大陆东南亚国家与中国的产业结构的差异，以及大陆东南亚国家的丰富资源和廉价劳动力，在对外援助的具体项目中实行双方更深层次的经济合作，实现产业结构的转移和升级。

（四）处理好"义"和"利"的微妙关系

由于受历史文化和与大陆东南亚国家传统友谊的影响，中国对大陆东南亚国家的援助不可避免地带有"义"的诉求。然而，在发展对外援助时，与自身发展息息相关的"利"也不容忽视。因此，中国在对大陆东南亚国家进行援助时应妥善处理"义"和"利"的微妙关系。一方面，坚持互相尊重主权和互不干涉内政的原则，为促进大陆东南亚地区经济落后国家的发展作出相应的贡献，承担起与国力相称的大国责任，力所能及地为本区域提供公共产品，树立负责任大国的形象。另一方面，对外援助要注意从中国国情出发，服务于国家利益。通过对大陆东南亚国家适当的援助，为我国经济外交的顺利开展提供良好的环境和条件，使外交为国家能源和资源安全、周边外交战略等国家根本利益服务。

随着中国国力的提升和中国与大陆东南亚国家睦邻友好关系的发展，中国对其的援助将继续深入发展。在发展的过程中，中国对大陆东南亚国家的援助将进一步和中国的和谐周边战略、经贸合作与区域一体化进程密切结合起来。而且，今后中国对大陆东南亚国家援助的深入发展，还有赖于对前文所述的制约因素的处理。加之，中国对大陆东南亚国家的援助还将长期面临与部分西方国家和国际组织在援助条件、方式和途径等方面的差异，也不可避免地面临着来自后者的非议甚至责难，中国应对此有所准备。

第六章　中国与泰国的经济关系

一　中泰经济关系发展的历史概况

作为友好邻邦，中泰两国的经济关系可谓源远流长。据历史记载，中泰两国商船在元代就已驶入湄南河进行贸易。在曼谷王朝拉玛三世时期，泰国约有 86% 的出口货物运往中国销售，进入泰国的中国商船也超过了其他外国商船的总数。[①] 但是从 20 世纪 30 年代开始，受世界局势的影响，中泰两国经济关系的发展也历经坎坷。

从 1949 年新中国成立到 20 世纪 70 年代初，中泰两国受冷战格局的影响，一直没有建立正式的外交关系。在此期间，两国的贸易量也一直在低迷中徘徊，甚至一度中断。1950 年，中泰两国实现双边贸易额 556 万美元。1951 年因朝鲜战争爆发，当时的泰国政府遵从联合国对华禁运决议，宣布中止与中国的贸易往来，导致当年的双边贸易额大幅下降，仅为 46 万美元。1955 年万隆会议之后，中泰关系有所改善，泰政府对华贸易管制也有所放松，当年双方实现贸易额 57 万美元。到 1958 年，中泰贸易额便增至 995 万美元。然而，好景不长。1958 年 10 月，泰国发生军事政变，沙立·他纳叻政府上台，大力推行亲美反华政策。由于泰中贸易失衡，1958 年泰方逆差更是达到了创纪录的 399 万美元，沙立政府于 1959 年 1 月颁布《革命团第 53 号法令》，宣布禁止泰国从中国大陆进口产品。此后，中泰两国的双边贸易额连年下降，1959 年仅为 20 万美元。20 世纪 60 年代，随着印度支那战争的扩大，泰国也卷入了越南战争，从此泰国和中国便处于敌对状态。这也就导致了两国的贸易往来在 1963～1973 年完全中断。

1975 年，中泰两国正式建交，两国的经济关系也得以恢复。1975 年，

---

① 朱振明：《当代泰国》，四川人民出版社，1992，第 305 页。

中泰两国的贸易额为 2462 万美元，1976 年便增至 1.0563 亿美元。此后，两国政府还陆续签订了一系列促进双方经济关系发展的协定，如《科技合作协定》（1978）、《海运协定及两个补充议定书》（1979）、《关于促进和保护投资的协定》（1985）、《避免双重征税和防止偷漏税协定》（1986）等，并先后成立联合贸易委员会（1978）、中泰经济联合委员会（1985）等专门合作机构来促进双方经济关系的发展。到 1982 年，中泰两国已实现贸易总额 4.69 亿美元。是年，中国也成为泰国的十大贸易伙伴之一。这一阶段，两国的双边贸易主要是以石油和大米为主，总体上中方处于顺差地位。究其原因，主要是当时出现世界性的"石油危机"，泰国石油短缺，中国以低于国际市场的"友好价格"向泰国销售大量原油和成品油，同时中国也增加了对泰国农产品和其他急需物资的进口。1983～1986 年，由于双方对当时主要贸易产品（石油和大米）的需求量下降，中泰贸易出现了短暂的徘徊和下降。在短暂调整之后，中泰贸易从 1987 年开始迅速升温。1987 年中泰两国的贸易总额为 5.5364 亿美元，同比增长了 71.43%，1988 年同比增长了 48.20%，1990 年两国的贸易总额更是突破 10 亿美元大关，达到了 11.94 亿美元。

值得注意的是，中泰两国的相互投资在冷战结束前就已有所发展。1985 年，中泰两国政府还签订了关于成立中泰经济联合委员会协定和投资保护协定，大大推动了双方投资关系的发展。不过，此时期主要是泰国对中国的投资，如泰国的正大集团在 1981 年就开始了对华投资，是最早进入中国的泰资企业之一。截至 1990 年年底，泰国在中国的累计直接投资项目已达 132 个，累计合同金额为 1.94 亿美元，累计实际投资额为 5913 万美元。而中国对泰国的直接投资虽然同期进行，但是受资金短缺、经济体制尚未健全、投资经验不足等方面的影响，在投资项目数量和规模上都远远不及泰国对华投资。

二 冷战后中国与泰国发展经济关系的背景

（一）中泰关系的正常化为双方经济关系的发展提供了有力保障

冷战结束后，中泰关系彻底实现正常化，并始终保持高层密切交往。两国领导人经常互访，并在多边场合保持密切的会晤和磋商，为中泰关系长期健康、稳定发展起到了重要作用。为促进双方在各领域的交流与合作，双方还签署了《旅游合作协定》（1993）、《引渡条约》（1993）、《民商事司法协助和仲裁合作协定》（1994）、《文化合作谅解备忘录》（1996）、《贸易经济和技术合作谅解备忘录》（1997）等一系列合作协议。1999 年 2 月，中泰两国签署了《中华人民共和国和泰王国关于二十一世纪合作计划的联合声明》，为两国在 21 世纪"进一步拓展双方之间睦邻互信的全方位合作关系"制订了应当遵循和实施的框架和方针。2001 年 8 月他信总理访华期间，中泰两国领导人共同发表《联合公报》，表示"同意巩固中泰之间业已存在的传统友谊，并推进双方战略性合作"。2007 年，两国签署《战略性合作共同行动计划》，为未来双边合作确定了具体目标。2009 年 6 月，两国签署《扩大和深化双边经贸合作的协议》。泰国已成为中国在东南亚地区最亲密的合作伙伴之一，中泰关系也成为不同社会制度国家睦邻友好和互利合作的典范。在国际和地区事务中，中泰双方也有许多共识，并始终相互支持、密切配合，为本地区的和平、稳定与发展作出了积极贡献。中国于 1996 年成为东盟全面对话伙伴国，并在 1997 年东南亚金融危机期间，坚持人民币不贬值，为地区金融的稳定作出了重大贡献。之后，中国又于 2003 年 10 月正式加入《东南亚友好合作条约》，成为东南亚地区以外第一个加入该条约的大国。2004 年 6 月，泰国承认中国完全市场经济地位。2008 年全球金融危机爆发之后，中国不仅继续保持外汇境外投资，还积极参与全球协调应对危机的一系列峰会、共同协议和行动，努力履行一个大国应尽的国际义务。这不仅提升了中国的国家形象，加深了中泰两国的政治互信，也进一步推动了中泰经济关系的深入发展。

（二）中泰两国经济实力的不断增强为其经济关系的发展提供了物质基础

自改革开放以来，中国经济始终保持高速发展。1978 ~ 2006 年，中国国内生产总值年均增长 9.67%，远高于同期世界经济 3.3% 左右的年均增长速度。[①]"十一五"期间，中国国内生产总值更是达到了 39.8 万亿元，年均增长 11.2%。中国的对外贸易额也从 1978 年的 206.4 亿美元增加到 2010 年的 2.97 万亿美元，在世界贸易中已上升到第二位。截至 2012 年年末，中国外汇储备余额为 3.31 万亿美元。泰国自 20 世纪 60 年代实行有计划地发展社会和国民经济政策以来，也取得了引人瞩目的成就。1961 ~ 1981 年泰国的国内生产总值年均增长率在 7% 以上，1986 ~ 1994 年的经济年均增长率为

---

① http://gaige.rednet.cn/c/2008/01/16/1420502.htm.

9.4%①，泰国也因此被誉为"亚洲四小虎"之一。虽受1997年金融危机的影响，泰国的经济增长陷入低谷，但在2001年他信政府上台后，泰国经济逐步走出金融危机的阴影，并在2002年、2003年、2004年连续出现了5.4%、6.7%、6%的高经济增长率。② 尽管受2006年9月以来国内政局动荡的影响，泰国2010年经济增长率仍达到了7.81%，此后2011年和2012年的增长率分别为0.05%和6.49%。③ 在2002年中国-东盟自由贸易区建设正式启动之后，中泰两国的双边贸易额不断增加。随着两国经济的不断发展，两国都已积攒起丰厚的资本，这便为双方进一步发展经济关系奠定了坚实的物质基础。

（三）不断完善的区域合作机制为两国经济关系的发展提供了更为广阔的平台和发展空间

在经济全球化愈演愈烈的背景下，区域经济合作也势在必行。由于中国与泰国在区域、次区域经济合作上有着共同的战略目标和战略利益，因此双方均积极推动并完善所在区域各种经济合作机制的发展。目前双方共同参与的区域、次区域经济合作主要包括中国-东盟自由贸易区（简称"CAFTA"）、黄金四角经济合作（中、泰、老、缅四国）和大湄公河次区域合作（以下简称"GMS合作"）。CAFTA建设计划的启动，使两国经济关系的发展步入了一个新的阶段。2003年10月1日，中泰两国在《中国-东盟全面经济合作框架协议》④ 的"早期收获计划"下，正式签署了加速取消关税的协议，实施蔬菜、水果零关税。继2004年中国与东盟签署《货物贸易协议》、2007年签署《服务贸易协议》之后，中泰两国又于2009年6月签署了《扩大和深化双边经贸合作的协议》。2009年8月15日，中国与东盟10国共同签署了中国-东盟自由贸易区《投资协议》。2010年1月1日，在中国-东盟自由贸易区宣告正式成立之后，中泰两国的经贸合作更是发展迅速。另外，GMS合作在近年来也可谓风生水起，有声有色。GMS合作

---

① 泰国银行（央行）网站：http：//www.bot.or.th/BOT/HomePage/databank/EconData/Econ&Finance/index03e.htm。

② 泰国银行（央行）网站：http：//www.bot.or.th/BOT/HomePage/databank/EconData/Econ&Finance/index03e.htm。

③ http：//finance.sina.com.cn/worldmac/compare.shtml？indicator=NY.GDP.MKTP.KD.ZG&nation=TH&type=0.

④ 按照《框架协议》的规定，所有HS编码前8章的产品均应包含在"早期收获计划"之中，具体涉及税则第1~8章188个税目产品，其中蔬菜产品108个，水果产品80个。

不仅对中泰两国经济发展具有重要的战略意义，同时也为中泰两国的经贸合作提供了更为广阔的平台和发展空间。因此，中国和泰国都非常重视并积极参与 GMS 合作。泰国是湄公河下游地区最发达的国家，不仅是中国在大湄公河次区域国家中的最大贸易伙伴，也是 GMS 合作的积极倡导者和参与者。20 世纪 90 年代，泰国经济发展前景一片大好，泰国有着推进 GMS 合作的强烈意愿和能力，如差猜政府倡议的"将印支战场变为市场"，将曼谷发展成为地区金融中心等。但是 1997 年东南亚金融危机之后，泰国经济增长放缓，加上泰国政局的动荡不安，也就影响了泰国主导 GMS 合作的积极性。与之相反，中国因在东南亚金融危机中保持人民币不贬值而逐渐在东南亚地区取得良好信誉，并表现出参与区域开发计划的浓厚兴趣。中国是 GMS 合作中的大国，并把参与 GMS 合作作为建设中国 - 东盟自由贸易区的重要组成部分和实施西部大开发战略的重要依托。2008 年全球金融危机期间，中国更是对泰国提供了资金支持，并对此后在泰国举办的东盟峰会及 10 + 1、10 + 3 会议（华欣会议）提供了力所能及的帮助。中国政府还在 2009 年第 12 次中国与东盟领导人会议上承诺建立规模为 100 亿美元的"中国 - 东盟投资合作基金"，并在 3 ~ 5 年内向东盟国家提供 150 亿美元贷款，向东盟的欠发达国家（柬埔寨、老挝、缅甸）提供 2.7 亿元人民币特别援助。由此可见，中国正在更多地主导区域合作的进程，中泰两国经济关系的主导权也开始向中国一方转移。不可否认，这也是中泰经济关系的新特征之一。

三　冷战结束后中泰经济关系的发展与现状

（一）双边贸易

进入 20 世纪 90 年代，中泰双边贸易额逐年攀升，保持了较高的增长率。1994 年中泰双边贸易额突破 20 亿美元，占泰国对外贸易总额的 2.3%。是年，泰国为中国的第 18 大贸易伙伴，中国是泰国的第 10 大贸易伙伴。1995 年两国贸易额突破 30 亿美元，达 33.63 亿美元。1997 年东南亚金融危机使得泰国的经济形势明显恶化，泰国经济遭到严重破坏，但中泰两国的贸易往来并没有停止，1998 年和 1999 年反倒有所增加。这主要是因为在泰国爆发金融危机之后，中国不仅承诺人民币不贬值，而且向泰国提供大量财政支援，协助泰国寻求国际救援，还采取各种措施保证中泰之间的贸易和经济合作项目（包括承包工程等）照常运作，以防止贸易下滑对泰国经济造成新的压力。据泰方统计，1998 年泰国向中国出口同比下降 12.32%，这也促使泰国对经济活动中的弊端进行改革，并对泰国的经济发展战略做出相应调整。1999 年泰中双边贸易额为 43.34 亿美元，同比增长 21.49%，其中，泰国向中国出口 18.61 亿美元，进口 24.72 亿美元，同比分别增长 5.38% 和 37.29%。2000 年，泰中双边贸易额为 66.26 亿美元，创中泰贸易历史的最高纪录，其中泰国向中国出口 28.37 亿美元，进口 33.90 亿美元，分别比上年同期增长 52.88%、52.44% 和 37.14%。

2001 年 12 月，中国正式加入世界贸易组织。中国入世虽在短期内给泰国的出口和外资引进带来一些压力，但从长远看，中国入世对两国经济关系的发展利大于弊。2003 年 10 月，中泰部分果蔬零关税协定在中国 – 东盟自贸区框架下率先实施，不仅带动了中泰果蔬贸易的飞跃发展，也进一步深化了两国整体贸易关系。据泰国海关部门的统计数字，仅 2003 年的最后 3 个月，泰国就向中国出口果蔬近 30 亿泰铢，同比增长 80%；而全年两国果蔬贸易额达 110 多亿泰铢，其中泰国向中国出口达 80 多亿泰铢，同比增长 40%。① 2004 年，泰中双边贸易额为 153 亿美元，比上年同期增长 30.50%，其中，泰国向中国出口约 71 亿美元，进口约 81 亿美元，同比分别增长 25.04% 和 35.67%。2005～2008 年，泰中贸易额均有较为显著的增长，年均增长率约为 25%，年均增加了约 53 亿美元。2009 年，泰中贸易受到全球经济衰退的严重影响，泰中贸易总额比上年同期下降 8.8%，为 331.49 亿美元。其中，泰国对中国出口约 161 亿美元，下降 0.44%，占泰国出口总额的 10.58%，增长 1.47%；泰国自中国进口约 170 亿美元，下降 15.51%，占泰国进口总额的 12.74%，提高 1.49%。据泰国海关统计，2010 年度中泰双边贸易额达 457.13 亿美元，同比增长 37.9%，比泰国对全球贸易增幅高近 5.9%，中国成为泰国第二大贸易伙伴，仅次于日本，美国则降为第三位。其中，泰国对华出口 214.73 亿美元，同比增长 33.4%，中国成为泰国第一大出口市场；泰国自中国进口 242.4 亿美元，同比增长 42.6%，中国是泰国的第二大进口来源国。据泰国海关统计，2011 年泰国与中国的双边货物进出口额达到 577.9 亿美元，增长 25.7%。其中，泰国对中国出口 271.3 亿美元，增长 26.4%，占泰国出口总额的 12%，提高 1%；泰国自中国进口 306.6 亿美元，增长 25%，占泰国进口总额的 13.4%，提高 0.1%。泰方贸易逆差 35.3 亿美元，增长

① 杨宏恩、朱秀云、张晖、张震：《中国与东亚的经济关系》，社会科学文献出版社，2007，第 132 页。

15. 6%。①据泰国海关统计数据，2012 年泰国与中国的双边货物进出口额进一步上升，达到 639. 6 亿美元，增长 13. 1%。其中，泰国对中国出口 267. 6 亿美元，占泰国出口总额的 11. 7%；自中国进口 372 亿美元，增长 21. 7%，占泰国进口总额的 14. 9%，上涨 1. 6%。泰方贸易逆差 104. 4 亿美元，增长 127. 6%。中国是泰国的第二大贸易伙伴，仅次于日本。中国为泰国第一大出口市场和第二大进口来源地。②中国 – 东盟自由贸易区协定、东盟 – 日本自由贸易协议、日泰经济合作伙伴关系协定（JTEPA）等自由贸易协议的实施以及美国经济遭受重创尚未完全复苏是导致这一变化的两个主要因素。

值得注意的是，泰中两国各自对中泰间的贸易统计存在差异（具体可见表 6 – 1、表 6 – 3 和表 6 – 2、表 6 – 4）。通过对比表 6 – 1 与表 6 – 2，发现两国对 1991 ~ 1997 年双边贸易额的统计数据相差无几；对比表 6 – 3 和表 6 – 4，发现中泰双方对于 1998 年以来的统计数据分歧较大，且有扩大趋势，截至 2010 年，双方对两国贸易总额的统计数据相差了近 72 亿美元。通过研究，笔者还发现一个有趣的现象：中泰双方虽一致认为中泰贸易关系是不平衡发展的，但中泰双方都认为自己是逆差方。泰方统计数据（见表 6 – 1 和 6 – 3）显示泰国自 1998 年至 2012 年，始终处于逆差地位，截至 2012 年泰国逆差已达 102. 51 亿美元，泰国各界也因此对中国颇有怨言；中方的统计数据（见 6 – 2 和 6 – 4）则显示中方自 1998 年以来，也一直处于逆差地位，且逆差呈逐步扩大趋势，截至 2011 年，中方逆差已达 133. 45 亿美元。究其原因，除了统计口径、运输、保险等因素之外，还与中国的出口货物经第三地转运、海关对统计数据加工处理的方法不同有关。

表 6 – 1　1991 ~ 1997 年泰中贸易情况（泰方统计）

单位：万美元

年份	贸易总额	泰方进口	泰方出口	泰方贸易平衡
1991	126947	84781	42166	– 42615
1992	131935	89481	42454	– 47027

---

① 《2011 年泰国货物贸易及中泰双边贸易概况》，http：//countryreport. mofcom. gov. cn/record/view110209. asp？news＿id = 27735。

② 《2012 年泰国货物贸易及中泰双边贸易概况》，http：//countryreport. mofcom. gov. cn/record/view110209. asp？news＿id = 33378。

年份	贸易总额	泰方进口	泰方出口	泰方贸易平衡
1993	135192	75046	60146	-14900
1994	202367	115928	86439	-29489
1995	336251	175174	161077	-14097
1996	314524	125495	189029	63534
1997	351476	150030	201446	51416

资料来源：泰国中央银行。

表6-2 1991~1997年中泰贸易情况（中方统计）

单位：万美元

年份	贸易总额	中方出口	中方进口	中方贸易平衡
1991	126947	84781	42166	+42615
1992	131935	89481	42454	+47027
1993	135192	75046	60146	+14900
1994	202367	115928	86439	+29489
1995	336251	175174	161077	+14097
1996	314524	125495	189029	-63534
1997	350700	150200	200500	-50300

资料来源：《中国对外经济贸易年鉴》历年统计数据。

表6-3 1998~2010年泰中贸易情况（泰方统计）

单位：亿美元

年份	贸易总额	泰方进口	泰方出口	泰方贸易平衡
1998	35.67	18.01	17.66	-0.34
1999	43.34	24.72	18.61	-6.11
2000	62.26	33.90	28.37	-5.53
2001	65.71	36.97	28.74	-8.24
2002	84.53	48.98	35.55	-13.43
2003	116.92	60.03	56.89	-3.14
2004	152.57	81.44	71.13	-10.30
2005	203.26	111.58	91.67	-19.91

续表

年份	贸易总额	泰方进口	泰方出口	泰方贸易平衡
2006	253.32	136.04	117.28	-18.76
2007	310.73	162.26	148.47	-13.79
2008	363.47	201.56	161.91	-39.66
2009	331.49	170.30	161.19	-9.11
2010	457.10	242.36	214.74	-27.62
2011	567.51	305.01	262.50	-42.51
2012	639.89	371.20	268.69	-102.51

资料来源：泰国中央银行。

表 6 - 4　1998~2010 年中泰贸易情况（中方统计）

单位：亿美元

年份	贸易总额	中方出口	中方进口	中方贸易平衡
1998	35.93	11.70	24.23	-12.53
1999	42.19	14.37	27.82	-13.45
2000	66.24	22.43	43.81	-21.38
2001	70.51	23.38	47.13	-23.75
2002	85.57	29.57	56.00	-26.43
2003	126.55	38.28	88.27	-49.99
2004	173.43	58.02	115.41	-57.39
2005	218.11	78.19	139.92	-61.73
2006	277.26	97.64	179.62	-81.98
2007	346.38	119.73	226.65	-106.92
2008	412.93	156.36	256.57	-100.21
2009	381.91	132.86	249.05	-116.19
2010	529.36	197.41	331.95	-134.54
2011	647.33	256.94	390.39	-133.45

资料来源：中国国家统计数据库。

贸易结构方面。如图 6 - 1 所示，1991~2010 年，中国对泰国出口最多的是资本产品，2010 年占比 42.15%。该产品的出口额从 1991 年的 1.25 亿美元增至 2010 年的 102. 18 亿美元，增长约 82 倍，平均增长率为 27. 33% 。其次是原料和半制成品，2010 年占比 35. 11% 。该产品的出口额从 1991 年的 8. 68 亿美元增加到 2010 年的 85. 11 亿美元，增长约 10 倍，平均增长率为 16. 33% 。排在第三位的是食品，2010 年占比 20. 01% 。该产品的出口额从 1991 年的 0. 71 亿美元到 2010 年的 48. 50 亿美元，增长约 68 倍，平均增长率为 27. 04% 。

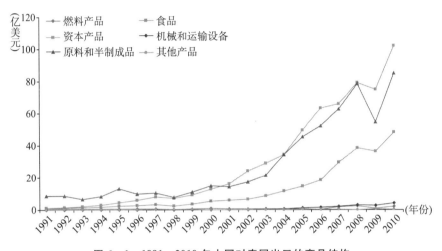

图 6 - 1　1991~2010 年中国对泰国出口的商品结构

资料来源：Office of the Permanent Secretary Ministry of Commerce。
http：//www. ops3. moc. go. th/infor/menucomth/stru2 __import/import __re/report. asp，2011 - 03 - 31.

　如图 6 - 2 所示，1991~2010 年，中国从泰国进口最多的是工业制成品，2010 年占比 72. 07% 。该产品的进口额从 1991 年的 1. 01 亿美元增加到 2010 年的 154. 75 亿美元，增长约 154 倍，平均增长率为 32. 58% 。其次是农产品（包括种植业产品、渔业产品、畜牧业产品），2010 年占比 19. 51% 。该产品的进口额从 1991 年的 1. 84 亿美元到 2010 年的 41. 88 亿美元，增长约 23 倍，平均增长率为 21. 73% ，其中，种植业产品（包括橡胶、热带水果等）是中国从泰国进口的主要农产品，2010 年橡胶和热带水果分别占中国向泰国总进口额的 65. 65% 和 5. 27% 。排在第三位的是矿物燃料产品，2010 年占比 7. 13% 。该产品的进口额从 1991 年的 0. 002 亿美元增加到 2010 年的 15. 30 亿美元，增长约 7650 倍，平均增长率为 256. 12% 。

　据泰国海关统计，2012 年度塑料橡胶和机电产品是泰国对中国出口的主要商品。2012 年泰国对中国出口塑料橡胶 85. 5 亿美元，同比下降 5. 6% ，占泰国对中国出口总额的32%，仍为泰国对中国出口最多的产品。机电产品出口74.7亿美元，同比下降2.7%，占泰国对中国出口总额的27.9%。化工产品、矿产品也是泰国对中国出口的重要商品，2012年出口额分别为31.4亿美元和18.5亿美元，同比增长9.8%和54.5%；此外，植物产品出口额为19.2亿美元，同比下降0.5%；上述三类产品合计占泰国对中国出口总额的25.8%。[①]

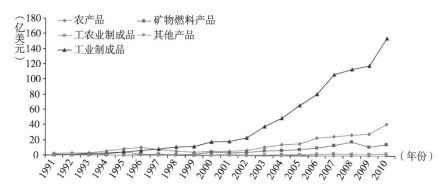

图6-2　1991~2010年中国从泰国进口的商品结构

资料来源：Office of the Permanent Secretary Ministry of Commerce，http：//www. ops3. moc. go. th/infor/menucomth/stru1 __export/export __re/report. asp，2011 -03 -31。

（二）相互投资

1. 泰国对华投资

20世纪八九十年代，泰国经济持续高速增长，是大陆东南亚国家中经济增长最快的国家。1990~1996年，泰国经济年平均增长率约达8%。1995年泰国人均国民收入超过2500美元，世界银行将泰国列入中等收入国家。作为昔日亚洲"四小虎"之一的泰国，也积攒起了大量的剩余资本。在20世纪90年代之后，随着中国改革开放程度的不断提高，泰国对中国直接投资的规模和领域不断扩大。泰国对华投资大致可以分为三个阶段：（1）1991~1996年，这一阶段既是泰国经济发展的鼎盛时期，也是泰国对华投资的黄金时期，在这6年里泰国对华投资逐年增加，由1991年的0.2亿美元一跃升至1996年的3.23亿美元。（2）1997~2001年，这一时期是震荡调整时期，1997年源于泰国的东南亚金融危机对泰国造成巨大冲击，导致泰国当年经济下降1.4%，1998年更是大幅下降10.5%，1999年泰国经济开始走

---

①　资料来源：http：//countryreport. mofcom. gov. cn/record/view110209. asp? news __id =33378。

出低谷，实现增长 4.4%。相应的，泰国对华投资受其影响也出现了下降和调整，1997 年相比 1996 年下降了 40%，在经过几年的震荡徘徊之后，2001 年泰国对华投资额与 1997 年基本持平。(3) 2002 年至今，泰国对华的年投资额基本是逐年下降的，至今也未能超过 2001 年的水平。截至 2012 年年底，泰国在华投资项目 4117 项，实际投资额为 34.7 亿美元。其中，2012 年新增实际投资 7772 万美元，比 2011 年下降 23%。这主要是因为泰国在东南亚金融危机之后，开始调整国内经济政策，再加上自 2006 年 9 月军事政变之后，泰国政局持续动荡不安，经济也受到牵连，从而严重影响了泰国企业境外投资的积极性。

从总体来看，泰国来华投资占中国吸引外资总量的比重很小（2004 年泰国对华实际投资额仅占中国吸引外资总量的 0.29%，此后几年也均未能超过此比例），而且在华泰企投资规模也比较小，主要涉及农副产品加工、饲料生产、摩托车制造、零售业、银行、房地产开发等领域。但是，泰国在 20 世纪 90 年代对中国的投资却有着积极的意义。首先，泰国在中国经济最需要资金支持的时候及时伸出了援手；其次，泰国华人华侨的在华投资在一定程度上带动了更多东南亚华人资本的进入，这些都为这个时期中国经济快速发展作出了贡献。

2. 中国对泰国投资

中国对泰国的投资与泰国对华投资几乎是同时起步的，但是在 20 世纪 90 年代初期，受资金短缺、经济体制尚未健全、投资经验不足等方面的影响，在投资项目数量和规模上都远远不及泰国对华投资。尽管如此，中国企业在泰国投资开办的企业在数量上仍呈逐年递增的趋势，投资规模也有较大幅度的提升。在 1997 年东南亚金融危机以后，中国对泰国投资开始呈现高速发展的态势。尤其是 2000 年以来，中国政府在促进海外投资方面实施了多项政策，大力推动中国企业"走出去"。泰国由于地缘相近、资源丰富、市场潜力大，以及对中国与中国人的友好态度（泰国华人与当地本土民族融合的程度之高，在东南亚国家中是不多见的），从而成为中国企业"走出去"的重要目标对象国。中国越来越多的企业开始赴泰投资设厂，对泰国农业、机电及电子产品领域的投资呈明显上升趋势。然而，自 2006 年 9 月以来，泰国政局动荡，政府的经济政策变动频繁，对外商直接投资的影响较大，中国企业对泰的投资也大多处于观望阶段。2008 年全球金融危机之后，随着中国政府对企业"走出去"的扶持力度不断加大，以及 2010 年

1 月 1 日中国 - 东盟自由贸易区的正式建立，中国企业对泰投资步伐明显加快。2010 年，中国已成为泰国第五大投资来源地。截至 2010 年年底，中国对泰非金融类直接投资累计 6.01 亿美元。2012 年中国企业新增对泰非金融类直接投资 4.3 亿美元，比 2011 年增长 110%。

中国在泰国的重点投资领域为电器、纺织、农产品加工、冶金、化工等行业，在泰企业多为承包类、金融类、服务贸易类企业，投资规模不大、技术含量不高，无法在泰国商界形成规模。但近年来，我国华源、TCL、华为、海尔等一批具有相对技术优势的生产类企业纷纷到泰投资设厂，受到泰国的欢迎。中国对泰投资的一个显著特点是民营、私营和股份制企业赴泰投资数量递增，并日益受到泰国政府的重视，泰国投资促进委员会（BOI）还专门设立了中国投资顾问组。① 总体来讲，中国对泰投资属于中等规模，且分散各地；虽增长较快，但多为短期投资。

（三）经济技术合作

泰国是中国在海外的传统承包工程市场。中国在泰国开展承包劳务业务始于 1980 年，至今业务发展良好。2002 年中国公司在泰签订工程承包及劳务合同 107 份，合同总额为 1.25 亿美元，同比减少 22%，完成营业额为 1.98 亿美元，同比增长 55%。截至 2002 年年底，中国公司在泰签订工程承包和劳务合同 2330 份，合同总额为 23.20 亿美元，完成总营业额为 13.12 亿美元。2006 年，我国公司在泰国新签订承包工程、劳务合作和设计咨询合同金额 10.67 亿美元，完成营业额 6.34 亿美元。其中承包工程、劳务合作新签订合同额分别为 10.59 亿美元和 0.04 亿美元，分别完成 6.25 亿美元和 0.07 亿美元。截至 2006 年年底，中国在泰国共签订承包工程、劳务合作合同总额 47.7 亿美元，累计完成营业额 25.7 亿美元。其中承包工程累计签订合同额 45.6 亿美元，完成营业额 24.2 亿美元；劳务合作签订合同额 2.1 亿美元，完成 1.5 亿美元。由表 6 - 5 可见，中国对泰国承包工程营业额虽波动较大，但总体上呈上升趋势。截至 2008 年 6 月，中国国内有 26 家各类企业在泰设立子公司、代表处、办事处等机构，开展或承揽业务。其中包括中建、中国港湾、中水电、中冶、中国水电建设、云南国际公司、广西国际公司等。② 据统计，2008 年，中国在泰国完成承包工程营业额 48238 万美元，劳务合作完成营业额 390 万美元；2009 年，中国在泰国完成承包工

---

① http：//th. mofcom. gov. cn/aarticle/ztdy/200604/20060401832736. html.

② http：//trade. ec. com. cn/article/tradezcq/tradeyanjiu/200707/460914 __1. html.

程营业额 52682 万美元, 劳务合作完成营业额 610 万美元。① 2010 年, 中国在泰国新签承包工程合同额 7.37 亿美元, 完成营业额 4.67 亿美元。截至 2010 年年底, 中国公司在泰累计签订对外承包工程、劳务合作和设计咨询合同额 73.7 亿美元, 完成营业额 46 亿美元。而截至 2012 年年底, 中国企业在泰累计签订承包工程合同额 96.5 亿美元, 完成营业额 61.7 亿美元。其中, 2012 年新签合同额 7.9 亿美元, 下降 54%, 完成营业额 10.8 亿美元, 增长 61.7%。

表 6 - 5　2000～2009 年中国对泰国承包工程完成营业额

单位: 亿美元

年份	2000	2001	2002	2003	2004	2005	2006	2007	2008	2009	2010	2011	2012
营业额	0.86	1.15	1.84	1.14	1.66	3.01	6.25	5.19	4.82	5.27	4.67	6.68	10.8

资料来源: 根据 2000～2012 年各年度中国统计年鉴、中国商务部网站、中金公司研究部资料整理。

随着中国在泰承包工程规模的不断扩大, 中国企业在泰国的承包工程项目也开始由单一的劳动密集型向技术密集型发展转变。20 世纪 80 年代, 中国企业在泰国主要承包或分包以劳动密集型为主的中小型土建项目。90年代特别是泰国发生金融危机前夕, 中国企业在泰国承揽到的项目逐步由劳动密集型为主向劳动与技术密集型相结合转变, 业务领域涉及房地产、公路、桥梁、冶金、水利、码头、航道疏浚、钻井等领域; 合同内容也呈多样化, 如设计、咨询、建设、设备材料供应、合作管理等。中国公司通过多年苦心经营, 积累了经验, 取得了一定成效, 已完成了几项在当地有重大影响的大项目, 如巴帕南流域开发项目、罗勇码头扩建与港口航道疏浚工程、湄光坝灌溉工程等。近年来, 随着中泰友好关系的不断发展, 中国企业在泰国承包工程业务也走上了良性发展的道路。例如, 中泰开始商讨合作修建高速铁路项目, 泰国正大集团在中国启动合作建设新农村项目, 中泰合作建设工业园项目, 还合作实施一批基础设施项目, 如拉玛八大桥、罗勇 TPI 码头工程、曼谷都市污水处理工程、泰国崇圣体育馆项目等。② 此外, 中国企业还在积极争取承建一批我方具有专业优势、技术含量较高的

① 《2010 年中国统计年鉴》。

② http://finance.ifeng.com/roll/20110115/3210912.shtml.

项目。值得注意的是，我国 IT 行业高科技企业华为公司进入泰国市场不到两年，就以较灵活的经营机制承揽到泰国移动智能网工程和全国骨干光纤高科技项目，为今后参与当地电信市场的竞争奠定了扎实的基础。

（四）其他领域的合作

1. 旅游合作

中泰两国都是旅游大国，长期合作关系良好。中泰两国早于 1983 年便签订了《旅游合作协定》，而泰国国家旅游局也已在北京、上海、成都、昆明等地设立了办事处。2003 年 6 月 18 日，泰国国家旅游局与云南和四川两省旅游局签署了"联合推广旅游产品"的计划，共同开发两国文化和自然旅游资源，并组合成多点连线的旅游产品，以"中泰两国，精美组合"为主题，在国际旅游市场上联合推广促销以吸引第三国游客。2007 年 7 月 1 日，中国 – 东盟自贸区《服务贸易协议》正式生效，中泰旅游合作也开始进入黄金发展时期。自 2008 年 3 月昆曼公路建成通车后，云南作为连接中泰两国昆曼通道的起始点，与泰国在旅游、经济和文化交往方面的联系不断加强。每年有 7 万至 10 万名泰国游客经昆曼大通道进入云南旅游，双方的旅游交流方式已由航空通道向水路、陆路等多元化发展。2010 年 3 月，云南省旅游局与泰国国家旅游局达成口头协定，尽快成立中泰双方旅游交流促进会，着力解决昆曼大通道通关便利化等问题，增进双方旅游、文化交流，还就两国游客自助游问题进行探讨。[①] 2011 年 8 月，南航集团公司与泰国国家旅游局在广州签署旅游战略合作协议。根据协议，双方将合作进行市场推广和旅游产品的开发，南航将进一步增加曼谷航线的频次，并适时开通中国到泰国的新航线。近年来，在中泰双方旅游部门的共同努力下，两国互访的游客数量不断增长。2012 年，中国赴泰旅游达到 270 万人次，而泰国约有 60 万人次游客到中国旅游，占泰国全国人口的 1%。[②]

2. 金融合作

中泰金融合作可以说正式开始于 1997 年的东南亚金融危机时期。金融危机在泰国爆发并迅速蔓延，导致区域内许多国家货币贬值、股市暴跌、金融企业纷纷破产。这场突如其来的危机使得中泰两国都深刻认识到了自身金融体系的脆弱性、国际救助机制的不足，以及加强区域金融合作的必要性。2001 年 12 月 6 日，中泰两国签订《双边货币互换协议》，这也是中

---

① http://www.chinanews.com/cj/2010/10 – 04/2569485.shtml.

② http://www.chinanews.com/hr/2013/10 – 26/5427645.shtml.

国在《清迈倡议》下签署的第一份双边货币互换协议。根据此项协议，中国人民银行可在必要时向泰国银行提供最多达 20 亿美元的信贷资金，作为对国际金融机构援助资金的补充，支持泰国解决国际收支问题和维护金融稳定。《清迈倡议》是东亚金融合作取得实质性进展的标志性事件，具有深远意义。基于 2008 年全球金融危机的爆发，清迈倡议多边化协议也已于 2010 年 3 月 24 日正式生效，协议总规模扩大为 1200 亿美元。《清迈倡议》的核心目标是，解决区域内国际收支和短期流动性困难，并对现有的国际融资安排加以补充。中泰两国都是《清迈倡议》的主要推动者和参与者。2011 年，泰国还就泰铢与人民币直接挂牌兑换试点、泰国银行来滇开立人民币账户等问题，与中方达成了一致意见。近年来，泰中两国的金融机构也都开始在对方国家互设分支机构，例如，泰国盘古银行在北京、上海、深圳等地都设有分行或代表处，泰华农民银行在上海、深圳、昆明皆设有分行，泰京银行在昆明设有分行、在上海设有代表处；中国的中国银行在泰国也设有分行，中国工商银行也通过收购泰国 ACL 银行开始进入泰国市场。

3. 基础设施建设

公路　昆曼公路和南曼公路是中泰两国之间最重要的两个公路合作项目。其中，昆曼公路全长约 1800 千米，北起中国云南省昆明，经老挝到达泰国的曼谷，已于 2008 年 3 月正式通车，是云南连接泰国并延伸至东盟的大通道，也是我国西部地区通往东南亚的国际大通道兰州—成都—昆明—磨憨—会晒（老挝）—曼谷的重要组成部分。国内段昆明—磨憨口岸的 704 千米路段已全线实现了高速化和高等级化。国外段老挝境内的 247 千米，由中国政府提供贷款援建。昆曼公路对进一步促进中国和泰国经济与人员交流起到积极的作用。2010 年，中、老、泰三国代表共同修改完善了三国政府关于在磨憨—磨丁口岸和会晒—清孔口岸初步实施《大湄公河次区域便利货物及人员跨境运输协定》的谅解备忘录，该谅解备忘录为解决昆曼公路长期通而不畅的问题提供了法律依据。除了昆曼公路，中泰之间修建第二条合作公路——南曼公路。南曼公路全长约 1769 千米，沿途连接中国、越南、老挝、泰国等国。相比昆曼公路沿途多为山区且经济落后，南曼公路沿途则较为平坦和畅通，而且物产丰富，物流量大，但是通过的国家较多，通关条件不够便利。

铁路 泛亚铁路①是次区域铁路建设的主要合作项目，也是中泰构建铁路网的主要途径。目前，中泰双方正在就高铁具体细节进行磋商。泰国内阁会议于 2010 年 9 月 7 日批准了与中国合作建设 3 条高速铁路的谈判框架草案。根据规划，泰国与中国拟建的 3 条高速铁路线分别是曼谷至廊开线，曼谷至泰、马边境线和曼谷至罗勇线。其中前 2 条高铁线路是从中国昆明经老挝万象，泰国廊开、曼谷、泰国南部边境直至马来西亚的跨国铁路线的组成部分。泰华农民研究中心认为，该计划将有助于推动泰国与邻国以及本地区国家之间的贸易，尤其是趋向持续增长的边境贸易。同时，也有助于提升泰国在区域内的经济地位。②

水运 澜沧江—湄公河的疏浚与通航。1990 年以来，中、老和中、老、缅、泰在不同的水期对澜沧江—湄公河进行了 5 次大规模的航道及试航运输考察。中国交通部和云南省先后投入建设资金，建成思茅港、景洪港和关累码头；整治思茅南得坝至南阿河口航道；上湄公河由南阿河口至老挝会晒航道疏浚工作由中国政府提供资金进行了两期工程，至 2004 年 4 月先后利用三个枯水期完成对上湄公河航道的整治；中、老、缅、泰于 2000 年 4 月签署了《澜沧江—湄公河商船通航协定》，于 2001 年 6 月在景洪港举行了四国商船通航仪式。

四　中泰经济关系在发展过程中面临的主要问题

（一）双方经济关系的发展受泰国国内政局变动和国际环境的影响较为明显

自 2006 年 9 月泰国军方发动政变迫使他信下台以来，泰国政局始终处于动荡不稳之中，政权也更迭频繁，至 2010 年年底共换了 5 任总理。2011 年 7 月 3 日，在泰国下院的选举中，前总理他信的妹妹英拉·西那瓦带领的为泰党大胜。伴随领导人的频繁更替，泰国经济和吸引外资的政策也随之改变，这种政策的不连贯性直接影响到中泰经济关系的深入发展，集中表现在双边的投资关系上。例如，泰国在 2006 年国内政局动荡时对华投资就

---

① 2001 年 6 月，马来西亚咨询公司编制完成了昆明至新加坡的泛亚铁路（含东、中、西方案）可行性研究报告。经中国与东南亚各国研究协商，最终确定三条方案。东线方案：新加坡—吉隆坡—曼谷—金边—胡志明市—河内—昆明。中线方案：新加坡—吉隆坡—曼谷—万象—尚勇—祥云—昆明。西线方案：新加坡—吉隆坡—曼谷—仰光—瑞丽—昆明。在中央的支持及国家发改委、铁道部和云南省的共同努力下，东、中、西三个方案的中国境内段都已开工建设，进展顺利。但是，境外段大多处于停滞状态。

② 资料来源：中国新闻网。

有明显下降，而中国对泰投资在 2008 年全球金融危机爆发后也出现了较大降幅，再加上欧洲、美国主权债务危机的相继发生，西方发达国家市场日渐疲软，以出口为主导的泰国经济增长乏力，泰国国内企业境外投资的积极性大大受挫，而中国企业对泰国的投资也大多处于观望阶段。这表明中泰经济关系受国际环境以及泰国国内政局变动的影响还是较为明显的。由为泰党领导的执政联盟能否改变泰国内外交困的局面，尚存不确定性。因此，企业境外投资的观望情绪依旧浓厚。由此不难发现，泰国国内政局与国际环境的变化会对中泰经济关系的发展产生较大影响，双方经济关系也会随其波动而出现起伏。

（二）贸易的不平衡发展为两国经济关系的持续健康发展埋下了隐患

近年来，中泰经济关系虽然发展迅速，但是双边贸易关系却有不平衡发展的趋势。中泰双方的统计数据虽存有较大差异，但如前所述，双方在两国贸易关系的不平衡发展上还是存有共识的。在冷战结束后至 1997 年东南亚金融危机之前，中方与泰方的统计数据几乎一致地指向中方在中泰双边贸易中存有较大顺差的事实。在亚洲金融危机之后，泰国受国内经济低迷影响减少了对中国产品的进口，中国为维持双边贸易关系并帮助泰国走出金融危机的阴影，从而增加了对泰国产品的进口，双方数据也都显示中方在 1996 年和 1997 年出现了逆差。不过在东南亚金融危机之后，中泰双方统计数据的差异逐渐扩大，双方对于贸易不平衡问题的争论也越来越激烈。泰方统计数据显示中方持续处于顺差地位，并且顺差规模逐年扩大，2008 年泰方逆差更是达到了创纪录的 39.66 亿美元。泰方还认为泰国在 2009 年因受国内政局动荡和金融危机的双重影响，减少对中国产品的进口，才导致泰方逆差在 2009 年降至 9.11 亿美元。然而，2010 年因受中国 – 东盟自由贸易区正式建立的刺激，泰方逆差又达到了 27.62 亿美元，2012 年达到 102.51 亿美元。以此统计数据为依据，中泰贸易的不平衡发展也经常受到泰国学界和政界的诟病，泰国学者认为中国应该增加对泰国产品的进口，减少各种关税和非关税壁垒。但是中国的统计数据显示，自东南亚金融危机之后，中方一直处于逆差地位，也呈逐年扩大趋势，中方逆差至 2010 年已达 134.54 亿美元，2011 年为 133.45 亿美元。因此，中方学者对泰国的诉求不予理睬，也很不以为然。这样下去，势必会导致双方在贸易平衡问题上的分歧与矛盾越来越大，从而影响到中泰两国贸易关系乃至经济关系的持续健康发展。不过笔者认为，有一点是值得注意的，中泰贸易的产品结构趋同，而且都主要集中在劳动密集型产品上，如家用电器、电子、电脑、鞋类、玩具、皮革等，均在双方的出口中占有较大的份额。但是中国的劳动力价格相对来讲要便宜一些，中国在劳动密集型产品上更具有比较优势，因此中国产品在泰国市场普遍受到欢迎，需求量不断增大。例如，电动摩托车等产品在泰国的价格要比在中国贵很多，甚至有泰国留学生打算毕业时从中国买电动车运回泰国，这也在一定程度上反映了中泰两国在劳动密集型产品上存在较大价格差。在关税大幅下降之后，中国产品更具竞争力。由于中国在劳动力、技术上具有比较优势，因此中国在泰国进行工程招标、劳务合作时往往也会表现出较强的竞争力。这也就不难理解为何泰方始终担心中方会在双边贸易中获利更多了。

（三）基础设施的不完善导致中泰经贸合作的成本居高不下

泰中双方在通关等贸易环节中，透明度不高且有腐败行为，经常会出现延误报关等现象，从而增加泰中贸易的物流成本。曾被寄予厚望的昆曼公路，从 2008 年 3 月通车后，实际发挥的作用也远没有预先估计的那么乐观。在昆曼公路开通之前，泰国一商务专家曾测算昆曼大通道全面通车后，每天将有 2000 辆平均载货量达到 20 吨的大货车行驶；初步估计，每年过货量总值将超过 4000 亿美元。但据统计，2008 年进出昆曼公路中国段末端——西双版纳磨憨口岸的车辆仅 89745 辆次，平均每天还不到 250 辆，而这些车辆中，大货车尚不足 40 辆。2008 年通过昆曼公路的对泰贸易额，在中泰贸易额中所占比重不到万分之一，在滇泰贸易额中所占比重也只有 1.6%。[①] 究其原因，主要有以下几个方面：一是昆曼公路相关各方的政策衔接不畅。泰国国会至今尚未通过《大湄公河次区域便利货物及人员跨境运输协定》（CBTA），中泰直达交通运输尚未达成互认协议，缺乏法律保护，存在风险。二是昆曼公路便利化措施落实不力。昆曼公路涉及中、老、泰三国四个口岸，由于三国口岸管理部门作息制度不一致、通关手续要求不一致、效率不高、货物过境费用高等诸多原因，昆曼公路的运输动脉作用受到制约。三是昆曼公路运输能力保障不足。老挝境内路段不通畅，加上老挝自身经济能力有限造成其道路管护不力，无法及时对损毁路段进行翻修改造，从而降低了昆曼公路的总体通行能力。[②]

---

① http://jjckb.xinhuanet.com/gnyw/2009-06/25/content__165467.htm.

② 云南省商务厅：《昆曼公路效益尚未充分发挥　存在三个问题》。http://kmtb.mofcom.gov.cn/aarticle/shangwxw/201011/20101107218748.html, 2010-11-09。

（四）双方经济互补性的不足影响了中泰经济关系的发展层次

经济互补性是两个国家开展经贸合作的基础条件。中泰两国的双边贸易虽增长迅速，但由于中泰两国的技术水平和产业结构趋同，产品档次类似，导致双方在商品贸易方面的互补性并不明显，在某些领域两国的竞争性甚至会大于互补性。两国贸易都集中在劳动密集型产业上，因此双方在劳动密集型产品上的竞争关系表现得最为突出。从两国出口到对方的商品来看，两国出口商品的撞车现象比较严重，如家用电器、电子、电脑、鞋类、玩具、皮革等，在双方的出口中均占有较大份额。另外，由于双方的发展阶段类似，现在都是中等收入国家水平，人民的消费能力相差无几，从而导致双方市场互补性不强。2012 年，我国人均 GDP 为 6188 美元，泰国人均 GDP 为 5480 美元，相差无几。随着中国劳动力成本的上升，中泰两国的劳动力价格差异也正在逐渐缩小，这也就意味着双方在劳动密集型产品上的生产成本趋近，各自的比较优势也将逐渐减弱。尽管双方经济关系近年来升温迅速，但是我们也应看到，无论是中国企业还是泰国企业在对方市场上的份额都是有限的。这是因为西方发达国家在中泰两国市场上都占有举足轻重的地位。而中泰两国分别与西方发达国家的经济关系也都要比中泰经济关系更为密切、成熟。由于中泰经济关系尚处于初级阶段，各种配套设施、相关支撑产业等都发展不充分，从而造成了双方经济关系的发展层次也较低。

（五）两国在制度、法律、文化等方面的差异也有着一定的制约作用

中泰两国的制度不一样，各种法律法规不尽相同，还有许多约定俗成的规章制度等也有很大差别。这就要求企业在进行境外经济活动时花费较多的时间和精力去了解和适应投资对象国的环境。例如，中泰两国都存在法律法规不够透明的问题；中国企业在泰国进行投资时，还会发现泰国劳工的工资成本相对较高，而且泰国工会的力量也要比国内强大许多，外国企业在泰国投资时，还有专门的基金会帮助组建工会等。2010 年 1 月 1 日，中国 - 东盟自由贸易区的正式建立虽要求中泰两国 93% 的商品关税都要降至为零，但两国在技术、标准、执行力度等方面的不同也会影响其具体的实施效果。例如，由于泰中双方目前没有统一的进出口检验检疫标准，所以泰国一些农产品（如龙眼等）出口到中国时，就要受到中国方面的严格检查，这也会在一定程度上影响泰国对中国的出口。另外，中泰两国在文化方面的巨大差异也使得企业在境外的经济活动面临重重困难。例如，中

泰两国的企业在进行对外投资时，都面临高管人员紧缺的难题。以前泰国企业在中国投资通常是雇用泰国人来管理，现在也开始逐渐本地化，希望雇用部分中国人来管理泰国企业，但是既懂泰语又懂管理的中国人少之又少。而中国企业在泰国市场也面临网络构建的难题，泰国华人数量虽多，但很多华人只会讲潮州话，不懂普通话。还令泰国企业颇有微词的是，在中国处处都要讲关系，甚至还有关系学一说，而泰国企业对此并不擅长，因此经常受挫。

五　中泰经济关系发展的前景展望

（一）两国的经济关系在广度和深度方面均具有较大发展空间

泰国是东盟的重要一员，经济发展水平和市场化程度较高。近年来，其国内经济虽受国内政局动荡影响而出现下滑，但是泰国仍有大量的资本积累。而中国经过多年的快速发展，也积攒了大量的外汇储备。但目前两国的经济合作仍处于初级阶段，因此，随着国际形势的好转以及两国经济实力的增强，未来两国的经济关系不论在广度上还是深度上均有较大的发展空间。从广度上来讲，在中国－东盟自由贸易区的框架下，双方将在货物贸易、服务贸易、投资便利化等方面加强合作。随着人民币对美元的不断升值，中国不断扩大从泰国的进口并增加对泰国的投资，以投资带动贸易，推动中泰双边贸易关系的平衡发展，促进中泰两国经济关系的持续健康发展。可以预见，两国经济合作的范围将继续扩大。一方面，中国企业在泰国参与的行业可以从水产和家禽家畜饲养业扩大到高优农业、果林业，从加工行业到采掘业、机械制造业、有机和无机化工业、有色金属冶炼业，从旅馆、银行、运输业到国际贸易、保险、批发零售商业等。另一方面，目前中泰双边贸易主要集中在货物贸易，服务贸易还很少，两国以后可以拓展在服务领域的合作。自加入世贸组织之后，中国也逐步扩大了服务业的开放程度，而泰国企业在金融、保险、旅游、运输、餐饮等服务行业具有丰富经验，加强与中国的合作，将会为其赢得更多商机。[1]　从深度上来讲，随着双边贸易的进一步发展，两国贸易的商品结构将进一步优化，贸易形式和经营方式也将更加灵活多样。随着中泰两国产业结构的调整，双方在技术密集型产业上的投资合作将会增加，逐步改变目前以劳动密集型

---

[1]　杨宏恩、朱秀云、张晖、张震：《中国与东亚的经济关系》，社会科学文献出版社，2007，第 150～151 页。

产业为主的投资合作，从而提高两国投资经营项目的质量。随着经营规模的不断扩大，企业可以获得规模效益，从而在竞争中占据有利地位。另外，中国企业在"走出去"时应注重相关支撑产业的发展，着力在供应链方面进行投资，并在产业链上寻求合作空间，从而降低企业的生产运营成本，提高利润率。同时，应该鼓励中国的商业企业"走出去"，为中国产品质量把关，并提供售后服务等配套设施，以增强中国产品和企业的竞争力。

（二）中泰经济关系的发展仍存在不确定性因素

首先，从两国国内来看，泰国新政府能否在不远的未来实现竞选时的承诺（如不清算历史旧账、提高最低工资标准、上调大米收购价格、增加公共项目等），从而带领泰国的政治、经济顺利走出困境，尚存不确定性。而中国国内经济也面临物价居高不下，人民币升值压力加大，中小企业资金链出现断裂倾向等问题，从长期来看，中国经济还面临能否顺利实现软着陆的问题。其次，从本地区来看，湄公河地区面临的非传统安全问题越来越突出。以近两年为例，2010年，湄公河地区出现了百年一遇的旱灾，不仅将处于上游的中国以及湄公河水资源的利用与开发问题推向国际舆论的焦点，也给本地区各国的经济合作造成了一定的困扰；2011年，泰国出现50年一遇的特大洪灾，不仅重创了泰国的国内经济，而且泰国作为全球最大的稻米出口国和全球生产链上的重要一环，引发亚洲、中东和非洲发生食品通胀的担忧，并影响到汽车、电脑配件、农产品等多条全球产业链，这将给本来就不容乐观的世界经济大形势增添新的担忧。与此同时，在中泰经济关系中扮演重要角色的云南省却面临严峻的旱灾，经济形势不甚乐观，而湄公河航运也因中国船员在湄公河遭劫持一事而被宣布停航。这些势必会对中泰经济关系的发展产生一定的影响。最后，从国际形势来看，由2008年的金融危机到如今的欧美主权债务危机，全球经济再次衰退的风险加大，世界经济似乎有出现"二次探底"的危险。伴随经济形势的恶化，世界各地（包括发展中国家和发达国家）都出现了社会动荡，甚至是政治变革。在可以预见的未来，世界形势依然严峻，而中泰经济关系的发展也必将随国际形势的变化而出现波动。

（三）两国在基础设施领域的扩大合作将有效推动双方经济关系的发展

随着中国-东盟自由贸易区的正式建立，开辟中国西南和东盟地区陆海空通道已成为中国-东盟自由贸易区的重要基础工作。目前，从中国经泰国至马来西亚、新加坡的三条陆路通道已经贯通，铁路网也正在建设之中。中泰两国在基础设施领域也势必大有可为。首先，昆曼公路已于 2013 年 12 月 11 日全线贯通，南曼公路也在筹建之中。针对昆曼公路"通而不畅"的问题，2010 年 7 月 27 日，云南省东南亚南亚经贸合作发展联合会、泰国城乡发展基金会、老挝国家科学与工程协会联合会共同签署了《关于共同组建中老泰昆曼经济走廊交通运输贸易物流便利化三方民间协调机制的会议纪要》，并对建立三方民间协调机制达成了"中老泰昆曼经济走廊共识"。该机制通过回避政治问题而帮企业解决实际问题，也得到各方政府的大力支持。昆曼、南曼公路的开通对于中泰贸易关系的发展起着极大的推动作用。其次，泰国将与中国合作在泰国境内建设数条高速铁路，并经现有铁路与中国、老挝、马来西亚、新加坡等国接轨，将极大提高该地区的物流运输速度和便利性，降低成本，从而拉动泰国乃至整个东盟地区经济发展。从长远来看，高铁不仅能改善基础设施，更能加快资源在区域内的优化配置，为未来区域市场的成长奠定坚实基础。从中国昆明出发的货物要抵达曼谷现在通常通过陆路—海运—陆路的方式，可能需要一个月，新的铁路线路贯通曼谷与昆明后，货运将只需一两天时间，而两地游客更是只需不到 8 个小时就可抵达对方城市。[①] 这对中泰两国经济关系的长远发展来说，都是极为有利的。

（四）中国 - 东盟自由贸易协定有望在两国经济关系上发挥重要的推动作用

中国 - 东盟自由贸易区的建立对中泰两国经济关系的推动力是巨大的。第一，自 2010 年 1 月 1 日中国 - 东盟自由贸易区正式建成以来，中泰两国贸易往来更加便利，相关产品关税税率逐步降低或取消，各自产品可以更低成本进入对方市场，中泰两国的双边贸易发展仍有巨大的空间和潜力，中泰两国贸易发展正处在历史上最好机遇期。据统计，泰国企业在 2010 年上半年通过 CAFTA 节省的关税超过了 700 亿泰铢。第二，CAFTA 协议在进一步推动双方经济关系的发展上尚具较大空间。据中国方面统计，2010 年中国企业对东盟自贸协定的总体利用率仅为 10%，而云南省企业对东盟自贸协定的利用率只有 3.4% 左右。据泰国有关部门统计，目前大多数泰国进出口业者也并未能善用各种 FTA 优惠待遇，权益行使率只有 50%。第三，随着两国政府间政治互信的进一步加强，企业间合作交流的日益密切，中

---

① 新华网，http://news.xinhuanet.com/world/2010 - 10/28/c__12713653.htm。

国企业也可以利用中国－东盟自由贸易区这个跳板，增加对泰国的直接投资，将中国制造转化为东盟制造、泰国制造。由于泰国与周边及世界多个国家签署了自由贸易协定，东盟制造的产品出口到这些国家时就可以享受这些国家的低关税税率。这样，中国产品在进入美国、日本等市场时也就可以降低中国的巨额贸易顺差，减少人民币升值的压力，避免很多不必要的摩擦。此外，泰国位于东南亚的中心，地理位置十分重要，既是中国开拓东盟市场也是其他国家曲线进入中国市场的必争之地，这种独特的地理区位优势也将极大地推动和促进中泰经济关系的发展。

第七章　中国与越南的经济关系

　　1950 年 1 月 18 日，中国与越南两个社会主义国家正式建交。中国是世界上第一个与越南正式建立外交关系的国家。概括起来，建交以来的中越关系可以划分为三个阶段：友好时期（20 世纪 50 年代～70 年代中期）、对峙时期（20 世纪 70 年代后期到 80 年代末）、正常化阶段（20 世纪 90 年代初以来）。[①]

　　从 20 世纪 50 年代初至 70 年代末的近 30 年，中国一直是越南最大的外来援助国。这个阶段正值越南抗法反美战争时期，刚刚成立的中国政府尽管自身还面临许多问题和困难亟须解决，但仍然在资金、设备、技术、经验和专家等方面给予了越南慷慨的支援。1975 年 5 月 1 日，越南统一后，尽管中国面临着巨大的经济困难，但是仍在力所能及的情况下支援越南恢复和发展经济。1978 年，当黎笋集团掀起大规模反华浪潮时，中国才不得已停止对越南的经济技术援助，调回在越南的中国工程技术人员。[②]从 1975 年到冷战结束之前，中越两国事实上处于敌对状态，中越经贸关系被迫中断。20 世纪 80 年代中期，越南依赖苏联的援助，并且同世界上绝大多数的国家断绝外交关系（包括东盟成员国），越南经济处于崩溃的边缘，越南人民处于贫困当中。虽然在 20 世纪 70 年代末和 80 年代中期，中国和越南相继走上了改革开放之路，不过两国关系仍处于非正常化时期。但是，"青山遮不住，毕竟东流去"。两国建立外交关系以来，特别是 1991 年 11 月双方关系正常化以来，两国政治交往和经贸往来"比翼双飞"，呈现异常繁荣的景象。尤其值得一提的是，两国在经贸往来方面取得了令人满意的成绩。中越两国双边贸易额从 1991 年的 3223 万美元增至

---

①　古小松：《越南国情与中越关系》，世界知识出版社，2008，第 251 页。

②　王士录主编《当代越南》，四川人民出版社，1992，第 173 页。

2010 年的 210 亿美元。① 随着越南在东盟地区地位的不断上升以及其自身实力的增强，中国越来越重视同越南建立良好的政治、经济关系。中越两国发展经济关系有着良好的条件和传统基础。随着两国经贸往来领域的不断扩大，与冷战前的中越经济关系相比，两国经济关系也呈现出一系列新的特征。

一 后冷战时期中国与越南发展经济关系的背景与基础条件

（一）两国地域相连，唇齿相依

中国和越南两国一衣带水，自古以来便是山水相连的友好邻邦。越南的东北部与我国的广西壮族自治区毗邻，其西北部则与我国的云南省接壤，越南也是中南半岛 5 国之中仅有的一个在领土上同时与我国两个省份接壤的国家。这种天然而又独特的地理区位有着特殊的意义，为发展两国经济关系提供了地理位置上的便利。恰恰由于这种地理位置上的优势，中越两国皆非常重视发展双边经济关系，以促进双方的共同发展。由于两国在地理位置上邻近，双方发展贸易关系、到对方国家投资以及到对方国家旅游的成本大为降低，从而带动了两国人民发展双方经济关系的积极性，有利于双方国家实力的增强和国际地位的提高。

（二）中国经济发展迅速

自 1978 年实行改革开放，尤其是 1992 年邓小平同志南方谈话以来，中国走上了发展社会主义市场经济的道路。1978～2006 年，中国国内生产总值年均增长 9.67%，远高于同期世界经济 3.3% 的年均增长速度。经过多年的发展，中国的综合国力大大增强，国际地位显著提高，经济总量跃居世界第四位，从 2004 年起成为世界第三大贸易国。此外，中国对外开放也不断扩大。从 1993 年起，中国已连续 14 年成为吸收外商直接投资最多的发展中国家。2008 年以来，我国经济运行面临异常复杂的局面，国内连续遭遇严重自然灾害，美国次贷危机在反复中终于演变成世界性的金融危机，世界各国经济增速普遍下滑，主要经济体在衰退的边缘苦苦挣扎。面对困难和挑战以及形势的发展变化，我国出台了"防过热、防通胀"的宏观调控政策以及一系列的配套政策。实践证明，这些政策取得了明显成效，居民消费价格涨幅连续回落，国民经济保持平稳较快增长。根

---

① 数据来源：中国商务部官方网站。

据国家统计局的统计数据，在全球经济衰退的背景下，2008 年中国国内生产总值（GDP）为 314045 亿元，同比增长 9.6%，对世界经济贡献率超过 20%。2009 年中国经济也是保持高增长、低通胀，全年 GDP 为 335353 亿元，比上年增长 6.8%。中国政府出台的 4 万亿元经济刺激计划，不仅有助于中国自身应对金融危机，而且也是承担全球范围的大国责任，对全球其他地区应对危机非常重要。2010 年，国内生产总值初步核实为 401202 亿元，按不变价格计算的增长速度为 10.4%，中国 GDP 超过日本成为世界第二大经济体。实践成果证明，这条道路是正确之路，中国发展社会主义市场经济是睿智之举。在改革开放政策以及市场经济道路的指引下，中国经济实现了又快又好的发展。随着中国经济的快速发展，中国迫切需要在世界上寻觅友好而又发展良好的经济伙伴。越南是亚洲除中国以外发展最快的国家之一。值得一提的是，越南同中国一样也属于社会主义国家，两国体制相似，发展道路有异曲同工之妙。中越两国建立和加强双方经济关系是再合适不过的。

（三）越南改革开放卓有成效

越南的改革开放实际上开始于 1986 年。1986 年对于越南来说是具有里程碑意义的一年。1986 年 7 月，执政长达 20 年的越南领导人黎笋与世长辞，他的继任者，被人尊称为"越南的邓小平"的阮文灵实行了大刀阔斧的改革，对内改革经济体制和政治体制，对外则实行了一套全方位的开放政策。无论是对内改革还是对外开放，都取得了预期的效果，稳定的国内政治局势和具有远见卓识的对外开放有助于越南加强与包括中国在内的其他国家的经济往来。

（四）越南加入东盟

1995 年 7 月 28 日，在文莱举行的第 28 届东盟外长会议上，越南被正式接纳为东盟成员国，这为越南从 1976 年来积极发展与东盟各国关系的努力画上了一个句号，同时也揭开了越南与东盟其他国家关系的新篇章，这同样为发展中越经济关系提供了契机。中国可以在东盟的框架内发展中越经济关系，利用越南作为东盟轮值主席国的机会与之加强经贸往来，同时也可以发展同东南亚其他国家的经济关系。

（五）两国政治关系发展良好，促进经济关系的发展

1991 年，中越关系实现正常化，双边政治关系稳定。中越关系正常化以来，中越两党两国高层频繁互访的传统机制为中越政治关系的稳定发

展奠定了坚实的基础。特别是两党两国最高领导人在互访期间发表的联合声明或者联合公报，基本上奠定了两国在互访当年或近期大的政治关系基调和方向。政治关系的稳定发展也促进了双方的经济关系的发展。2008年5月底6月初，越南中央总书记农德孟应邀访问中国。胡锦涛总书记与农德孟进行会谈时就明确提出了双方关于发展经济关系的指导方针："双方要抓紧编制《中越经贸合作5年发展规划》，做好'两廊一圈'① 具体合作项目调研，尽早实施有关大型合作项目。积极支持两国企业在基础设施建设、制造业、人力资源开发及其他重要领域开展长期合作。积极开拓双边贸易新的增长点，促进两国经贸合作健康深入发展。"② 从胡锦涛总书记的指导方针中可以看到，两国之间的政治交往为双方发展经济关系勾勒了美好蓝图。

二 冷战结束后中国与越南经济关系的历史发展

1991年11月10日，中越两国发表联合公报，双方将在和平共处五项原则的基础上发展睦邻友好关系，并根据四项基本原则恢复中越两国的政治、经济等其他双边关系。③ 概括起来，中越两国关系正常化以来的中越经济关系发展历程大致分为三个阶段。

（一）20世纪90年代初至越南加入东盟（1995年7月）的中越经济关系

中国与越南在经贸关系方面具有良好的传统。中越建交以来，两国经贸往来不断，只是到了1978年，越南方面出现大规模的反华势力，才使得中越双边经济关系暂时中断。20世纪80年代末90年代初，特别是中越关系正常化以来，两国经贸关系得以迅速发展。中越两国政府都十分重视双边经贸合作，从1991年11月至1995年5月两国政府共签订了16个有关经贸合作和与经贸合作相关的协定，这些协定为双方发展合作、互利、双赢、共荣的经济关系提供了法律依据。④ 其中，比较具有代表性的有《贸易协定》（1991年11月7日）、《经济合作协定》（1992年2月14

---

① 2004年5月，越南总理潘文凯访华时提出中越两国合作建设"昆明—老街—河内—海防"和"南宁—谅山—河内—海防"两个经济走廊，以及"环北部湾经济圈"设想，简称"两廊一圈"，中方对此予以积极回应。2004年10月温家宝总理访越期间，双方领导人达成共识，同意在两国政府经贸合作委员会框架下成立专家组，探讨建设"两廊一圈"问题。
② 资料来源：http://www.xinhuanet.com。
③ 古小松：《越南国情与中越关系》，世界知识出版社，2008，第282页。
④ 郭明主编《中越关系新时期》，时事出版社，2007，第65页。

日）、《关于鼓励和相互保护投资协定》（1992 年 12 月 2 日）、《中国人民银行与越南国家银行关于结算与合作协定》（1993 年 5 月 26 日）。这些协定的签订，充分说明中越两国经贸往来的必要性以及中越两国领导人对发展中越两国经济关系的足够重视，此外也说明了中越经济关系内容的丰富多样性。

这一时期中越经济关系主要以双边贸易、两国经济合作、承包工程、经济援助和旅游合作为主。中越两国贸易包括边境贸易和国家贸易。随着两国边境贸易的壮大，也带动两国的国家贸易的发展，双方进出口贸易额呈现历年增长。在双边贸易发展的带动下，中国对越南的投资开始增多。根据越南方面的统计："1991 年至 1995 年，中国有 39 家公司企业在越南设立办事处。经过反复考察论证之后，1991 年中国在越南投资的项目有 1 个，1992 年有 2 个，1994 年有 22 个，注册资金为 2400 万美元，1995 年增加至 34 个项目，注册资金达到 6200 万美元。在越南投资的 51 个国家和地区中，中国排第 22 位。"① 伴随着贸易和投资合作的发展，中国利用本身较具优势的技术，主动参与越南的工程承包招标。这个方面的合作起初在靠近中国的越南边境省份进行，然后逐渐向越南内部地区发展。具有地理优势的广西企业首先参与工程承包业务。除了上述合作以外，中国在这一时期还向越南提供大量经济援助和无息贷款，双方开展了旅游合作，皆达到预期的效果。越南在中国的帮助下，经济状况日益好转。

然而，这个阶段中越的经济合作也存在一些问题和困难。这一阶段双方贸易不平衡，中方顺差较多，越方逆差较大；边境贸易有违章经营和走私现象；双方交换商品的质量有待提高；中国对越南的投资规模小。

（二）越南加入东盟至世纪之交的中越经济关系

1995 年 7 月，正值中越关系正常化后的第四年，越南加入了东盟。越南加入东盟有一定的原因。第一，越南决心要把经济搞上去，赶超周边国家，实现"民富国强"。然而，要发展本国经济，需要有良好的国际环境。一个国家要发展自身，就必须同本地区或国际社会融为一体。越南与东盟国家同处东南亚地区，自然环境相似，越南十分赞赏东盟国家发展经济的经验，也需要东盟国家的投资，因此越南加强与东盟的经贸关系，期望通过实现与东盟经济一体化带动越南经济的发展。第二，越南希望通过加入

---

① 〔越南〕《中国研究》1996 年第 3 期，第 37 页。

东盟来提高自己在国际上的地位,彻底摆脱在国际上的孤立状态,成为东盟的正式成员国,在处理与其他国家的关系中处于更有利的地位。另外,越南加入东盟,能进一步吸引这一地区和西方的投资并扩大对外贸易。第三,越南加入东盟有牵制日益强大的中国的意图。众所周知,我国与越南存在着历史遗留的陆地和海上的领土争端,在南沙群岛地区,领土主权争端不仅涉及中越两国,还涉及东盟其他成员国。因此,国外一些舆论认为越南加入东盟有牵制日益强大的中国的意图。不过,越南领导人在与中国国家领导人举行会晤时反复强调越南奉行全方位的对外政策,在发展同周边国家关系时不会牺牲同第三国的关系,也不会同某国结盟而反对其他国家。

中越双边经济关系经过四年的发展,已经和四年前大不相同,和中越政治关系一样,双方经济关系也得到升温而迅速发展。1995 年,即越南加入东盟的第一年,中越两国贸易额增至 6.91 亿美元,1996 年为 6.69 亿美元,1997 年为 8.78 亿美元。[①] 东南亚金融危机的爆发对中越经贸往来并未产生重大影响,两国贸易额仍然保持升势,1998 年两国的双边贸易额为 9.89 亿美元。这充分表明,中越两国的双边贸易具有优越的地缘条件和巨大的发展潜力,未受到金融危机的严重影响。[②] 越南加入东盟后,不仅与东盟各国的经贸关系得到迅速发展,而且中越两国的经贸关系也呈现强劲的发展势头并逐步规范化。越南 1995 年加入东盟以后,中国对越南的投资不断发展。但是与经贸合作相比,发展速度相对缓慢。中国对越南投资的主要特点是规模小,没有规模较大的经济合作项目。另外,自从 1994 年中越两国签订旅游合作协定以后,两国的旅游部门和两国边境省份旅游部门之间的全面合作关系进一步加强,每年都派团互访,对合作成果进行评价,并就下一步的合作计划和措施进行磋商。

20 世纪 90 年代的最后两年,中越经济关系在各方面都有长足的发展,双边贸易额继续增长,而且双边贸易商品的结构日益多样化和大宗化。双方在投资、旅游合作方面也"不甘示弱"。中国在越南的投资项目数量越来越多,投资领域越来越广泛。随着中越两国旅游合作的进一步深入,到两国旅游的人数也呈现递增的趋势,促进了双方旅游业的发展。

---

① 数据来源:中国商务部网站。
② 郭明主编《中越关系新时期》,时事出版社,2007,第 140 页。

（三）新世纪（21 世纪）以来的中越经济关系

进入 21 世纪以来，在两国领导人确定的"长期稳定、面向未来、睦邻友好、全面合作"十六字方针和"好邻居、好朋友、好同志、好伙伴"四好精神①的指引下，中越关系获得了长足发展。两党两国领导人每年都保持频繁的互访与接触，就两党两国关系中的重大问题达成广泛共识。两国政治关系的稳定发展促进了中越经济关系的快速推进。

2000 年 11 月，朱镕基总理在新加坡举行的第四次中国－东盟领导人会议上首次提出建立中国－东盟自由贸易区的构想，并建议在中国－东盟经济贸易合作联合委员会框架下成立中国－东盟经济合作专家组，就中国与东盟建立自由贸易关系的可行性进行研究。2001 年 3 月，中国－东盟经济合作专家组在中国－东盟经济贸易合作联合委员会框架下正式成立。专家组围绕中国加入世界贸易组织的影响及中国与东盟建立自由贸易关系两个议题进行了充分研究，认为中国－东盟建立自由贸易区对东盟和中国是双赢的决定，建议中国和东盟用 10 年时间建立自由贸易区。这一建议经过中国－东盟高官会和经济部长会的认可后，于 2001 年 11 月在文莱举行的第五次中国－东盟领导人会议上正式宣布。2002 年 11 月，第六次中国－东盟领导人会议在柬埔寨首都金边举行，朱镕基总理和东盟 10 国领导人签署了《中国与东盟全面经济合作框架协议》，决定到 2010 年建成中国－东盟自由贸易区。这标志着中国－东盟自由贸易区的建立进程正式启动。

此外，中国于 2001 年 12 月 11 日加入 WTO，这意味着中国在世界经济中的地位大大提升，有利于中国发展同越南的经济关系。

进入 21 世纪以来，中越经贸合作成果显著。值得一提的是，中国从 2004 年到 2010 年连续 7 年成为越南最大的贸易伙伴，2007 年双边贸易额突破 150 亿美元，提前 3 年完成两国领导人确定的目标，并继续保持大幅增长势头。② 双方大型经济合作项目取得重要进展，"两廊一圈"建设稳步推进。2006 年、2007 年以及 2008 年是进入 21 世纪以来中越经济关系发展的关键性三年，在这三年里，中越经济关系在各个方面取得了长足的发展。2006 年，两国经贸关系大步推进，双边贸易提前实现 2010 年的发展目标，创下百亿美元的历史新高。③ 2007 年，双方经贸关系又上了一个新的台阶，双

---

① 《人民日报》（海外版）2002 年 3 月 2 日，第一版。
② 资料来源：http：//news. sohu. com/20080529/n257166037. shtml。
③ 古小松：《越南国情与中越关系》，世界知识出版社，2008，第 291 页。

边贸易、投资和旅游等全面发展。两国贸易额创下 151 亿美元的新纪录，同比增长 52%，其中中国出口额 119 亿美元，进口额 32 亿美元。① 在区域经济合作方面，中越双方也达成了众多共识。双方一致同意并且全力支持和加强"两廊一圈"计划的实施，认为要进一步落实连接两国的大型基础设施项目，如对昆明—河内、南宁—河内等高速公路、铁路的建设和升级改造等。在旅游合作方面，2007 年中国继续保持作为越南最大的游客来源地，全年越南共接待了中国游客 52 万人次。② 2008 年，中越经济关系继续保持良好的发展势头。中越两国在 2008 年 10 月的中越《联合声明》中，为中越经贸合作提出了新的目标，即争取 2010 年双边贸易额达到 250 亿美元。③ 目前越方统计资料显示，2010 年中越贸易额持续大幅增长，中国保持了越南最大贸易伙伴和第一大商品进口来源国的地位，双边贸易额增长 20.7%，达到 254 亿美元。2011 年，中越双边贸易额持续增长，达到 402.1 亿美元，2012 年则增长至 504.4 亿美元，同比增长 25.4%。另外，2012 年中国大陆赴越南旅游人数达到 143 万人次，居越南外国游客数量第一位。

2008 年爆发了全球金融危机，这次金融危机对越南产生了严重的影响，也影响了中越经济关系的发展，主要表现在三个方面。第一，对中越双边贸易的影响。这体现在两个方面，一方面使得中国对越南边贸出口受阻，另一方面使得中国从越南进口数量严重减少。第二，对中国投资越南的影响。越南爆发金融动荡之后，中国在越南投资的企业利润下降，影响了企业的后续投资。更有很多在越南的中国企业纷纷撤离越南以求躲避金融危机带来的严重恶果。第三，影响了中越边境地区边贸银行结算格局的改变。越南的金融动荡和全球金融危机使得中越边境地区边贸银行结算格局发生改变。中国与越南的边境贸易主要是以美元和人民币结算，有少量的边民互市用越南盾结算。危机发生后，一方面，由于越南盾持续贬值，越南国内企业和居民囤积美元，造成银行美元紧缺，边贸美元结算大幅减少。另一方面，由于美元对人民币汇率贬值预期增加，中方客户普遍要求以人民币结算，这使得边贸出口的人民币结算比例大幅增加，另外，用越南盾结算的业务也因为越南盾波动剧烈、大幅度贬值而萎缩。

---

① 中国商务部的统计数据。
② 中国海关的统计数据。
③ 古小松主编《越南国情报告（2009）》，社会科学文献出版社，2009，第 64 页。

中越关系正常化以来，两国经贸合作不断取得新的突破，中国连续多年保持越南最大贸易伙伴地位，越南成为中国在东盟地区最大的工程承包市场之一。同时，越来越多的中国企业投资于越南市场。2008 年 5 月，中越两国最高领导人提出发展两国全面战略合作伙伴关系的目标，为两国经贸关系向更高层次发展指明了方向，开辟了更加美好的未来。

对于中越两国人民来说，2010 年是一个值得铭记的年份。因为这一年是中越两国建交 60 周年。中越两国在"十六字方针"和"四好精神"的指引下，努力营造持久稳定的双边政治关系，以此促进双边经济交往的新发展。

三　冷战结束后中国与越南经济关系的主要内容

（一）相关协定

冷战结束后，或者说中越关系正常化以来，中越两国共签订了 30 余个协定，其中有 20 多个是和中越经济关系息息相关的。在这些经济协定中，比较重要的有以下几个：《贸易协定》（1991 年 11 月 7 日）、《经济合作协定》（1992 年 2 月 14 日）、《关于鼓励和相互保护投资协定》（1992 年 12 月 2 日）、《中国人民银行与越南国家银行关于结算与合作协定》（1993 年 5 月 26 日）、《关于货物过境的协定》（1994 年 4 月 9 日）、《关于保证进出口商品质量和相互认证的合作协定》（1994 年 11 月 22 日）、《关于成立经济、贸易合作委员会的协定》（1994 年 11 月 22 日）、《关于对所得避免双重征税和防止偷漏税的协定》（1995 年 5 月 17 日）、《边贸协定》（1998 年 10 月 19 日）、《关于扩大和深化双边经贸合作的协定》（2006 年 11 月 16 日）。[①] 另据越南《信息报》报道，2011 年 10 月 11 日中越双方在北京签署《中越经贸合作五年发展规划》。除此之外，中越两国还在铁路、陆路、航海、航空运输方面也签订了双边经济协定。另外，两国中央和地方政府有关部门也就经贸合作签订了许多协定。这些协定的签订为两国经贸合作的发展提供了法理依据，促进了两国经贸合作的发展。

进入 21 世纪，为了落实两国 1999 年签订的《联合声明》中关于进一步加强两国经贸合作的要求，2001 年 11 月越南中央总书记农德孟访华时再次强调"要按照平等互利、注重实效、优势互补、形式多样、共同发展的

---

① http://vn.china-embassy.org/chn/zygx/t605963.htm.

方针，继续加强和扩大两国贸易、科技等领域的合作"。中越两国同时还签订了《经济技术合作协定》和《中国向越南提供优惠贷款的框架协议》。这两个协定的签订为两国经贸合作在原先的基础上不断深入发展提供了法理根据，并起到积极促进作用。此外，越南政府也就对中国的贸易出台了一些政策，其中包括对中国的边贸政策，如《越中边贸市场组织和管理的暂行规则》、允许与中国接壤的谅山、广宁、老街等省在口岸经济区实施一些优惠政策、免征小额贸易进出口税的规定等。① 正是由于这些协定和相关政策的支持，才使得中越两国经贸往来有法可依、有规可循。

（二）进出口商品贸易

1. 概况

自 1991 年中越关系正常化以来，两国经贸关系得到迅速恢复与发展，尤其是 1999 年双方领导人签署了《联合声明》，把"长期稳定、面向未来、睦邻友好、全面合作"作为发展面向 21 世纪的中越两国关系的方针确定下来以后，两国在政治、经济和文化等各个方面的关系得到了全面的发展。当前，中越关系正处在良好的发展势头上，两国把相互关系定位为"好邻居、好朋友、好同志、好伙伴"的四好关系。两国良好的政治关系为双方经贸关系的发展奠定了坚实的基础。近年来，中越经贸合作快速发展，贸易额连年高速增长，中国已经连续多年成为越南最大的贸易伙伴。双方的贸易额已经从 1991 年的 3200 万美元增长到 2012 年的 504.4 亿美元。② 中越两国自实现关系正常化以来的双边贸易详细情况可参见表 7 - 1。

通过表 7 - 1 可以看出，2007 年中越双边贸易额首次突破 150 亿美元大关，提前实现了中越两国双边贸易在 2010 年达到 150 亿美元的目标。另外，在表中我们也可以清晰地看到中越贸易额呈现历年递增的良好势头。然而，尽管两国的贸易额每年都有所增长，但是年均增长率是非常不稳定的。1992 年双方的贸易额增长率达到 454.4%，之后突然下降，1998 年甚至是负增长。2000 年以后，两国双边贸易增长率保持上升势头，但是其波动幅度依然较大，存在着很大的不稳定。2012 年，中越双边贸易额是两国关系正常化以来最高的一年。

---

① 越南贸易部《贸易报》专题论文：《越中经贸关系的现状和前景》，《南阳资料译丛》2003 年第 4 期。

② 中国商务部数据统计。

表 7 - 1　1991~2010 年中国对越南贸易统计

单位：亿美元

年份	进出口总额	出口总额	进口总额	比上年同期增长（%）		
				进出口	出口	进口
1991	0.32	0.21	0.11	340.0	454.1	221.6
1992	1.78	1.06	0.72	454.4	397.0	571.4
1993	3.98	2.76	1.22	122.6	159.5	68.6
1994	5.32	3.41	1.91	34.1	55.8	24.4
1995	10.52	7.20	3.32	97.4	110.8	73.5
1996	11.50	8.42	3.08	9.3	16.9	-7.1
1997	14.35	10.78	3.57	24.6	28.0	15.4
1998	12.45	10.28	2.17	-13.3	-4.6	-39.2
1999	13.18	9.64	3.54	5.8	-6.2	63.1
2000	24.66	15.37	9.29	87.1	59.5	162.3
2001	28.15	18.04	10.11	14.2	17.4	8.8
2002	32.64	21.49	11.15	16.2	19.5	10.3
2003	46.34	31.78	14.56	42.0	47.9	30.5
2004	67.40	42.60	24.80	45.3	33.9	70.4
2005	81.96	56.44	25.52	21.6	32.5	2.8
2006	99.51	74.65	24.86	21.4	32.3	-2.6
2007	151.15	119.00	32.15	51.9	59.4	29.4
2008	194.65	151.22	43.43	28.8	27.2	34.6
2009	210.48	163.01	47.47	8.1	7.8	9.3
2010	254.00	190.00	64.00	20.7	16.6	34.7
2011	402.10	290.9	111.2	33.6	25.9	59.1
2012	504.4	342.1	162.3	25.4	17.6	46

资料来源：中国海关统计数据。

2. 进出口贸易商品结构

根据越南国家统计局的数据，“2003 年，中国成为越南出口第三大国，进口第一大国。2004 年，两国贸易额超过了日越贸易额，中国成为越南的第一大贸易伙伴"。[1] 随着中越双边贸易关系的不断加深，双方贸易的商品结构也不断地发生变化。目前，中国从越南进口四大类 100 多种商品，中国向越南出口五大类 200 多种商品。[2] 针对这种情况，越南官方表示，为了进一步扩大中越双边贸易，两国应该适当改变一下贸易对象，应该签订长期合约，两国不仅要向对方国家提供商品，而且还要向第三国提供来自于两国的进出口产品，以便扩大两国贸易的影响。[3] 事实上，这种建议是具有可行性的，它不仅能促进中越双边贸易往来，而且也能让第三国获得由中越贸易带来的好处。

越南出口到中国的商品主要包括以下 4 类：原料，包括煤、原油、铁矿石、药材、食用油、天然橡胶等；农林产品和食品，包括水果、红薯干、大米、各种豆类、热带水果等；水产品，如蛇和甲鱼等；日用商品，如高级木器、鞋类和肥皂等。

中国向越南出口的商品主要包括以下 5 类：系统设备，如水泥生产线、制糖生产线等；机器设备，如医疗设备、纺织设备、运输工具、农用机械等；原料，如石油产品、水泥、钢铁、建筑用玻璃、化学原料、印染制品、农药、化肥等；农林产品和食品，如水果、面粉、植物油、植物种子等；日用品，如药品、电子产品、服装、玩具等。

中国和越南进出口商品的种类日益繁多，结构逐渐复杂化，再加上商品贸易额不断增长，这不但推动了两国贸易的发展，也使两国的经贸合作有着更大的潜力。

（三）边境贸易

1. 概况

边境贸易是毗邻国家之间特有的一种贸易方式，是国家对外经济贸易的重要组成部分。中越两国山水相连，有着密切而悠久的交往历史，加之两国的资源结构、产业结构等具有一定的互补性，为两国开展边境贸易奠定了良好的基础。在越南的边境贸易中，中越边境贸易一直扮演着很重要的角色。自 1991 年中越关系正常化以来，中越边境贸易得到了突飞猛进的

---

① 潘金娥：《中越贸易：现状、前景与贸易失衡的原因分析》，《东南亚纵横》2007 年第 10 期。

② 叶燕君：《中越贸易的发展对越南经济的影响与进一步发展的策略研究》，华中师范大学 2008 年硕士学位论文。

③ Asia times, China, Vietnam find love, *Southeast Asia*, Jul. 21, 2005, http://www.atimes.com/atimes/Southeast__Asia/GG21Ae01.html.

发展，交易额逐年上升，规模从小到大，进出口结构不断优化，对中越边境地区的经济社会发展起到了巨大的推动作用。然而，由于中越两国拥有漫长的边界线，再加上两国没有对两国边境贸易进行有效的管理和控制，近年来，中越边境贸易一直处于混乱的状态。如今，两国的官方贸易已经介入中越边境贸易中，渠道同时两国加强和优化了边境贸易的结算方式，即通过银行的结算方式对年度贸易进行结算，大大降低了贸易结算的风险，有效地保护了商人的利益。①

（1）中越边境贸易的发展规模

1991 年以来，中越两国在贸易、投资、技术、合作和金融等方面的经贸关系得到了迅速的发展。1991 年年初，中国 30 个省、自治区、直辖市中的 28 个已经在靠近越南边境谅山省的广西东兴为调查市场、存照合作方，进一步发展双边贸易建立了办事处、经济接待处。中越两国的边贸金额已经从 1991 年的 2.74 亿美元增加至 2003 年的 9.4 亿美元。② 据越南工贸部报告称，2006~2012 年，中越边境贸易额从 35 亿美元增至 86 亿美元，年均增长 23%。③ 边境贸易的规模一般通过贸易量来反映。总的来说，中越边境贸易的规模呈逐年上升趋势。

（2）中越边境贸易商品结构

1992 年以前，在中越边境贸易中，中国出口到越南的商品主要是日用百货、加工食品、建材、小型农机具、医药制品五大类，越南向中国出口的主要是初级产品、工矿产品以及农产品等原材料。1993 年以后，中越边境贸易进出口商品结构开始由单一向多样化转变，特别是出口贸易商品结构逐渐优化，开始由初级产品为主向工业制成品为主转变。出口商品大部分为国内需求已经达到饱和的日用工业品、轻纺产品、食品，而且多为低档产品，例如，热水瓶、手电筒、啤酒、烟草、自行车、电风扇、小型发电机、水泥、钢材、柴油机、服装、鞋类等上百个品种。这些商品可以满足越南中低等消费水平的需求。

2. 存在的主要问题

随着中国－东盟自由贸易区建设步伐的加快，中越边境贸易日趋红火，越来越多的客商云集于此，希望利用这一机遇投资立业。然而，经调查发

①　China, Vietnam find love, *Southeast Asia*, Jul 21, 2005.

②　〔越〕阮红蝶：《越中边境贸易研究》，对外经济贸易大学 2005 年硕士学位论文。

③　http://www.mofcom.gov.cn/article/i/jshz/new/201306/20130600161227.shtml.

现，虽然中越边境贸易发展潜力很大，但目前仍然存在诸多问题需要协调解决，因此，商家在泛涌激情的同时，更应理性地作出思考，投资不宜盲目。目前，中越边境贸易的问题主要表现在以下几个方面：（1）越方税率不稳定。越方计税基价和税率经常变动，在一定程度上增加了企业的出口成本，不利于企业制定远期贸易计划，影响了我国的边贸出口。（2）越方没有开放对应的边民互市点。以广西崇左市为例，这个市有边民互市点 13 个，目前正常运转的仅有浦寨、爱店、水口、那花 4 个边民互市点，尚有 9 个互市点没有正常启用。（3）越方限制部分产品出口。2004 年以来，由于我国限制焦炭等资源型产品出口，影响了越南部分钢铁厂的正常生产。越南相应限制其铁矿、锰矿等各类矿石的出口，造成通过滇桂进口的各类矿石大幅度减少。（4）越方企业拖欠货款严重。由于边境贸易的特殊性，近年来，在中越边境贸易过程中，经常发生越方企业拖欠中方企业货款的情况。（5）口岸和边贸互市点的基础设施不够完善。滇越、桂越边境口岸基础设施比较落后，配套设施不完善，通关能力弱，一些口岸没有国门、验货场、储货仓，口岸功能无法发挥应有的整体效用，远远跟不上口岸物流快速增长的需求。

（四）中国在越南的投资

1. 现状

1991 年年底，中国在越南只有一个投资项目，投资金额为 22 万美元。[①] 然而，根据越南计划投资部外国投资局统计，2009 年中国对越南直接投资额为 2.1 亿美元，同比下降 37%。据上述部门统计，2009 年中国新增对越投资项目 48 个（同比下降 35%），合同额为 1.8 亿美元，6 个原项目增资 2880 万美元。在 43 个当年对越投资的国家和地区中，中国排第 11 位，较 2008 年上升 4 位。[②] 2010 年上半年，中国对越南直接投资 7420 万美元，同比增长 131.1%。据统计，2010 年上半年，越南新批中国对越投资项目 35 个，是 2009 年同期的 5 倍；合同额为 6050 万美元，是 2009 年同期的 8.5 倍；1 个项目增资 1370 万美元，增资项目数与 2009 年同期持平，增资额同比下降 45.2%。在 39 个对越南投资的国家和地区中，中国排第 11 位。[③]

---

① 何胜：《中越"四好关系"扎实推进——中越关系正常化以来发展回顾》，《当代世界》
　2008 年第 6 期。

② http：//vn.mofcom.gov.cn/aarticle/jmxw/200912/20091206706666.html.

③ http：//vn.mofcom.gov.cn/aarticle/zxhz/tjsj/201006/20100606997491.html.

2012 年，中国新增对越非金融类直接投资 3.3 亿美元。[①]

通过上述一系列数据，可以清晰地看到，中国在越南的投资金额不断增加，投资项目的数量与规模不断扩大。目前，两国投资关系具有三个方面的特点：（1）由于两国经济发展水平还存在一定差距，越南到中国投资还比较少，主要是中国到越南投资。（2）中国对越南的投资规模还比较小。（3）投资项目的数量和金额在逐年增多。

2. 中国投资越南的机遇

越南是一个以农业为主、工业逐渐发展的东南亚国家，拥有丰富的农业及矿产资源，经过战后恢复和革新开放，越南工业、建筑业、制造业欣欣向荣，海防、河内、胡志明市等多个新兴工业区、经济特区发展日新月异。越南与中国拥有漫长的陆地边界线，它是连接中国与东南亚的贸易桥梁。在中越两国领导人确定的"长期稳定，面向未来，睦邻友好，全面合作"的方针指引下，两国的经贸合作如火如荼。随着越南积极改善投资环境，完善投资法规，中资企业投资越南迎来了千载难逢的历史机遇。

3. 中国投资越南所存在的问题

尽管中国投资越南拥有千载难逢的好机遇，中国企业在申请办理投资项目和生产经营活动过程中经常还会遇到这样或那样的困难和问题。

第一，吸引外资政策不够透明。目前越南有《投资法》及其实施细则，各地又相继出台了一些吸引外资的优惠政策。但缺乏具体行业政策法规，或者说这些政策规定不具体、不够透明。

第二，投资申请手续烦琐。中国企业到越南投资考察，往往要到许多部门咨询情况。办理投资项目申请手续烦琐，审批周期长。

第三，进口关税政策多变。越南的进口关税政策经常会随着其产业政策的调整或因保护其国内企业利益而变动，影响企业的正常生产和经营。

第四，收费高。据企业反映，企业在申请投资和生产经营过程中，除按规定交付各种费用外（这方面费用不高），其他额外收费现象也普遍存在。

第五，越南纺织业企业的机械设备、生产原材料和服装辅料主要靠从国外进口。

第六，用电高峰时期拉闸停电现象时有发生。

---

① http://www.mofcom.gov.cn/article/i/jshz/new/201306/20130600161227.shtml.

第七，中国企业对越南市场缺乏了解。许多实力雄厚的企业亦有角逐越南市场之意，但是由于对越南的投资领域、投资环境以及相关的法律法规等情况不甚了解，因而，还有一些企业正在观望，以寻求恰当的投资时机。

4. 中国投资越南的前景

中国实施企业"走出去"战略，中国－东盟自由贸易区的启动，为中国企业"走出去"提供了一片新的广阔空间。在东盟十国中，越南的经济发展最为活跃。从政治环境、投资成本和市场潜力三大方面综合考虑，越南的优势居东盟十国前列。中国企业投资越南，可以利用东盟各国低税率或者零税率的优惠，将产品销往东盟各国，同时也可避开欧美等国对我国产品的配额限制和反倾销调查，将部分产品出口欧美国家。

（五）旅游合作

随着中越两国经贸关系的迅速发展，两国的旅游合作也进一步加强，逐渐成为中越经济关系的亮点之一。1994 年 8 月，中越两国签订旅游合作协定，为促进两国旅游业的发展，加强两国旅游方面的合作提供了法律保护。

1. 中国游客赴越南旅游

1990～2012 年，中国游客赴越南旅游情况大致可以分为三个阶段。

第一阶段：从 1990 年至 1994 年，中国赴越南旅游人次数处于缓慢上升阶段。这个阶段恰恰处于中越关系正常化的头几年，中国赴越南旅游的游客不是很多，因为交通不便，只有少数人由于探亲和从事边贸而来往于两国。例如，在 1994 年，只有约 1.44 万人次前往越南，并且他们当中的大部分是经过云南和广西边境过境。[①]

第二阶段：从 1995 年至 2002 年，中国赴越南旅游人次数迅速增加。从 1995 年的 6.26 万人次到 2002 年的 72.34 万人次，短短的 7 年时间增长了约 12 倍，从 1996 年起中国游客一直居赴越国际游客人数的首位。[②]

第三阶段：从 2003 年至今，中国赴越南旅游人次数的增长处于放缓阶段。这个阶段由于受到 2003 年"非典"、2005 年越南禽流感疫情以及 2008 年全球金融危机的影响，中国赴越南旅游人数大幅下降。2012 年，越南共接待国际游客近 685 万人次，中国赴越南游客人数占最大比重。[③]

---

① 罗文标：《中越旅游合作的现状和前景》，暨南大学 2009 年硕士学位论文。

② 数据来源：越南国家旅游局统计数据。

③ http://www.chinatradenews.com.cn/html/2013/huijianglvyou＿0820/2299.html.

2. 越南游客赴中国旅游

近 20 余年来，特别是 20 世纪 90 年代中期以来越经济快速发展，越南人民的生活水平得到很大的提高，消费观念也随之改变，越来越多的越南人加入旅游队伍中来，他们不仅在国内旅游，也日益关注出境旅游。中国是越南的境外旅游目的地之一。

（六）工程承包

中国对越南开展工程承包业务开始于 20 世纪 90 年代初期，此后发展迅速。2005 年，中国企业在越南新签工程承包合同总额为 11.37 亿美元，完成营业额为 2.75 亿美元，分别是 2000 年的 13 倍和 3 倍，越南成为中国在东盟的第一大和海外第七大工程承包市场。截至 2007 年年底，中国企业在越南累计签订承包劳务和设计咨询合同总额达 81.8 亿美元，累计完成营业额为 34.5 亿美元。

据中国商务部统计，2009 年中国在越南新签工程承包合同额为 44.86 亿美元，同比增长 46.7%；新签工程承包合同 216 份，同比下降 27%；营业额 23.7 亿美元，同比增长 21.9%，越南成为我国在东南亚最大的工程承包市场。截至 2009 年 12 月底，中国在越南工程承包合同总额为 154.2 亿美元，总营业额为 75.17 亿美元。截至 2011 年 6 月，中国累计在越南签订工程承包合同额为 207 亿美元，完成营业额为 118 亿美元。2011 年 8 月，中国承包商在越南新签 13 亿美元火电项目 EPC 合同。2011 年 9 月 15 日，中国哈尔滨国际电力工程有限责任公司已将其承建的锦普电厂一期和二期工程移交给业主越南煤炭矿产集团。2009~2012 年，中越合同额进一步上升，截至 2012 年 12 月底，中国在越南累计签订工程承包合同额 267.1 亿美元，完成营业额 168.2 亿美元。其中，2012 年新签合同额 38.5 亿美元，完成营业额 30 亿美元。

（七）加强"两廊一圈"次区域经济合作

1. "两廊一圈"构想的提出

"两廊一圈"建设是中国和越南在次区域经济合作方面的重要形式之一。[1] 中越关系源远流长，两国睦邻友好与全面合作是时代的主流。2004 年 5 月，越南总理潘文凯访华时提出中越两国合作建设"昆明—老街—河内—海防"和"南宁—谅山—河内—海防"两个经济走廊，以及"环北部湾经

---

[1] 廖杨、蒙丽：《"两廊一圈"建设及其对中越关系的影响——以广西为中心》，《广西师范大学学报》（哲学社会科学版）2005 年第 3 期。

济圈"设想,简称"两廊一圈",中方对此予以积极回应。2004年10月,温家宝总理访越期间,双方领导人达成共识,同意在两国政府经贸合作委员会框架下成立专家组,探讨建设"两廊一圈"问题。与此同时,从2007年1月11日起,越南正式加入WTO成为第150个成员,按规则要求实施公开透明的经贸政策,对其他WTO成员削减关税并开放先前受限制的经济领域。这是促进中国、越南深化各项合作,建立中国-东盟多个合作体乃至自由贸易区的难得的机遇。

2. "两廊一圈"的主要内涵

"两廊一圈"的合作并非孤立的合作,而是在中越合作框架、中国-东盟自由贸易区域合作以及WTO框架下进行的多层次合作,是区域经济一体化、经济全球化的产物。在中越"两廊一圈"合作模式中,两个经济走廊呈"Y"字形分布,交叉点在河内,昆明、南宁是其中的两个端点,中国西南出海通道直指北部湾,"环北部湾经济圈"则覆盖了环北部湾地区的中国广西、广东、海南和越南北方沿海地区以及众多良港。① 通过"两廊一圈",可以借助广西和云南的通道优势长驱直入中国的大西南,乃至中国整个内地;可以直通东南亚国家,开拓东南亚市场;可以依托海南和广东的沿海优势,与我国的经济重地东南沿海相连接,直至连接我国的香港和澳门。因此地处中国、东盟国家中间地段的区位将是中国与东盟国家实质交流的中枢,同时这也是东亚环太平洋地区的有效连接带,将有效地促进东亚环太平洋地区经济合作的深入发展,进而加速整个东南亚经济的快速发展。这些都给投资者提供了富有美好前景的投资区位基础。

3. 主要成果和存在的问题

"两廊一圈"从论证到今天已有多年,中越两国在北部湾沿海、沿边正在进行前所未有的开发建设热潮。"两廊一圈"区域经济的快速发展,已成为推动中国-东盟自由贸易区建设、实现"一轴两翼"② 战略构想的助推

---

① http://cjb.newssc.org/html/2007-11/21/content_16035.htm.

② 2006年7月,在第一届"环北部湾经济合作论坛"中,广西壮族自治区党委书记刘奇葆首次提出了"泛北部湾"概念,提出促进泛北部湾中国-东盟"一轴两翼"区域经济合作新格局的战略构想。一轴是指从南宁到新加坡经济走廊,它以铁路、高速公路和高等级的公路为载体,把6个国家的9个城市串联在了一起。两翼中的一翼,是大湄公河次区域合作区,以澜沧江、湄公河为载体,涵盖中国、越南、老挝、泰国、柬埔寨和缅甸六个国家。两翼的另外一翼,是泛北部湾经济合作区,以海洋为载体,包括中国、越南、马来西亚、新加坡、印度尼西亚、文莱和菲律宾。

器，越南的北部湾沿海各省都被列入新的产业发展规划和重点布局。广西在中央的支持下，在实施"十一五"发展规划中，重点布局和发展沿边和沿海地区，尤其是重点布局和发展北部湾沿海的产业群，以发挥临海经济的优势。这一战略已经取得了重要成果。随着中越双方"两廊一圈"建设的不断推进，还存在不少亟待解决的问题，如合作开发中的产业如何对接、比较优势如何发挥、双方的政策法律如何对接协调等，需要两国学术界、企业界和政府相关部门的专家、官员开展多层次、多角度、多方位的研讨。"两廊一圈"的研究应该从重要性、可能性、必要性等研究层面，转入合作的主要内容、合作中存在的主要障碍、合作模式、合作机制等具有实质性、可操作性的研究层面，以推动"两廊一圈"更好更快地发展。

（八）云南与越南的经济关系

1. 主要成就

云南与越南毗邻，拥有漫长的边界线。近年来，随着中国"西部大开发"战略的推进，中国西部地区经济发展迅速，而云南作为我国面向东南亚地区的桥头堡，在国家的支持下，取得了可喜的经济成就，这为云南和越南的往来提供了便利。从近几年来的具体情况看，云南提出了构建中国连接东南亚、南亚国际大通道的战略目标，基本上形成了通往越南的公路、铁路、航空、水运的立体交通网。[①] 据越南《劳动报》报道，2010 年 6 月 4 日在越南老街举行中越研讨会，会上越南西北部的老街、莱州、奠边和河江四省与中国云南省确定了合作机制。双方一致同意在下列 5 个领域加强合作：贸易和投资便利化，保证经济安全，发挥中越经济走廊的桥梁作用，扩大在大湄公河次区域合作中发挥泛亚交通线的作用，文化合作交流。[②] 概括起来，云南与越南在经济关系方面取得的成就主要体现在以下几个方面。

（1）双方贸易

越南自 2007 年成为云南省第二大贸易伙伴后，2008 年滇越进出口贸易额达 6.45 亿美元。2009 年，云南企业以工程承包、海外投资等方式与越南企业在电力、冶金、建材、烟草等领域开展了合作，合作领域不断扩展。随着云南省与越南贸易往来、旅游合作的扩大，云南与越南的双边经济技术合作不断加强。2009～2012 年，滇越贸易额分别约为 7.9 亿美元、9.5 亿

---

① 李承宗：《发挥云南区位优势，推进中国西南与越南的经贸合作》，《东南亚》2002 年第 4 期。

② http://www.bbwdm.cn/show__info.asp? id = 289517.

美元、12.1 亿美元和 10.5 亿美元。① 随着 "两廊一圈" 中的昆明—老街—河内经济走廊建设的推进，双边经贸合作必将提升到一个新的水平。

（2）旅游合作

云南省和越南旅游资源都非常丰富，各具特色，互补性强。双方在旅游客源交换和合作开发国际旅游市场方面已经取得了丰硕的成果，吸引了大批云南人到越南境内旅游，而越南公民也把云南视为旅游、度假、求学的最佳目的地。近年来，双方已经建立旅游合作机制，加强旅游机构的协调，共同优化路线组合和景点配置，实现优势互补，培育旅游新市场，并且以旅游业带动其他相关行业的发展。

（3）区域经济合作

近年来，双方在区域经济合作方面取得了实质性的进展。云南省政府与越南老街省人民委员会于 2010 年 6 月 8 日正式签署《关于进一步推进中国河口－越南老街跨境经济合作区建设的框架协议》。② 按照协议，跨境经济合作区分为核心区域和扩展区域。其中，中国河口县的北山片区和越南老街市的金城商贸区对接而成的 5.35 平方千米的区域为核心区域，将大力发展现代物流、国际会展、进出口保税加工、金融保险服务、宾馆餐饮等产业。而在河口北山片区、蒙自红河工业园区、越南老街口岸经济区及腾龙工业区，合计规划总面积为 129.85 平方千米的拓展区域，重点发展农林渔产品深加工、矿产资源和有色金属深加工、化工及化肥生产、机电产品加工等特色工业园区和保税区，成为承接发达地区产业转移的出口加工基地。

2009 年 9 月 1 日，连接 "昆明—老街—河内—海防" 经济走廊的重要连接点——中越红河公路大桥竣工并试通车。随着中国－东盟自由贸易区的建成和大湄公河次区域经济合作机制的启动，近年来中国河口与越南老街之间的进出口贸易以年均 30% 的速度递增。2010 年，云南省与越南的双边贸易额为 9.49 亿美元，出口 7.89 亿美元，进口 1.6 亿美元。中越跨境经济合作区建设在得到两国中央政府的批准后，以边境贸易带动为主的单一发展模式将逐步转变为以贸易、投资、加工制造等协同带动的综合发展模式。合作区运转流畅后，双方会合作共建 "昆明—老街—河内—海防" 经济走廊。

---

① 云南省商务厅统计数据。

② http://news.21cn.com/domestic/difang/2010/06/08/7578556.shtml.

2010年，中越双方着力于基础设施建设，除加快推进石林—蒙自、老街—河内高速公路建设，开工建设红河机场等，玉溪—蒙自、蒙自—河口的准轨铁路建设已获中国交通部批准，越南老街—河内铁路改造工程也将开工。同时，双方将尽快搭建跨境合作区的电子平台。有经济学家表示，框架协议的签订，将会充分发挥中越双方现有经贸合作机制的作用，带动双边贸易发展，同时对中缅、中老跨境合作区的建设起到促进作用。

2. 存在的问题

尽管云南省与越南在经济关系方面取得了丰硕的成果，但是仍然存在不少问题。这些问题主要集中在双方贸易、相互投资、工程承包以及经济技术合作方面。

双边贸易处于严重不平衡的状态，贸易形式比较单一，有些贸易形式的作用还没有得到充分的发挥。双方的相互投资问题也比较多，最根本的问题是投资数额、投资规模均处于较低水平。云南省与越南在工程承包和劳务合作中存在的主要问题是合作的层次不高，规模不大。由于双方缺乏了解，目前双方在经济技术合作方面尽管取得了一些成就，但是合作领域还不够开阔。双方需要加深交流和了解，增加合作，实现共赢。

（九）广西与越南的经济关系

1. 双方贸易

广西与越南一衣带水，有8个县（市）与越南交界，目前拥有一类、二类口岸共12个，过货码头4个，边民互市点25个。广西发展对越贸易有着得天独厚的地缘优势，长期以来广西与越南就有贸易往来。

近20年来，广西与越南在农业种植和加工、农机制造、电力、糖业等各个领域开展积极合作，取得一系列令人瞩目的成绩。截至2011年，东盟已连续10年成为广西第一大贸易伙伴，而广西与越南贸易连续9年占广西与东盟贸易的八成左右。据统计，2007年广西对越南的贸易额为23.8亿美元，增长62.1%，占同期广西与东盟贸易总额的81.8%。2008年，广西与越南贸易额为31.3亿美元，增长31.5%，占同期广西与东盟贸易总额的78.3%，同期广西与其他东盟国家贸易额超过1亿美元的主要有印度尼西亚、泰国、马来西亚和新加坡，贸易额分别为2.9亿美元、1.6亿美元、1.5亿美元和1.4亿美元，分别增长140%、37.7%、64.2%和9.3%。2009年，广西与东盟外贸进出口总额为49.44亿美元，而其中广西与越南进出口总额为39.84亿美元，占同期广西与东盟贸易总额的80.6%，稳居广西在东盟的第一大贸易伙伴地位。2010 年，广西与东盟双边贸易总额 65.26 亿美元，比上年增长 32%。其中与越南进出口总额 51.28 亿美元，增长 28.7%，占同期广西与东盟贸易总额的 78.6%。2011 年广西与东盟进出口贸易总额 95.6 亿美元，其中与越南进出口总额 75.7 亿美元，占同期广西与东盟贸易总额的 47.7%。2012 年广西对东盟进出口总额为 120.5 亿美元，创历史新高，比上年增长 26%，其中对越南进出口总额为 97.3 亿美元，占同期广西与东盟贸易总额的 80.7%。[①]

2. 中越跨境经济合作区

近年来，中越跨境经济合作取得了重大进展。2010 年 1 月 29 日，由越南外交部副部长胡春山率领的越南代表团，在南宁同广西壮族自治区人民政府及有关部门进行了工作会谈。工作会谈主要就落实《中越陆地边界勘界议定书》、《中越陆地边界管理制度协定》和《中越陆地边境口岸及其管理制度的协定》，为双方边境地区经济社会发展创造有利环境，进一步推动双方经济贸易合作发展，携手开展中越友好年各项庆祝活动等双方共同关心的问题交换了意见。[②] 双方还就关于加强在中越陆地边界管理工作中的配合、推进中越跨境经济合作区建设、加强交通基础设施建设、中越界河工程、口岸升级、开通桂林—河内客运直通车和中越自驾游业务、旅游合作、能源合作、中越友好年相关活动的配合 9 个方面的问题，进行了深入的探讨并取得了广泛共识。双方表示，要尽快落实并解决好各方面的问题，进一步推动双方的交流与合作。越方希望大力推进中越跨境经济合作区建设。越南驻南宁总领事阮英勇说，越南十分愿意与中国加强合作，共同促进边境贸易，提高边民生活水平。积极推进中越跨境经济合作区建设，这将给两国人民带来更多好处。

3. 广西与越南发展经济关系的新机遇

2010 年中国－东盟自由贸易区建成，这为广西与越南发展经济合作提供了前所未有的机遇。中国在 2009 年宣布建立 100 亿美元的"中国－东盟投资合作基金"和 150 亿美元贷款，对于东盟各国而言是实实在在的帮助，对于越南而言更是如此。2008 年，中国在越南新签订工程承包、劳务合作、设计咨询合同计 1685 份，合同额达 30.85 亿美元。[③] 2009 年 4 月，越南总

---

① 数据来源：广西壮族自治区商务厅统计数据。

② http://news.qq.com/a/20100130/000967.htm.

③ 资料来源：中华人民共和国驻越南大使馆经济商务参赞处网站。

理阮晋勇批准设立"北部湾经济带"，这个经济带以广宁和海防为核心，作为越南对接中国北部湾经济区的桥头堡。越南在基础设施建设、产业升级、重点城市开发三大方面下了大力气，无论是从越南北部六省的交通干线建设、港口建设、生态旅游区建设、工业开发区建设，还是芒街、下龙、海防3个重点城市的功能区划，都是面向中国，以对接中国、承接中国产业、开发中国市场为根本目的。上述中越双方的战略措施的实施都对广西有利。同时，至于与泛北部湾合作相关的"南新走廊"，广西与越南所做的共同努力，是广西与整个东盟一道实现最终梦想的一个先期行动。新、马等国本身就具备一定的基础设施建设水平，因此联通中南半岛的交通线，关键在于越南。

四　冷战后中越两国经济关系的特点分析

（一）　两国良好、平稳的政治关系为经济关系的顺利发展奠定坚实基础

自从实现关系正常化以来，中越两国间的政治交往一直较为稳定，并没有出现大的问题，尽管存在诸如"南海问题"、领土纠纷等问题，两国政治交往的主旋律一直是友好而持久的，并且双方一直都在努力通过各种手段和措施实现这些问题的化解。此外，中越两国都是社会主义国家，两国都有发展经济的强烈愿望，并且两国发展经济关系比较容易受到外部大国和势力的干扰，因此两国的政治持续交往可以促进双方经济关系的持续稳定发展。反过来，中越两国经济平稳快速的发展也对中越政治关系产生了一定的积极作用，使得双方政治交往更为频繁。为了发展经济关系，双方政府定期举行对话，商讨两国如何进行经济合作、合作的领域以及预测经济合作对两国的促进作用。

（二）　中国与越南的经贸合作增长速度快、范围广

中越两国是山水相连的友好邻邦，建交60多年来，两国友好关系得到全面发展，经贸合作不断迈上新台阶。中越双边贸易额从1991年的3223万美元增至2012年的504.4亿美元。尽管全球金融危机影响到了2009年中越各自的出口，但中越贸易合作在双方共同努力下，不降反升。双方在工程承包领域开展了卓有成效的合作，越南成为中国在东南亚地区第二大工程承包市场；双方相互投资不断扩大。中越两国经贸合作进入新的发展阶段，逐步形成宽领域、多层次、全方位的合作局面。

（三）　中国已经成为越南越来越重要的经济伙伴

越南对中国的这种依赖性主要表现在对外经济层面上，特别是双方的

经贸合作、相互投资以及援助方面。在双边贸易方面，2003 年，中国成为越南第三大出口国，第一大进口国。2004 年，两国贸易额超过了日越贸易额，中国成为越南的第一大贸易伙伴。随着双边贸易的不断深入发展，越南从中国进口越来越多的中国商品，同时也向中国出口很多越南国内具有竞争力的和深受中国老百姓喜爱的商品。在投资方面，由于两国的经济发展水平尚存在一定的差距，目前，中越双方的相互投资主要以中国投资越南为主。在援助方面，目前，由于越南经济还没有那么发达，所以越南一直接受来自中国的援助。中国对越南的援助政策包括贸易政策、产业政策、金融政策和财政政策等。越南对外经济关系的这种高度依赖性一方面自然会给越南经济带来不少发展的机遇，另一方面也可能会由于这种高度的依赖性带来一定的负面效应，如越南国内有关"表面上去援助和投资越南，实质上是干涉越南国内主权"的舆论不断抬头。2009 年由于中国投资越南铝土矿所带来的所谓的"经济渗透"问题就是一个佐证。

（四）中国云南和广西在中越经济关系中扮演着重要的角色

由于地缘相近，中越经济关系在很大程度上是通过云南和广西两省份来共同推进的，云南和广西的当地企业、个人进行边贸活动较为便利，到越南投资、承包工程和进行替代种植等经济活动也很频繁，这些就使得云南和广西在中越经济关系中有着不可缺少的独特作用。然而，同样是和越南发展经济关系，云南和广西在发展机制、发展重点方面皆存在一定的区别。云南主要是在大湄公河次区域合作的框架下同越南发展经济关系，滇越经济合作的重点主要包括区域经济合作和旅游合作方面。广西主要是通过泛北部湾经济合作圈这样一个平台和越南展开经济合作，经济交往的兴趣在跨境经济合作方面，并且已经取得了初步的成效。但是，必须要看到的是，中央政府和地方政府之间、政府与企业之间出于不同的利益考虑，可能会存在一些不协调甚至冲突的现象，如果处理不当的话，可能会给两国关系带来负面影响。

（五）越南有意在东盟的框架下发展中越经济关系

自从 1995 年 7 月越南加入东盟以后，越南在东南亚地区特别是 GMS 国家中的地位立刻凸显，加上越南稳定的国内政治形势和成功的改革开放政策，使得越南成为 GMS 国家中经济发展最快的国家。经济的不断发展促使越南重视发展同其他国家的经济关系。在发展同中国的经济关系时，越南往往会利用其是东盟的一员以及越南担任东盟轮值主席国的机会来加强与中国的经济关系。中国经济发展的速度和程度是有目共睹的。越南正是看出了和中国经济合作一定会给越南带来不少好处。所以，越南利用东盟这样一个很好的平台，努力让中国国有和民间私营企业了解越南市场的前景，尝试让更多的中国企业到越南国内的各个领域投资。

五　中越经济关系的发展前景

（一）中越经济关系的主要制约因素

1. 中国对越投资引起的所谓"中国向越南经济渗透"的问题

2009 年，由于允许中国公司在越南合作开发铝土矿，越南总理在国内遭到起诉。尽管最后法院没有受理此案，但此事反映出的越南国民对中国不理智的情绪令越南政府大伤脑筋。据日本共同社报道，自 2009 年 5 月下旬起，越南国会关于中部铝土矿开采的讨论逐渐激烈起来。有意见认为需要确定从采掘现场挖出的红泥是否会给周围环境和当地特产咖啡生产带来不良影响，也有人主张外国人的简单劳动理应不被允许。[①] 不过越南政府有关人士则表示，这些问题不过是转换了讨论名目而已，真正的问题在于铝土矿是由中国开发。据悉，反对中国企业开发铝土矿的原因在于越南国民的对华不信任感根深蒂固。事实上，对于预定参加该项目的英美企业，并未听到越南国民有此类担忧。越南政府表示"开发铝土矿是一贯的政策"，并解释称伴随中国企业而来的是"技术人员"，驳斥了"不接受简单劳动的外国人"的意见。受全球金融危机影响，外国对越南的直接投资逐渐减少，越南政府一边对中国存有顾虑，一边要力争保持经济增长，其苦恼似乎仍将持续。如果这一问题不能得到妥善处理，必然会影响中国投资者到越南的投资，最终影响中越双边关系的正常发展。

2. 中越两国发展经贸的不平衡性问题

从 1991 年中越两国关系正常化以来，双方经贸合作发展迅速，双方的贸易总额也在不断增加，但是中国的贸易顺差和越南的贸易逆差也在逐年增加，成为双方贸易中最为突出的问题。1993 年，双方的贸易差额就已经突破了 1 亿美元，此后差额逐渐拉大，2004 年中国跃升为越南第一大贸易伙伴，而两国的贸易差额也达到了 17.79 亿美元。[②] 在中越两国贸易中，越南存在逆差的现象是公认的事实，但是中越两国的贸易不平衡性有着上升

---

① http://news.163.com/09/0627/16/5CR1F0MC000120GR.html.

② 向敏：《冷战后中越关系研究》，电子科技大学 2008 年硕士学位论文。

的趋势，这必然会影响两国贸易量的增加。

3. 中国对越投资规模较小

尽管中国在越南的投资有不断增加的趋势，但是总体上来说投资的规模还不是很大，投资数额少且增长速度缓慢。目前，造成我国企业在越南投资少的原因主要有：（1）我国存在限制投资的政策和措施。我国作为发展中国家，发展资金紧缺，并且国内有充足的发展机会。因此，在政策上鼓励和吸引外资、限制资本输出，在一定程度上制约了对外直接投资的发展。（2）对越南的经济政策和市场情况缺乏了解。中国企业普遍认为越南经济落后，基础设施以及投资环境较差，加之近年来越南的汇市面临的不确定因素，这些在一定程度上制约了我国对越南的投资。（3）越南的腐败问题也制约了我国企业对越南的投资。

4. 中越贸易结构单一，高科技含量产品少

制约中越经济发展的另外一个因素就是中越双方贸易结构单一，高科技含量的产品过少。两国贸易额的 90% 集中在原油、成品油、纺织服装、钢材、农副产品等领域，其中原油、成品油贸易额占两国贸易总额的 1/3 左右，这些绝大部分为技术含量以及附加值较低的商品。双方在计算机、微电子、新材料、新能源、生物技术、通信技术以及高科技机械制造等领域的合作甚少，这主要是因为双方对彼此的发展情况缺乏了解，对彼此产品的宣传不多，致使消费者对彼此产品知之甚少，更加倾向于选择购买其他国家的产品。

5. 中越南海摩擦不断，制约中越经济关系的良好发展

南海从来就不是一个风平浪静的地区。目前，越南单方面宣称"拥有南沙全部岛屿的主权"，并企图以历史原因来作为侵犯的借口。在 1929 年越南沦为法国的殖民地，当时法国占领了南沙群岛中的 9 个岛屿。由于当时中国坚决抗议，法国从此退出南沙群岛。现在越南又企图以此为依据，争夺南海主权。目前，越南是占领我国南沙群岛岛屿最多的国家，共占领了包括南威岛、景宏岛在内的 29 个岛礁。

近年来，中越两国在南海的摩擦不断。2009 年 12 月上旬，越南有三艘渔船因越界捕鱼，在中国西沙群岛海域被中国军队截获。10 日，中方释放了所有扣留人员，但留下了两艘渔船。2011 年，中越南海争端一度变得更加紧张，由于中方反对越南在中国管辖海域开展油气作业活动，6 月份数百名越南民众在中国大使馆前抗议"中国侵犯领土"；6 月 9 日上午，中国渔

船在南沙海域正常作业时，遇到越南武装舰船的非法驱赶，并导致其中一艘渔船的渔网与在现场非法作业的越南油气勘探船的电缆缠绕在一起，越方船只不顾中国渔民的生命安全，拖拽中国渔船倒行长达一个多小时，严重影响两国关系。历史上，中越两国也曾因南海主权问题多次交战。1974年中越之间爆发西沙之战，中国海军将越南赶出西沙群岛，直到现在，西沙群岛仍为南海重要的战略基地。

中越两国在解决南海问题的政策上存在较大的分歧，中方一贯主张针对南海问题与相关各国进行双边磋商和谈判，而越方则推崇多方会谈，企图将南海问题国际化。2011 年 10 月越南共产党中央总书记阮富仲正式访问中国期间，中越双方签订了《关于指导解决中国和越南海上问题基本原则协议》，为双方解决南海问题提供积极的指导，声明南海争端不扩大化，但此次中越就南海问题达成的双边协议遭到了菲律宾总统的抗议，可见南海问题仍然是制约和影响中越关系的一个重要的不利因素，从而影响两国经贸往来。

6. 中越边界争端影响两国经济关系发展

2009 年，中越陆地边界勘界文件签字仪式在北京举行，这标志着中越陆地边界经过双方历时十年的共同努力，已经全线勘定，勘界议定书及其附图的签署，在法律程序上给这项工作画上了圆满的句号，山水相连的中越两国漫长的边界线上，曾经的硝烟和战火已经成为历史的回忆。但是在此之前，中越关于边界争端和归属的问题争论不休，严重影响两国边境贸易和边境往来。从 2000 年开始至 2008 年止，两国关于边界问题的谈判历时9 年，可以说也是经历了一场马拉松式的长跑。

（二）中越经济关系的发展前景

越南是连接中国与东南亚其他国家的桥梁和纽带，而且资源丰富、政局稳定、经济发展前景良好。近年来，越南政府不断加大在交通、能源、基础设施建设等领域的投入，同时强化服务意识，简化行政手续，提高行政效率，完善法律法规，惩治贪污腐败，希望从"硬件"和"软件"入手，优化投资环境，吸引外国企业来越南投资经营，带动经济社会的快速发展。这些举措取得了很好的成效，越来越多的外国企业，其中也包括中国企业到越南发展。近年来，中越双方经贸关系稳健发展，并且呈现日益上升的趋势。在未来的中越经济关系中，双方经贸关系仍然是重中之重。然而，两国贸易确实存在发展不平衡、越方逆差大的问题，已引起两国政府和主管部门的关注。对此，中国政府的态度是，中国政府一贯主张保持贸易平衡发展，从不追求贸易顺差。这主要是因为：第一，中越贸易有其特殊性。从商品结构看，中国对越南出口 90% 以上是机械设备和工业原材料，主要服务于越南工业特别是出口加工业，有利于越南经济的发展，而奢侈品和高档消费品出口所占比重微乎其微。第二，中越两国是传统友好邻邦，两国政府都十分重视解决贸易不平衡问题。为此，我们不能单纯从市场经济角度考虑问题，还要从两国关系大局出发，积极想办法解决越方逆差大的问题。相信通过双方共同努力，一定能找到有效的解决方法。对于今后几年中越经贸关系的发展前景，要充满信心，只有这样，中越经贸合作才会取得更大进展。

2011 年 10 月 11 日，越南共产党中央总书记阮富仲访华，此访正值中越关系正常化 20 周年、越共十一大胜利召开、中国共产党庆祝成立 90 周年，中越两党建设和国家发展面临相似的机遇和挑战。在这样的背景下这次访华意义重大，对两国、两党关系发展具有新的巨大的推动作用。

总的来说，保持友好合作的关系对中越双方来说都很有必要，尤其对越南来说特别重要。因为一个良好正常的中越双边关系将会吸引越来越多的中国投资者和中资企业到越南投资。[①] 但未来也充满了很多不确定的因素。全球性的经济危机和地区性的金融动荡也会继续冲击两国，因而势必会影响两国经济的正常发展。2010 年年初，中国 - 东盟自由贸易区已经正式全面启动。可以说在未来相当长的岁月里，中国和东盟的经济关系将会朝着更加辉煌的方向发展。作为东盟的重量级成员国，越南势必从中获利，在东盟以及中国 - 东盟自由贸易区的框架下大力发展和巩固中越各个领域的关系，尤其是发展中越双边经济关系。

① Brantly Womack, Vietnam and China in an Era of Economic Uncertainty, http：//www. japanfocus. org/ - Brantly - Womack/3214.

第八章　中国与缅甸的经济关系

中国与缅甸是山水相连的友好邻邦，两国有着漫长的共同边界，两国人民之间的友谊源远流长，被称颂为"胞波"（"Paukphaw"，缅语意为"兄弟"）情谊。虽然在历史上两国关系存在着一些起伏和波折，但总体来说和平相处、密切交往是主旋律。中缅两国的交往最早可以追溯到汉代，涵盖政治、经济、民族、文化等领域。在近代历史上，中缅两国唇齿相依，都有着被侵略的苦难经历。1948 年 1 月缅甸获得独立，1949 年 10 月 1 日中华人民共和国成立，开创了两国历史的新篇章，中缅两国关系也由此开始进入一个全新的历史时期。双方在 20 世纪 50 年代共同倡导和平共处五项原则，树立了发展中国家发展外交关系的典范。这方方面面交往的积淀为日后两国关系的发展奠定了坚实的基础。经过多年的发展，中缅两国之间已形成了密切的民族、政治、经济联系，由此而形成的利益关系使中缅经济合作拥有广泛、深厚的基础。

一　中国与缅甸经济关系的发展历史及背景

（一）冷战时期中国与缅甸经济关系

历史上，中国与缅甸的经济交往主要伴随着外交关系的发展而发展，呈现出经济交往从属和服务于外交关系的总体特点。[①] 冷战期间中国与缅甸的经济关系也因缅甸和中国的国内局势及双方外交关系的发展而有所起伏。

二战结束后，以美国为首的西方阵营和以苏联为首的东方阵营在政治和军事领域展开了激烈的角逐和对抗。缅甸处于东西方两大阵营之间，为了保持独立和谋求国家利益，在复杂的国际局势和背景下，缅甸采取了一条适合本国的"中立主义"外交政策，即在保持与欧美等西方资本主义国

[①]　卢光盛：《中缅政治经济关系的发展、现状及其意义》，《国际关系学院学报》2009 年第 2 期。

家良好关系的同时，也积极发展与近邻社会主义中国的关系。1949 年 12 月
16 日，缅甸政府正式宣布承认中华人民共和国，成为第一个承认新中国的
非社会主义国家。1950 年 6 月 8 日，中缅两国正式建立外交关系。1954 年 6
月，周恩来总理首次访问缅甸，与缅甸总理吴努共同倡导了和平共处五项
原则。1954 年 12 月，缅甸总理吴努首次访问中国，两国进一步肯定了和平
共处五项原则。1960 年 1 月 28 日，中缅两国签订了《中缅友好和互不侵犯
条约》及《中缅关于边界问题的协定》；10 月 1 日，双方正式签订《中缅
边界条约》，缅甸成为第一个与中国签订友好互不侵犯条约及边界条约的国
家。在双方的努力下，中缅两国还友好地解决了缅甸华侨的双重国籍问题。
中缅两国领导人的互访及对话，使双方在政治上逐渐建立互信，两国睦邻
友好关系稳步发展。

伴随着政治关系的发展，中缅两国在经济方面的联系日渐增多，经济
关系也逐渐建立和发展起来。这主要表现在双边贸易的发展和经济技术合
作的加强两个方面。1954 年 4 月 22 日，中国与缅甸在仰光签订了《中缅贸
易协定》（有效期 3 年）及《中缅关于贸易平衡原则的换文》。根据协定，
中国向缅甸出口煤炭、丝及丝织品、棉织品、纸张、农具、轻工业产品、
手工业品、搪瓷品、瓷器、罐头食品、茶、香烟等商品。缅甸向中国出口
米及米产品、豆类油饼（芝麻饼、花生饼）、矿产品、木材、橡胶和棉花等
商品。① 同年 11 月 3 日，中缅两国又在北京签订了《关于缅甸大米同中国
出口商品换货议定书》；11 月 8 日，两国签订《航空运输协定》。12 月 1～
16 日，缅甸总理吴努率领代表团访问中国，在这期间两国总理就开辟中缅
两国间的航空线和恢复中缅两国间的公路交通及缔结邮电协定等问题进行
了会谈。为了发展两国间的贸易，两国总理同意，从 1955 年起至 1957 年
止，中国方面每年将由缅甸进口 15 万吨至 20 万吨大米，在同一时期，缅甸
将由中国进口中国可能供应的工业设备、工业器材和日用必需品。② 1955
年，中缅两国又签订了邮电协定和航空运输协定，根据协定两国的民用航
空线于 1955 年 4 月正式开通，这是中国与东南亚国家之间最早开通的民用

---

① 云南省历史研究所编《中国和缅甸友好关系史资料汇编》，第 2 卷，第 2 分册，1954，第
80 页。转引自邵允振、范宏伟《中缅建交前后两国经贸关系述论》，《南洋问题研究》2005
年第 4 期。
② 《中缅两国总理会谈公报》，《中华人民共和国对外关系文件集（1954—1955）》，世界知识
出版社，1958，第 216～217 页。

航空线。1960 年 10 月 15 ~ 24 日，中缅两国就进一步发展和扩大两国间的贸易关系进行了会谈，并发表《中缅两国贸易会谈公报》，双方同意在 1961 年内，中国向缅甸购买并装运 1961 年生产的缅甸大米 30 万 ~ 40 万吨，在同一时期，缅甸从中国进口所需要的和中国供应的商品，以便平衡两国之间的贸易。[①] 1961 年 1 月 10 日，中国和缅甸在仰光签订了第一个经济技术合作协定，中国向缅甸提供 3000 万英镑的长期无息贷款，并提供技术和设备，帮助缅甸建造纺织厂、造纸厂、糖厂、胶合板厂、比林糖厂、水力发电站、味精厂、桥梁等项目。

　　1962 年，缅甸政局发生变动，奈温上台并组建了"缅甸社会主义纲领党"，提出"建设缅甸式的社会主义"的目标。在对外政策方面，奈温采取了有别于吴努时期的政策，对中缅关系产生了一定影响。20 世纪 60 年代后期，受"文化大革命"中极"左"思潮的影响，中国对外"输出革命"，公开支持缅甸共产党，导致了两国关系的消极发展。1967 年，缅甸发生排华事件，中缅两国关系急剧恶化。两国相互撤回大使，中国停止了对缅甸的援助。1969 年 3 月，缅甸照会中方，提出《中缅友好和互不侵犯条约》于 1970 年 5 月 14 日期满后终止，中缅关系跌入历史低谷。进入 70 年代，中缅双方各自从本国利益出发，在两国领导人的努力下，中缅关系开始恢复。1970 年 11 月，奈温表示希望两国恢复友好关系，中方做出了积极回应。1971 年 8 月 6 ~ 12 日，奈温访问中国，在与毛泽东会谈时对 1967 年的排华事件表示"深切的遗憾"。至此，两国关系恢复正常。1971 年，中缅两国签署贸易协定，相互给予最惠国待遇。中国也恢复了对缅甸的经济援助。[②] 70 年代末，中国开始实行改革开放，中缅关系也向积极友好的方向发展，双方经济往来和合作的势头更加良好。据统计，1974 年中缅双边贸易额为 2276 万美元，到 1980 年增长到 3419 万美元。这一时期，双方经济技术合作也有了新的进展。1979 年 7 月，中缅签订新的经济技术合作协定，中国向缅甸提供了 6300 万美元的无息贷款，用于建设缅甸国家体育馆、仰光—沙廉大桥、毛淡棉市的供水工程等。1986 年，中缅双方先后签订 4 个经济技术合作协定和贸易协定，中方又向缅方提供了总额为 3.17 亿元人民币的无息贷款。1987 年，中缅两国同意开展在石油勘探领域的合作，并签订了中国地震专家赴缅甸工作的协定。

---

　　①　《中缅两国贸易会谈公报》，第 590 ~ 591 页。

　　②　贺圣达：《中缅关系 60 年：发展过程和历史经验》，《东南亚纵横》2010 年第 11 期。

虽然中国与缅甸经济往来历史悠久，在冷战期间也有一些经济联系和交往。但在1988年缅甸发生军事政变之前，中缅双边经济交往的内容、规模和数量都极为有限，在各自的对外经济交往中并不处于重要地位。中缅双边贸易额在1984年前一直不到5000万美元，1988年前中缅贸易在缅甸进出口总额中的比重一直在10%以下。[①] 这主要是因为两国贸易往来和相互投资不多，而且缅甸在经济上闭关锁国的政策，使其在对外经济联系上并不依赖中国。20世纪90年代以后，随着国际局势和中缅两国国情的变化，缅甸与中国的经贸往来情况发生了显著的变化，中国和缅甸的经济交往日益密切，中国在缅甸的对外经济关系中发挥着越来越重要的作用。

（二）后冷战时期中国与缅甸经济关系发展的背景与基础条件

20世纪80年代末90年代初，东欧剧变、苏联解体，以美苏为首的两极对抗格局最终结束。与此同时，缅甸与中国国内局势也发生了巨大变化。1988年9月18日，缅甸发生军事政变，以苏貌为首的军人集团接管了国家政权，改国名为"缅甸联邦"，并成立了"国家恢复法律与秩序委员会"（The State Law and Order Restoration Council，简称"恢委会"）。面对缅甸国内局势的变化，中国政府严格遵循和平共处五项原则，对缅甸内部事务采取严格的不介入的态度，尊重缅甸人民的选择。在这一背景下，中缅两国在各个领域保持了正常的交往，两国高层领导人互访不断，双方合作领域不断拓宽。中国改革开放事业在20世纪80年代中后期也开始全面启动。中缅两国在新的国际环境下将双边关系发展到新的高度，各领域的合作也日益加深。总的来说，冷战后中缅双方在经济交往上的突飞猛进，是由国际大环境和双方国内政治经济发展状况决定的，主要表现在以下几个方面。

1. 中缅两国友好的政治关系及缅甸特殊的地理位置是两国开展经济合作的重要基础

1988年以来，中国与缅甸已经建立了密切友好的政治关系，这主要表现在高层互访频繁、外交上相互支持等方面。1989年10月，时任缅甸"恢委会"副主席的丹瑞中将访问中国，这是缅甸军政府重要领导人首次访华。1991年8月，缅甸"恢委会"主席苏貌大将访问中国。1993年2月，中国外长钱其琛访问缅甸。1994年12月，李鹏总理应丹瑞的邀请访问缅甸。1995年12月，中国政协主席李瑞环访问缅甸。2001年12月12日，江泽民

---

① 贺圣达：《中缅关系60年：发展过程和历史经验》，《东南亚纵横》2010年第11期。

主席访问缅甸，两国发表联合声明，表示加强和发展睦邻友好关系、扩大经济合作、加强在国际和地区事务中的相互协调等。2003 年 1 月，丹瑞第二次访华，两国签署多个合作协定。2004 年 3 月，中国副总理吴仪访问缅甸，双方签订了 21 项协议、备忘录和换文。2006 年 2 月，梭温总理对中国进行访问，在与温家宝总理会谈时，两国总理表示要共同努力把两国睦邻友好关系不断提高到新的水平。2009 年 12 月 19 ~ 20 日，中国国家副主席习近平访问缅甸，与缅甸国家和平与发展委员会主席丹瑞举行了会谈，在此期间中缅双方签署了 16 个合作协议。2010 年 6 月 2 ~ 4 日，中国总理温家宝访问缅甸，缅甸总理登盛表示，缅方"从战略高度重视两国合作，愿与中方共同努力，将缅中睦邻友好合作关系提高到新的高度"。① 2010 年 9 月 7 ~ 11 日，丹瑞访华，与中国国家领导人胡锦涛、温家宝等举行会谈，中方提出双方要抓紧编制《中缅经济合作规划》。2011 年 5 月 27 日，缅甸联邦共和国总统吴登盛访华，两国元首一致同意把中缅关系提升为全面战略合作伙伴关系。2011 年 6 月 1 ~ 4 日，中共中央政治局委员、中央书记处书记、中央组织部部长李源潮访问缅甸，双方表示要保持两国高层交往势头，加强经贸、交通、能源、农业等领域的务实合作，加强在区域和次区域合作框架内的合作，巩固两国传统友谊，夯实两国友好关系的基础；加强各级别友好交往，扩大各领域交流合作，推进两国执政党治国理政经验交流，不断巩固和发展两国全面战略合作伙伴关系。② 应缅甸联邦议会人民院议长吴瑞曼的邀请，中国全国人大常委会委员长吴邦国于 2012 年 9 月 12 日下午抵达缅甸首都内比都，对缅甸进行正式友好访问。此访是中国全国人大常委会委员长首次访问缅甸。访问期间，吴邦国委员长与吴登盛总统、吴钦昂敏议长、吴瑞曼议长等缅方领导人举行会谈，就双边关系和共同关心的国际和地区问题深入交换意见。③ 中缅两国高层领导人的频繁互访，为两国在经济方面的交往合作起到了良好的推动和促进作用。

　　此外，从地缘政治经济学的角度来看，缅甸特殊的地理位置也是中缅两国开展经济合作的重要条件。缅甸位于东南亚与南亚的结合部，毗邻中

---

①　杜尚泽：《温家宝与缅甸总理登盛举行会谈》，《人民日报》2010 年 6 月 4 日。

②　中华人民共和国驻缅甸联邦共和国大使馆：《中共中央政治局委员、中央书记处书记、中央组织部部长李源潮访问缅甸》，http://mm. chineseembassy. org/chn/xwdt/t828721. htm。

③　人民网：《吴邦国开始对缅甸进行正式友好访问》，http://politics. people. com. cn/n/2012/0912/c1024 - 18993248. html。

国和印度，是唯一连接东南亚与南亚的陆路通道，战略位置十分重要。而且，缅甸扼守印度洋与太平洋交通要道马六甲海峡，是中国通向印度洋的最近通道，在中国云南的"桥头堡"战略及向西开放过程中具有重要地位。加之，缅甸北部与中国云南接壤，与中国西南边疆地区的安全和经济发展息息相关，在中国的周边外交中具有重要意义。

2. 中缅两国经济合作协议及区域性经济合作框架为两国的经济合作提供了重要平台

20 世纪 90 年代以来，中缅两国签订了一系列贸易投资协定，这极大地促进了两国之间的经济合作。1993 年 7 月，中缅签署了 6 个经济技术合作协定，中方向缅方提供 5000 万元人民币的无息贷款。1994 年 8 月 10~15 日，外经贸部副部长李国华率中国政府代表团访缅，与缅甸贸易部副部长吴昂当签署《中缅两国关于边境贸易的谅解备忘录》。1996 年 1 月，中方向缅甸提供 1.5 亿元人民币贴息贷款。2 月，双方还成立了"中缅经济促进委员会"。1997 年 5 月，两国签署《促进缅中经济合作协议》。进入 21 世纪后，两国的经济合作愈加密切。2000 年 6 月 5~12 日，应中国国家副主席胡锦涛的邀请，缅甸和发委副主席貌埃上将访华，双方签署了《中缅关于未来双边关系合作框架文件的联合声明》。2000 年 6 月，在时任中国国家副主席胡锦涛访问缅甸期间，两国签署了《中缅科技合作协定》《中缅旅游合作协定》《中国与缅甸经济技术合作协定》等文件。2001 年，在中国国家主席江泽民访缅期间，两国又签署了《中缅经济技术合作协定》《关于鼓励促进和保护投资的协定》《中缅动植物检验检疫协定》等文件。之后在 2003 年、2004 年两国又分别签署了《中缅两国政府关于贸易、投资合作谅解备忘录》《中缅关于免除缅甸联邦政府部分到期债务的协定书》等。2004 年 7 月 12 日，在缅甸总理钦纽上将访华期间，中国信息产业部与缅甸邮电通讯部签订了《关于信息通信领域合作的谅解备忘录》。① 2009 年中国国家副主席习近平访问缅甸期间，中缅两国签署了 5 个关于经贸、交通设施、科技合作和机械设备采购的协议，7 项金融合作协议、3 个水电项目协议以及 1 项能源协议。2010 年 6 月，中国国家总理温家宝访问缅甸期间，中缅双方签署了关于天然气管道、水电站、铁路运输、边境贸易以及采矿业的 15 项双边经济协议。2011 年 4 月 2~5 日，中国政协主席贾庆林访问缅甸期间，中

---

① 商务部，http://mm.mofcom.gov.cn/aarticle/zxhz/sbmy/200304/20030400082358.html。

缅两国签署了经济技术合作协议、人民币贷款协议以及农业、机械等领域的合作文件。中国和缅甸之间这一系列贸易投资协定的签订，促进了双方的经济合作。

20 世纪 90 年代以来，国际经济中区域一体化的趋势日益显著，中缅两国也积极参与了相关的区域与次区域多边合作机制。重要的有大湄公河次区域经济合作、孟中缅印地区合作机制、中国－东盟合作机制等。一方面，这些合作机制为两国的经济合作提供了良好的平台；另一方面，双方各领域合作的不断深化，也为中国和缅甸的经贸合作提供了良好的条件。开始于 1992 年的大湄公河次区域合作机制就为中缅双方的经济合作提供了许多优势条件。其中，亚行的资金支持是重要的一个方面，而且此机制中的许多合作项目，如水电、交通、电力等都使缅甸的基础设施更加完善，便利了中国西南地区与缅甸的联系，为中缅经济合作的深化奠定了良好的基础。于 1999 年正式成立的"孟中印缅地区经济合作论坛"，也已经形成了相对稳定的合作对话机制，各成员国达成了加强经贸合作、充分发挥本地区资源优势和经济互补的一致愿望，在贸易和投资便利化合作方面已经取得了一些成效，这有利于推动中国与缅甸在经济合作上向更深的层次和更广的领域发展。2010 年 1 月 1 日中国－东盟自由贸易区正式启动，这进一步促进中缅双方在区域经济一体化的趋势下，以东盟大市场为依托，借助东盟的整体优势开展双边贸易。

3. 1988 年缅甸政变、1990 年缅甸大选之后遭到西方国家的制裁，是中缅经贸合作的重要外部环境

1988 年 6 月，缅甸国内发生动乱。9 月 18 日，军人发动政变，以苏貌为首的军人集团接管了国家政权，改国名为"缅甸联邦"，并成立了"国家恢复法律与秩序委员会"。美国以缅甸军事政变及军政府对反政府运动的镇压为由，把驻缅使馆降为代办级，开始对缅甸实施经济制裁，停止了对缅甸的经济援助和禁毒援助。日本、加拿大、澳大利亚等欧共体国家也跟随美国的步伐对缅甸进行经济制裁。西邻印度在此时也支持缅甸反对派。西方国家的严厉制裁，使缅甸面临着严峻的外交和经济困境。为了打破孤立的局面，缅甸军政府积极发展与周边国家的关系，其中重点发展了与中国等周边邻国的经贸关系。而 1989 年之后的中国也陷入了外交困境，迫切需要发展与周边国家的关系。中缅两国关系就在这样一个特殊的背景下进一步发展。

4. 冷战结束后，中缅两国对各自经济政策的调整为两国经贸关系的发展铺平了道路

1988 年缅甸军政府上台后，总结了过去经济发展的教训，开始实行"市场经济"和"对外开放"政策，废除了许多与市场经济不相适应的法律、条例和规章制度。为了适应市场经济的需要，实行以市场为导向的自由贸易政策，缅甸政府在对外贸易方面进行了较大的改革，允许和鼓励合作社和私人企业广泛地从事国内外贸易。1990 年 3 月，缅甸政府又宣布取消配额限制（即 1988 年年底规定的出口商可用出口收入的 60% 进口商品），允许出口商用 100% 的出口收入进口商品。① 为了吸纳国外资金发展经济，缅甸政府鼓励国内外私营企业积极广泛地进行投资。为了吸引外国私营公司投资，缅甸国家治安建设委员会于 1988 年 11 月 30 日颁布了缅甸联邦《外国投资法》。这是缅甸独立以来吸引外国公司在缅甸投资的重要法规。1988 年 12 月 7 日，缅甸政府颁布了《外国投资法实施条例》，并成立了以计划财政部部长为主席的共有 11 名部长参加的缅甸联邦外国投资委员会。1989 年 5 月 30 日，缅甸联邦外国投资委员会又公布了《缅甸允许外国投资的经济项目》，列出了允许外国投资的具体领域和众多项目。近年来，缅甸政府也根据自身经济发展状况对经济政策进行了相关的调整，特别是在贸易方面，进一步放宽了贸易政策。2000 年 11 月 13 日，缅甸贸易部发布第 5/1000 号命令，修改 1997 年 12 月 9 日通过的边境地区与邻国进行贸易时只允许以正常的贸易关系进行贸易的规定，允许在边境贸易中可利用以下方式进行交易：在中缅和印缅边境地区，如用人民币、缅币、卢比、美元出售出口的货物，即可相应用人民币、缅币、卢比、美元购买进口货物和缴付海关税。

20 世纪 90 年代以后，中国经济发展迅速，对外开放步伐加快。1992 年，中国开始实施沿边开放战略，国务院先后批准在云南的河口、畹町、瑞丽设立边境经济合作区，并为经济合作区提供了贴息贷款、税收优惠、财政定额返还等扶持政策。2007 年 10 月，党的十七大报告中提出"提升沿边开放"战略：要"把'引进来'和'走出去'更好结合起来，扩大开放领域，优化开放结构，提高开放质量，完善内外联动、互利共赢、安全高效的开放型经济体系，形成经济全球化条件下参与国际经济合作和竞争新优势"。云南省抓住机遇，相继出台了《中共云南省委、云南省人民政府关

---

① 贺圣达：《当代缅甸》，四川人民出版社，1993，第 219 页。

于进一步扩大开放的若干意见》《云南省人民政府关于加快推进通关便利化的若干意见》，大力实施"走出去"战略，优化出口商品结构，扩大出口，扩大利用外资，加强口岸建设，采取支持信用保险和融资担保等一系列鼓励措施。同时，中国在边境贸易方面的政策也进一步放宽。1991 年，中国国务院颁布《关于积极发展边境贸易和经济合作促进边疆繁荣稳定的意见》，将边民互市贸易的免税额度规定为 300 元，对边境小额贸易实行税收优惠政策等。1996 年，国务院又颁布《关于边境贸易有关问题的通知》，进一步规范、扩大了税收优惠政策。1998 年，中国又将边民互市贸易进口商品免税额提高到 3000 元。这一系列的税收优惠政策对中缅边境贸易的发展发挥了重要作用，极大地刺激了中缅边境贸易的发展。2004 年，国家制定了《关于以人民币结算的边境小额贸易出口货物试行退（免）税的通知》，规定从 2004 年起在云南试点试行以人民币结算办理退税的政策。这些政策对于促进中国与缅甸的边境贸易发展和经济合作都提供了有力支持。

二　中国与缅甸经济关系的现状

基于上文所述背景条件，中缅两国经济关系自 20 世纪 80 年代末以来，得到了长足的发展，主要表现在双边贸易和投资的迅速增长和经济技术合作加强三个方面。

（一）双边贸易

1. 常规贸易

20 世纪 90 年代以前，中国在缅甸的对外贸易中并不占主要地位。自西方国家开始对缅甸实施制裁后，中缅贸易飞速发展，中国迅速发展成为缅甸重要的贸易伙伴。近年来，中缅双边进出口贸易额大幅增长，有了巨大的发展。据统计，1989 年中缅双边贸易额只有 3.13 亿美元，但到 1995 年时双边贸易额已经达到了 7.67 亿美元。这期间，由于受东南亚金融危机影响，1997 年、1998 年和 1999 年中缅两国贸易额有所下降，分别为 6.4 亿美元、5.8 亿美元和 5.08 亿美元。2000 年开始双边贸易额有所恢复。2008～2009 财年，中缅贸易额为 26.26 亿美元，2009～2010 财年已达 29.07 亿美元，同比增长 10.7%，已经超过了缅甸最大贸易伙伴泰国。① 2012～2013 财年，缅甸边贸总额已达到 34 亿美元，比去年同期增加约 1 亿美元。其中，缅中木姐、甘

---

① 商务部，http://www.mofcom.gov.cn/aarticle/i/jyjl/j/201003/20100306825134.html。

拜地、清水河和拉扎口岸的边贸额约为 29 亿美元，约占缅甸边贸总额的 85%。[1]

从表 8-1 中可以了解 1988~2012 年中缅双边贸易的情况。自 1988 年以来，中缅双边贸易发展较快。在中缅双边贸易中，中国一直处于顺差地位，中缅贸易不平衡的状况较为突出。1988~2012 年，中国对缅甸的出口经历了两次快速增长。第一次是在 1990 年前后，可以用"突飞猛进"来形容，到 1995 年达到 90 年代中国对缅出口的最高纪录。这是因为 1988~1995 年，缅甸政府进行经济领域的改革，通过采取巩固国营企业、鼓励和发展私营企业经济等措施，如把一些中小型的国有企业交给私营业主承包，允许私人从事进出口贸易、巩固和扩大与邻国的贸易，开始同东盟国家建立经贸合作关系等，这些措施使缅甸加大了对进口物资的需求。[2] 第二次是在 2000 年前后，中国扩大了与缅甸的经济合作，同时提供给缅甸的商业贷款也大大增加，中国的纺织品、机械设备等对缅甸出口都有所扩大。

表 8-1　1988~2012 年中缅贸易额统计

单位：百万美元,%

年份	进出口总额	进口	出口	贸易平衡	增长率（与上年同期相比）		
					进出口总额	进口	出口
1988	270.71	137.1	133.61	−3.49	—	—	—
1989	313.72	126.06	187.66	61.6	15.9	−8.5	40
1990	327.62	104.08	223.54	119.46	4.4	−17.4	19.1
1991	392.09	105.92	286.17	180.25	19.7	1.8	28
1992	390.31	131.27	259.04	127.77	−0.5	23.9	−29.1
1993	489.53	164.83	324.7	159.87	25.4	25.6	25.3
1994	512.45	143.34	369.11	225.77	4.7	13.0	13.7
1995	767.4	149.55	617.85	468.3	49.8	4.3	67.4
1996	658.53	137.41	521.12	383.71	−14.2	−8.1	−15.7
1997	643.50	73.41	570.09	496.68	−2.3	−46.6	9.4
1998	580.9	62.04	518.86	456.82	−9.7	−15.5	−9.0

---

① 中国驻缅甸大使馆经济商务参赞处，http：//mm.mofcom.gov.cn/article/jmxw/201303/20130300067934.shtml。

② 李永宁、陈秀莲：《中缅经贸关系探讨》，《东南亚纵横》2003 年第 4 期。

续表

年份	进出口总额	进口	出口	贸易平衡	增长率（与上年同期相比）		
					进出口总额	进口	出口
1999	508.21	101.68	406.53	304.85	63.7	-21.4	-12.3
2000	621.26	124.82	496.44	371.62	22.2	22.8	22.1
2001	631.54	134.19	497.35	363.16	1.7	7.5	0.2
2002	861.64	136.89	724.75	587.86	36.4	2.0	45.7
2003	1079.74	169.52	910.22	740.7	25.3	23.8	25.6
2004	1145.38	206.94	938.44	731.5	6.1	22.1	3.1
2005	1209.25	274.4	934.85	660.45	5.6	32.6	-0.4
2006	1460	253	1207	954	20.73	-7.8	29.11
2007	2057	371	1686	1315	40.9	46.6	39.7
2008	2626	648	1978	1330	27.7	74.7	17.3
2009	2907	646	2261	1615	10.7	-0.3	14.3
2010	4444	964	3480	2516	52.9	49.2	54.0
2011	6500	1680	4820	3140	46.3	74.3	38.5
2012	6970	1300	5670	4370	7.2	-22.6	17.6

资料来源：1988~1999年贸易额数据根据中国各年度统计年鉴整理，增长率由笔者计算所得；2000~2012年数据根据中国商务部亚洲司网站各年度统计数据整理所得。

中缅贸易额的增长也使中国在缅甸的对外贸易中地位越来越重要。自20世纪90年代以来，在缅甸的对外贸易伙伴中中国一直处于前五位。表8-2和表8-3显示了缅甸主要的贸易伙伴，从中可以看出中国的重要性。

表8-2 缅甸主要的贸易伙伴在缅甸对外贸易中所占的比重（出口）

单位:%

年份	1980	1990	2000	2008/2009
1	新加坡14.3	非洲14.3	美国22.4	泰国38.7
2	非洲10.6	泰国12.0	泰国11.8	新加坡12.5
3	日本9.9	新加坡11.3	非洲8.6	印度11.9
4	印度尼西亚9.5	印度10.8	印度8.2	中国香港9.8
5	中国香港7.6	中国8.1	中国5.7	中国9.1

资料来源：国际货币基金组织统计数据。

表 8-3　缅甸主要的贸易伙伴在缅甸对外贸易中所占的比重（进口）

单位:%

年份	1980	1990	2000	2008/2009
1	日本 43.7	中国 20.6	泰国 18.3	中国 26.4
2	英国 8.8	新加坡 17.6	中国 18.0	新加坡 23.0
3	德国 7.4	日本 16.6	新加坡 15.8	泰国 8.6
4	新加坡 6.1	德国 4.8	韩国 10.5	马来西亚 7.9
5	美国 5.0	马来西亚 4.7	马来西亚 8.4	印度尼西亚 4.6

资料来源：国际货币基金组织统计数据。

　　双方贸易的商品结构方面，缅甸从中国进口的商品以加工制成品为主，主要有机电产品、电子产品、食品和日用消费品，这些产品正好是缅甸缺乏竞争力的产品；缅甸出口中国的商品主要是木材、农产品、水产品、珠宝等初级产品，其中木材多是一些完全没有经过加工的原木，附加值极低[①]，这主要是由于缅甸农林业资源丰富，在经济尚不发达的情况下，依靠自身资源优势开展对外贸易。此外，除了双方结构差异产品外，相同的产品也有贸易交换，如中国在向缅甸出口机电产品、电器和电子产品的同时，也从缅甸进口部分相同或相似产品。

　　2. 边境贸易

　　1988 年 8 月 5 日，缅甸军政府同中国签订了边贸协定。同年 10 月 3 日，缅中边境贸易全面开放，11 月底缅甸军政府宣布将登尼以北 140 平方千米的地区划为边境贸易区。1991 年 10 月 1 日，缅甸政府宣布开始实行新的边贸制度，允许采取边境贸易和正常贸易相结合的方式开展边境贸易，允许通过边境采用正常贸易方式从事进出口业务、先进口后出口及采用寄售制方法从事进出口贸易。[②] 1991 年 10 月 24 日，缅甸贸易部颁布《缅甸—中国边境地区木姐、南坎、九谷、滚弄、户板、清水河边贸须知》，将木姐、南坎、九谷、滚弄、户板、清水河设立为与中国开展边境贸易的口岸。1994 年 1 月，将八莫开放为与中国开展边贸的口岸。据中国商务部统计，截至

①　Toshihiro KUDO, Fumiharu MIENO. Trade, "Foreign Investment and Myanmar's Economic Development during the Transition to an Open Economy," Discussion Paper, No. 116, Institute of Developing Economics (IDE), JETRO, Japan, August 2007.

②　韩德英：《缅甸经济》，德宏民族出版社，1996，第 308 页。

2003 年 1 月 30 日，中缅双方共开通了国家级口岸 2 个、省级口岸 13 个。其中，重要的口岸有位于掸邦北部瑞丽江边的木姐和南坎、位于克钦邦伊洛瓦底江与大盈江交汇处的八莫。

除了设立口岸之外，缅甸政府还采取了一系列措施发展边境贸易，如建立健全边贸管理机构、加强边贸税收征管、严格边贸出口物资管理等。为了给中缅边境贸易创造良好的环境，缅甸政府还做了多方面的努力，包括与缅甸边境地区的部分反政府武装进行谈判、实现停火并签署和平协议，在边境地区加大禁毒力度及完善基础设施建设等。这都为促进边境地区的社会和经济发展提供了必要的保障。

自缅甸开放与中国的边境贸易以来，缅中边贸发展十分迅速，两国边境贸易额持续增长。据缅甸商务部统计：2010 年 4～11 月，两国边贸总额达 10.53 亿美元，其中缅甸出口 5.67 亿美元，进口 4.86 亿美元。2010/2011 财年缅中边贸额为 17 亿美元，其中缅甸出口约 9 亿美元，进口约 8 亿美元。[①] 从表 8-4 中可以了解 1999～2008 年中国与缅甸的边境贸易情况。在中缅边境贸易中，缅甸一直处于逆差地位，贸易不平衡的情况比较突出。缅甸通过边境贸易从中国进口的物资主要有机械、轻工业产品、建材、家电产品、日用品等；向中国出口的产品主要有农产品、林产品及一些工业原料。[②]

表 8-4　中国与缅甸的边境贸易（1999～2008 年）

单位：百万美元,%

年份	1999	2000	2001	2002	2003	2004	2005	2006	2007	2008
出口	263.3	293.5	261.2	358.3	446.3	500.6	540.6	656.0	800.4	915.4
百分比	64.8	59.1	52.5	49.4	49.1	53.3	57.8	54.3	47.3	46.3
进口	55.1	66.9	93.7	105.4	134.5	164.5	223.5	166.8	231.6	461.4
百分比	54.3	53.6	69.8	77.0	79.3	79.5	81.5	66.0	62.5	71.6

资料来源：中国海关统计数据。

云南省在中国与缅甸经贸合作中有着独特的地位和作用。云南与缅甸

---

① 中国驻缅甸大使馆经济商务参赞处，http://mm.mofcom.gov.cn/aarticle/jmxw/201104/20110407499682.html。

② 陈明华：《当代缅甸经济》，云南大学出版社，1997，第 238 页。

有着漫长的边界，占整个中缅边界线的 91%，由于地理位置毗邻、风俗相近，而且资源结构互补，在整个中缅贸易中，滇缅边境贸易扮演着重要角色。云南与缅甸的贸易基本上就是中缅边境贸易。[①] 据缅甸商务部统计数据，2004/2005 财年至 2006/2007 财年，中缅贸易额分别为 7.8 亿美元、8.33 亿美元、15 亿美元，其中滇缅贸易额分别为 3.5 亿美元、5 亿美元、8 亿美元。2007/2008 财年中缅双边贸易额已从 2006/2007 财年的 15 亿美元上升到 24 亿美元，增幅为 60%，占缅甸对外贸易总额的 24%。边境贸易在双边贸易总额中所占比重超过 60%。滇缅边境贸易发展势头良好。从现实来看，缅甸是云南省第一大贸易伙伴，对云南自身的对外经济发展十分重要。据云南省商务厅统计，2008 年，滇缅贸易总额达到了 11.92 亿美元，同比增长 34.5%，占整个中缅贸易总额的比重达到了 60% 以上。据中国海关统计，2009 年云南省边境贸易进出口总额为 12.61 亿美元，同比增长5.3%，其中与缅甸实现的边境贸易进出口总额达 9.78 亿美元，同比增长4.7%，占云南省边境贸易总额的 78%。对缅边贸出口占全省边贸出口的84%，达 5.92 亿美元，同比增长 23%；进口由上年的 72% 下降为 69%，完成 3.86 亿美元，下降了 14.9%，对缅边贸"出增进减"保证了滇缅边贸总额。[②] 2010 年、2011 年和 2012 年的滇缅贸易额分别为 9.6 亿美元、20.72亿美元和 22.72 亿美元。[③] 在滇缅边境贸易中，云南向缅甸出口的主要商品有矿产品、五金机械类、交通电工类、化工类、纺织品类、日用杂品类、农用生产资料类；云南从缅甸进口的商品为木材类、水产品类、玉石及树化石、粮食油料类、土特产品、中药材等。

　　滇缅贸易自 20 世纪 90 年代以来得到迅速发展，得益于双方经贸合作的深化和云南省政府出台的一系列鼓励滇缅边境贸易的措施。对边境贸易推行人民币结算就是其中重要的一个方面。自从 2003 年以美国为首的西方国家实施了对缅甸更严厉的经济制裁后，缅甸政府于 2003 年 8 月 5 日由贸易部、水产部、工业部、边境贸易管理局在仰光召集国内各大公司负责人开会，通报了国内经济受美制裁的影响情况，鼓励各大公司积极开展缅中、缅泰、缅印边境贸易，并改变过去边贸以美元结算的状况。自 2004 年起，

①　Maung Aung Myoe, Sino-Myanmar Economic Relations Since 1988, Asia Research Institute Working Paper, April 2007.

②　刘娟娟：《新形势下滇缅边境贸易发展情况与对策探析》，《中国商贸》2010 年第 23 期。

③　云南省商务厅历年统计数据。

我国云南省也开始进行边境贸易人民币结算的试点工作，这一举措恰好与我国后来实行的《关于进一步规范云南省对缅边境小额贸易结算及出口核销管理的通知》形成对应，极大地促进了滇缅边贸的发展。此外，我国有关部门还颁发了《云南省边境贸易外汇管理实施细则》和《云南省边境小额贸易出口人民币结算操作规定》，加强对边境小额贸易结算及出口核销的管理；在中缅、中老边贸结算中推出"边贸出口人民币结算专用账户"管理办法，外方商人进口货物资金由此账户划转，中方银行提供专门的转账凭证给中方出口企业作退税凭证。据了解，现在滇缅边境贸易95%以上都以人民币结算，用缅币结算的情况极少。总的来说，我国在国家层面和云南省地方层面都制定了有利于滇缅边境贸易发展的优惠政策，从滇缅边境贸易的进展情况和国家所制定的边贸优惠政策来看，这两者是密切相关的，边贸活动对于优惠政策的敏感度很高。

尽管中缅边境贸易在近年来得到了稳步发展，但其中不可避免地还存在着一些问题，主要有以下几个方面。

第一，滇缅边境的交通基础设施和口岸建设进展缓慢，无法满足不断增长的贸易往来需求。滇缅边境地区的一些通道等级低、路面差，特别是进入雨季后，晴通雨阻的状况突出，通道建设滞后是制约滇缅边境贸易扩大发展和开展过境（转口）贸易的"瓶颈"。而且，近年来，中缅边境的口岸建设虽然有所改善，但受资金等因素的制约，还远远不能满足口岸物流快速增长的需求。硬件方面，边境口岸仓储、运输、联检设施落后；软件方面，边境口岸信息化程度低、物流服务和金融服务远远跟不上边贸的发展。这些都制约着中缅边贸的发展。

第二，滇缅边境贸易还存在出口商品档次低、规模小和形式单一的问题。滇缅边境贸易的交易商品种类极其有限，贸易商品多为日用品、农副产品、工业原料等劳动密集型产品和资源类产品，这类产品技术附加值低，在国际市场上竞争力弱。而且，滇缅边贸主要是以边境小额贸易为主，规模不大，服务贸易、加工贸易等贸易形式所占的比重很少。由于云南省从缅甸进口的主要是木材、矿产品等资源型产品，这还加大了双方引发贸易摩擦的可能性。2005年下半年，缅甸政府调整了对边境特区的政策。2006年4月开始，经中缅两国政府谈判达成合作共识：只有经缅甸中央政府批准的木材、矿产品贸易出口合同，云南省才准予进口。但是在实际贸易过程中，支付购买木材、矿产品出口指标资金占压时间长、数量大，中间商和缅边境特区政府要收一定的费用，负担较重。①

第三，缅甸非关税壁垒严重，对中国商品的进口管制十分严格。如限定进出口商品品种、数量，频繁调整边境贸易管理规定，政策多变，政府官员更换快等严重制约了双边贸易的发展。

（二）投资

20 世纪 90 年代以前，中国对缅甸几乎没有投资。但从 20 世纪 90 年代中期起，中国一些企业开始对缅进行一些投资，但总体上讲，项目较少，金额不大，形不成规模。② 虽然官方的统计显示中国对缅甸的投资较少，但实际数额是难以估计的，因为在缅投资的许多中国企业都分布在边境地区或散落在缅甸的一些城市，并没有办理正式的手续。据缅甸外国投资委员会统计，截至 2011 年 1 月底，中国在缅总投资增至 96 亿美元，也成了最大对缅投资国。③ 中国在缅甸主要投资领域为矿产、水电和石油与天然气领域。矿产领域，中国有色金属集团与缅甸第三矿业公司共同合作开发了缅甸达贡山镍矿项目，中国有色矿业集团还将启动在缅甸的太公当镍矿项目。水电开发方面，据统计，2007 年中国有 45 个公司参与了缅甸的 63 个水电开发项目。其中最大的水电站是萨尔温江塔山水电站，装机容量达 710 万千瓦。其他重要的电力项目还包括邦郎水电站项目、瑞丽江水电站项目、耶瓦水电站项目和邦郎水电站 2 期项目、太平江水电站等，这几个项目的合同总金额超过 5 亿美元。油气资源方面，截至 2008 年 4 月，作为中国主要石油公司的中石油、中石化和中海油在缅甸海上和陆上投资的石油和天然气项目达 21 个。备受国际社会关注的中缅油气管道已于 2010 年 6 月 3 日正式开工进行建设。

由于缅甸经济比较落后，基础设施薄弱，市场潜力较大，是中国开展对外工程承包业务的传统市场和重要市场。近年来，中缅双方在工程承包和劳务合作方面也取得了较大的发展。据中国商务部统计，截至 2008 年年底，中国对缅甸工程承包、劳务合作、设计咨询合同金额达 53.8 亿美元，完成营业额 37.9 亿美元。2009 年中国企业在缅甸新签工程承包和劳务合作合同 160 份，合同金额为 183904 万美元，其中工程承包合同额为 100874 万

---

① 刘娟娟：《新形势下滇缅边境贸易发展情况与对策探析》，《中国商贸》2010 年第 23 期。

② 贺圣达：《1988 年以来的中缅经济合作：现状、问题和前景》，《云南社会科学》2005 年第 2 期。

③ 中国商务部网站统计数据。

美元，劳务合作合同额为 83030 万美元。中国企业在缅甸承包的工程项目主要为建筑、交通、电力、工厂（如糖厂、船厂、烧碱厂）等。2009 年，中国在缅甸的劳务人数为 8067 人。中国在缅甸的劳务人员主要从事建筑业、纺织业、渔业、餐饮业、医药、珠宝加工业及一些政府项目等。目前，中国在缅开展工程承包业务的公司主要有中国工程与农业机械进出口总公司、云南机械设备公司、中信技术公司等。其中最有代表性的有以下几个合作工程：耗资近 2000 万美元由中国上海贝尔有限公司与缅甸邮电部签署的缅甸国家通信骨干网改造工程项目；中国寰球工程公司和中工国际公司组成联合体承建的缅甸天然气化肥厂项目，合同额约为 1.95 亿美元；缅甸造船厂 1.2 万吨载重吨位干船坞等。中国企业在缅甸当地承建的项目质量好、规模大、技术含量高，不仅增加了当地的就业率和税收，还改善了当地人民的生活水平，产生了良好影响，赢得了良好声誉。

虽然中国对缅甸的投资在近年来有加快的趋势，但中国对缅甸的投资还远远低于东盟对缅甸的投资水平，这与中国整体的投资能力仍然是极不相称的。造成这种情况的主要原因有两个：一是缅甸国内的投资环境较差，有关投资方面的法律法规还很不健全，基础设施条件差；二是很多中国企业对缅甸的情况很不了解，中国缺少对缅甸投资的必要的经济激励。中国与缅甸地理相邻，具有悠久的贸易往来历史，产业结构也存在着差异，中国在资金、技术、管理等诸多方面都有比较优势，缅甸则在土地、市场、劳动力成本等方面有优势，相互投资还存在着很大的发展空间。中国企业要充分发挥产业优势，结合产业结构调整，实施"走出去"战略，通过境外投资、境外加工贸易、开展经济技术合作和工程承包等多种形式，在矿业开发、烟草加工、制药、机械制造、生物资源开发、旅游、农业、石油、天然气勘探、水电工程和公路等基础设施建设等方面，与缅甸开展全方位、多层次的经贸合作。

（三）援助

中国对缅甸的援助开始得较早，近年来主要是集中在经济技术合作和人道主义援助两个方面。1989 年 12 月，中国与缅甸签订了经济技术合作协议，中国同意向缅甸提供 5000 万元人民币（约 1500 万美元）的无息贷款，用于仰光—丹因铁路和公路桥的建设工程。1993 年 7 月 30 日，中缅两国在仰光签署了 6 个经济技术合作协定，中方向缅方提供 5000 万元人民币的无息贷款。1996 年中国向缅甸提供 1.5 亿元人民币的贴息贷款。1997 年 10

月，在中国副总理吴邦国访缅期间，中缅双方签订了中国向缅甸提供 1 亿元人民币的优惠贷款协定。1997 年东南亚金融危机爆发后，中国又向缅甸提供 1.5 亿美元的贷款，帮助缅甸克服金融危机的影响。1999 年，中国援助缅甸建造了农机制造厂，该项目已于 2003 年竣工移交。2000 年，中国与缅甸签订了总价值约 2 亿美元的经济技术援助合同，援建了缅甸水泥厂、纺织厂以及缅甸国家通信骨干网改造工程等项目。2003 年 1 月，缅甸和发委主席丹瑞访问中国，两国签署了《关于中国免除缅甸部分到期债务的政府间协定》、《中国政府向缅甸提供 1000 万元人民币用于培训缅甸航空、航海硕士人才》和《中国政府向缅甸提供文体物资援助》（价值 500 万元人民币）的换文。2004 年，中国向缅甸提供了 1.5 亿美元的优惠贷款，并对缅甸 9400 万美元的债务做了重新安排。2005 年中国援建了缅甸的一座国际会议中心，该项目已于 2010 年 1 月 31 日竣工，是中国对缅甸的最大的成套援助项目。2008 年 5 月缅甸遭受风灾后，中国政府先后向缅甸政府提供了 100 万美元（提供 50 万美元现汇援助和价值 50 万美元的人道主义紧急物资援助，主要包括帐篷 700 顶、毛巾被 9800 条和压缩饼干 13 吨）、1000 万美元、3000 万元人民币共三笔援款。中国还派遣了一支 50 人的医疗队在缅甸开展了为期 14 天的救援工作，提供 2 辆救护车、2 辆中巴车及一批医疗器械物资，提供 100 把汽油锯、40 台挖掘机、18 台推土机、2000 吨镀铝锌钢板卷材等物资。2009 年中国援助缅甸建设了小型碾米机厂和乡村学校项目。2010 年，中国援助缅甸 8000 万元人民币进行木姐至腊戌铁路路基勘测工作。2010 年 9 月 7～11 日，缅甸国家领导人丹瑞大将和夫人杜俭俭率领的 34 人代表团访问中国期间，中国国家主席胡锦涛等领导人会见丹瑞后签署了中国向缅甸提供 42 亿美元无息贷款的协议。该笔贷款将用于水电、信息技术、公路和铁路等项目建设，期限为 30 年。2011 年 3 月 24 日，缅甸东北部发生强烈地震，为表达中国政府和人民对缅甸政府和人民的友好情谊，中国政府向缅甸政府提供了 50 万美元现汇援助，用于帮助缅甸政府开展地震救灾和灾后重建。2011 年 10 月 3 日，中国石油天然气集团公司援助中缅油气管道沿线 8 所学校的合同举行签约仪式。这是中国石油天然气集团公司 600 万美元援缅项目的首批合同，标志着中国石油天然气集团公司援缅项目进入具体实施阶段。此外，中国对缅甸的重要援助项目——替代种植对中缅经济合作也具有十分重要的意义。2012 年 12 月 31 日，中国驻缅甸大使李军华和缅甸社会福利与救济安置部副部长吴蓬瑞在缅甸内比都分别代表本国政府签署了《中缅两国经济技术合作协定》及相关换文，中国政府向缅甸捐助 350 套集成房屋，用于帮助安置若开邦流离失所者和缅甸北部地震灾区灾民。①

（四）其他合作

近年来，随着中缅两国友好往来的增多和经济的发展，两国的经济合作也由过去单一的官方援助和贸易扩展到投资、承包工程等多领域和多层次的经济技术合作方面。双方合作的重点领域主要是基础设施建设、替代种植和跨境经济合作区三个方面。

1. 基础设施建设

中缅两国在基础设施建设方面的合作主要集中在交通基础设施互联互通的相关项目上。截至 2010 年，从云南通往缅甸的主要 9 条公路中已有 3 条基本建成高速通道。其中，昆明经保山、腾冲、猴桥通往缅甸密支那公路，云南境内段 698 千米已有 570 千米建成高速公路，其余为二级公路；缅甸境内 105 千米路段由中国出资援建二级公路，已于 2007 年 4 月建成通车。昆明经保山、瑞丽通往缅甸曼德勒公路，云南境内全长 731 千米，目前已有 577 千米建成高速公路，龙陵至瑞丽公路改造完工后，全线将提升为高速公路。昆明经普洱（思茅）、景洪、打洛通往缅甸东枝、曼德勒公路，云南境内全长 672 千米，已有 462 千米建成高速公路，其余路段为二级以上高等级公路。② 2010 年，国务院总理温家宝访问缅甸，中缅双方交通部门签署了中缅孟公路瑞丽至皎漂项目合作备忘录，中国将安排资金推进木姐—腊戌、腊戌 曼德勒—皎漂铁路项目前期工作。2011 年 2 月 16 日，中缅两国在缅甸首都内比都签署了关于缅甸皎漂经济技术开发区、附属港口、铁路项目合作谅解备忘录的补充协议。2011 年 4 月 27 日，中国铁路工程总公司与缅甸铁道部铁路公司就建设缅甸境内木姐—皎漂铁路项目在内比都签署谅解备忘录。但由于中缅两国铁路使用的铁轨尺寸不同和缅甸新政府组阁后国内出现一些问题等原因，原定于 2011 年开工的中缅铁路修建工程被迫暂缓施工。

河道建设方面，1993 年中国就曾与缅甸、泰国、老挝就湄公河开发问

---

① 中华人民共和国驻缅甸联邦共和国大使馆：《中国向缅甸提供救灾援助》，http：//mm.china-embassy.org/chn/xwdt/t1002210.htm。

② 新华网：《云南通往东盟国家的国家公路大通道初具雏形》，http：//news.xinhuanet.com/world/2010 - 01/04/content__12750909.htm。

题进行了可行性的研究探测。2000 年，中、老、缅、泰四国正式签署《四国澜沧江—湄公河商船通航协定》。此后，中国与缅甸就湄公河上游航道疏通问题进行了紧密合作。中国提供了技术和资金帮助缅甸实施航道整治工程，缅甸也对湄公河沿岸港口和后方公路进行了改造或建设。2002～2004年，中国政府出资 500 万美元，与缅甸、老挝和泰国政府共同整治了中缅243 号界碑至老挝会晒段 331 千米河段严重碍航的 10 道险滩、10 处礁石。2007 年，澜沧江景洪至中缅 243 号界碑 71 千米五级航道建设主体工程航道滩险整治工作完成，这一河段的通航能力基本实现与中缅 243 号界碑至老挝会晒 331 千米河段的对接，适航船舶吨位已由原来的 100 吨提高至 300 吨。2011 年 3 月，中国交通部表示将积极考虑同老挝、缅甸、泰国协调共同实施上湄公河航道二期整治和通航延伸工程。在中缅双方通力合作，积极改善水陆交通互联互通条件的同时，中缅水陆联运的设想应运而生。中缅水陆联运是指由我国瑞丽出境进入缅甸八莫港，再转伊洛瓦底江水运，直达仰光港并进入印度洋的陆、水联合运输系统。早在 1997 年，云南省德宏州就正式提出了建设中缅水陆联运大通道的设想，并做了大量的前期准备工作。但时至今日，中缅两国也未签订联运协定，在水陆联运方面的合作一直进展缓慢。这主要是由建设资金方面的困难和缅甸政府态度反复所导致的。但云南德宏州通过与相对应的缅方政府、特区管理机构加强沟通会话，以官方和民间相结合的形式推进两国的水陆连通，截至 2010 年 8 月，中国运输车辆在缅甸境内的纵深里程已经由原来的 15 千米增至 220 千米。① 中缅水陆联运的辐射区域经济社会发展相对滞后，水陆联运有利于中缅两国在农业、交通、旅游、环保和贸易投资等领域合作的深入发展，提高周边地区经济社会发展水平。

2. 替代种植

缅甸北部是世界上主要的罂粟种植地区，由于受历史和地理因素的影响，境外毒品通过我国西南边境渗透到国内，使我国深受其害。20 世纪 90年代初，中缅两国在长期的禁毒合作中寻找到了新的合作方式——替代种植。自替代种植开展以来，云南省的企业在国家及云南省政府相关部门的支持下，在缅甸北部开展了以水稻、橡胶、热带水果、甘蔗、茶叶等多种农作物替代罂粟种植的工作。

---

① 《文汇报》：《中缅国际大通道十年内建成》，http://paper.wenweipo.com/2010/08/30/zt10 08300019.htm。

2004 年 12 月 30 日，中国驻缅大使李进军与缅甸联邦国家计划与经济发展部部长吴梭达就中国承担缅甸北部果敢地区毒品替代种植项目进行了换文确认，中国政府向缅甸政府提供一笔无偿援助，帮助缅甸政府在缅甸北部果敢地区开展罂粟替代种植。2006 年 4 月，中国援助缅甸掸邦第一特区替代项目考察团对缅甸果敢县进行了考察，并与缅方签署了 500 万元人民币的替代种植项目协议。2006 年中国政府援助缅甸 1 万吨大米和医疗设备。2008 年 6 月，中国向缅甸北部禁种罂粟地区援助 1 万吨粮食，及时缓解了当地严重缺粮的矛盾。2008 年，针对缅甸遭受热带风暴袭击灾情，国家禁毒委员会办公室会同公安部国际合作局及时向缅甸警方援助了汽车、发电机、光学器材等价值 200 万元人民币的警用物资，进一步推动了中缅警方包括禁毒工作在内的警务合作。随着中缅双方替代种植工作的不断深入开展，成果也十分显著。

据统计，"十一五"期间，云南省已有 100 多家企业在缅甸、老挝北部开展替代种植，发展替代产业。截至 2010 年，替代种植面积达 300 多万亩，累计投资 10 亿多元人民币，替代种植项目遍及老挝北部七省、缅甸北部掸邦和克钦邦，实施替代项目 200 多个。缅甸、老挝、泰国在内的传统"金三角"地区，罂粟种植面积从 1998 年的 157900 公顷降到了 2007 年的 24160 公顷，降幅达到了 85%。中国在缅北地区开展的替代种植活动不仅为减少罂粟种植面积、巩固罂粟禁种发挥了重要作用，还使当地的基础设施得到改善。"十一五"期间，替代种植企业在缅甸、老挝北部修建了总长 3000 多千米的简易公路，架设桥梁 18 座，开通水渠 500 多千米，修建水池 30 多座，新建变电站 6 个。同时，替代种植企业还在缅甸、老挝北部新建学校 18 所，新建卫生院和卫生室 13 所，为改善当地医疗、生产、生活条件作出了积极贡献①，有利于中缅、中老经贸关系及经贸合作不断深化和发展。

尽管中缅两国在替代种植方面协力合作，取得了丰硕的成果，但从目前的情况来看，替代种植工作仍面临着不少的困难和问题，需要两国进行进一步协调和努力。首先，替代种植易受缅甸政治、经济、外交局势和中缅关系的影响。缅甸政府规定，关于替代种植方面的合作，一定要由中央政府批准。但实际情况是，中缅合作的替代种植项目基本上都是在少数民

---

① 云南网：《替代种植效益显现》，http：//yn. yunnan. cn/html/2011 - 01/11/content__1464336. htm。

族地方武装控制区开展的，面临着一定的政治风险。2009 年 8 月爆发的"果敢事件"，给中国在缅北开展替代种植活动企业的投资经营活动造成了较大损失，动摇了部分企业参与替代种植的信心。一些少数民族武装为了获得维持武装斗争所需的经费，也组织村民种植鸦片、生产毒品。其次，中缅两国在替代种植工作上的沟通协调问题，缅甸中央政府不承认"罂粟替代种植"这种说法，认为应该称为"农业合作"。在中国方面，也面临着替代种植政策的多变、关税及出入境等方面的措施不到位等问题。由于替代种植企业在境外生产的农产品主要是返销国内，但因为进口指标下达较慢和部分替代种植产品返销计划不足，致使企业生产的部分产品无法完全销售，企业经济利益受损，从而影响了企业的积极性。最后，极少数中国企业在开展替代种植的过程中对环境保护重视不够。比如，在替代种植项目区域的选择上，一些企业偏离了缅北传统罂粟种植的主要区域，大面积盲目种植橡胶林，在当地的毁林垦殖造成了生态环境的破坏。有的企业借替代种植之名走私缅甸的木材、矿产、玉石等资源，这些行为引起了一些国际非政府组织的关注和批评，给中国带来了较大的国际压力，国家形象也受到损害。

3. 跨境经济合作区

随着中国 – 东盟自由贸易区的建立、GMS 合作的深入发展，中缅两国在经济合作上迎来了新的发展机遇。基于地理位置、社会经济和历史文化等方面的优势，我国云南省积极探索了与缅甸跨境经济合作的新机制，2007年云南省德宏州提出了建设"中缅瑞丽—木姐跨境经济合作区"的设想，并展开了相关的研究。2008 年 2 月，德宏州向云南省政府上报了《关于争取国家批准建立中缅瑞丽—木姐经济合作区的请示》。近年来，云南省政府加大了对河口、磨憨、瑞丽姐告口岸建设的政策和资金扶持力度，瑞丽、木姐地区水、电、路、通信等基础设施和口岸条件已具备一定的规模，与缅甸在贸易、投资、旅游、交通、电力、通信、通关服务、医疗卫生、疾病控制、禁毒等方面的合作机制也日益完善，这为中缅跨境经济合作区的建立奠定了良好的基础。2010 年 6 月，《中共中央国务院关于深入实施西部大开发战略的若干意见》提出"建设云南瑞丽重点开发开放试验区"的战略。而瑞丽重点开发开放试验区的核心就是"中国瑞丽—缅甸木姐跨境经济合作区"的建设。中缅跨境经济合作区一旦建立，将有利于推动边境沿线地区经济发展的良性互动和优势互补，特别是在具有传统贸易优势的中缅边境地区，如能建立跨境经济合作区，争取中央和地方政府对该地区在财政、税收、金融、贸易、国际物流等方面的产业政策支持，将会使该地区从以边境贸易为主的单一发展模式向以贸易、投资、加工制造、物流等产业协调发展的综合模式转变，实现优势互补，实现共同发展。

三　中缅经济关系的特点分析

（一）中缅经济关系有着明显的地缘政治、经济意义

首先，缅甸特殊而重要的地理位置是推动中国开展对缅经济合作的重要动力。从地理—经济层面看，缅甸是中国的一个"陆桥"（Land-ridge）[①]，发展良好的中缅经济关系有利于我国"借道"缅甸，加强与东南亚和南亚国家之间的经济贸易，进一步开发我国西部地区。2010 年 6 月，中缅油气管道的动工修建也体现着中缅经济关系中的政治、经济意义。该管道建好后，部分原油可直接由此进入中国西南地区，相比传统海上路线至少缩短 1200 千米路程，可为我国西南地区的炼油厂开辟新的原油进口通道，缓解我国对马六甲海峡的依赖程度，减少原油进口的运输成本，降低海上原油进口的风险。[②] 第二，中缅友好甚至特殊的关系是推动中缅经济合作的重要基础。中缅两国是友好邻邦，20 世纪 40 年代末，中缅关系在特殊的国际环境下建立起来，经过 60 多年的发展，中缅关系已有深厚广泛的基础。长期以来，两国坚持睦邻友好关系，在国际和地区事务中保持良好合作。两国政治上的友好关系推动了双方在经济上的往来与合作。第三，缅甸所处的特殊国际环境是中缅经济关系发展的重要背景。1988 年缅甸军政府上台后，美、欧等西方国家开始对缅实施政治和经济制裁，面临困境的缅甸不得不把目光投向近邻中国。从本质上来说，中缅两国的政治、经济关系是在特殊的国际环境下，中缅两国从各自利益的角度出发而发展形成的。

（二）中缅经济关系受到美国、欧洲、日本、印度和东盟等外部力量的影响

1988 年以来，日本虽然跟随美国对缅甸进行了制裁，自 2003 年起停止了对缅甸的官方发展援助，但出于自身利益的考虑，日本对缅的态度还是有异于西方国家的。比如，日本继续向缅甸提供人道主义援助，近年来日

---

① 徐本钦：《中缅政治经济关系：战略与经济的层面》，《南洋问题研究》2005 年第 1 期。
② 李晨阳：《"缅甸问题"的新挑战》，《世界知识》2010 年第 1 期。

本与缅甸的贸易额也明显增加。据统计，2005 年、2006 年、2007 年日本与缅甸的贸易额分别为 2.95 亿美元、3.94 亿美元、4.72 亿美元，呈现快速增长的趋势。虽然欧盟国家对缅甸也实施了制裁，但态度没有美国强硬，欧盟国家在停止了向缅甸直接提供经济和技术援助的同时，并没有对民间企业在缅甸投资和经商加以限制。2010 年 11 月初，欧盟主管印尼、缅甸和东帝汶事务的高级官员表示，欧盟希望增加与缅甸的交流。2011 年 3 月 30 日，缅甸新政府成立之后，欧盟于 4 月 12 日解除对缅甸的部分制裁，主要是对新政府中的一些非军人部长，解除了签证禁令和资产冻结的制裁，解除期限为一年。挪威自 5 月 15 日起取消对缅甸部分制裁。缅甸的西邻印度近些年来也一直在主动改善同缅甸的关系。2000 年以来，印度开始积极同缅甸进行接触，印缅关系有了显著的发展，特别是在经贸领域的合作，合作涉及公路和铁路建设、无线电通信、信息交流、科技合作和能源开发等项目。据缅甸中央统计部门统计，2008/2009 财年，缅甸向印度出口 9.43 亿美元，从印度进口 1.44 亿美元，印度已成为缅甸第四大贸易伙伴。据缅甸投资委统计，截至 2009/2010 财年，印度在缅甸投资 1.89 亿美元，其中 72% 为 2007 年对石油天然气开发领域的投资。美国虽然一直以来对缅甸实行严格的经济制裁，但近年来，在缅甸问题上也有所松动。2009 年年初奥巴马上台后，改变了过去布什政府强硬的外交政策，推行"巧实力外交"，加强了与缅甸的直接接触和对话。2009 年 11 月和 2010 年 5 月，美国主管东亚事务助理国务卿坎贝尔访问缅甸，并与缅甸总理登盛会晤。2012 年 11 月美国总统奥巴马抵达缅甸，成为首名访缅的美国在任总统，在对缅甸 6 个小时的访问中，奥巴马在仰光议会大厦会晤缅甸总统吴登盛，双方表示要加强两国合作，促进双边关系发展。[1] 中国在缅甸日益增加的影响力也引起了东盟国家的担忧，为了防范中国在缅甸的影响，在泰国的游说下，缅甸于 1997 年正式加入东盟。这些外部国家对缅甸的措施不可避免地将会影响中缅合作，从长远来说，缅甸国际环境的改变，将不可避免地使中国在缅甸的经济地位和原有优势受到极大挑战。正在思考进行外交转型的中国，需要对缅问题进行未雨绸缪的考虑，这将对两国关系的未来发展产生重要影响。[2]

---

[1]　和讯网：《美国总统首次出访缅甸》，http://news.hexun.com/2012 - 11 - 20/148134551.html。

[2]　卢光盛：《中缅政治经济关系的发展、现状及其意义》，《国际关系学院学报》2009 年第 2 期。

（三）云南省在中缅经济关系中发挥独特和重要的作用

中缅边界线漫长，边界两侧居住着十多个跨境民族，自古以来云南就与缅甸有着密切的经济交往。由于地理位置相近、文化风俗相似，云南当地的企业和个人进行边贸活动相对比较便利，到缅甸投资、承包工程和进行替代种植等经济活动也很频繁，这使得云南在中缅经济关系中扮演着重要角色。2009 年云南与缅甸的贸易额已经超过 12 亿美元，2012 年更增至22.7 亿美元。中国在缅北开展的替代种植项目中，云南企业也发挥了重要作用。截至 2005 年年底，云南省已经为此总计投入 5 亿元人民币。从中国对外开放的战略全局看，中国内陆面向西南开放即面向东南亚、南亚开放，首先要通过云南扩大对缅开放，构建交通联网联通，然后才可能联通南亚，通往印度洋。[①]

（四）缅甸在对外经济联系上对中国的依存度较大

从上文的分析可以看出，缅甸在对外经济联系上对中国的依存度较大，这种依赖性只是表现在对外经济层面上（特别是在贸易上），缅甸经济并不存在总体上对中国过分依赖的情况，而且缅甸政府也很注意避免过分依赖中国。[②] 但缅中贸易仍然是缅甸对外经济关系中极其重要的一环，特别是缅中之间的边境贸易对缅甸经济发展以及改善边境地区居民的生活意义重大。日本学者认为，中缅的贸易关系对于缅甸军政府的维系很重要，但对于缅甸总体经济发展和产业提升并不十分重要。[③]

四　中缅经济关系发展的制约因素与前景

（一）制约因素

1. 缅甸国内政局的不稳定

缅甸军政府执政时期，法律法规尚不完善，政策也比较多变，缺乏连续性，这对中缅经济贸易带来了负面影响。2009 年发生在果敢的 "8·8 事件" 造成果敢居民恐慌，近万名果敢难民，包括中缅边境处的缅甸居民越过国界线，逃到南伞避难，经过我国及时的外交协调、疏散、收容、遣返

---

① 贺圣达：《中缅关系 60 年：发展过程和历史经验》，《东南亚纵横》2010 年第 11 期。

② 卢光盛：《中缅政治经济关系的发展、现状及其意义》，《国际关系学院学报》2009 年第 2 期。

③ Toshiliro KuDo，"Myanmar's Economic Relations with China: Can China Support the Myanmar Economy," Discussion Paper, No. 66, Institute of Developing Economies (IDE), JETRO, Japan, July 2006.

等努力，果敢事件才得以平息。这次事件让南伞口岸很多商人损失惨重，对中缅边境贸易造成了重创。2010 年缅甸大选之后，缅国内局势总体趋于平稳，但仍存在一些不确定因素。比如，军政府与边境"民地武"势力的矛盾未得到根本解决，存在着潜在的不稳定因素，不排除未来发生冲突的可能性，这必然会影响到中缅边境贸易和经济交往。2011 年 9 月 30 日，缅甸方面突然宣布搁置中缅两国密松电站合作项目，缅甸政府宣称是根据人民意愿，认为电站的建设会给当地带来环境问题和移民安置问题，实际上密松电站的停建更多的是由于当地局势的动荡。

2. 缅甸国内投资环境较差

总的来说，缅甸投资环境欠佳，主要表现在以下几个方面。第一，交通、通信和电力等基础设施滞后。2002 年，缅甸全国的发电总装机容量仅为 1172 兆瓦，供电严重不足，致使工厂的开工率不到 50%，连外国使馆的用电都无法保障。[①] 这导致了许多在缅甸的外国工厂开工不足，不能完全满足投资者的需求。第二，缅甸中央银行确定的缅甸货币缅币兑换美元和人民币等外汇的官价不够合理。缅币持续贬值，致使中国商品价格居高不下，严重影响中缅贸易份额。2009 年，缅币与人民币的汇率为 100 缅元兑 0.51 元人民币。人民币的坚挺与缅币的贬值形成反差，加之 2004 年年初又发生由私营银行挤兑事件引发的金融风波，金融管制趋严，中国商品更难进入缅甸市场。据有关资料分析，中国商品在缅北边境地区的市场份额占 80% 左右，在曼德勒地区占 30% 左右，在仰光地区占不到 10%。此外，缅甸还存在着法律和法规不健全，行政办事效率低下，政府官员办事拖拉，手续繁杂，贪污腐败严重等危害投资环境的问题。

3. 国际环境对双方合作的影响

由于缅甸位于南亚、东南亚的交会处，地理位置在经济上和战略上都十分重要，中国近年来与缅甸的经贸合作日益加强，受到的外部关注和压力也越来越多，主要包括美国、日本等国在"缅甸问题"上对中国施压，印度加强与缅甸的经济合作以抗衡中国在此地的影响力，NGO 对中缅经济合作的责难三个方面。随着中国在缅甸投资的增多，不可避免地存在着中央政府和地方政府之间、政府与企业之间出于不同的利益考量，发生一些不协调乃至冲突的现象，地方政府和企业过于偏重于短期经济利益的行为

---

① 魏达志：《东盟十国经济发展史》，海天出版社，2010，第 479 页。

（如对缅甸北部森林资源的乱砍滥伐、破坏环境等）受到了国际社会的谴责。2009 年 9 月 10 日，备受关注的中缅油气管道中国境内段开工，缅甸流亡者就此发表报告指责管道涉及"环境破坏及人权侵犯"，"美国之音"等西方媒体也借此大肆渲染。这让中国处于被动，对中缅经济合作产生了负面影响。2011 年 9 月 30 日，密松电站建设项目被搁置，《伊洛瓦底江》杂志的主编称政府在向西方发出一个信号，因为他们感觉受到了中国的挤压，想让西方发挥平衡作用。维基揭秘网公布的外交电报显示，美国曾向阻挠密松电站项目的团体提供资助。这些都对不断发展的中缅合作带来了不利的影响。

（二）发展前景展望

2010 年 11 月 7 日，缅甸举行了 20 多年来的首次大选，选举结果毫无悬念，军人力量仍然掌握着政权，从根本上来说，缅甸的政治格局不会发生本质上的变化，在对华政策上也会呈现一定的连续性和稳定性。这主要是因为缅甸面临的国际压力暂时不能得到缓解，仍需要友好近邻中国的支持。早在缅甸大选之前，欧美国家就不断地向缅甸施压，指责大选欠缺自由和公正。大选结束后，美国政府批评大选存在缺陷，加拿大总理哈珀则宣布加拿大仍将"继续对缅甸实施严厉制裁"。就缅甸目前的局势来看，欧美国家解除对缅甸制裁的可能性仍然十分渺茫。因而，从某种程度上来说，缅甸仍将视中国为传统的友好合作伙伴，这对于拥有深厚基础的中缅关系来说也是有利的。另外，在国内，缅甸大选加快了国内和解进程，经济发展政策也趋于稳定、开明和合理。经济上，缅甸官员称，新政府将采取更加开放的经济政策，欢迎外国投资者投资缅甸，缅甸将有望变得更加开放和繁荣。自缅甸新政府 2012 年 3 月 31 日执政以后，政府采取了一系列新的经济政策。为了发展经济，对宏观经济政策进行改革，缅甸政府于 8 月 19~21 日召开国家经济发展改革工作研讨会，就宏观经济管理、劳动力及就业机会、贸易和投资、财政和货币政策等领域工作进行讨论，缅甸的经济发展目标已由"以农业为基础全面发展其他领域经济"转变为"进一步发展农业、建立现代化工业国家、全面发展其他领域经济"。在研讨会上缅甸政府计划在未来 5 年，将国有工厂全部私有化。缅甸新的《外国投资法》允许目前存在的外国隐性投资（即冒用缅甸人名义投资）合法化，外国隐性投资者可以直接在外国投资项目下进行合法投资申请。新的《外国投资法》进一步放宽对外资及对国内有利的吸引投资政策。缅甸面临着发展经济、改善人民生活的重大任务，缅甸要摆脱落后的局面，也迫切需要中国的资金支持，将会继续维持对华特殊友好的政策，视中国为友好的合作伙伴。对于中国来说，也十分需要缅甸的资源来发展经济，并且在云南建设中国面向西南开放的"桥头堡"过程中，"借道"缅甸通向印度洋也是中国一个重要的战略利益考量。鉴于中缅两国巨大的合作潜力及经济互补性，中缅两国的经济合作将会深入展开，合作机会将更多，特别是在道路交通基础设施和油气管道建设、水电开发、农业合作、跨境经济合作、替代种植等方面。

虽然中缅友好合作的大趋势不会改变，但缅甸的其他问题可能会影响到中缅经济合作，不容忽视。这主要包括两点，缅甸"民地武"问题及国际社会对中缅经济合作的抨击问题。2010 年，缅甸大选投票刚结束，少数民族克伦族武装和缅甸军政府就在泰缅边界处发生交火，数万名缅甸难民逃往泰国。2011 年 8 月 17 日，吴登盛向国内各武装组织正式发出了进行政治谈判的邀请，以解决自 2009 年 4 月 28 日政府军向各民族地方武装组织提出部队整编要求遭到拒绝而陷入武装对峙的局面。由于复杂的历史因素和诸多的现实问题交织在一起，"民地武"问题短时间之内也无法得到根本解决，不能排除缅甸政府与"民地武"在边境地区再次发生冲突的可能，而西方国家在中缅合作的问题上，也是借机肆意渲染，攻击中国，这会对两国的经济合作带来较大的负面影响。

第九章　中国与柬埔寨的经济关系

一　冷战结束后中国与柬埔寨发展经济关系的背景及基础条件

（一）双方相对稳定的政治关系

中国与柬埔寨两国有着悠久的传统友谊。1958 年 7 月 19 日，两国正式建交。两国领导人开始建立起深厚的友谊，为两国关系的长期稳定发展奠定了坚实的基础。1955 年 4 月，西哈努克亲王在万隆亚非会议上与周恩来总理结识。西哈努克亲王曾于 20 世纪 70～80 年代两次在华长期逗留，领导柬埔寨人民反抗外来侵略、维护国家独立和主权的斗争，得到中国政府和人民的大力支持。由于中柬之间不存在亟待解决的问题，两国关系一直发展平稳。

20 世纪 90 年代以来，中柬关系进入新的发展阶段。江泽民、李鹏、朱镕基、李瑞环等前国家领导人先后访柬。西哈莫尼国王、西哈努克太皇、参议院主席谢辛、国会前任主席拉纳烈、政府首相洪森等分别访华。2000 年 11 月，江泽民主席对柬进行国事访问，两国领导人就双边关系和共同关心的问题达成了广泛的共识，双方签署了《中柬关于双边合作的联合声明》。2002 年 11 月，朱镕基总理访柬，两国领导人同意把农业、基础设施建设和人力资源开发作为两国重点合作领域，中方同时还宣布免除柬所有到期债务。2006 年 4 月，温家宝总理访柬。双方发表《联合公报》，宣布建立"全面合作伙伴关系"。2008 年是中柬建交 50 周年和"中柬友好年"，双方举办了一系列庆祝活动。2008 年 8 月，胡锦涛主席在会见出席北京奥运会开幕式的西哈莫尼国王时，将中柬关系概括为"和睦相处的好邻居、真诚互信的好朋友、同甘共苦的好兄弟、合作共赢的好伙伴"，这既是对两国现状的充分肯定，同时也为两国关系未来发展指明了方向。2010 年 12 月 13～17 日柬埔寨首相洪森访华，访华期间，国家主席胡锦涛、全国人大常委会委员长吴邦国分别会见了洪森。中柬两国达成重要共识，一致同意建立中柬全面战略合作伙伴关系，并签署了13个双边合作文件。中国将柬埔寨视为本地区最亲密的合作伙伴之一，柬埔寨则在很多国际问题上支持中国的立场，对于涉及中国根本利益的台湾问题，柬埔寨始终坚持"一个中国"的原则。两国相对稳定的政治关系为双方进一步加强友好合作提供了强大的政治支撑，有利于中柬两国更深入发掘合作领域，发展更牢固的经济关系。

（二）冷战结束以来两国达成了一系列拓展经贸合作的协议

1996年，两国政府签订了《贸易协定》和《投资保护协定》。1999年2月洪森首相访华时，双方签署了《中柬经济技术合作协定》《中国政府向柬政府提供优惠贷款框架协议》。2000年11月江泽民主席访柬时，双方签署了《中柬关于双边合作框架的联合声明》《中柬关于成立经济贸易合作委员会协定》《中柬经济合作协定》《中柬农业合作谅解备忘录》等文件，其中《联合声明》的第四点至第八点明确了两国关于加强双边经贸合作的原则及具体领域，双方同意适时建立两国经贸联合工作委员会，旨在促进和保护投资，鼓励在农业、工业以及旅游业等领域开展多种形式的合作，增强在文化、教育、卫生、体育等领域的交流与合作，并加强在联合国教科文组织及其他相关国际和地区组织中的协调与配合。2006年4月，国务院总理温家宝对柬埔寨进行正式访问，访柬期间，温家宝总理与洪森首相举行会谈，签署了《联合公报》以及多个协议和文件，包括两国政府经济技术合作协定、打击跨国犯罪的合作协议、两国政府卫生合作的谅解备忘录、两国关于大湄公河次区域信息高速公路项目柬埔寨段建设的谅解备忘录以及中国政府向柬埔寨提供2亿美元优惠出口买方信贷贷款总协议等。2011年8月20日，在中共中央政治局常委、中央政法委书记周永康访柬期间，中柬两国在金边签署了29项经贸合作协议。其中包括《中华人民共和国商务部和柬埔寨王国商业部关于双边大米贸易的协作谅解备忘录》《云南海投集团与柬埔寨SOMA集团关于建设大米加工厂的合作协议》《中粮集团与柬埔寨晤哥米较公司大米采购合同》等有关两国大米贸易的协议。这标志着在两国领导人的关心下、两国政府有关部门的共同努力下，柬方迫切关注的大米对中国直接出口已取得了实质进展。在这一系列合作框架的推动下，1992年以来，中国和柬埔寨贸易额逐年增长。据中国海关统计，1992～2012年的20年间，中柬双边贸易额由1295万美元增加到29.23

亿美元，创历史新高。中国对柬投资快速增长，连续多年成为柬最大的外资来源国。

（三）中柬在各个领域的交流与合作不断扩大

随着时间的推移，中国与柬埔寨的合作领域日渐扩展，由最初的经贸合作发展为全方位、多领域的交流与合作。双方在文化、旅游、教育、人力资源等方面开展了广泛的合作。两国先后签署了文化、旅游、农业等领域合作文件，两国军队、警务、新闻、卫生、文教、信息、水利、气象、工业、农业、文物保护等部门先后开展交流合作。

两国外交部保持良好合作关系，外交部官员频繁互访。1994 年两国外交部官员团实现互访，1995 年 2 月唐家璇副外长访柬，1999 年 1 月王毅部长助理赴柬进行外交磋商，6 月柬国务大臣兼外交国际合作部大臣贺南洪访华，2000 年 7 月柬外交国务秘书吴金安来华进行外交磋商，2003 年 6 月李肇星外长访柬，2005 年 11 月李金章部长助理访柬，2006 年 7 月柬副首相兼外交国际合作部大臣贺南洪访华。2008 年 1 月，杨洁篪外长访柬。目前，柬已在广州、上海、香港、昆明、重庆和南宁等地设立总领馆。中方保留在柬设领馆权力。

此外，中国政府自 1956 年以来一直坚持向柬埔寨王国提供经济援助，为柬埔寨国内经济的恢复与发展、人民生活水平的提高以及社会进步提供了重要的物质基础，在柬埔寨战后重建过程中发挥了极其重要的作用，同时也为双方的经济合作提供了很多机遇，上海建工集团、中国路桥工程有限责任公司、中国水利水电建设股份有限公司等企业由此得以进入柬埔寨工程承包市场，积极参与柬基础设施建设，为中柬两国人民的深厚友谊筑路搭桥。

二　中国与柬埔寨经济关系的历史发展

柬埔寨是中国的传统友好邻邦，中柬友谊源远流长。早在两千多年前，两国人民就开始了友好交往。自 1958 年 7 月建交以来，中柬两国经贸关系得到了逐步发展。1993 年柬埔寨王国政府成立后，柬开始实行自由市场经济和对外开放政策，中柬两国全面经贸合作关系得到恢复和发展。1992 年双边贸易额仅为 1295 万美元，1994 年中柬双边贸易额增加为 3627 万美元，比上年同期增长了 87.5%。

1996 年 7 月，中柬两国政府签署了《贸易协定》和《投资保护协定》。

1997 年，中柬双边贸易额达 1.2 亿美元，比上年增长 71.8%。1998 年达 1.62 亿美元，比上年增长 35%。从 1996 年开始，中国内地对柬埔寨的投资出现显著增长，1998 年中国内地对柬投资额达到 1.05 亿美元，是 1996 年的 2.76 倍。另外，1997 年前后，中国公司开始进入柬埔寨工程承包市场。据驻柬埔寨使馆经济商务参赞处统计，截至 2000 年年底，中国公司在柬共签订承包劳务合同 1633 份，合同金额 3.89 亿美元，完成营业额 1.66 亿美元。

受东南亚金融危机的影响，1999 年中国对柬埔寨的贸易与投资均有所下降。中柬双边贸易额同期下降约 1%，中国对柬直接投资仅有 0.46 亿美元，远低于前一年的 1.05 亿美元。但随着整体经济环境的改善，中柬经济合作大大加强。2000 年 11 月，中柬两国经贸合作委员会正式成立。2002 年中国政府开始向柬提供与 WTO 成员同样的最惠国待遇。2002 年中柬贸易额达到 2.7655 亿美元，比上年增长了 14.84%，其中中国出口 2.52 亿美元，进口 2455 万美元，中国成为柬埔寨第四大贸易伙伴。

2002 年 11 月，中国和东盟签署《中国 – 东盟全面经济合作框架协议》，根据此协议下的"早期收获计划"，中国政府自 2004 年起给予柬埔寨、老挝、缅甸三国部分农产品减免关税优惠待遇。中国政府从 2004 年 1 月 1 日起，给予柬埔寨 297 种商品（主要是农、林、牧、渔产品）进口零关税的优惠待遇，这在很大程度上推动了柬埔寨的农业以及对外贸易的发展。2005 年中柬双边贸易额达 5.63 亿美元，比上年增长 16.8%。在投资方面，由于受到 2003 年欧美国家对中国出口纺织品设限的影响，中国内地对柬埔寨的投资在 2004 年和 2005 年快速提升。2003 ~ 2005 年，中国内地连续三年成为柬埔寨第一大外资来源国，2004 年中国内地对柬投资总额达到 8040 万美元，比上年同期增长 144%，2005 年中国内地对柬投资额飞速增长，达到 2.52 亿美元，比上年同期增长 213%，占当年柬埔寨 FDI 总量的 66.2%。据中国商务部统计，截至 2003 年年底，中国企业在柬签订的工程承包、劳务合作、设计咨询及生产合作合同总额达 5.67 亿美元，完成营业额 3.69 亿美元。其中 2003 年新签合同 99 份，合同额 3922 万美元，完成营业额 5266 万美元。

近年来中柬经贸合作发展较快，双方在贸易、投资、经济技术合作领域取得了令人满意的成果。2006 年双边贸易额达 7.33 亿美元，比上年增长 30.1%。2007 年，中国成为柬埔寨第二大进口国，仅次于泰国，从中国的进口占柬埔寨进口总量的 16.6%。2008 年，中柬双边贸易额达到 11.3 亿美元，提前实现 2010 年双边贸易额达到 10 亿美元的目标。2008 年爆发的全球金融危机使中柬贸易受到冲击。2009 年前三个季度，中柬双边贸易额为 6.98 亿美元，同比下降 23.6%。但是，随着 2009 年 10 月 1 日双方首次实质性执行自贸区降税安排后，10 月当月双边贸易额即同比增长 14.2%，自贸区对贸易的促进作用显而易见。2010 年，中柬双边贸易额为 14.41 亿美元，同比增长 52.6%。2011 年，中柬双边贸易额为 24.99 亿美元，同比增长 73.4%。2012 年，中柬双边贸易额为 29.23 亿美元，同比增长 17%。其中，中国对柬出口 27.08 亿美元，同比增长 17%；中国自柬进口 2.15 亿美元，同比增长 16.8%。

中柬两国的进出口商品结构有很大的互补性，中方主要出口产品为电器、纺织品、机电产品、五金和建材等，从柬埔寨主要进口橡胶、木材制品和水产品等。近年来，中国商品的质量、性能和价格优势已渐渐被柬民众所了解和接受，中柬贸易有望走上新台阶。目前，中国商品在柬埔寨市场的占有率居第三位，仅次于泰国和越南，随着柬经济的发展和两国经贸交往的增加，中国商品在柬市场的知名度亦会不断扩大。从表 9 - 1 中可以了解 1992~2012 年中柬双边的进出口贸易情况。自 1992 年以来中柬双边贸易发展较快。在中柬双边贸易中，中国一直处于顺差地位，贸易不平衡的状况较为突出。

表 9 - 1　1992~2012 年中柬双边进出口贸易状况

单位：万美元，%

年份	金额	双边贸易增长	中对柬出口	增长	中从柬进口	增长
1992	1295	—	—	—	—	—
1993	1934	49.3	—	—	—	—
1994	3627	87.5	—	—	—	—
1995	5734	58.1	5162	46.3	572	471.1
1996	7025	22.5	6337	22.8	688	20.3
1997	12069	71.8	7568	19.4	4501	554.2
1998	16187	34.1	11369	50.2	4818	7.0
1999	16012	- 1	10433	- 8.2	5579	15.8
2000	22400	39.9	16400	57.0	6000	7.5
2001	24000	7.1	20600	25.6	3400	- 43.3
2002	27650	15.2	25200	22.3	2450	- 27.9

续表

年份	金额	双边贸易增长	中对柬出口	增长	中从柬进口	增长
2003	32000	15.7	29400	16.7	2600	6.1
2004	48243	50.8	45250	53.9	2993	15.1
2005	56300	16.7	53600	18.5	2700	-9.8
2006	73300	30.2	69800	30.22	3500	29.6
2007	93300	27.3	88200	26.4	5100	45.7
2008	113000	21.1	109400	24.04	3600	-29.4
2009	94395	-16.5	90706	-17.1	3689	2.5
2010	144100	52.7	134800	48.6	9300	152.1
2011	249900	73.4	231500	71.7	18400	97.8
2012	292300	17	270800	17	21500	16.8

资料来源：根据中国海关统计资料整理。

从 2000 年起，几乎每个月都有数个来自中国的投资考察团抵达柬埔寨进行商务考察。中国企业在柬埔寨的投资当中，制衣业占比重较大，但是旅游业、餐饮业、酒店等服务业也日益成为中国在柬埔寨投资的一个亮点。2006 年在温家宝总理对柬埔寨进行国事访问期间，中柬双方签订了 11 项新协议，涉及卫生、电信、打击跨国犯罪以及对吴哥窟的修缮等多个领域。吴哥窟现已成为中国游客境外旅游的主要旅游地点之一。截至 2007 年年底，中方在柬投资额存量已超过 1.68 亿美元。目前，中国企业在柬埔寨投资的项目达 20 多个，协议投资总额近 40 亿美元，其中包括工程机械、旅游等行业。据中国商务部统计，2012 年，中国企业对柬非金融类直接投资金额为 7.2 亿美元，同比增长 131%。截至 2012 年年底，中国企业对柬非金融类直接投资累计 23.93 亿美元。

冷战结束后，随着中国经济建设的顺利开展，中国的综合国力得以显著增强。而此时的柬埔寨正值战乱刚刚结束，国内发展急需资金的时候，作为柬埔寨的友好邻邦，中国给予了柬埔寨大量援助，在柬重建过程中发挥了极其重要的作用。中国对柬埔寨的援助形式多样，既有实物、现汇、低息和无息贷款等援助，又有技术、人力资源的援助，还有部分无偿援助等。1993～2005 年，中国向柬埔寨提供的经济技术援助共计 20 亿元人民币（包括无偿援助、无息贷款和优惠贷款），帮助柬埔寨培训了 294 名政府官员和经济技术人员，并派出 35 名专家赴柬进行技术指导和培训。① 1994～2007 年，柬中两国政府签署了一系列经济技术合作协议，包括中国政府向柬埔寨政府提供 4 亿多美元的无息或低息优惠贷款，其中仅 1994 年中国就向柬埔寨提供了 860 万美元的无息贷款，用于发展农业和卫生事业。② 2006年 12 月 28 日，中柬双方签署 1 亿元人民币无息贷款协议和援柬选举办公设备供货合同。此外，1993～2007 年，共有 374 名柬政府官员和技术人员参加了由商务部举办的多边或双边培训班。培训领域涉及柬卫生、体育、外交、金融、商务、工业、农业、交通等，培训对象包括柬政府有关部门的司、处级中青年干部和专业技术人员。目前，受训学员在各自工作岗位上发挥着积极作用，有的已成为部门的中坚力量。2010 年，共有 95 名柬学员赴华参加 41 期各类援外培训项目。培训范围涉及金融危机与经济复苏、工业、农业、交通等诸多领域，学员来自柬政府核心部门及社会团体。受训学员对培训项目普遍反映良好，认为针对性和实用性强，对于促进柬埔寨社会和经济发展以及削减贫困具有积极的作用。

到目前为止，中柬经贸合作的主要机制有三个。（1）中国 – 东盟自由贸易区为中柬经贸合作提供了基础和框架。近年来特别是中国加入 WTO后，中国向柬埔寨、老挝、缅甸三国提供了数百种产品进入中国市场的零关税待遇，其中就包括柬埔寨的 297 种产品。迄今为止，中国已给柬埔寨提供了633 种产品进口关税优惠待遇，其中包括了中国需从柬埔寨大量进口的农、林、渔、牧、矿等产品。（2）大湄公河次区域经济合作是中柬经贸合作的另一个重要机制。在 GMS 机制下，中国特别向柬埔寨提供了部分优惠贷款和无偿援助，并为缅甸、老挝、柬埔寨三国提供最优惠的关税政策。（3）中国 – 东盟博览会已经成为中柬经贸合作的重要平台。柬埔寨通过这个平台，向中国和东盟国家的投资者宣传本国的投资政策和投资机遇，包括工商农贸、旅游、房地产、能源、港口等项目的推介，多个中柬大型合作项目就是在博览会上达成的。自 2004 年第一届中国 – 东盟博览会成功举办以来，洪森首相连续六届率团参加。与会期间，洪森首相多次表示，中国经济繁荣给柬埔寨带来的是好处，而不是威胁，柬将从中国的发展中获得更多好处。

---

① 中国 – 东盟博览会官方网站：http://big5.caexpo.org/gate/big5/www.caexpo.org/gb/charm2006/jinbian/news＿＿jpz/t20061012＿64145.html。

② 柬埔寨《华商日报》1997 年 8 月 9 日。

三 中国与柬埔寨经济关系发展的现状

(一) 贸易往来

近年来,柬埔寨国内政局稳定,经济平稳发展,自 2003 年 9 月加入世界贸易组织以来,柬外贸发展势头良好,2006～2008 年三年间,柬进出口总额出现连续增长。2008 年,柬埔寨进出口总额达 87. 26 亿美元,比上年同期增长了 15. 1%。柬埔寨外贸的迅速发展大大促进了柬与中国的双边贸易。自 2004 年 1 月 1 日起,中国政府给予柬埔寨 297 种商品(主要是农、林、牧、渔产品)进口零关税的优惠待遇,这推动了中柬双边贸易额快速增长。2007 年,中柬双边贸易总额达 9. 33 亿美元,比上年同期增长 27. 3%,其中中国出口增长 26. 4%,进口增长 45. 6%。2009 年 10 月 1 日双方首次实质性执行自贸区降税安排后,10 月当月双边贸易额即同比增长 14. 2%。根据柬埔寨商业部统计,2009 年柬出口总额为 23. 8 亿美元,同比下降 21. 1%。受全球金融危机影响,柬成衣业外需萎缩,国际农产品价格下跌,导致柬对美国出口剧降 30. 2%,对欧盟出口下跌 9. 9%。柬对东盟及中国、日本、韩国的出口不降反升,增幅高达 37. 6%,区域合作显现成效。[①] 按计划中柬于 2011 年、2013 年、2015 年分三次进行降税安排,并最终于 2015 年实现绝大部分产品(除敏感和少数二轨产品外)零关税。关税的逐步减免给双方优势产品的进出口带来巨大的刺激效应。

在商品品种方面,2000 年以前,中国对柬出口商品主要是机电产品、纺织品、钢材、服装及衣着附件、通断及保护电路装置、家用陶瓷器皿、医药品、钢坯及粗锻件、鞋类等;中国从柬进口商品主要有天然橡胶、原木、锯材、胶合板等。近年来,中国出口到柬埔寨的主要商品为电器、纺织品、服装、鞋类、机电产品、摩托车、五金和建材等,主要从柬埔寨进口橡胶、木材制品、家具和水产品等。中国产品,如机电、家电、建材、食品、日用五金、文具和体育用品等在柬埔寨市场深受消费者欢迎。

十多年来,柬埔寨制衣业发展迅速,1994 年只有 7 家制衣企业,而现在发展到了几百家,成衣出口占到了柬埔寨出口总额的 90% 以上,主要出口市场是美国和欧盟国家。其中出口到美国的成衣纺织产品可以享有至少 6% 的成衣纺织品配额,符合欧盟原产地规定的纺织品出口还可享有免关税免

---

① 中华人民共和国驻柬埔寨使馆经济商务参赞处,2010 年 1 月 15 日。

配额的优惠。除此之外，柬埔寨劳动力资源丰富且廉价，工人月最低工资为 45 美元，加上加班费和各种奖金后每月也不超过 80 美元。这些优惠条件吸引了众多的外国投资者，他们纷纷将资本投向柬埔寨的制衣业，这进一步推动了柬制衣业的发展。柬埔寨的制衣企业以生产衬衣、长裤、短裤、翻领运动衫、T 恤衫、厚绒套头运动衫为主。企业需要进口成品或半成品的生产材料，如布料、衣扣等，中国大陆及香港和台湾地区为柬埔寨提供了80% 的生产原料。从这一层面讲，柬制衣业的快速发展推动了中国对柬的出口。

从中柬贸易来看，更多的是中国对柬埔寨的出口，而中国从柬埔寨的进口则很少，中国出口的不断扩大已经成为拉动中柬双边贸易持续增长的主要动力。十多年来的中柬双边贸易中，中国一直处于顺差地位，2012 年顺差达到 24.93 亿美元，这使得双边贸易呈现很大的不平衡性。另外，我国进入柬埔寨市场的商品多以"质低价廉"的商品为主，产品附加值低，具有高技术含量的名牌商品和高科技产品并不多。因此，要实现中柬经贸关系的进一步提升，还需要政府的大力支持与企业的积极配合。两国政府应该努力为双方企业牵线搭桥，促进彼此交流，增进相互了解，拓展合作领域。两国企业在进行经贸交往的时候，应该诚实守信，真诚相待，努力实现共赢，在各自的经营过程中，不搞坑蒙拐骗，不做有损国家形象的事情，为两国经济关系的持续健康发展贡献力量。

（二）中国在柬埔寨的投资现状

近年来，中国政府积极推行并鼓励企业实施"走出去"战略，推动有实力的企业开展以"境外加工贸易"为主要方式的对外投资，这大大迎合了柬政府对外资的需求，极大地推动了双方互惠互利的合作，柬埔寨已成为中国企业开展"境外加工贸易"投资的重点国家之一。2004 年中国企业在柬投资 19 个项目，协议投资额为 8040 万美元。2005 年，中国大陆在柬埔寨投资项目 41 个，协议投资额达 4.52 亿美元，占柬埔寨批准固定资产投资总额的 43.12%，同期增长 462%。2006 年在温家宝总理对柬埔寨进行国事访问期间，中柬双方签订了 11 项新协议，涉及卫生、电信、打击跨国犯罪以及对吴哥窟的修缮等领域。

2007 年 4 月 6 日在金边举行的中国（云南）—柬埔寨贸易投资洽谈会上，云南省与柬埔寨签订了 4 个合作项目：云南国际公司、云南东南亚置业投资有限公司与柬方合作的占地 2000 亩、位于金边市中心区的五星级酒店休闲中心——万谷湖"东方新城"开发项目；中国的云南国际公司、广东省与美国联手开发的柬埔寨最大港口——西哈努克港生态旅游和土地综合开发项目；柬埔寨戈公省占诺铬铁宝石矿项目 208 平方千米的勘探协议；柬埔寨菩萨省昆桑锑铬宝石项目 182 平方千米的勘探合作项目。[①] 截至 2008 年年底，中国企业在柬埔寨投资项目的协议投资总额达 39 亿美元，柬埔寨已成为中国企业在海外进行直接投资的首选目的地之一。据柬埔寨发展理事会统计，2012 年 1~6 月，柬政府批准的项目协议投资中，新增项目 105个，同比增长 38%，协议投资总额为 9.93 亿美元（但由于去年有几个大项目进入，基数较大，因此投资额同比减少 67%）。在柬外资来源地中，中国居首位。由于国际贸易环境发生变化以及国内制造业比较优势逐步丧失等原因，中国纺织企业加快了"走出去"的步伐。目前，在柬埔寨投资办厂的中国纺织企业已达到 400 多家。绍兴光大国际贸易有限公司在柬埔寨投资3000 万美元创办了光大制衣厂，产销两旺。江苏省投资额最大的纺织服装类境外加工贸易项目"欣兰（柬埔寨）制衣有限公司"在 2006 年获中国商务部批准，该海外项目的投资主体江苏 AB 集团有限责任公司以设备、原材料及部分现汇共计投资 1650 万美元，在柬埔寨金边设立境外加工贸易企业，将国内原材料出口到柬埔寨生产、再将产品销售到欧美市场。江苏 AB 集团有限责任公司有关负责人表示，成本攀升令利润微薄的中国内衣生产企业难以承受，因此 AB 集团将部分低附加值的产品放到柬埔寨生产，这有利于解决配额问题及规避贸易壁垒。[②]

　　春兰集团、中国电力技术进出口公司、中国农垦（集团）总公司等一些大企业在柬都有投资项目。在柬埔寨首都金边随处可见中国人经营的商铺、餐馆、诊所、旅馆、卡拉 OK 厅等。国内还有不少下岗工人也前往柬埔寨寻求致富之路。重庆有一个国有企业下岗工人 1994 年借钱带全家赴柬埔寨，从在日用杂货制作厂打工开始，勤干善思，被老板看中升为工厂负责人，后来，他借钱开了家中国川味火锅店，生意红火，一年内还清了 9 万美元借款，从 1998 年 7 月到 1999 年 11 月，火锅店纯盈利 18 万美元，该店已成了东南亚最大的川味火锅品牌店。这位中国的下岗工人在异国他乡发展成了百万富翁。

---

① 《云南日报》2007 年 4 月 7 日。

② 李溯婉：《应对出口困境　中国纺企加速跨国生产布局》，《第一财经日报》2008 年 3 月 31日。

　　除了正常的消费和投资外，还有一部分中国资本流失在柬埔寨的赌场里。柬埔寨的赌博业在一定范围内是合法的，很多中国人一来到这里便进赌场小试身手，结果让赌场名正言顺地挣走了不少钱。

　　中国对柬埔寨投资日益增长的同时，其中也暴露出了不少问题，主要有以下几个方面。

　　1. 投资之前没有做足功课，没有对柬埔寨国情进行认真考察，对其了解不够，投资比较盲目。对当地的法律、法规及相关的政策规定了解不透彻，遇到纠纷难以解决。

　　2. 与柬埔寨企业合作时，合作关系扭曲是中国资本遭遇的头号杀手。由于历史文化、市场运作模式的差异，大部分中国投资商到柬埔寨都会寻找一个熟悉当地市场的合作伙伴，代理当地的业务。但由于处理不好合作关系，很多中国公司最终人财两空。

　　3. 缺乏对柬埔寨市场的可行性分析，没有具体情况具体分析，只是简单照搬本企业文化和在国内的市场营销经验。

　　4. 中国的同类产品在柬埔寨市场上竞相压价，恶性竞争，有的企业甚至将假冒伪劣产品出口到柬埔寨市场，某些产品的质量、售后服务差，企业和商品的可信度低。部分中国商人急功近利，投机取巧，只注重短期利润而无视长期利益。

　　5. 部分中国企业和商人通过不正常的渠道，尤其是利用与当地官员的私人关系争取投资项目，被指责应为该国的腐败问题承担一定的责任。

　　6. 部分中国企业和商人不遵守柬埔寨的法规，钻法律漏洞，如在房地产投资中违法占地。2007 年柬埔寨政府大规模拆除中国商人投资的龙城庄园，洪森首相更是亲自操刀整顿违法占地现象，给中国投资者敲响了警钟。

（三）承包劳务合作

　　中国承包企业于 1997 年前后开始涉足柬埔寨国际招、投标工程市场。进入 21 世纪以来，中国在柬承包工程业务取得很大进展。2000 年，中国公司在柬新签承包劳务合同 401 份，合同额为 1.09 亿美元，完成营业额为 0.5 亿美元。据我国驻柬埔寨使馆经商处统计，截至 2003 年年底，中国企业在柬通过竞标共获得亚行和世行贷款项目 14 个，累计合同额近 1 亿美元，并且带动了中国部分机电产品、成套设备、原材料和劳务等的出口。承包工程业务成为中国企业在柬开展经贸合作效果较好的领域。据商务部统计，2006 年中国企业在柬承包工程合同额为 2.9 亿美元，营业额达 9800 万美元。2006 年 2 月正式签署合作协议的甘寨水电站 BOT 项目，合同额为 2.8 亿美元，是迄今最大的中柬合作项目。目前，中资公司在柬承包工程市场已基本站稳了脚跟，发展势头良好。截至 2008 年年底，中国公司在柬埔寨共承包国际金融组织贷款项目 17 个，累计合同额达 1.09 亿美元。迄今为止，柬埔寨装机容量最大的水电站、最长的通信光缆、最长的输变电线路、规模最大的经济特区都由中国公司独资或合资兴建。这些重大项目的实施，为柬埔寨创造了大量就业机会，带动了柬制衣业、旅游业、餐饮业、建筑业的快速发展。在柬开展承包工程业务的中国公司有中水电、地质工程、广西国际、中电技、中路桥、广西外建、四川电力、浙江舜杰、河南水利电力等公司。但目前柬埔寨工程市场环境较恶劣、法律环境并不理想，各种不良中介活动频繁，国内有关企业应注意防范。

近年来，除在柬投资和承包工程带来劳工外，随着柬埔寨制衣业的发展，中国向柬埔寨输出了大量服装加工人员等技术劳工。据中国驻柬埔寨经济商务参赞处的统计，目前中国在柬劳务人员约 7000 人，大多数为服装技工和熟练操作工，分布在中资、港资和台资制衣厂工作。据统计，2005 年中国与柬埔寨签署对外劳务合作合同额为 1433 万美元，营业额为 1082 万美元。

但是，目前柬埔寨国内劳务市场基本处于饱和状态，柬国内劳动力人口有 700 多万人，占到了总人口的 55% 左右，柬埔寨工业本来就不发达，吸收国内劳动力较为有限，所能吸收的海外劳工的数量甚少。此外，柬埔寨的《劳工法》是完全参照西方发达国家劳动标准制定的，要求较为严格，现实执行中更强调的是保护劳工权益。柬埔寨有多个工会组织，其活动充分受到法律的保护和有关非政府国际组织的大力支持，活动较为活跃，经常组织大规模罢工、游行和示威活动。总之，中国人赴柬埔寨进行劳务合作需要谨慎。

四 中柬经济关系的主要特点与制约因素

（一）主要特点

1. 双方贸易额逐年增加，中对柬投资日益增多

冷战结束以后，中国与柬埔寨的贸易往来逐步增多，双边贸易额持续增长，虽然不能与中泰、中越经贸相媲美，但是与同水平的缅甸和老挝相比，中柬贸易额的增长较为平稳。1992～2012 年，除了 1999 年和 2009 年之外，其余年份的双边贸易额均有所增加，从 1992 年的 1295 万美元增至 2012

年的 29.23 亿美元。投资方面,中国对柬埔寨的投资与日俱增。1996 年 7
月,柬埔寨首相洪森访华期间,中柬两国签订了《投资保护协定》。2003 ~
2005 年,中国内地连续三年成为柬埔寨最大的外资来源地。目前中国累计
对柬协议投资额为 65 亿美元,是柬最大的外资来源地。受到全球金融危机
的影响,柬外来投资锐减,但是中国对柬埔寨的投资不降反升。据柬埔寨
发展理事会公布的报告显示,2009 年获柬埔寨政府批准的外来投资总额不
到 59 亿美元,比上年减少了约 46%,其中,中国对柬投资额约为 8.93 亿
美元,是对柬投资最多的国家,其他排在前几位的国家依次是:新加坡
(约 2.72 亿美元)、俄罗斯(约 2.35 亿美元)、越南(约 2.1 亿美元)。据
柬埔寨发展理事会统计,2012 年 1 ~ 6 月,柬政府批准项目协议投资中,新
增项目 105 个,同比增长 38%,协议投资总额为 9.93 亿美元(但由于去年
有几个大项目进入,基数较大,因此投资额同比减少 67%)。

　　2. 双方贸易规模不大,贸易发展不平衡

　　中柬双边贸易额近年来有了很大增长,但是相对于中国进出口贸易总
额,中国对柬埔寨的贸易显得微乎其微。2005 ~ 2008 年,中柬双边贸易总
额分别为 5.63 亿美元、7.33 亿美元、9.33 亿美元、11.3 亿美元;而同时
期中国对外贸易总额分别为 14221.2 亿美元、17606.93 亿美元、21738.34
亿美元、25616.32 亿美元。中柬贸易额在中国对外贸易总额中所占的比重
还不到 0.1%。

　　在中国对柬埔寨的贸易中,中国对柬出口占了很大一部分,一直以来
中国处于贸易顺差地位,而柬埔寨对中国的出口却很少(如表 9 - 2 所示)。
以 2007 年为例,柬埔寨从中国的进口量占柬埔寨进口总量的 17%,在柬进
口总量中排第二位,中国成为柬第二大进口国,而柬埔寨对中国的出口只
占柬出口总量的 1.28%。美国是柬埔寨的第一大出口市场,柬对美国出口
量占柬出口总量的 57%,是柬出口中国总量的 44 倍。中柬之间的进出口贸
易表现出很大的不平衡性。

表 9 - 2　2005 ~ 2008 年中柬之间进出口额的变化

年份	中对柬出口		中从柬进口		中方顺差(亿美元)
	总额(亿美元)	增长(%)	总额(亿美元)	增长(%)	
2005	5.36	18.5	0.27	- 8.8	5.09
2006	6.98	30.22	0.35	29.62	6.63

年份	中对柬出口		中从柬进口		中方顺差（亿美元）
	总额（亿美元）	增长（%）	总额（亿美元）	增长（%）	
2007	8.82	26.4	0.51	45.7	8.31
2008	10.94	24.04	0.36	-29.4	10.58
2009	9.07	-17.1	0.37	2.8	8.7
2010	13.48	48.6	0.94	154.1	12.54
2011	23.15	71.7	1.84	95.7	21.31
2012	27.08	17	2.15	16.8	24.93

资料来源：中国海关统计资料。

3. 双方投资不对称，投资规模小，重点投资领域范围狭窄

总体而言，中国对柬埔寨的投资还很少。随着中国经济的快速增长，中国企业加快"走出去"步伐，中国对外投资总量呈日渐增加的趋势。2012年，中国对外直接投资净额达878亿美元，较上年增长17.6%，其中中国对柬埔寨的投资额为7.2亿美元，占中国对外直接投资总额的比重约为0.8%。此外，中柬投资还表现出不对称的特点。中国对柬埔寨的投资多，柬埔寨对中国的投资少。截至2012年年底，柬埔寨对华投资仅有1.5亿美元。中国对柬埔寨的投资以制衣业为主，柬埔寨有80%的制衣企业来自中国大陆、台湾和香港地区，近几年，中国对柬的投资领域日益广泛，涉及了农业、水利水电、食品加工、烟草、塑料制品、木材加工、建材、机械组装以及医药、化工等行业，但是对这些行业的投资所占比重很小，中国对柬的重点投资领域还很窄。

（二）制约因素

1. 柬方因素

尽管柬埔寨政府近年来努力改善投资环境，大力引进外来投资，也确实取得了成效，但仍存在一些不利因素。

（1）投资环境有待改善。首先，柬埔寨法制不健全，投资者权益得不到有效保障。柬埔寨尚未颁布《公司法》等商业运营的根本法律，也没有设立解决商业纠纷、案件的专门机构或法庭，国民法律意识普遍淡薄，缺乏执法力度，外资企业在当地的利益多数情况下无法通过正常渠道获得保护，导致市场、经营秩序比较混乱，影响到投资环境的稳定。其次，柬埔寨政府行政效能差，工作效率低，审批程序复杂，贪污腐败现象严重。这导致了中国企业部分项目的开展是通过私人渠道联系建立的，相关手续委托当地官员代为办理，缺乏法律、制度保障，导致企业经营风险大。少数官员和个人可能为了私利，尽管知道一些项目有悖于政府规定，但在利益驱使下还是会想方设法去办，甚至造假，一旦政府追查下来，投资者最终落得人财两空。再次，政策连续性差，尤其是关于土地使用的规定不明确、不确定，导致土地纠纷严重。柬埔寨政府的贪污腐败问题，是该国的一个顽疾。最后，柬埔寨国内人力资源素质较低、经济建设方面的人才少，也缺乏熟练工人。柬埔寨社会还普遍存在对外资的片面认识，对"外国资本家"有较大的抵触情绪，工会组织繁多，罢工、示威等活动十分频繁，时常威胁企业的正常经营甚至企业主的人身、财产安全。

（2）基础设施落后。柬埔寨电力、供水、道路交通等方面仍然处于落后状态，难以满足企业生产的需求。由于水、电供应成本较高、交通不便，企业在基础设施方面的额外支出增加了运营成本，尤其是农业开发、工业产业、水利建设、道路交通、电力供应和信息技术等发展缓慢。以柬埔寨的电力为例，全国的输电网只限于城市内部，没有横跨各省市的输电系统，而且各电站之间道路不通。电力供应不足、不平衡，导致柬埔寨的电费比邻国高出数倍，也造成各行业的运营成本高昂，直接限制了经济的发展和产品竞争力的提高。在柬埔寨投资水电站，存在成本过高的风险，除了投资基础设施和机组外，还要自己铺设输电缆线。近年来有许多国外公司到柬埔寨寻求建设水电站，但经过考察后都不了了之。到目前为止，水电开发还存在许多不确定因素，其中就包括修路成本高、输电线路长等可能导致投资成本过高。

（3）柬埔寨工业门类单一，工业基础薄弱。根据 2000～2004 年的情况来看，柬埔寨经济增长主要来自旅游业和服装出口，制衣业是最主要的吸收劳动力的工业部门。2006 年柬埔寨经济虽保持了一定的增长速度，但经济增长仍主要依赖于制衣业、纺织加工业和旅游业的拉动。柬埔寨较为单一的经济结构，既是投资的不利条件，同时又是外企、外资进入柬埔寨市场的良好契机。

2. 中方因素

（1）中国企业对柬埔寨的认识存在偏见。柬埔寨是世界上最不发达的国家之一，这一界定使得中国的企业家想当然地认为柬埔寨人民的生活水平低下，对产品的质量要求不高，于是，他们便把国内滞销的产品、知名度不高的产品，甚至是假冒伪劣产品推向柬埔寨市场。中国的轻纺、机电产品在柬埔寨没有几个叫得响、站得住的品牌，而一些较好的电器、服装、食品品牌又很容易受到其他质量低下的商品的影响，导致这些较好品牌的产品在柬埔寨市场的占有率很不稳定。例如，广西有一种叫"罗汉果冲剂"的中成药，初到柬埔寨市场时，用户认为价格便宜，效果也好，一些商人准备批量进货，这本是一个很好的势头。但就在此时，另一种质量很差的同类商品也乘机进入柬埔寨市场，卖出 10 箱，退货 8 箱，商人索赔不说，更重要的是损害了中国医药业的声誉。从此，其他商人对中国的药品便不敢问津，这对中国药品进入柬埔寨市场产生了很不好的影响。

（2）中国商品在柬埔寨面临其他国家产品的竞争。因为柬埔寨多年的战乱，工业凋敝，国内所需的工业品都是从外国进口。中国产品在柬埔寨虽然有一部分市场，但是这些产品往往质量低下，很难与来自欧美国家、日本、韩国的产品相竞争。比如，柬埔寨人所使用的机动车辆基本都来自日本和韩国，这些国家出口到柬埔寨的产品质量可靠、经济实用，因而市场占有率就高。而中国出口到柬埔寨的摩托车、三轮车、洗衣粉、饮料、啤酒等产品质量很差，根本比不上其他国家的产品。

虽然中柬经济关系发展过程中存在这样一些制约因素，它们也不可能在短期内消除，但总的来看，中柬经济关系的发展有着良好的宏观环境，中国企业可以抓住柬埔寨现在基础设施落后的有利时机，注重发挥企业自身的产业优势，积极开拓市场，并结合当地实际情况来开展合作项目。只要双方加强协调和沟通，合作前景是很广阔的。

（三）发展前景

1. 双方在基础设施、信息通信等领域的合作将会增强

为携手应对全球金融危机，中国政府积极鼓励中国企业参加东盟国家，特别是柬埔寨、老挝等东盟新成员的基础设施建设，加快公路、铁路、信息通信等基础设施的互联互通；鼓励中国公民到东盟国家旅游，推动本地区经济率先恢复增长。2009 年，中国政府设立 100 亿美元的"中国－东盟投资合作基金"，用于双方基础设施、能源资源、信息通信等领域重大投资合作项目，计划 3～5 年内向东盟国家提供 150 亿美元信贷，并向"中国－东盟投资合作基金"增资 500 万美元。中国政府的这一系列举措将会带动中柬两国在基础设施、信息通信等方面的合作。

2. 柬埔寨油气资源投入运营将为双方的能源合作带来新希望

2005 年年底，美国雪佛龙公司在柬埔寨海域勘探时发现石油，石油的发现与开采为柬埔寨经济的中长期增长带来机遇。柬埔寨首相洪森表示，柬埔寨在 2010 年开始产油。潜在的外来投资和合作开发项目，将有可能使柬埔寨从一个能源进口国，变成地区性的主要能源输出国。联合国开发计划署和哈佛大学的联合调查显示，考虑到柬埔寨已探明储量的大小和可开采性，能源出口将使该国目前的 GDP 增长一倍。① 中国是一个石油消费大国，而中柬关系一向友好，地理位置又很接近，一旦柬埔寨油气资源投入运营，将会为两国的能源合作带来新的希望。

3. 中国 – 东盟自由贸易区的建立有利于中柬两国加强农业、旅游业方面的合作

柬埔寨发展农业、旅游业的潜力巨大。首先，柬埔寨自然条件优越，适宜热带作物和热带水果的生长。柬政府十分关注农业领域的开放、开发和合作。但长期以来由于农业项目投资周期长，资金大，柬埔寨基础设施落后，土地权纠纷较多，中柬农业合作项目少、规模小，可持续发展能力弱。自贸区的建立，使双方拥有了一个新的合作平台，双方可以通过整合两国农业资源，由政府引导两国农业企业充分挖掘合作潜力，实现农业领域互利共赢。

其次，吴哥窟古迹作为世界七大奇迹之一，每年吸引外国游客达 200 多万人次；柬埔寨大量岛屿、海滩等生态旅游资源尚待开发。但是，柬埔寨的交通、酒店、餐饮等配套服务设施落后，对旅游业的发展形成掣肘。目前，中柬跨国旅游多属自发的市场行为，尚无科学、系统的规划。自贸区的建成为中柬旅游合作提供了良好契机，双方政府可通过建立长效合作机制，共同规划中长期合作蓝图，并在政策和融资上为投资者提供便利和支持，拓展旅游领域的交流与合作。

4. 双方在木薯加工方面的合作前景广阔

一直以来，柬埔寨的木薯均是由泰国和越南转口到中国市场的，这大大增加了中国木薯加工企业的生产成本，减少了利润空间，影响了木薯加工企业的积极性，同时也影响了柬埔寨木薯农的经济收益。而中国的广西壮族自治区对木薯的需求量非常大，每年需要进口木薯干片几百万吨，用

---

① 毛惠青：《柬埔寨的经济改革和发展前景》，《中共石家庄市委党校学报》2008 年第 1 期。

来提炼乙醇。柬埔寨的木薯产量非常可观，班迭棉吉地区拥有生产75万吨木薯的能力，而马德望省和拜林省有生产100万吨木薯的潜力，不仅如此，柬埔寨木薯的淀粉含量高于邻国，深受广西木薯加工企业的喜爱。中柬在木薯加工方面的合作前景广阔，符合双方的利益，这不仅能使中国的加工企业降低成本，而且可以帮助柬埔寨木薯农脱贫致富，一定程度上减轻柬国内的就业压力，有助于柬政府扶贫政策的推行。

5. 双方在水利水电等方面的合作潜力巨大

柬埔寨拥有丰富的水利资源，有超过1万兆瓦的发电水利资源，但是柬埔寨在水力发电方面的开发微不足道，导致全国电力供应紧张。首都金边的用电量占全国供电量的85.3%，由于使用燃油发电，电费昂贵。除了首都金边，国内其他地区的电力供应相当落后，大部分地区根本没有电力设施，农村地区基本处于只能依靠煤油灯过日子的状态，因此，柬的电力行业有很大的发展潜力。柬埔寨政府目前将电力作为本国优先发展的项目，努力在不影响自然环境的前提下发展电力，积极吸引投资，以增加电力生产。在柬埔寨申请建水电站的有关法律相对宽松，如由投资者自行设计施工、不限定投资额、不指定使用机组等，只要不危害到环境和当地民众的日常生活即可。这给中国企业在柬埔寨投资水电提供了良好的契机。目前，除首都金边外，柬埔寨其他大中城市居民人口生活清洁水供应率仅为37%。首都金边是全国清洁水供应最好的地区，年人均自来水供应量为47.43立方米，包括工业用水在内。柬农村没有自来水供应系统，百姓主要以井水或雨水作为日常用水。虽然柬政府实施吸引外来和民间资本投入清洁水供应设施建设，但成效缓慢。这也为中国企业在柬埔寨开展工程承包业务提供了机遇。

五 中国与柬埔寨经济关系发展带来的影响

(一) 促进双方经济进一步增长，提高两国人民生活水平，增加两国人民的福利

柬埔寨是传统的农业国，国内工业基础薄弱，没有完整的工业体系，这些因素极大地阻碍了柬对外贸易的发展，而中国政府适时地给予柬埔寨诸多优惠，对柬埔寨国内经济的增长有一定的推动作用。中柬经济发展水平的差异决定了两国有巨大的合作空间，中国的生产、生活用品出口到柬埔寨，丰富了柬埔寨人民的生活，中国资本不仅给柬埔寨带去了发展急需

的资金，而且弥补了柬埔寨人力资源缺乏、技术落后的不足，为柬埔寨经济的后续发展奠定了基础。中国目前处于经济结构调整时期，中国可以将一些技术成熟的产业转移到柬埔寨，利用各自的比较优势，开发两国经济的互补领域，最终使两国人民共享发展成果。

（二）巩固两国友好合作关系，为两国合作领域的不断扩大与深化打下坚实的基础

当今世界，经济与政治的融合程度日益加深，国家间很难只为单一的经济或政治目的而进行交往。中柬两国有着悠久的友好往来的历史，无论是政治还是经济，无论是官方还是民间，中国与柬埔寨都发展起了密切的关系。一方面，经济关系的不断加强，可以促进两国的政治互信，提升双边关系；另一方面，两国政治关系的稳定发展，两国领导人、两国人民的深厚情谊又会进一步促进双边经贸交流与合作，进而拓展各方面的合作。

（三）为区域经济合作注入活力

中柬同是大湄公河次区域（GMS）经济合作的成员国，自GMS启动以来，合作各方共同努力，创造了丰硕的合作成果。中柬经济合作不仅是两国之间的合作，也是中国－东盟自由贸易区以及GMS框架内的合作，两国经济关系的发展同这些区域、次区域合作机制是分不开的。所以，中柬经济关系向前迈进的同时，日本、美国、印度等国必然会更加关注这一区域。以日本为例，2004年，日本就地跨柬、老、越的“开发三角地带”与上述三国达成协议，以消除贫困为目标，对该区域提供总额约20亿日元的官方发展援助（ODA），用于援助初级教育以及农业灌溉和交通基础设施等项目的建设。2007年，日本又向该区域提供了29亿日元的ODA。2007年1月，日本政府发表了《日本－湄公河地区伙伴关系计划》，促进区域经济一体化及合作，帮助GMS五国改善其贸易和投资环境，并决定对CLMV四国提供4000万美元的援助。2008年1月，日本决定对东西经济走廊提供2000万美元的无偿资金援助，同时，日本还资助横跨越、柬、泰三国的第二东西走廊的建设。① 虽然日本对GMS经济合作的参与有抗衡中国的考虑，但客观上为区域经济合作注入了活力。

（四）有利于推动中国－东盟关系的进一步发展

中国与柬埔寨经济关系的发展前景广阔，伴随着中柬关系的友好发展，

① 毕世鸿：《日本参与大湄公河次区域经济合作研究》，《GMS研究（2008）》，云南大学出版社，2008。

一方面，东盟国家会感谢中国在推动柬埔寨经济增长方面所作出的贡献，同时东盟其他国家也会有加强与中国合作的愿望，尤其是经济合作方面。另一方面，洪森首相在公开场合一直声称中国是柬埔寨的友好邻邦，并不会对柬埔寨构成威胁，这对于宣传中国的和平外交理念是非常有利的，一定程度上有利于抵消"中国威胁论"的影响，让东盟国家加深对中国的了解，推动中国－东盟关系迈上新台阶。

中国与柬埔寨地理位置邻近，友好交往历史久远，两国政治、外交关系稳定，两国政府就双边经贸关系的不断向前发展也已达成一系列共识，这些都为两国经济关系的持续稳定发展奠定了基础。虽然这其中不可避免地还存在着一些问题，但是总体发展方向是符合双方共同利益的，相信在今后的合作中，中柬双方能在发展中解决问题，在促进各自经济增长的同时，也能为整个亚洲地区的繁荣与发展作出贡献。

第十章 中国与老挝的经济关系

中国与老挝山水相连，两国关系源远流长，老挝一直是中国的友好邻邦，自古以来两国人民和睦相处，互通有无，形成了良好的经贸关系。研究老挝与中国的经济关系对两国及区域合作均具有积极意义。对中老两国来说，两国之间经济关系的稳定与发展有利于深化两国长期稳定、睦邻友好、彼此信赖的全面合作关系，符合中老两国的根本利益；从区域合作角度来看，中老经济关系的稳定、健康发展有利于带动大湄公河次区域经济合作及中国–东盟自由贸易区的建设工作，促进区域经济一体化的进程。

1961 年中老正式建交，双方经贸关系开始驶入正常轨道。20 世纪 70 年代末至 80 年代中期，两国关系曾出现短暂的曲折，正常经贸关系中断。1989 年 10 月，老挝部长会议主席、老党总书记凯山·丰威汉访华，实现了两党、两国关系正常化，中老各个领域的交往又逐渐密切。冷战结束后，中老两国政治经济关系平稳发展，双方的依存度日渐提高。1997 年老挝成为东盟的新成员，体现了老挝进一步实行开放政策及融入区域经济一体化进程的策略。2000 年，中国国家主席江泽民与老挝国家主席坎代·西潘敦实现历史性互访，中老双方就建立长期稳定、彼此信赖的睦邻友好合作关系达成了共识，签署了关于双边合作的《联合声明》，为中老两国进一步发展经济合作关系打下了良好基础。21 世纪初，随着中国和包括老挝在内的整个东盟国家的政治、经济关系日益密切，特别是 2002 年 11 月中国和东盟正式签署《中国与东盟全面经济合作框架协议》以来，老挝和中国经济合作步伐明显加快，老挝也试图发挥它作为中国和东盟之间的陆上连接点的地缘优势，带动本国的经济发展，并在区域合作中发挥应有的作用。2006 年 6 月，朱马利主席对中国进行国事访问，两国发表联合新闻公报。同年 11 月，中国国家主席胡锦涛访问老挝，两国发表《中老联合声明》。2009 年 9 月，中老两国领导人就进一步发展两国关系达成了重要共识，决定将中老关系提升为全面战略合作伙伴关系，中老关系从此步入了一个新的发展时期。2010年6月，中国国家副主席习近平访问老挝，中老双方就进一步推动和深化两国全面战略合作伙伴关系达成了共识，双方相关部门和企业还签署了涉及经济技术合作、交通基础设施建设等领域的18项合作文件，这对于推动中老经贸关系的发展具有积极意义。

总的来说，冷战结束后，中国和老挝两国根据"平等互利、讲究实效、形式多样、共同发展"的合作原则，睦邻友好合作关系持续稳步发展，双边关系在政治、经济、文化和国际合作等领域不断得到巩固和加强。

一　中老经济关系的历史发展

中国和老挝的经济关系与中老政治关系有密切的联系，两国政治关系的变化是两国经济关系的"晴雨表"。两国经济关系随着政治关系的变化而变化。

从第二次世界大战结束至老挝人民民主共和国成立之前，中国政府和人民就对老挝人民争取国家和平与独立、民族和睦与统一的斗争给予了无私的援助和支持。在这个过程中，老挝人民革命党和中国共产党建立了友好而密切的党际联系。

1952年，中国邀请印度支那共产党老挝支部的诺哈·冯萨万来华参加"亚洲及太平洋区域和平会议"。1956年8月，老挝富马首相率老挝政府代表团访华，与周恩来总理在北京发表联合声明："两国政府遵守和平共处五项原则，发展两国之间的睦邻关系；两国政府同意发展双方的经济和文化关系，以符合两国人民的最大利益。"[①] 1959年，凯山·丰威汉以老挝人民党总书记的名义正式访问中国。此后，老挝主要领导人多次访华，与中国政府商谈中国援老事宜。1961年4月25日，中国与老挝正式建立了外交关系。总的来看，自中老建交至今，根据双方经贸关系在各个时期的不同特点，中老经济关系的发展大致可以分为四个阶段。

（一）中国和老挝经济关系平稳发展（1961～1978年）

1961年，中老正式建交，政治互信不断增强，双边经济关系呈现稳定发展的特点。同年两国签订了关于修建老挝上寮公路的协定和航空运输协定。1962年7月，在关于老挝问题的日内瓦会议上，中国坚决反对美国对

---

① 马树洪、方芸：《老挝》，社会科学文献出版社，2004，第302页。

老挝的侵略，并支持老挝为争取独立、中立而进行的斗争。随后，关于老挝问题的《日内瓦协议》正式签订，老挝成立以富马亲王为首相、苏发努冯亲王为副首相的联合政府。1963 年 3 月，老挝国王萨旺·瓦达纳和临时民族团结政府首相梭发纳·富马应邀访问中国，与中国领导人就加强中老友好关系等问题举行了会谈，并发表了联合公报。1964 年，美国支持老挝国内亲美势力破坏联合政府，进攻解放区，老挝内战爆发。在这期间，中国对老挝人民抗美救国斗争给予了有力支持。中国派出了数以十万计的工程技术人员和专家，修建了老挝西北部 1－4 号公路，总长 830 千米；中国还提供了经济、军事等多方面的大量援助，累计金额达 11.89 亿元人民币。[1] 1973 年 2 月，老挝各方签署了关于在老挝恢复和平与民族和睦的协定。1974 年 4 月，老挝成立了以富马为首相的新联合政府和以苏发努冯为主席的政治联合委员会。1974 年，中老双方签订了《经济和技术协定》、《民航协定》、《邮电合作协定》和《援建南坝—琅勃拉邦公路协定》。1975 年 12 月，老挝宣布废除君主制，成立老挝人民民主共和国，中国政府继续为老挝建设提供大量援助，帮助老挝兴建公路，建立纺织厂、印刷厂、汽车修理站，向老挝提供无线电设备等。有资料称，1959～1979 年的 20 年间，中国对老挝的援助高达 10 亿元人民币。[2]

总的来说，这一阶段，中国与老挝经济关系主要表现为中国对老挝的大规模经济援助。在这个时期，两国的经济关系并不密切，在贸易和投资方面的合作并未真正开展起来，同时深受当时国际政治环境的影响，援助也带有浓重的意识形态色彩。

（二）中国和老挝经济关系的低迷期（1979～1987 年）

1978 年，中国与越南关系恶化。由于老挝与越南一直保持着某种"特殊关系"，在中越争端中老挝基本上倾向于支持越南的立场，导致中老两国政治、经济关系走入低潮，出现了短暂的中断，中国援老工程项目被迫全部停止，中老两国政府间的经贸往来几乎全部中断，这种情况一直持续到 20 世纪 80 年代中后期。

（三）中国和老挝经济关系的恢复发展（1988～1999 年）

20 世纪 80 年代中后期，随着国际形势和地区形势的变化，老挝政府积极调整和改变对华政策。1985 年起，老挝在发表政治言论时不再攻击中国，

---

[1] 马树洪、方芸：《老挝》，社会科学文献出版社，2004，第 304 页。
[2] 马树洪、方芸：《老挝》，社会科学文献出版社，2004，第 305 页。

中老关系开始出现转机。1988 年，中老两国互派大使，恢复了两国的正常关系。同年 9 月和 12 月，中老两国经贸代表团互访，签订了《供货协定》《边贸协定》等 8 个贸易协定，双方重开中老边界，允许边民探亲、访友和互市。1989 年中老关系正常化之后，两国在各个领域的交往更加密切，经贸关系发展顺利。同年 10 月，两国签订了《中老领事条约》、《中老文化协定》、《关于处理两国边境事务的临时协定》和《关于互免签证的协议》，老中关系进入全面恢复和发展时期。1990 年 2 月，中老就两国经济贸易和技术合作等问题进行了会谈，签署了《关于经济和科技合作的协定》和《关于 1990 年相互供货的议定书》。1990 年，两国开始边界谈判，并取得迅速进展。1991 年，两国总理签署了《老中边界条约》、《老中边界议定书》、《老中边界制度条约》和《老中边界制度条约的补充议定书》。两国在较短时间内圆满地解决了边界问题，说明两国并不存在太多的利益冲突，这是中国和老挝两个国家发展政治、经济和其他领域的交流与合作的重要基础。

20 世纪 90 年代，中老经济关系已经从单一的援助和贸易关系向多元化的贸易、投资、合作等转化。1990~1995 年，中国向老挝政府提供的各种援助、贷款总金额为 1.44 亿元人民币；累计投资额为 3792.1 万美元（加上云南航空公司在老挝民航的投资，实际为 5292.1 万美元），但投资比重还很小，仅占外国在老挝投资额的 0.737%（同期中国台湾地区在老挝的投资额为 6318.6 万美元，约占外国在老挝投资额的 1.377%）。同期，中国公司积极参与老挝工程项目的竞标，截至 1995 年年底中标工程项目已经达到 11 项，中标金额为 9178 万美元，中标公司为 7 家。

1996 年，老挝计划合作委员会就发展中老经济合作关系问题提出了"九大合作领域"的专题报告，主要包括：政府各部门、各省市和人民团体的交流；向中国提交一些经济效益好的项目的可行性报告，积极争取中国政府的优惠贷款；开展中老科技合作，聘请中国专家到老挝工作；大力促进中国公司在老挝全面投资特别是在北部"金四角"经济区的投资；制定促进中老企业合作和扩大两国贸易的条款，制定合理的进口税率和减税或免税政策等。

（四）中国和老挝经济关系的继续发展和全面合作（2000 年至今）

21 世纪以来，中老两国经济关系继续发展。2000 年 11 月，中国共产党中央总书记、国家主席江泽民对老挝的访问，将中老关系推向了新的发展高潮，这是中国国家领导人首次访问老挝。访问期间，双方签署了《中华人民共和国与老挝人民民主共和国关于双边合作的联合声明》《中国国土资源部与老挝工业手工业部合作开发万象钾盐矿的原则协议》《老中经济技术合作协定》《老中经济、贸易和技术合作委员会第一次会议纪要》《同意承担琅勃拉邦意愿项目的换文》《中国农业部和老挝农林部关于农业合作的谅解备忘录》等文件。① 这标志着两国确定了在 21 世纪发展两国关系的新目标，标志着中老关系发展进入了一个新阶段。

2001 年是中老建交 40 周年，双方举行了一系列的庆祝活动，两国关系全面深入发展。2002 年，老挝政府总理应邀访问中国，双方签署了老中引渡条约、两国政府经济技术合作协定、两国政府关于中国向老挝提供优惠贷款的框架协议、中国人民银行与老挝人民民主共和国银行双边合作协定以及两国教育部 2002～2005 年教育合作计划。② 2002 年中国向老挝提供 8000 万元人民币的贷款和 100 万美元的援助，用于老挝经济开发和北部铜矿勘探。同年 11 月，两国政府总理出席了在柬埔寨举行的"大湄公河次区域经济合作领导人会议"第二次会议，会议期间中老两国签署了《中国减免债务协议》《中老经济合作协定》《中老两国政府关于建设昆曼公路老挝境内部分路段项目的议定书》《中国向老挝、柬埔寨和缅甸提供特别优惠关税协议》等文件。中国宣布减免老挝所欠的部分债务，并提供 3000 万美元用于兴建和扩建昆明至曼谷高等级公路老挝境内靠中国方向路段，减免老挝向中国出口的大部分商品的关税。

2009 年，老中关系最引人瞩目的是两国领导人一致同意将两国关系提升为"全面战略合作伙伴关系"③。这成为两国交往历史上重要的一步，有着重要的政治意义和深远的历史意义，为中老经济关系的发展奠定了更坚实的基础。在此背景下，2009 年，中老双边贸易额达 7.44 亿美元，比上年增长 79%。④ 之后两国间经贸合作持续发展，2011 年，中老双边贸易额为 13.1 亿美元，比 2010 年增长 20.4%。其中，中国出口 4.8 亿美元，下降 1.5%；进口 8.3 亿美元，增长 37.9%。2012 年，中老双边贸易额为 17.3 亿美元，增长 32%。其中，中国出口 9.4 亿美元，增长 96%；进口 7.9 亿美元，下降 5%。

① 马树洪、方芸：《老挝》，社会科学文献出版社，2004，第 307 页。
② 马树洪、方芸：《老挝》，社会科学文献出版社，2004，第 308 页。
③ 陈定辉：《老挝：2009 年发展回顾与 2010 年展望》，《东南亚纵横》2010 第 2 期。
④ 陈定辉：《老挝：2009 年发展回顾与 2010 年展望》，《东南亚纵横》2010 第 2 期。

二 中国与老挝经济关系的主要内容

(一) 1990 年以来的中老贸易关系

1. 中国与老挝贸易概况

冷战结束后，随着中老政治关系的正常化，两国的经贸关系获得了快速发展。根据亚洲开发银行的统计数据，1990 年中国对老挝的进口额为 590 万美元，在从老挝进口的国家中位于泰国之后排第二位；而对老挝的出口额为 1590 万美元，在向老挝出口的国家中位于泰国、日本、越南之后排第四位。1995 年，中国对老挝进出口总额达到了 3030 万美元，比 1990 年增长了近 39% （见表 10－1）。

表 10－1　1990~1995 年中国和老挝的贸易往来

单位：百万美元

年 份	1990	1991	1992	1993	1994	1995
中国出口	15.9	12.3	30.6	18.1	20.2	21.5
中国进口	5.9	2.0	3.4	25.5	8.1	8.8
总额	21.8	14.3	34.0	43.6	28.3	30.3

资料来源：亚洲开发银行统计数据。

1996 年，老挝计划合作委员会就发展中老经济合作关系问题提出了"九大合作领域"的专题报告后，两国加紧落实相互之间的经济合作。但由于受东南亚金融危机的影响，中老两国在 1997 年和 1998 年的双边贸易额有所下降。据中国海关统计，1998 年中老双边贸易额为 2573 万美元，比上年下降 10.5%，其中中国对老出口达 1783 万美元，比上年下降 22.2%，进口 790 万美元，比上年增长 35.7%。从 1999 年起，中老贸易开始恢复和持续发展，1999 年中老双边贸易额为 3171.6 万美元，同比增长 23.3%。其中中国出口 2216.1 万美元，进口 955.5 万美元。2000 年中老双边贸易额为 4084 万美元，同比增长 28.8%，其中中国出口 3442 万美元，进口 642 万美元。2001 年中老双边贸易额为 6187 万美元，同比增长 51.5%，其中中国出口 5441 万美元，进口 746 美元。2003 年，中老双边贸易首次突破 1 亿美元，进出口总额达 10607 万美元，同比增长 65.86%（见表 10－2）。

表 10 - 2　1996～2003 年中老双边贸易额

单位：万美元，%

年份	进出口总额		出口		进口	
	金额	增幅	金额	增幅	金额	增幅
1996	3484	- 35.7	2668	- 44.1	816	26.5
1997	2875	- 17.5	2293	- 14.1	582	- 28.7
1998	2573	- 10.5	1783	- 22.2	790	35.7
1999	3171.6	23.3	2216.1	24.3	955.5	20.9
2000	4084	28.8	3442	55.3	642	- 32.8
2001	6187	51.5	5441	58.1	746	16.2
2002	6395	3.36	5430	- 0.2	965	29.4
2003	10607	65.86	9737	79.32	870	- 9.8

资料来源：老挝投资管理和对外合作委员会。

自 2004 年 1 月 1 日起，两国开始实施中国－东盟自贸区"早期收获计划"（EHP），老挝对华出口的原木、锯材关税大幅下降，这直接促进了中老两国贸易的快速发展。2004 年，中国与老挝双边贸易继续保持增长势头，进出口总额达 1.14 亿美元，同比增长 3.7%。中国成为老挝第二大进口贸易伙伴，占老挝进口总额的 12.1%。此外，中国与东盟 10 国签署的《中国－东盟全面经济合作框架协议货物贸易协议》于 2005 年 7 月 20 日正式实施，除了先前实施的"早期收获计划"产品外，双方开始全面对约 7000 个税目的产品相互给予优惠关税待遇。按照《货物贸易协议》规定的时间表，柬埔寨、老挝、缅甸和越南 4 个东盟成员国虽至 2015 年才能与中国实现自由贸易，但中国主动给予老挝两批共计 330 项商品特殊优惠关税待遇（包括 2004 年 1 月 1 日的 231 项），随着上述协议的逐步实施，中国与老挝的双边贸易不断扩大。据中国海关统计，至 2009 年中老双边贸易额为 7.44 亿美元，比上年增长 79%，其中中国出口 3.77 亿美元，增长 40.7%；自老挝进口 3.67 亿美元，增长 149.7%，老挝成为中国对东盟国家贸易增幅最大的国家。2010 年，中老两国贸易额已经达到 10.55 亿美元，比上年增长 41.8%。2011 年，中老双边贸易额为 13.1 亿美元，比上年增长 24.2%。2012 年，中老双边贸易额为 17.3 亿美元，比上年增长 32.1%（见表 10 - 3）。

表 10 - 3 2004～2012 年中国对老挝贸易额

单位：亿美元,%

年份	进出口		出口		进口	
	贸易额	增幅	贸易额	增幅	贸易额	增幅
2004	1.14	3.7	1.01	2.7	0.13	13.0
2005	1.29	13.2	1.03	1.98	0.26	100
2006	2.18	69.0	1.69	64.1	0.49	88.5
2007	2.49	14.2	1.64	- 3.0	0.85	73.5
2008	4.16	67.1	2.68	63.4	1.48	74.1
2009	7.44	79.0	3.77	40.7	3.67	149.7
2010	10.55	41.8	4.84	28.4	5.71	55.6
2011	13.1	24.2	4.8	- 0.8	8.3	45.4
2012	17.3	32.1	9.4	95.8	7.9	4.8

资料来源：商务部亚洲司统计数据。

在中老贸易迅猛发展的背后，也存在着一系列的问题。首先，在中老双边贸易中，中国一直处于顺差地位。从表 10 - 3 可以看出，2004 年和 2005 年，中国的顺差为每年 8000 万美元左右，2006 年则超过了 1 亿美元，之后有一些下降，甚至在 2011 年出现逆差，但在 2012 年又恢复顺差地位。双边贸易的不平衡也不利于双边经贸关系的持续稳定和发展。其次，中老贸易在整个中国对外贸易中所占比重很小，通常仅占中国对外贸易的 0.01%；但老挝与中国的贸易在整个老挝对外贸易中占的比重较大，通常占老挝全部对外贸易的 11%～14%。2005 年中国成为老挝第五大贸易伙伴，中国是老挝重要的进口商品来源国。在老挝北部地区，来自中国的部分工业制成品、日常消费品以及工业技术都具有重要的市场影响力。可以看出，在目前的中老贸易关系中，两国关系是非对称性的，老挝对中国产品和市场形成了较高依存度。但随着老挝资源型产业的开发和土地资源的充分利用，两国贸易的相互依存程度将会提高。

2. 中国与老挝贸易的商品结构

随着中老两国之间经贸关系的发展，除了传统的农林产品、矿产品外，中老贸易中商品品种也不断增多。近年来，老挝从中国进口的商品主要以工业制成品为主，也包括一部分农产品。老挝从中国进口的工业制成品主要有水泥、黏土、石油沥青制品等，其中水泥、轻质汽油数量最大；化学工业及其相关产品，主要包括化工原料、药品、化肥和洗涤剂，这四种产品数量都很大；金属及其制品，其中数量最大的是钢铁建材；木浆及其他纤维状素浆、纸板、纸张及其制品；机器、机械器具、电气设备及零件、电视机及其相关设备、车辆、船舶等运输设备。此外，老挝每年还从中国进口大量 T 恤衫、汗衫、背心和玩具；农林产品，包括猪、牛等活动物、某些种苗、苹果、食用油原料和干面条，但数量不多。与老挝的进口商品相比，老挝出口到中国的产品几乎全是农林产品和矿产品，主要包括甘蔗、芝麻、稻米、木薯、大量木材和铜、铝、铅、锌、矿石等。这主要是由于老挝经济落后，工业基础较为薄弱，出口产品大多为附加值较低的初级产品。

3. 中国与老挝贸易的特点

（1）双边贸易增速明显

从冷战结束后的双边贸易数据可以看出，中老贸易增速十分明显，特别是 2000 年以后的增长。据中国驻老挝大使馆经济商务参赞处的统计，2009 年，中老双边贸易额达 7.44 亿美元，比上年增长 79%；2010 年，中老两国贸易额达到 10.55 亿美元，比上年同期增长 41.8%；2011 年，中老双边贸易额为 13.1 亿美元，比 2010 年增长 24.2%；2012 年，中老双边贸易额为 17.3 亿美元，增长 32.1%。

（2）以一般贸易为主导

中国与老挝的双边贸易长期保持一般贸易与通过磨憨口岸的边境贸易并存的局面，一般贸易居主导地位。但近几年由于双边贸易的政策导向，中国与老挝的边境贸易增长较快。在云南对老挝的双边贸易中，边境贸易更是举足轻重，占云南与老挝贸易的 60% 左右。此外，中老两国间还存在一定数量的转口贸易和过境贸易。目前在老挝各大城市都有中国商品城，这些商品主要是供应居住在老挝的中国人或当地人，但也有面向其他国家的游客的商品。例如，老挝首都万象的三江中国商品城，就有很多商品是销售给泰国游客的，这些游客在周末时很便利地从与万象仅一江之隔的泰国边境城市廊开过境来购买中国商品。

（3）贸易结构比较单一，贸易层次较低

从贸易结构上看，产品仍比较单一，高附加值、高技术含量的产品偏少。我国对老挝出口增量主要以投资或援助项目下的物资设备如钢材、工程机械带动,一般贸易商品仍然局限于摩托车、家电、农机、服装、建材和日用百货等,总量约占老挝全国市场份额的20%;老挝对我国出口增量主要以矿产品为主,一般贸易商品仍以木制品和木薯、玉米、甘蔗、大豆等农产品为主。

(4) 中国对老挝的投资是带动贸易增长的重要引擎

中老两国贸易关系的一个突出特点是"投资带动贸易"。今后中老贸易的扩大取决于老挝资源性产品对中国出口,以及中国对老挝开展投资(如矿产勘探与开发、水电开发与农业合作等)时带动的设备和相关产品出口。但是,当前老挝开始限制部分原材料的出口,如木材、矿产等,中国从老挝扩大原材料进口将面临较大困难。因此,双方政府都非常希望通过中方增加对老投资以及延伸产业链来带动贸易的增长。

(二) 投资

1. 2000年以前中国对老挝投资情况

自1989年中老关系正常化之后,中国企业开始进入老挝投资,但最初投资规模都较小。据统计,1988~1994年,中国对老挝直接投资为3630万美元,项目为48项。截至1995年10月,投资额已达5790万美元,项目达60余项。[①] 工程承包是20世纪90年代中老经贸合作的主要方面(见表10-4、表10-5)。

表 10 - 4　20 世纪 90 年代中老经贸合作中较大的直接投资项目

项目名称	投资额(万美元)
广东省独资的沙湾纳吉沙南商店	500
港中旅与老挝合资的老挝民航合作项目	300
云南国防科工办与老挝合作的民用炸药厂	229
深圳金田公司独资的老挝金矿开采	150
海南烟草公司与老挝合资的好运卷烟厂	150
云南航空公司与老挝民用航空公司合作开发老挝国际航运业务	1500

资料来源:马树洪:《当代老挝经济》,云南大学出版社,2000,第193页。

---

① 马树洪:《当代老挝经济》,云南大学出版社,2000,第194页。

表 10 - 5   20 世纪 90 年代中老经贸合作中较大的工程承包项目

项目名称	承包金额（万美元）
13 号公路中段的扩建和改建工程（天津国际公司）	4469
万荣水泥厂（云南国际公司）	630
丰沙里公路改造工程（云南海力公司）	560
万象污水处理工程（云南国际公司）	202
南塔机场改造工程（云南国际公司）	25

资料来源：根据马树洪编著《当代老挝经济》（云南大学出版社，2000，第 193～194 页）整理。

2. 2000 年至今中国对老挝的投资

2000 年后，中国对老挝的投资额不断加大。2008 年，中国已经成为对老挝最大投资国。中国对老挝投资主要涉及矿业、能源（水电站、电网建设）和农业（主要是北部的橡胶种植）等领域。

中国政府鼓励中国企业到老挝开展投资活动（"走出去"），实施了包括提供信贷、信用保险、产品返销国内市场的税收及配额优惠等措施。2002年，中国对老直接投资首次突破 1 亿美元，居泰、美、韩、法、马、荷六国之后列第七位，项目平均规模达 105 万美元。2002 年 11 月，中国与东盟国家签署了《中国 - 东盟全面经济合作框架协议》，由于投资环境的改善，中国对老挝的投资继续保持着高速发展。2001 年中国对老挝的投资额仅为1341.5 万美元，到 2010 年已增长至 55600 万美元（见表 10 - 6）。据统计，1989～2010 年，中国在老挝累计投资项目 443 个，总金额为 40.52 亿美元，成为对老挝第一大投资国，投资领域包括矿业、能源（水电站）、工业、农业、服务业等。

表 10 - 6   2001～2010 年中国对老挝的投资额

单位：万美元

年份	2001	2002	2003	2004	2005	2006	2007	2008	2009	2010
金额	1341.5	6256.85	11985.82	2819.78	5812.34	42323.16	49605.52	11160.6	24700.0	55600.0

资料来源：根据老挝国家统计局资料整理。

据 2006 年老挝国内外投资管理局的统计，老挝引进外资 18 年来，有

10 个行业成为老挝引进外资的主要行业：电力开发、电信投资、酒店餐饮业、采矿业、工业手工业、服务业、林业、农业、建筑业、贸易业。中国的投资领域主要集中在电力开发、采矿和农林业合作。

据《万象时报》2008 年 12 月的报道，早在 2001 年，中国就曾以 0.134 亿美元的总投资额位居老挝境内国外投资的榜首；而在 2003 年，中国对老挝总投资额迅速攀升至 1.1986 亿美元。有统计称，2006 年，泰国是老挝境内最大的国外投资者，共投资 30 个项目，投资额为 6.55 亿美元；中国居第二位，投资总额为 4.23 亿美元；日本列第三位，共投资 4.01 亿美元。在 2008 年 12 月之前的 3 个月里，中国在老挝共投资 223 个项目，投资额已达 1.21 亿美元；其次是越南，共投资 105 个项目，投资额达 0.838 亿美元；然后是泰国，共投资 157 个项目，投资额达 0.71 亿美元。另有报道称，2007 年中国已经取代 2006 年最大投资国泰国，成为在老挝投资最多的国家，越南、泰国、韩国、法国、德国分列第二位至第六位。2010 年 1 ~ 4 月，中国对老工程承包合同额为 1.67 亿美元，增长 54.7%；营业额为 1.99 亿美元，增长 84.1%。[①] 中国各种类型的企业纷纷到老挝寻找商机，不断为中老经贸合作注入新的活力。据统计，已办理企业注册并登记备案的中资公司达 200 家，其中矿产企业 60 家、水电企业 10 家、工程承包企业 10 家、橡胶和林木企业 60 家及其他企业 60 余家。经中老双方几年来的共同推动，目前中资国有企业在老挝运作较为成功的项目有老挝万荣第二水泥厂、寮中好运烟草公司、湄公商务大楼有限公司、亚达机械有限公司、寮云实业有限公司、万象晚市场商业城等。

表 10 – 7   2003 ~ 2012 年中国对老挝的投资

年份	对外投资额（万美元）	对老挝投资额（万美元）
2003	285465	11986
2004	549799	2820
2005	1226117	5813
2006	1763397	42323
2007	2650609	49201

---

① 中华人民共和国驻老挝使馆经商处：《关于中老经贸合作现状及建议的调研报告》，2010 年 7 月 30 日。

年份	对外投资额（万美元）	对老挝投资额（万美元）
2008	5590000	11161
2009	5650000	26000
2010	6800000	55600
2011	7465000	45852
2012	8780000	

资料来源：中国对外投资额来自中国商务部统计数据。

3. 中国对老挝投资的特点

（1）投资合作方兴未艾，领域拓宽，比重逐年攀升

统计数据显示，自 1989 年以来，中方在老挝累计投资项目 443 个，总金额为 40.52 亿美元，成为对老挝第一大投资国。[①] 传统上，中国投资老挝的项目主要是矿产勘探与开发、水电开发和农业合作三个主要领域，但随着中老双方经贸合作的深入开展，投资领域也逐渐拓宽到工业、服务业、旅游业等行业。截至 2009 年 12 月，中国对老挝直接投资项目共 340 个，累计核准投资金额约 26 亿美元，仅次于泰国，居第二位，主要投资领域有矿产、工业手工业、能源、农业和服务业，核准投资金额分别为 16.71 亿美元、6.06 亿美元、3.49 亿美元、2.62 亿美元和 1.67 亿美元。其中矿产投资项目共计 62 个，占其总量约 27%；水电站项目共计 18 个，总装机容量达 540 万千瓦，占其总数的 21.5%。此外，还有橡胶、桉树、甘蔗、木薯、烟叶等工业林种植和加工项目亦占同类项目相当大的比重，呈迅速上升趋势。[②]

（2）投资主要集中在老挝经济较发达地区

目前到老挝投资的中国企业主要来自云南、广东、辽宁、海南、四川、上海、江苏、浙江、河南、甘肃等省市。其中以个体、民营企业为主，国有企业较少，独资为投资的主要形式。投资项目大多分布在老挝北部区域，如万象、琅勃拉邦、乌多姆赛、波乔、南塔等省，对老挝南部的投资很少。

[①] 《中国累计对老挝投资超 40 亿美元　成最大投资国》，证券之星，http://finance.stockstar.com/SS2011042500003704.shtml。

[②] 中华人民共和国驻老挝使馆经商处：《关于中老经贸合作现状及建议的调研报告》，2010 年 7 月 30 日。

（3）投资主体以民营企业为主

中国对老挝投资的企业有国有、民营、个体企业等，国有企业一般参与老挝资源开发、大型基础设施建设等较大规模的、改善老挝经济状况的领域，而民营、个体企业则主要参与日用品批发零售、餐饮娱乐等与老百姓日常生计相关的服务性行业。其中民营、个体企业的数目所占的比重更高。不过，由于资金及人力资本的有限性，大多数民营、个体企业的投资规模小。据统计，目前为中国驻老使馆认可的企业有 400 多家，参加老挝中国商会成员的企业有 330 多家。其中，是中国商会湖南分会成员的企业就有 230 多家，大多数为民营企业；而中国商会的成员中，国有企业只有 20～30 家，不到 1/10。

（4）投资动机主要是开发资源和拓展市场

由于中国经济的高速发展，对生产资源的需求与日俱增，国内资源已经不能满足经济发展的需要，从国外开发资源成为许多中国企业"走出去"的主要动机。老挝资源丰富，优势资源主要有三大类：一是矿产资源，蕴藏量较为丰富的钾盐、铝土、铜、铁等矿产资源都是中国经济发展短缺的资源；二是水利资源，据了解，老挝水利资源可开发的潜力相当可观，装机容量可达 2000 万～3000 万千瓦，现仅开发 7% 左右；三是土地资源，老挝估计可耕地面积为 800 万公顷，现只利用 10%。从中国企业对老挝的投资项目来看，矿产开发和替代种植项目下的橡胶种植是两大最主要的投资对象。近几年，中国对老挝水电资源的投资热情也不断高涨，水电资源成为中国企业投资老挝的最主要的领域之一。

（5）投资方式以独资为主，合资为辅

目前，独资是中国对老挝投资的最主要方式。中国企业通过在老挝建立新的企业、设立新的分支机构或子公司，从而参与到老挝加工贸易行业、电子机械行业及日用品生产行业。如昆明五交化公司独资的中国商城项目，中国辽宁锦州在老独资的万象保龄球有限公司、勐腊县盛利橡胶责任有限公司在老挝南塔独资种植橡胶及对其加工生产等。

合资也是中国企业投资老挝的重要方式之一，对老挝金融业、服务业以及加工制造业的投资多采用这种方式。如由云南国际公司与老挝农林发展公司合作建立的老挝万荣第二水泥厂、中国辽阳石化公司与老挝国家计委合资建立的湄公商务大楼有限公司、云南国防科工办与老挝国防部合资建立的寮云实业有限公司等。

BOT 方式一般是针对老挝大型基础设施建设投资，例如，中国近年来对老挝水电开发、公路设施及医疗设施等基础设施建设时一般都采用 BOT 方式。此外，部分中国企业对老农业进行投资时还采取与政府合作的方式。

虽然近年来中国对老挝投资增长较快，但总体来看，中国对老挝的投资集中在劳动密集型产业，而对资本密集型和技术密集型产业的投入较少且难以满足老挝国内需求。例如，老挝万荣水泥厂，年产量 30 万吨却远远满足不了老挝国内市场的需求。老挝的资金和技术密集型产业还处于待开发阶段，先进入者就有可能取得主导型优势。对中国企业来说，投资劳动密集型产业固然可以获利，但从长远来看，投资和发展资金、技术密集型产业更有可能建立起持久的竞争优势。

（三）援助

1. 中国对老挝的援助情况

冷战结束以来，中国对老挝的援助与投资大幅度提升。近年来中国已经成为老挝的重要援助来源国，中国在基础设施建设、教育、培训等方面的援助对于两国经济关系的发展具有积极意义。

据统计，从 1988 年中老关系正常化到 2000 年 11 月 11 日，中国共向老挝提供 60054 万元人民币的援助。其中，经济技术援助为 42574 万元，占 71% 左右。经济技术援助中，无偿援助为 11574 万元，占 27%；无息贷款为 11000 万元，占 26%；优惠贷款为 20000 万元，占 47%。[①]

在援助领域方面，中国援助老挝的重点是基础设施建设领域，如疏通河道、修建公路和水电站、建立医院等（见表 10 - 8）。

表 10 - 8　1989 ~ 2009 年中国对老挝援助的主要项目

序号	项目名称	中国援助资金
1	万象商业购物中心	220 万美元
2	老挝国家文化宫	6500 万元人民币
3	扩建万荣水泥厂	2 亿元人民币
4	南果河水电站输电线工程	不详
5	上湄公河疏浚工程	500 万美元
6	昆曼公路老挝境内 1/3 路段	3000 万美元

①　张瑞昆主编《走近老挝》，中国商务出版社，2006，第 21 页。

续表

序号	项目名称	中国援助资金
7	琅勃拉邦老中友谊医院	4000 万元人民币
8	老挝万明煤矿	不详
9	替代种植	5 亿多元人民币
10	老挝国家电视台第三频道（2006 年 10 月）	7900 万元人民币
11	老挝纳堆—巴蒙公路北段修复项目	3 亿元人民币
12	老挝国家体育馆	1 亿美元

资料来源：根据网络资料整理所得。

进入 21 世纪之后，随着中国经济实力的快速增强，中国对老挝援助有了新的发展，促进了中国和老挝双边友好关系的发展，为维护这一地区的稳定与繁荣作出了贡献，援助取得了新的成就。而且，中国对老挝的援助方式也进一步多样化，除了无偿援助、无息贷款外，主要是优惠贷款（见表 10 - 9）。另外，双方在一些援助项目上进行了合资合作，并开始出现商业信贷等新形式。

表 10 - 9　2000 ~ 2004 年中国对老挝援助金额与方式统计

单位：亿元人民币

援助方式	无偿援助	无息贷款	优惠贷款	援助资金总额
援助金额	3.1	1.99	5	10.09
所占比例	30.7%	19.7%	49.6%	100%

说明：由于统计资料不全、计算方式不同、口径不统一等原因，中国对老挝的援助金额在统计上有一些差异。

资料来源：张瑞昆主编《走近老挝》，中国商务出版社，2006，第 21 页。

此外，中国对老挝援助方式的多样化还体现在适宜的技术援助和开展教育培训班等形式上。以 2005 年为例，中国共举办 229 期培训班，为老挝培训 5667 名各类人才。

2008 年中国国务院总理温家宝访问老挝期间，中老两国政府共签订了 7 份政府间协议文件。中国分别向老挝提供无偿援助 5000 万元人民币、无息贷款 5000 万元人民币、提供纳堆—巴蒙公路扩建改造第一批项目资金 3 亿元人民币、提供工程车辆优惠贷款 4000 万美元、通信线路项目信贷 5000 万美元以及提供洪沙县煤矿坑口电站项目信贷 4 亿美元等。2008 年 9 月 15 日，中国驻老挝大使潘广学代表中国政府向老挝提供 5.46 亿元人民币优惠贷款，用于老挝电子政务二期项目建设。中国全国政协主席贾庆林访问老挝期间，中老共签订 6 份协议文件，其中，中国进出口银行与老挝财政部签订了提供 1 亿美元优惠贷款的框架协议，向老挝 R3 公路维修项目意向提供 1 亿元人民币无偿援助，无偿援助老挝建国阵线中央干部培训中心大楼和主席府贵宾楼项目合计 2000 万元人民币。

2009 年，中国向老挝提供了 5000 万元人民币无偿援助及多项政府优惠贷款，无偿援建的老挝国家电视台第三频道（7900 万元人民币）和中国投资 1 亿美元并负责建设的老挝国家体育馆分别于 2009 年 9 月 21 和 22 日正式移交老方，这对老挝成功举办第 25 届东南亚运动会及转播各项比赛发挥了举足轻重的作用。2011 年下半年，老挝 12 省 96 个县市遭受台风袭击，受灾人口近 43 万人，道路、桥梁、学校、医院等基础设施大量损毁，中国驻老挝大使馆在万象代表中国政府向老挝政府正式移交价值 200 万元人民币（约合 32 万美元）的救灾物资，用于老挝遭受台风袭击省市的灾后重建工作。

2. 中国对老挝援助的特点

中国对老挝的援助促进了老挝社会经济的发展。老挝是世界上最不发达国家之一，争取国际援助是老挝扩充财政和发展经济的重要手段。中国对老挝也提供了一定的无偿援助和优惠贷款，涉及公路、桥梁、机场、医院等基础设施建设和惠及民生的众多领域，对促进老挝经济社会发展起到了积极的作用。

与其他国家相比，中国对老挝的援助有着自己的特点。总体上，西方国家对老挝的援助项目主要是用于人文、健康、教育等公共服务领域，如政府行政效能提高，完善国家法律系统，完善金融、商业、贸易体系等。而中国的援助多用于老挝道路、电站等基础设施的建设。中国与老挝原来合作领域单一，只有援助和优惠贷款项目，近年来援助领域有所扩大，援助方式也趋于灵活多样。例如，在中国提供的信贷帮助下，老挝购买了新舟 60 飞机，中国在琅勃拉邦援助了省医院，资助老挝官员到中国进行业务培训，提供奖学金让老挝学生到中国攻读学位等。

在中国对老挝的援助中，替代种植项目有着独特的作用。中国政府为替代种植项目提供了一些优惠政策及资金支持，进行替代种植的中国企业在当地修建了一些道路、桥梁等基础设施，还有些企业为当地修建了医院、学校等公共设施。这些行为改善了当地人民的生活，增加了就业机会。

三 云南与老挝的经济合作

（一） 云南与老挝经济合作的概况

作为中国与老挝接壤的唯一省份，云南省在中老经济关系中发挥着重要而独特的作用。对于老挝而言，云南是进入中国市场的主要陆路通道。对于云南而言，老挝是云南进入东南亚市场三个通道之一（另外两个分别是缅甸和越南），也是通过陆路连接泰国市场的最便捷通道。云南和老挝的经济合作，主要集中在老挝北部，并且在参与国家层面的经济合作框架之外，云南省和老挝方面还建立了云南—老北合作机制。

1. 云南与老挝经济合作的机制

（1） 云南—老北合作机制

随着中国与老挝经济交往的扩大，为适应云南省和老挝全面合作发展的需求，在中老两国政府的倡导下，2004 年 10 月，云南省与老挝正式成立了"中国云南—老挝北部工作组合作机制"。这一合作机制形成后，在滇老双方的共同努力下不断发展完善，对双方经济往来的积极作用不断显现。自成立之日起召开第一次会议后，云南和老挝又分别于 2005 年 11 月 17 ~ 18 日在云南昆明，2007 年 12 月 4 ~ 5 日在老挝乌多姆赛省孟赛，2009 年 6 月 21 ~ 24 日在云南西双版纳州景洪召开了第二次、第三次、第四次合作工作组会议，2011 年 9 月 12 ~ 13 日在老挝南塔省举行了第五次工作组会议。在这六年多的工作中，滇老双方合作取得了积极进展，双方在邮电通信、水电开发、农林业发展、贸易投资、边境管理、旅游和教科文卫等领域开展了广泛的、卓有成效的合作。特别是在老挝中央政府各部门、北部各省政府和云南专家组的共同努力下，中国援老项目《老挝北部产业经济发展及合作规划》顺利完成，为老挝北部 9 省的产业发展描绘了蓝图，滇老合作进入一个新的发展阶段。

（2） 磨憨—磨丁跨境经济合作区

随着中国 - 东盟自由贸易区的建立、GMS 经济合作的深入展开及"两廊一圈"合作计划的实施，中国与老挝的经贸合作面临着更好的发展机遇。由于双方在地理位置、社会经济和文化风俗等方面具有得天独厚的优势，在密切的交往中，共建跨境经济合作区的想法应运而生。跨境经济合作区就是通过划定两国边境附近特定区域，在双方中央和地方政府支持下，赋予该区域特殊的财政、税收、金融、投资、贸易、物流以及其他配套的产业政策，吸引人流、物流、资金流、技术流在这一区域内聚集，实现该区域的发展和繁荣。为此，云南省委、省政府在近年来做了大量的研究工作和基础设施建设工作。比如，加大了对河口、磨憨、瑞丽姐告口岸建设的政策和资金扶持力度，进一步完善了跨境经济合作协调与合作机制等。2010年9月6日，中老双方正式签订了《中国磨憨—老挝磨丁跨境经济合作框架性协议》。按照规划，中老跨境经济合作区确定为核心区和支撑区两部分。中方核心区为磨憨边境经济贸易区，周边支撑区为西双版纳州地域范围；老方核心区为磨丁黄金城经济特区，周边支撑区为南塔省。合作区将依托昆明—新加坡国际大通道和经济走廊建设，由口岸旅游贸易服务区、仓储物流区、保税区、替代产业加工区和综合服务区五个部分组成。

（二）云南与老挝的贸易往来

自20世纪90年代以来，云南与老挝的贸易额逐年上升。云南省和老挝双边贸易额从2003年的2111万美元增至2012年的34730万美元（见表10-10）。虽然滇老贸易在中老贸易中占有较大的比重，但对于云南和老挝而言，双方的贸易额在各自的对外贸易中所占比重并不高，从2003年起云南省与老挝之间的双边贸易量只占云南对外贸易总额的1%左右，进口几乎全为初级产品，而云南省出口的则是大量工业制成品，这样的贸易结构与中国对老贸易基本相同。老挝方面，老挝与中国云南的进出口贸易占其外贸总额的4%左右，有进一步上升的趋势。

表10-10 2003~2012年云南与老挝的贸易往来

单位：万美元

年份	2003	2004	2005	2006	2007	2008	2009	2010	2011	2012
贸易额	2111	3376	4144	6932	8339	11046	15437	20300	26546	34730

资料来源：根据云南省商务厅数据整理。

边境贸易是云南和老挝间最重要的贸易方式。边境贸易一般占云南省和老挝贸易总额的50%~66%。从2003年起，云南省和老挝的边境贸易额不断增加，总金额从1300多万美元增加到5500多万美元，其中2006年的增长速度更是高达100%。

总的来说，云南省对老挝贸易呈现三大特点。一是云南省对老贸易仍以边境小额贸易为主，对外承包工程增长非常迅速。随着近年来双边经济合作不断深入，云南省对老贸易的方式逐步多样化，对外承包工程已成为云南省对老出口的主要贸易方式。二是昆曼公路等基础设施建设带动大量云南机械设备的出口。分析显示，云南从老挝进口的全部为初级产品，主要为木材、甘蔗和天然橡胶，而出口则以工业制成品为主。由于边境贸易数量较大，占中国对老贸易的 2/3，云南的磨憨口岸成为中国对老挝贸易的最主要通道。

（三）云南对老挝的投资

老挝是云南省企业"走出去"的重要目的地，云南是老挝北部重要的外部资金来源地。除了国家的鼓励政策之外，云南省也出台了一些地方性的优惠措施鼓励企业到老挝投资。2003 年，云南省财政厅与商务厅联合发文，出台了《关于实施"走出去"战略专项资金使用管理若干意见的通知》（云外经贸计财〔2003〕90 号），对省内企业到境外开展对外工程承包、对外合作咨询、对外劳务合作和境外直接投资项目给予适当资金补助。2005 年，云南省又设立省级"走出去"财政专项资金，用于鼓励和支持云南企业的境外投资活动。该专项资金主要采取无偿资助和贷款贴息方式给予境外投资企业相应的资金支持。

2003 年以前，云南对老挝的投资额很小，但之后投资额迅速增加，从 2003 年的 251 万美元增加到了 2008 年的 1.68 亿美元，占老挝全部外国直接投资额的比重也不断上升。按协议投资额计算，2007 年云南对老挝的投资占老挝 FDI 来源的 7.21%，在 2008 年 1~10 月，这一比重甚至超过了 20%。随着两国关系的不断深化，云南与老挝各省的合作也越来越广泛。根据云南省政府统计，截至 2010 年 12 月，云南省在老挝共设立投资企业 123 家，协议投资 6.53 亿美元。万荣水泥厂、万象东昌酒店等项目已成为中老友好合作的典范。①

2003~2005 年，云南省对老挝的投资领域主要是采矿业。2006 年开始，云南省对老挝的投资扩大到了其他领域。2007 年，替代种植已经取代采矿业成为云南省对老最大的投资领域。据统计，2008 年替代种植在云南对老挝的投资领域中已占到 62%。发展替代种植不但可以给云南省带来可观的经济效益，对老挝也具有积极意义，不仅推动了当地基础设施的建设，增

---

① 《老挝外交部：老挝百姓期待修建万象到中国边境铁路》，新华网，http：//news. xinhuanet. com/2011－04/26/c＿121346951. htm。

加了就业，还使当地农民可以得到和以前种植罂粟一样甚至更高的收入，大大降低了由于种植罂粟和走私毒品所带来的危害。

四　影响未来中国与老挝经济关系的因素分析

未来中老经济关系的发展既存在着积极正面的因素，也存在着一些困难和问题。

（一）影响中国与老挝经济关系的积极因素

1. 经济全球化浪潮的影响与区域经济一体化步伐加快

随着冷战的结束，20 世纪 90 年代以来，科学技术的发展，信息交流的加快，世界经济加快了由集团化、区域化朝全球化发展的趋势，使资本运动的国际化上了新台阶。"经济全球化"已成为当今世界经济活动中最突出的趋势，它犹如不可阻挡的潮流席卷着地球上的每一个角落。经济全球化趋势对于各国提高经济发展水平、提高本国的核心竞争力和加快发展速度都提出了更高的要求，在这种趋势下，无论是老挝还是中国都必须加强相互之间的沟通与交流，促进经贸往来，以更好地应对全球化所带来的全世界范围内更为激烈的竞争。

区域合作机制的进一步发展，促进了中国与老挝的各项经济往来。在经济全球化的趋势下，2001 年 11 月，在中国－东盟第五次领导人会议上，朱镕基总理与东盟领导人共同决定，在未来 10 年内建立中国－东盟自由贸易区，这不但体现了中国和东盟领导人加强睦邻友好合作的政治意愿，也是中国和东盟经济联系不断深化的必然结果。中国与东盟自由贸易区的经济合作步伐加快。中国与东盟的贸易额占双边的国内生产总值的比重在上升。从双边的商品贸易规模和增长速度来看，东盟与中国的贸易一直稳步增长；特别是从服务业来看，增长非常明显，如旅游业。在投资领域，中国已成为一些东盟成员国对外直接投资的目的地。同样地，中国也直接或者通过第三方投资于东盟，总的来看，中国流向东盟的 FDI 大部分集中在以资源为基础及与贸易相关的领域中。出口部门及满足当地市场需求的制造业部门的投资也占了较大份额。随着双方经济的发展和经济多元化，东盟与中国的经济互补性将体现得更为明显。在这种良好的大背景之下，中国与老挝之间经济、贸易的快速健康发展具备了坚实的基础。

大湄公河次区域经济合作给相关国家带来了更多的发展机遇，同时也给这一地区的国家和人民带来了可持续发展的利益。建设次区域经济走廊，对于加强我国与老挝的经济技术合作，进一步发展睦邻互信友好关系，并逐步提高次区域整体经济水平和实力有极重要的现实意义和长远战略意义。

中国（云南）与老挝（北部九省）的交流与合作对老挝北部经济社会持续、快速、健康发展产生巨大的促进作用，必将进一步推动云南与老挝在众多领域的合作与交流，加深云南与老挝之间的友谊。

2. 中国与老挝良好的政治、经济关系

老挝一直都是中国的友好邻邦。中国与老挝都是社会主义国家，两国有着长期的友好政治、经济关系。冷战结束后，中老双边关系在全面恢复的基础上不断向前发展，两国领导人频繁互访，不断深化在政治、经济、军事、文化、卫生等领域的友好交流与合作，双方在国际和地区事务中保持密切协调与合作。

中国和老挝有着较强的经济互补性。老挝的自然资源比较丰富，尤其是森林资源和水资源丰富，除了很多名贵的木材外，锡、铅、钾、铜、金等矿产资源也十分丰富。中国可发挥勘探、开采、冶炼技术优势合作开发老挝的钾盐矿、金矿、铅锌矿和铜矿，并促进其加工升值。老挝的农业具有较大的发展潜力，耕地面积大，有500多万公顷，实际耕种面积才80多万公顷，耕地的潜力远远没有得到充分发挥。中国可耕种面积相对较少，但农业技术比较实用，与老挝具有较强的互补性和广阔的合作潜力。湄公河流域水量丰沛，落差很大，因而老挝拥有极为丰富的水能资源。这与中国目前普遍存在的能源紧张状况恰好相反，中老联合开发水电的前景非常广阔。

中老经济往来不仅为老挝创造更多的社会福利，也为老挝带去新的生产工艺和管理知识，促进老挝利用自己的优势进行生产。两国经济关系的发展促进了老挝的经济增长，优化了其经济结构，增加了老挝政府财政收入，改善了老挝基础设施。特别是在社会领域，中国的投资、贸易和援助增加了老挝人民的就业机会和收入，也使得老挝人民能够更加便利地购买到物美价廉、经济实用的商品。

同时，老挝政府非常重视引进外资。除了实行对外开放政策，1994年政府又修订了《外商投资法》，目的是吸引外商来老挝投资，以便能更好地引进外国的先进技术和培训老挝专业人员。

（二）影响中老经济关系的负面因素分析

虽然中老经济关系在近几年得到了较大的发展，但不容忽视的是双方经贸合作中仍然存在着一些负面的因素。

1. 贸易方面

第一，两国间贸易结构不平衡问题。由于老挝工业十分落后，许多生活制成品和生产资料需要进口，贸易出口非常薄弱。中老两国的进出口商品结构大不相同，老挝对中国出口的主要为附加值低的初级产品，而中国向老挝出口的主要是工业制成品，因此造成老挝对中国贸易逆差较大。老方认为，这一贸易结构对老挝不利，一方面老挝出口商品的附加值不高，另一方面大量进口中低级技术水平的中国机械设备，会使老挝在技术上长期落后，导致进口中国的产品品种有限。而且，这种状况也不利于两国贸易长期持续地发展。

第二，部分中国商品的质量有待提高。老挝人生活习俗与泰国颇相近，食品、生活用品喜欢选择泰国货，五金、百货、纺织品中国货居多，而家电、摩托车、汽车等技术含量较高的产品，日本的品牌则深受老挝人的喜爱，但由于价格原因，部分老挝人也选择价格较低的中国品牌。虽然中国产品价格低，但质量一般，多处于低端市场，并在部分老挝人的心目中长期形成了"价廉质次"的印象，这不利于中国产品对老挝的出口，以及中老贸易的长远发展。

第三，出口的新增长点是影响中老贸易的另一个因素。由于老挝市场容量有限，中国对老出口结构有待优化，亟须培育新的增长点。特别是由于老挝限制部分原料出口，尤其是木材已经受到政府出口政策限制，其他优势产品如大米、玉米、木薯、咖啡、烟叶等受到某些影响，尚无法以零关税向中国出口，进而影响双边贸易总量。另外，贸易便利化方面存在原产地证书优惠政策知者少、申办难、跨境运输载重标准不统一等诸多问题，"灰色通关"现象依然存在。

第四，物流成本较高。由于老挝是一个多山的内陆国家，没有出海口，其运输主要靠有限的公路、内河水运和极少量的航空运输。老挝现有的国道干线的柏油路主要是利用世行和亚行的贷款修建的，很多都还是沙石路或土路，一到雨季，道路泥泞，无法通车。这导致了对外贸易运输成本增加，不利于双边贸易的发展。

2. 投资方面

第一，老挝投资环境较差。首先，老挝基础设施较差，运输能力低、电力不足、燃煤紧缺，老挝政府要求企业自行解决投资项目所需的通水、通电、通路的"三通"问题和帮助地方"脱贫致富",给企业带来很大的成本压力。其次,老挝政府部门工作效率较低。在项目手续审批时手续繁杂,办事拖拉,这在一定程度上对投资者的信心造成了影响。最后,老挝在农业、通信、电力等行业至今仍缺乏行之有效的鼓励外国投资的具体法规,从而在某种程度上造成了无法可依的局面,暗箱操作较多,手续烦琐,令中国企业面临较大的政策风险。

第二,老挝金融体系不健全。首先,老挝没有建立比较完备的中央银行系统,现代化结算和支付系统、外汇储备管理系统、电子支票系统和数据中心等进展缓慢。老挝的国有银行主要关注货币的汇率和现金兑换业务,所以在老挝使用汇票、支票的现象很少。老挝的银行业务涉及面较窄,银行业发展比较滞后,对投资的支持作用相当有限,而且大约50%的银行资产和90%的银行存款都集中在首都万象。其次,货币汇率浮动较大,基普对美元、泰铢走势复杂。自1997年东南亚金融危机后,老挝货币基普兑美元曾贬值超过1000%以上。2009年,基普兑美元升值趋势明显,而基普兑泰铢则相对贬值。再次,外币结算手续烦琐。老挝规定外币不能在境内直接买卖或结算,外币买卖或结算时须到指定银行或机构进行。虽然老挝金融机构允许外国投资者汇出利润,但资金汇入、汇出成本较高。最后,企业项目融资难。老挝本国银行存根有限,放贷能力不足,我国国内银行对境外项目放贷审批程序较多,企业难以获得老挝本地银行和我国国内银行的信贷支持。

第三,老挝的劳动力数量和素质方面还有不足。一方面,老挝面临劳动力短缺的问题。老挝的劳动力总量比较少,文化程度相对较低,工作效率也普遍较低,中方投资企业难以按制度和工作进度对工人进行管理,影响了雇用本地工人的积极性。另一方面,老挝在引进外国劳工方面有着较为复杂和严格的审批程序,国民对此也普遍抱有谨慎心理。根据《老挝外籍劳务管理办法》规定,"外国投资者使用外籍劳务,体力劳动者不能超过本企业职工人数的10%,脑力劳动者不超过20%"。受此限制,引进外国劳工来解决老挝劳动力短缺问题的可能性并不大。据专家估计,老挝劳动力短缺的问题将对老北地区的橡胶种植业带来较大影响,因为在此区域内大量的橡胶树将在2015年左右陆续进入割胶期,"即使老挝北部所有的人口都用于割胶,也还存在不足"。

第四,中国对老挝的投资结构较为单一。总体来看,中国对老挝的投资一般集中在劳动密集型产业，而对资本密集型和技术密集型产业的投入较少，难以满足老挝国内需求。例如，中老万荣水泥厂，年产量30万吨却远远满足不了老挝国内市场的需求。对于中国企业来说，投资劳动密集型产业固然可以获利，但从长远来看，投资和发展资金、技术密集型产业更有可能建立起持久的竞争优势。例如，在老挝开发价值高的农牧资源、旅游资源等方面，中国的投资和合作项目较少，而这些市场却被日本、美国和东南亚各国及我国香港、台湾地区的企业所占领。

第五，部分中国企业的诚信观念和守法意识还有待提高。目前，湖南、云南、浙江、广东等省份的企业已开始在老挝开展工程承包、资源开发以及劳务合作等投资项目，但资金到位率低；一些采矿企业由于经济利益驱使，不遵守当地法律，边勘探、边开采、边销售；个别中国企业和商人在经营活动中采取不正当手段，乱砍滥伐、污染环境，损害了老挝当地社会和居民的利益，影响了中国企业在老挝的形象和声誉，阻碍了中老经济合作关系的正常发展，同时也给两国关系的发展造成不良影响。

3. 援助方面

预计未来中国对老挝援助力度会进一步加大，援助机制将不断完善，援助形式也将呈现多样化的趋势。但中国对老援助也存在以下两个方面的问题。

第一，对社会文化等方面的援助有待加强。当前，中国对老挝援助的数额不断增加，1990~2006年，中国对老援助资金高达47.22亿元人民币。其中无偿援助6.15亿元，优惠贷款17.69亿元，商业贷款20.384亿元。援助的重点领域和项目主要集中在经济领域，尤其是在基础设施的建设上。但是，在社会文化方面，除了中国援助修建了老挝国家文化宫外，缺少有影响的、有象征意义的重大项目。

第二，对老挝援助的远景规划不够清晰。近年来，为确保援助效果的最大化，中国不断完善对老挝的援助机制，出台了多个管理文件和条例。2005年，商务部还出台了《商务部关于对外援助项目评标结果公示和质疑处理的规定（试行）》等管理办法。这些管理办法的出台，对提高援助的效果具有积极的意义。但是目前，中国对老挝援助的远景和规划不够清晰，造成援助项目不连续，从而影响援助的效果。

结　论

　　本书在对中国和大陆东南亚国家间贸易、投资、援助交往等方面进行详细梳理，并对国家与市场因素对经济关系的影响进行研究的基础上，得出以下几个主要结论。

　　第一，与大陆东南亚国家开展经济合作是推进中国周边外交战略、构筑周边战略依托的重要手段。总体上，后冷战时期特别是 21 世纪初以来，中国一直处于快速发展时期，2008 年全球金融危机之后，更可以说是处于国家实力迅速上升的阶段。当前，"快速崛起背景下的中国与世界"是一个关键的问题，而其中与周边国家的关系问题，具有特殊性和重要性。本书认为，中国和大陆东南亚国家关系（尤其是经济关系）的发展，既是中国和平发展与周边外交战略框架下的产物，也是从 2009 年以来提出的"构建周边战略依托"、"建设中国面向西南开放的桥头堡"以及"向西开放"的重要支撑。发展与大陆东南亚国家的经济关系，既可以增进双方的政治交往、构建合作平台，也可以增进彼此间的相互依赖。现实告诉我们，由于国力、经济竞争力、资源禀赋以及地缘区位等因素的差异，相互依存总是不对称的。而这个不对称，反映到国际政治层面上，就是权力产生的重要源泉，具体来说就是依赖性较小的一方拥有对另一方的较大权力。具体到中国和大陆东南亚国家而言，中国自身的经济发展水平、技术水平都高于大陆东南亚国家，因此在相互交往过程中，大陆东南亚国家对中国的依赖性较强，这是发挥中国影响力和发言权的重要基础，也是中国构建一个安全、稳定、合作的周边关系所必须倚重的手段。具体来说，发展经济关系，是中国推进周边外交战略的必要条件——虽然它可能不是充分条件。当然，笔者也赞同，中国在提高大陆东南亚国家对自身的依附度时，要学会适当地让步。例如，中国在加大双方的经济融合度时，一方面通过经济合作的渠道来推进各方面合作，另一方面也要作出一部分的经济让步，在进出口、投资和援助方面作出相应的安排。但同时也要防止大陆东南亚国家利用这点在几个大国间相互平衡来获得更大的收益，从而导致中国蒙受损失。

第二，冷战结束以来，中国和大陆东南亚国家经济关系的发展是顺利、快速的，目前依然保持着良好的发展势头。在冷战期间，中国与大陆东南亚国家经济关系的发展主要基于各国的政治利益，为的是在两强格局下抱团取暖，求得生存。因此，在该阶段经济利益从属于政治利益，经济关系成为政治关系的副产品和交往工具，交易种类较少，主要以边境贸易为主，且交易量较少。在冷战结束之际，中国与大陆东南亚国家的经济关系发生转变，开始呈现上升化、多元化的趋势。双方的经济交往方式开始以贸易、投资、援助等为主，且贸易、投资总额总体呈现递增趋势。此外，在拓展双边交往的同时，更以区域合作的方式来加深相互间的经济依存。与此同时，更重要的是此时的经济交往出发点发生了变更，更多的是出于市场的自身需要，并非是国家意识形态的要求。从目前的情况来看，中国已经成功地完成了在大陆东南亚地区的角色转变，从输出商品到输出资本，逐渐在该地区发挥越来越重要的作用。尤其值得称道的是，中国在20世纪末和21世纪初的两次金融危机中扮演了重要角色，以自己的积极作为带动了大陆东南亚国家尽快走出金融危机的阴霾。而从未来的趋势判断，中国作为大陆东南亚国家最重要的贸易伙伴、投资来源国和援助来源国之一（部分国家已经是最大的了），对大陆东南亚国家的经济支持作用将更为显著，同时对维护地区金融体系的稳定，进而维护大陆东南亚地区的稳定将起着重要的积极作用。

第三，中国和大陆东南亚国家经济关系带来的效应是重大和多层面的。中国与部分大陆东南亚国家在历史上存在矛盾，相互间抱有疑虑，通过经济交往能增信释疑，并将相互间的利益捆绑，最终有助于提升双边政治互信。与此同时，两者经济关系的发展除了能带来政治效益外，还能提升相互间的经济效益。由于中国与大陆东南亚国家在资源禀赋、需求结构和产业能力上都存在不同，中国在产业技术上具备优势，而大陆东南亚国家则有丰富的资源，因此通过两者相互间的合作，能使优势最大化，充分产生经济效益，提升国家的经济发展水平。此外，随着中国与大陆东南亚国家政治、经济利益的日益紧密，以及各自经济水平的提升，相互间的经济关系发展开始促成地区合作框架。当两者通过双边互动经济水平有所提升时，自然会产生更高层次的一体化需求。中国与大陆东南亚国家的持续稳定的双边发展，促使它们为了寻求更多的经济效益而建立了大湄公河次区域经济合作。这不但为双边合作的深入发展搭建了良好的平台，而且能更加有效地利用各国的优势。另外，借助区域合作框架平台和经济发展渠道，中国与大陆东南亚国家的社会与民间交往将更为频繁，中国与大陆东南亚国家的地区安全也将更为稳定。从促进民间交流来看，中国与大陆东南亚国家间贸易与投资的主体是国家和个人。但大部分民众开始投入经济关系的交往中去，这就会促进两国或多国间的人员流动和对话交流，大大加深中国与大陆东南亚国家民众间的感情。从促进地区安全来看，大陆东南亚国家并不发达，柬埔寨、老挝、缅甸更是发展缓慢，为求得生存，部分人员从事非法活动，谋取经济利益。与中国的合作以及中国提供的帮助，能进一步提升大陆东南亚国家的经济发展水平，从而使其逐步摆脱如种植毒品、走私枪械、开办边境赌场等非法活动，最终维护大陆东南亚地区的稳定和中国西南边疆的安全。

第四，中国和大陆东南亚国家经济关系发展的主要方式有双边和多边的合作框架，两者相互补充，但良性互动还有待提高。冷战期间直至冷战结束初期，中国与大陆东南亚国家经济关系发展始终以双边互动为主。随着经济发展水平的日益提升，中国与大陆东南亚国家开始寻求多边合作方式，于是大湄公河次区域经济合作、孟中印缅经济合作、泛北部湾经济合作区等应运而生、层出不穷。此外，中国和大陆东南亚国家还借助中国 - 东盟的合作平台，进一步发展相互间的贸易、投资与援助合作。但是多边合作框架下的双边良性互动有待进一步提高。例如，在东盟区域合作机制框架下，条约内容过于简单，缺少法律的严谨性；争端机制不够完善，缺乏可操作性；最重要的是缺乏法理基础，合作内容和相关安排还没有进入国内立法程序，缺乏法律保障。而大湄公河次区域合作机制执行力度不够，其"弱制度"的属性往往导致"议而不决，决而不行"。各个合作协议的内容大多为原则性条款，没有强制约束力、执行时间表和监督程序。例如，《大湄公河次区域便利客货跨境运输协定》虽已正式签署，但部分大陆东南亚国家还没有最终完成国内的立法批准程序，客货便利运输的相关工作仍进展缓慢。此外，中国云南和广西与大陆东南亚国家的贸易、投资额虽日益增长，但由于自身经济发展水平的限制，这两个省份对大陆东南亚国家的贸易投资占整个中国对这些国家的贸易投资的比重较低，层次也不高。此外，由于部分区域合作框架下合作机制、争端解决机制的不完善，以及部分成员国合作意愿不高，导致经济合作的成效大打折扣，阻碍了中国与大陆东南亚国家经济交往的进一步发展。因此，在借助多边框架促进双边合作的同时，应以功能性合作推进区域合作机制的深入发展。在航运安全、通关便利化、水资源利用和协调、环境保护，以及对本区域的相关经济合作等具体事务领域，开展实践性、功能性的合作。

　　第五，中国与大陆东南亚国家经济交往受到国家内部政治问题左右，受外部国际政治因素的影响，并有可能成为常态化。从中国与大陆东南亚国家的贸易、投资与援助交往过程中可以看出，国内局势的稳定状况将直接影响中国与大陆东南亚国家的经贸投资总额以及经济关系的进一步深入发展。此外，国际局势的变化，大国势力在大陆东南亚地区的竞争，双边外交关系的变化将会直接改变中国与大陆东南亚国家间的经济交往合作的趋势。而贸易平衡、贸易结构问题，以及中国部分企业在大陆东南亚国家进行贸易、投资过程中产生的环境问题、社会问题将影响双边经济交往的进程。这种情况在2010年缅甸大选之后表现得尤为明显。2011年9月密松大坝被搁置事件，有着缅甸政治、经济和社会转型的深刻根源。此外，区域合作框架的合作制度是否完善，争端解决机制是否有效，将直接影响多边及双边经济合作成效。同时，部分非政府组织的对严重性的夸大和部分媒体的歪曲报道也会导致中国与大陆东南亚国家民众对相互间的经济交往失去信心，甚至产生反感，从而给相互间的经济合作带来极大的压力。因此，中国在与大陆东南亚国家经济交往过程中，要以积极的心态进一步坚定相互经济合作的信心，鼓励本国企业"走出去"，并帮助它们解决遇到的困难，缩减繁杂的手续，加强培训。同时，中国和大陆东南亚国家还要进一步改进现有区域合作的框架。在共同协商的基础上逐步完善合作机制和争端解决机制，同时增强互联互通的基础设施建设，促使相互通关的便利化。在应对区域外大国干扰时，应以集体的身份共同维护相互间的经济关系。此外，中国与大陆东南亚国家在经济往来过程中要注重对本国企业社会责任的培养，提高环境保护意识，尊重当地民风民俗，妥善处理与国际及当地非政府组织和国际媒体的关系等。

参考文献

一　著作类

1. 陈利君等：《孟中印缅能源合作与中国能源安全》，中国书籍出版社，2009。

2. 陈明华：《当代缅甸经济》，云南大学出版社，1997。

3. 陈乔之：《冷战后东盟国家对华政策研究》，中国社会科学出版社，2001。

4. 陈奕平：《依赖与抗争：冷战后东盟国家对美国战略》，世界知识出版社，2006。

5. 楚树龙、金威：《中国外交战略和政策》，时事出版社，2008。

6. 范宏贵、刘志强等：《中越边境贸易研究》，民族出版社，2006。

7. 古小松：《越南国情报告（2009）》，社会科学文献出版社，2009。

8. 古小松：《越南国情与中越关系》，世界知识出版社，2008。

9. 郭明：《中越关系新时期》，时事出版社，2007。

10. 韩德英：《缅甸经济》，德宏民族出版社，1996。

11. 贺圣达、李晨阳：《缅甸》，社会科学文献出版社，2009。

12. 李晨阳、瞿健文、卢光盛、韦德星：《柬埔寨》，社会科学文献出版社，2005。

13. 李峰：《当代中国对外关系概论（1949—1999）》，中国社会科学出版社，2004。

14. 李小云、唐丽霞、武晋：《国际发展援助概论》，社会科学文献出版社，2009。

15. 李竹青、石通扬：《少数民族地区边境贸易研究》，中央民族大学出版社，1994。

16. 梁英明、梁志明等：《东南亚近现代史》（下册），昆仑出版社，2005。

17. 卢光盛主编《GMS 研究（2011）》，云南大学出版社，2011。

18. 卢光盛：《地缘政治视野下的西南周边安全与区域合作研究》，人民出版社，2012。

19. 刘仁伍：《东南亚经济运行报告（2007）》，社会科学文献出版社，2007。

20. 刘绍怀主编，刘稚、卢光盛副主编《中国面向西南开放重要桥头堡建设发展报告（2011—2012）》，社会科学文献出版社，2012。

21. 刘稚：《东南亚概论》，云南大学出版社，2007。

22. 刘稚：《大湄公河次区域经济走廊建设研究》，云南大学出版社，2009。

23. 刘稚主编，李晨阳、卢光盛副主编《大湄公河次区域合作发展报告》，社会科学文献出版社，2011、2012、2013。

24. 马树洪、方芸：《老挝》，社会科学文献出版社，2004。

25. 马树洪：《当代老挝经济》，云南大学出版社，2000。

26. 石林：《当代中国的对外经济合作》，中国社会科学出版社，1989。

27. 史晋五：《缅甸经济基本情况》，世界知识出版社，1961。

28. 田禾、周方冶：《泰国》，社会科学文献出版社，2005。

29. 王绳祖：《国际关系史》（第八卷），世界知识出版社，1996。

30. 文淑惠、熊彬：《推进中国云南与 GMS 次区域全面经济合作对策研究》，中国社会科学出版社，2011。

31. 王士录：《当代柬埔寨》，四川人民出版社，1994。

32. 王士录：《当代越南》，四川人民出版社，1992。

33. 王泰平：《中华人民共和国外交史：1957—1969》，世界知识出版社，1998。

34. 王文良、俞亚克：《当代泰国经济》，云南大学出版社，1997。

35. 韦朝晖、[加]陈万华：《面向可持续协调发展——广西与周边东盟国家互利合作》，广西师范大学出版社，2009。

36. 魏达志：《东盟十国经济发展史》，海天出版社，2010。

37. 徐绍丽、利国、张训常：《越南》，社会科学文献出版社，2009。

38. 杨德颖：《中国边境贸易概论》，中国商业出版社，1992。

39. 杨宏恩、朱秀云、张晖、张震：《中国与东亚的经济关系》，社会科学文献出版社，2007。

40. 张瑞昆：《走近老挝》，中国商务出版社，2006。

41. 张学斌：《经济外交》，北京大学出版社，2003。

42. 张蕴岭：《中国与周边国家：构建新型伙伴关系》，社会科学文献出版社，2008。

43. 周南京：《风雨同舟——东南亚与华人问题》，中国华侨出版社，1995。

44. 朱振明：《当代泰国》，四川人民出版社，1992。

45. ［英］D. G. E. 霍尔：《东南亚史》，商务印书馆，1982。

46. ［澳］安东尼·瑞德：《东南亚的贸易时代》（第 1 卷，第 2 卷），孙来臣等译，商务印书馆，2010。

47. ［新西兰］尼古拉斯·塔林主编《剑桥东南亚史》（Ⅱ册），王士录等译，云南人民出版社，2003。

48. Amitav Acharya, *Constructing a Security Community in Southeast Asia*: *ASEAN and Problem of Regional Order*, London and New York: Routledge, 2001.

49. James C. Scott, *The Art of Not Being Governed*: *An Anarchist History of Upland Southeast Asia*, Yale University Press, 2009.

50. Omkar L. Shrestha, Aekapol Chongvilaivan, eds, *Greater Mekong Subregion*: *From Geographical to Socio-Economic Intergration*, Singapore: Institute of Southeast Asian Studies, 2013.

二　论文类

1. 毕世鸿：《日本参与大湄公河次区域经济合作研究》，《GMS 研究（2008）》，2008。

2. 毕世鸿、何光文：《冷战后日本的大湄公河次区域政策及行动选择》，《东南亚研究》2009 年第 3 期。

3. 毕世鸿：《冷战后日缅关系及日本对缅政策》，《当代亚太》2010 年第 1 期。

4. 陈定辉：《老挝：2009 年发展回顾与 2010 年展望》，《东南亚纵横》2010 第 2 期。

5. 陈松涛：《云南对 GMS 合作的参与》，《大湄公河次区域合作发展报告（2010～2011）》，社会科学文献出版社，2010。

6. 范宏伟：《冷战时期中缅关系研究（1955—1966）——以外交部解密档案为中心的考察》，《南洋问题研究》2008 年第 2 期。

7. 关松：《中国援助老挝的新选择——智力为重》，《东南亚研究》1992 年第 2 期。

8. 郭鸽：《国家利益、意识形态和对外政策》，《太平洋学报》2005 年第 12 期。

9. 郭晓合、鲍丽萍：《泰国贸易结构变化对长三角与泰国双边贸易的影响初探》，《学术论坛》2009 第 3 期。

10. 何胜：《中越"四好关系"扎实推进——中越关系正常化以来发展回顾》，《当代世界》2008 年第 6 期。

11. 贺圣达：《1988 年以来的中缅经济合作：现状、问题和前景》，《云南社会科学》2005 年第 2 期。

12. 贺圣达：《东盟对话关系的现状与未来》，《中国与周边国家：构建新型伙伴关系》，社会科学文献出版社，2008。

13. 贺圣达：《东南亚文化史研究三题》，《云南社会科学》1996 年第 3 期。

14. 贺圣达：《中缅关系 60 年：发展过程和历史经验》，《东南亚纵横》2010 年 11 期。

15. 李晨阳、贺圣达：《中国对大湄公河次区域合作的参与：进展、挑战与建议》，《大湄公河次区域合作发展报告（2010～2011）》，社会科学文献出版社，2010。

16. 李晨阳：《"缅甸问题"的新挑战》，《世界知识》2010 年第 1 期。

17. 李承宗：《发挥云南区位优势，推进中国西南与越南的经贸合作》，《东南亚》2002 年第 4 期。

18. 李义敢等：《云南省参与澜沧江—湄公河次区域合作 2003—2015 年规划研究》，云南民族出版社，2004。

19. 李永宁、陈秀莲：《中缅经贸关系探讨》，《东南亚纵横》2003 年第 ⫶ 期。

20. 廖杨、蒙丽：《"两廊一圈"建设及其对中越关系的影响——以广西为中心》，《广西师范大学学报（哲学社会科学版）》2005 年第 3 期。

21. 刘静：《东盟—欧盟关系变迁初探》，《东南亚纵横》2009 年第 3 期。

22. 刘娟娟：《新形势下滇缅边境贸易发展情况与对策探析》，《中国商贸》2010 年第 23 期。

23. 卢光盛：《大湄公河次地区合作的国际政治经济学分析》，《东南亚研究》2006 年第 2 期。

24. 卢光盛：《全球金融危机对东南亚的冲击及其对中国—东盟经济关系的影响》，《东南亚纵横》2008 年第 11 期。

25. 卢光盛：《中缅政治经济关系的发展、现状及其意义》，《国际关系学院学报》2009 年第 2 期。

26. 卢光盛：《大湄公河次区域金融合作及中国（云南）的参与》，《云南师范大学学报》（哲社版）2011 年第 10 期。

27. 卢光盛：《中国与湄公河国家经济关系：新发展与新问题》，《东南亚纵横》2012 年第 10 期。

28. 毛惠青：《柬埔寨的经济改革和发展前景》，《中共石家庄市委党校学报》2008 年第 1 期。

29. 潘金娥：《中越贸易：现状、前景与贸易失衡的原因分析》，《东南亚纵横》2007 年第 10 期。

30. 王龙虎：《中国—越南两国经贸合作近况及思考》，《东南亚纵横》2007 年第 2 期。

31. 韦朝晖、陈万华：《以博弈论视角看泛北部湾合作机制的构建》，《国际经济合作》2010 年第 4 期。

32. 韦红：《欧盟与东盟关系的新发展及其动因》，《东南亚研究》2004 年第 5 期。

33. 魏佳、李连博：《泛北部湾交通合作及法律构想》，《法制与社会》2009 年第 2 期。

34. 魏佳：《泛北部湾经济合作法律背景下的 SWOT 分析》，《江苏商论》2009 年第 4 期。

35. 吴杰伟：《中国对东盟国家的援助研究》，《东南亚研究》2010 年第 1 期。

36. 徐本钦：《中缅政治经济关系：战略与经济的层面》，《南洋问题研究》2005 年第 1 期。

37. 杨天欣：《全球外国直接投资的发展趋势》，《国际问题研究》2003 年第 5 期。

38. 杨祥章：《泛北部湾经济合作面临的挑战和发展前景》，《学术探索》2009 年第 5 期。

39. 于向东:《10 年来中越经贸关系的发展》,《当代亚太》2004 年第 4 期。

40. 张荐华:《中国与泰国的贸易及投资关系研究》,《思想战线》1997 年第 5 期。

41. 张力、彭景:《"孟中印缅"地区合作机制:推动因素与制约因素》,《南亚研究季刊》2005 年第 1 期。

42. 张岩贵、李文光:《日本与泰国经贸关系发展探析》,《南开经济研究》1998 年第 6 期。

43. 赵洪:《试论印度与东盟关系》,《国际问题研究》2005 年第 3 期。

44. 周强、魏景赋:《中国对大湄公河次区域 ODA 现状分析》,《东南亚纵横》2009 年第 10 期。

45. 祝湘辉:《缅甸对大湄公河次区域合作的参与》,《大湄公河次区域合作与发展研究报告 (2010~2011)》,社会科学文献出版,2010。

46. 邹飞:《浅析越南外交特点及走向》,《东南亚纵横》2000 年增刊。

47. Igor Bukharin, "Moscow and Ho Chi Minh, 1945—1969",《冷战在亚洲》香港国际学术会议论文 (1996 年 1 月)。

48. Liang Chi-shad, "Burma's Relations with the People's Republic of China: From Delicate Friendship to Genuine Cooperation", in Peter Carey. Ed., *Burma*, *The Challenge of Change in a Divided Society*, London: MacMillan Press, 1997.

49. M. 拉马图拉:《推进孟中印缅交通连接及对策建议——孟加拉国的思考》,张林译,《东南亚南亚研究》2010 年第 3 期。

索　引

后　记

　　本书是本人 2009～2011 年在云南大学历史学博士后流动站期间完成的成果，在 2012 年和 2013 年又对相关数据和内容进行了更新。本书的研究和写作工作，得到了本人博士后合作导师贺圣达教授的悉心指导。贺老师是国内东南亚研究的知名专家，他为本书撰写提供了重要的学术指导，谨此向贺老师表达深深的感激之情。在博士后期间，本人一直得到云南大学林文勋、吕昭义、吴晓亮、刘稚、吴磊、李晨阳、罗群等各位教授的大力支持，谨致以诚挚谢意。

　　在博士后期间，本人曾申请并得到中国博士后科学基金会第 45 批面上资助项目（2009）和第 3 批特别资助项目（2010）的资助，其为本书稿的完成提供了重要的经费支持。在出版阶段，本书还得到了云南省哲学社会科学学术著作出版专项经费资助和云南大学历史系出版项目的资助。在此一并致以谢意。

　　在过去几年里我指导的多位硕士生、博士生参与了资料搜集和整理工作，他（她）们包括：张励、常娟、陶程、刘盈、张太伏、郜可、熊鑫和黄金贞（泰国）等。可以说，没有他（她）们的努力，就没有本书的最终完成。

　　由于水平有限和初稿完成后到出版的时间跨度较大等多方面原因，本书肯定也存在一些错漏之处。当然，这些问题概由本人负责，也请各位读者予以批评指正。对于本书引用或参考的各种文献资料，本人已经尽量列明来源，本人对相关学界同行致以谢意，对遗漏之处表示遗憾并请谅解。

卢光盛

2014 年 1 月

图书在版编目(CIP)数据

中国和大陆东南亚国家经济关系研究/卢光盛著.
— 北京：社会科学文献出版社，2014.3
ISBN 978 - 7 - 5097 - 5765 - 9

Ⅰ.①中…　Ⅱ.①卢…　Ⅲ.①国际经济关系 - 研究 -
中国、东南亚　Ⅳ.①F125.533

中国版本图书馆 CIP 数据核字（2014）第 044407 号

中国和大陆东南亚国家经济关系研究

著　　者／卢光盛

出 版 人／谢寿光
出 版 者／社会科学文献出版社
地　　址／北京市西城区北三环中路甲 29 号院 3 号楼华龙大厦
邮政编码／100029

责任部门／人文分社（010）59367215　　　　责任编辑／叶　娟
电子信箱／renwen@ssap.cn　　　　　　　　　责任校对／史晶晶
项目统筹／宋月华　张晓莉　　　　　　　　　责任印制／岳　阳
经　　销／社会科学文献出版社市场营销中心（010）59367081　59367089
读者服务／读者服务中心（010）59367028

印　　装／三河市尚艺印装有限公司
开　　本／787mm×1092mm　1/16　　　　　印　　张／18.5
版　　次／2014 年 3 月第 1 版　　　　　　　字　　数／350 千字
印　　次／2014 年 3 月第 1 次印刷
书　　号／ISBN 978 - 7 - 5097 - 5765 - 9
定　　价／89.00 元